Karl v. Frisch   Tiere als Baumeister

Karl v. Frisch
Tiere als Baumeister

unter Mitarbeit von Otto v. Frisch

Verlag Ullstein

VERLAG ULLSTEIN GMBH FRANKFURT/M · BERLIN · WIEN

© 1974 by Karl von Frisch and Otto von Frisch
Published by special arrangement with Harcourt Brace Jovanovich Inc.,
New York.

© der deutschen Ausgabe by Verlag Ullstein GmbH
Frankfurt/M – Berlin – Wien.
Zeichnungen: Mrs. T. Hölldobler, Layout: E. Poell
Alle Rechte, auch das der photomechanischen Wiedergabe, vorbehalten
Printed in Germany 1974
Druck: Druckhaus Darmstadt · Buchbinder: May & Co Nachf., Darmstadt

ISBN 3 550 07028 4

Inhaltsverzeichnis

Anmerkung: Zeichnungen (als Figuren bezeichnet) und Fotos (als Bilder bezeichnet) sind je für sich getrennt und fortlaufend numeriert.

Vorwort

Die Anregung zu diesem Buch kam vor 10 Jahren von Helen und Kurt Wolff nach einem Besuch auf unserem Feriensitz Brunnwinkl am Wolfgangsee (Österreich). Dort hatte ich durch Jahre die Tierwelt der Umgebung gesammelt. Bei der Besichtigung meines »Museums« erregten die Bauten mancher Insekten das besondere Interesse des Verleger-Ehepaares, ich sollte etwas über »Tiere als Baumeister« schreiben. Aber andere Arbeiten nahmen damals meine ganze Zeit in Anspruch. Es gab keine Muße für einen solchen Seitensprung. Der Vorschlag blieb trotzdem unvergessen – und nun ist er verwirklicht.

Ich habe mich bemüht, für jeden verständlich zu sein. Denn vor allem den Laien ist dieses Buch zugedacht. Wenn sie mehr wüßten von der lebenden Natur, dann bliebe diese besser vor der fortschreitenden Zerstörung bewahrt.

Um die tierischen Bauwerke zu begreifen, muß man auch vom Leben der Erbauer etwas wissen. Darum ist hier immer wieder auch vom Verhalten der Tiere die Rede – freilich in bescheidenem Maße, um dem eigentlichen Thema genug Raum zu lassen.

Was mir vorschwebte, wäre nicht in dieser Form zustande gekommen, wenn ich nicht vielfache freundliche Unterstützung gefunden hätte. B. Hölldobler, M. Lindauer, M. Lüscher, F. Schremmer, H. Sielmann und viele andere überließen mir wertvolle Photos. M. Renner verdanke ich die Herstellung weiterer Aufnahmen und mannigfache andere Hilfe, T. Hölldobler die naturgetreuen Textzeichnungen. Die Akademie der Wissenschaften und der Literatur in Mainz gab einen Zuschuß für die Herstellung der Bilder. Ich kann nicht jeden nennen, der geholfen hat. Aber allen gilt mein warmempfundener Dank; nicht zuletzt dem Verlag für die hervorragende Ausstattung des Werkes.

Daß mein Sohn Otto die Arbeit durch Anregungen und Mithilfe wesentlich erleichterte, war mir eine besondere Freude.

Brunnwinkl, im Herbst 1973   K. v. Frisch

Mit Andacht stehen die Menschen vor manchen Kirchen, Tempeln, Pyramiden und anderen architektonischen Schöpfungen, die Jahrhunderte oder Jahrtausende alt sind. Aber schon vor Jahrmillionen hat es Baumeister gegeben, deren Werke freilich nicht dem Ingenium begnadeter Geister, sondern einem unbewußten, stetigen Walten der Lebensgesetze ihr Dasein verdanken. Ohne Werkzeug und ohne erkennbare Handlungen haben die Korallenpolypen der warmen Meere ihre Kalkbauten aufgeführt, die das Ausmaß mächtiger Gebirge erreichen. Sie bauen auch heute daran weiter. Mikroskopisch kleine Lebewesen, die Strahlentierchen (Radiolarien), erzeugen seit noch ältern Zeiten aus einer glasartigen Masse innere Stützen für ihre winzigen, zarten Körper. Zerstreut lebend in den Weiten des Ozeans erzeugen sie keine gewaltigen Monumente mit ihren Kieselskeletten. Diese sind aber von solcher Schönheit, daß sich schon manches Künstlerauge an ihnen begeistert hat. Solchem Vorkommen wollen wir zunächst eine kurze Betrachtung widmen.

Zur Hauptsache aber soll dieses Buch der Tätigkeit jener Tiere gelten, die aus fremdem Material oder auch aus Stoffen, die sie selbst erzeugen, die verschiedenartigsten Bauten herstellen. Diese können gemauert, gewoben, geflochten, gegraben und auf mancherlei andere Weise angefertigt sein. Sie werden manchmal benützt, um Beute zu fangen, die meisten aber dienen dem Schutz des eigenen Körpers oder der Nachkommenschaft. Die nötigen Werkzeuge sind den Baumeistern von der Natur mitgegeben: sie gebrauchen ihre Zähne oder Schnäbel oder Beine und andere Körperteile, die für ihre speziellen Aufgaben oft überraschend passend gestaltet sind.

Der lebende Körper als Innen- und Außenarchitekt

1. Im Bereich mikroskopischer Dimensionen.

An die Wurzel des Tierreichs stellt man die Einzeller (Proto-zoen). Sie sind so klein, daß man sie mit unbewaffnetem Auge nicht oder kaum wahrnehmen kann. Eine der einfach-sten Formen ist die Amöbe *(Amoeba)*. Man findet sie in Süß-wassertümpeln. Ihr Körper besteht aus einem Klümpchen Protoplasma mit dem Zellkern. So einfach, wie man früher dachte, ist sie allerdings nicht beschaffen. Das Elektronen-mikroskop hat im Protoplasma wie im Kern auch bei ein-zelligen Tieren viele Strukturen enthüllt, die nicht sehr ver-schieden sind von entsprechenden Bildungen in den Zellen höherer Tiere. Aber im Vergleich mit diesen steht die Amöbe doch auf einer primitiven Stufe der Organisation. Sie kann sich auf dem Blatt einer Wasserpflanze oder auf einer anderen Unterlage nach beliebiger Richtung fort-bewegen, indem das Protoplasma vorfließt, Scheinfüßchen (Pseudopodien) ausstreckt und solche an anderer Stelle ein-zieht (Fig. 1). Kleine Nahrungskörper, etwa Algen, können von ihnen umflossen und aufgenommen werden. Dazu be-darf es keiner bleibenden Mundöffnung. Zur Vermehrung kommt es, wenn die Amöbe auf das Doppelte ihrer ur-sprünglichen Größe herangewachsen ist. Nachdem sich der Zellkern geteilt hat, folgt eine Teilung des Proto-plasmas in zwei gleiche Hälften, und aus der Mutter sind zwei Kinder geworden.

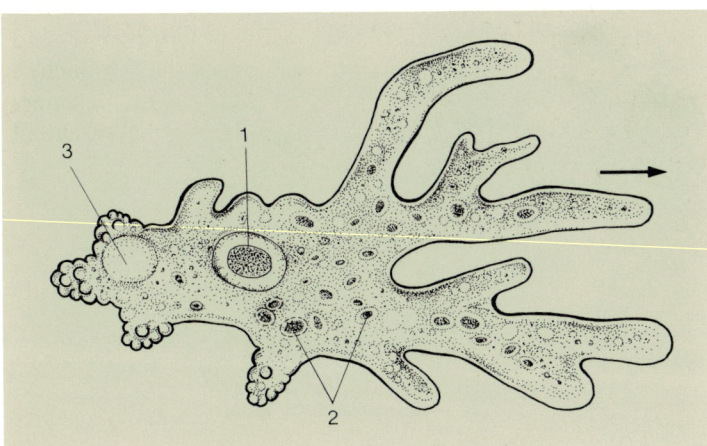

Fig. 1   Amöbe (Amoeba proteus), in der Richtung des Pfeiles kriechend. 1 Zellkern, 2 Nahrungsreste, 3 kontraktiles Bläschen, welches durch rhyth-mische Zusammenziehung das ständig eindringende Wasser hinauspumpt, Größe in der Längsrichtung knapp 0,5 mm, bei günstiger Beleuchtung eben noch als weißes Pünktchen mit bloßem Auge sichtbar.

Difflugia, eine andere Gattung, nimmt außer Nahrung auch unverdauliche Sandkörnchen und dergleichen auf, die vom Inneren des Protoplasmas an dessen Oberfläche aufsteigen und durch Abscheidung einer Kittmasse untereinander verbunden werden. So sitzt das Tier in einem schützenden urnenförmigen Gebilde, aus dessen Öffnung es die Scheinfüßchen herausstrecken und umherkriechen kann wie eine Schnecke mit ihrem Haus (Fig. 2). Die Vermehrung erfolgt auch hier durch Teilung von Kern und Protoplasma, aber erst nachdem ein neues Häuschen gebildet ist: zunächst quillt das Protoplasma aus der Öffnung vor, nimmt die ovale Gestalt der Urne an und verharrt in Ruhe, bis an der Oberfläche die Grundlage einer neuen Schale entstanden ist. Dann erst erfolgt die Teilung in zwei Tochtertiere, und jedes kriecht mit seinem Häuschen davon.

Es ist ein originelles und seltenes Vorkommen, daß ein Tier neben verdaulichen auch unverdauliche Partikel frißt und diese zum Hausbau benützt. Die artenreichen, im Meer lebenden *Foraminiferen*, mit Amöben und Difflugien aufs nächste verwandt, machen es anders: sie bauen Kalkschalen. Das Protoplasma der kleinen Baumeister vermag den kohlensauren Kalk ($CaCO_3$), der im Meerwasser in geringer Konzentration (etwa 0,35 %) gelöst ist, aufzunehmen, anzureichern und in bestimmter Form als Kalk (Calcit) auszufällen. Die meisten Arten wachsen vor der Vermehrung auf ein Vielfaches ihrer ursprünglichen Größe heran. Sie beginnen mit einer einfachen Schale und bauen dann Kammer für Kammer an (Fig. 3). Die Scheidewände, oft auch die Außenschale, sind durchlöchert, daher der Name Foraminiferen (lat. foramen = Loch, ferre = tragen, also »Loch-

Fig. 2   Difflugia pyriformis, rechts im Längsschnitt. Diese Amöbe baut sich aus Sandkörnchen eine Schale.

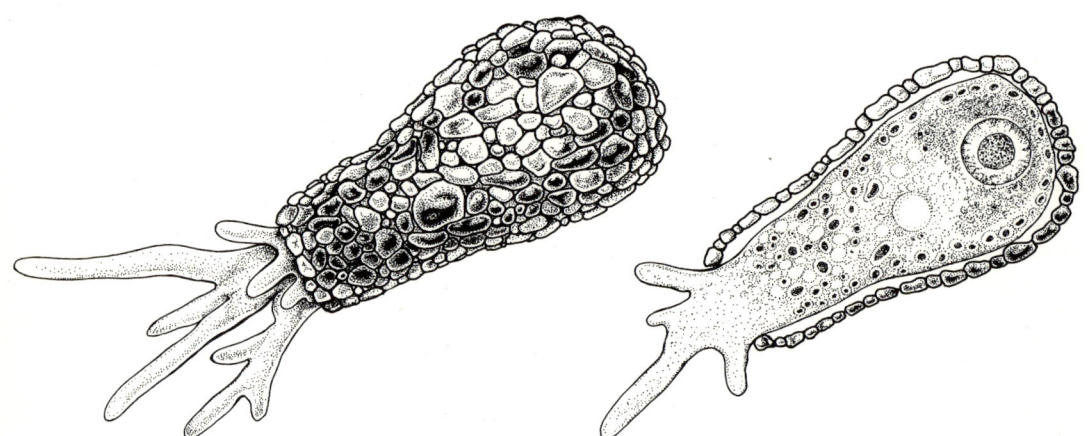

träger«). Das Protoplasma in den Kammern steht durch die Löcher in den Scheidewänden in Verbindung und streckt feine, verzweigte Scheinfüßchen nach Nahrung aus. Die Vermehrung wird hier von langer Hand durch wiederholte Kernteilungen vorbereitet, bis das Protoplasma schließlich in viele kleine Teilstücke zerfällt, die als nunmehr einkernige Tochterindividuen die Schale verlassen und neue Häuschen bauen. Wo Foraminiferen häufig sind, kann man am Sandstrand mit Überraschung entdecken, daß sich unter der Lupe zahlreiche vermeintliche Sandkörnchen als Foraminiferenschalen erweisen. In einem Gramm Sand hat man bis 50 000 Gehäuse gefunden. Im Laufe der Erdgeschichte haben sich diese Überreste an manchen Orten so angehäuft, daß sie am Aufbau geologischer Formationen beteiligt sind. Um im »Nummulitenkalk« die fossilen Reste der Foraminiferengattung zu erkennen, nach der das Gestein benannt

Fig. 3 Eine Foraminifere der Gattung Polystomella. Links: schematischer Schnitt durch die Kalkschale. Die Trennwände der Kammern und die Außenschale mit kleinen Löchern. Rechts: lebendes Tier. Das Protoplasma erfüllt das Innere, bedeckt auch die Schale und sendet feine Protoplasmafäden aus. Links haben diese ein winziges Lebewesen erfaßt, das im Protoplasma verdaut wird.
Durchmesser etwa 1 mm.

13

*Bild 1 Nummulitengestein. Neben
viele kleinen Nummuliten (Assilina
exponens) oben rechts ein Nummulit
(Nummulites millecaput) mit einem
Durchmesser von 5,5 cm. Zum inneren Bau vgl. Nr. 5 in Fig. 4 Fundort
Höllgraben bei Adelholzen, Ober-
bayern. Bayerische Staatssammlung
für Paläontologie und historische
Geologie, München. Verkleinerte
Wiedergabe 10:9,4.*

ist, bedarf es keiner Lupe. Sie können einen Durchmesser
von 6 cm ereichen. Diese riesenhaften Einzeller lebten
im Tertiär vor etwa fünfzig Millionen Jahren (Bild 1).

Von der Vielgestaltigkeit der Schalen zeigt Fig. 4 einige
wenige Beispiele. Sie haben bei jeder Art eine andere Form.
Dadurch wird augenfällig, daß auch das Protoplasma, als
Erzeuger der Schalen, bei jeder Art spezifisch verschieden
ist. Aber welche intimen Kräfte das Skelett so typisch gestalten, das gehört zu den vielen unbekannten Lebensvor-
gängen.

Die Unterschiede können noch drastischer sein. *Radiolarien*, die nächsten Verwandten der Foraminiferen, gehören
zur Schwebewelt warmer Meere. Sie entziehen dem Ozean
nicht Kalk, sondern Silikate, die nur in größter Verdünnung
im Meerwasser enthalten sind und bilden daraus im Inneren
ihres Körpers Schutz- und Stützskelette von solcher Schönheit, daß sie schon Ernst Haeckel zur Darstellung ihrer Formenfülle begeistert haben (»Die Radiolarien«, Berlin 1862;
»Kunstformen der Natur«, Leipzig 1899). Nach ihrer chemischen Natur sind diese Kieselskelette dem Glas ähnlich, man
möchte sagen: aus einem edleren Stoff als die Kalkschalen
der Foraminiferen, und edel sind sie auch geformt. Nur bei

wenigen Arten bestehen sie aus lose beisammen liegenden Skelettnadeln. Meist treten sie als Helme oder Gitterkugeln auf, die auch mehrfach ineinander geschachtelt sein können, und in mannigfachen anderen Gestalten (Fig. 5 und Bild 4, Seite 25). Wir wollen nicht philosophieren über so nutzlose Schönheit im weiten Ozean. Die Natur erzeugt solche verschwenderisch und stellt den Radiolarienskeletten fast ebenbürtige Partner aus der unbelebten Welt in den Formen der Schneekristalle zur Seite.

Bei der Vermehrung durch Zweiteilung der Zelle können lose Skelettnadeln von den Tochtertieren übernommen werden. Aber Gitterkugeln oder andere starre Bildungen lassen sich nicht teilen. Da behält eines der beiden Tochtertiere das Skelett, das andere geht leer aus und bildet ein neues; oder es kommt, ähnlich wie bei Foraminiferen, zum Zerfall in viele kleine Nachkommen, deren jedes seinen Neubau macht, während das verlassene Skelett langsam zum Meeresgrund sinkt. Bei dem großen Alter der Radiolarien (es hat solche schon im Präkambrium vor etwa siebenhundert Millionen Jahren gegeben) und bei der Beständigkeit ihrer Kieselskelette ist es kein Wunder, daß der Tiefseeschlamm tropischer Meere in ausgedehnten Gebieten vorwiegend aus Radiolarienskeletten besteht.

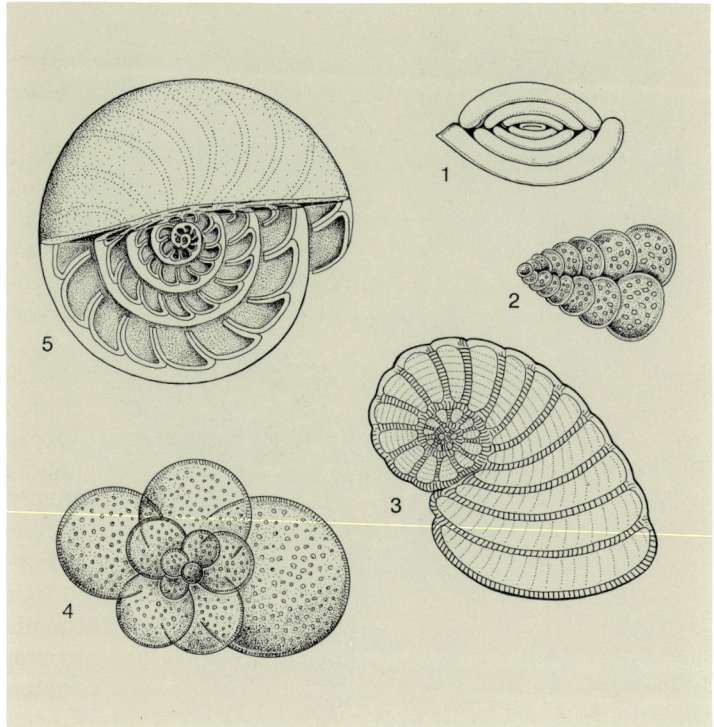

Fig. 4 Einige Beispiele für die Vielgestaltigkeit der Foraminiferenschalen. 1 Miliola, 2 Textularia, 3 Peneroplis, 4 Globigerina, 5 Nummulites, bei diesem die Schale zum Teil aufgeschnitten, so daß man die innere Kammerung sieht.

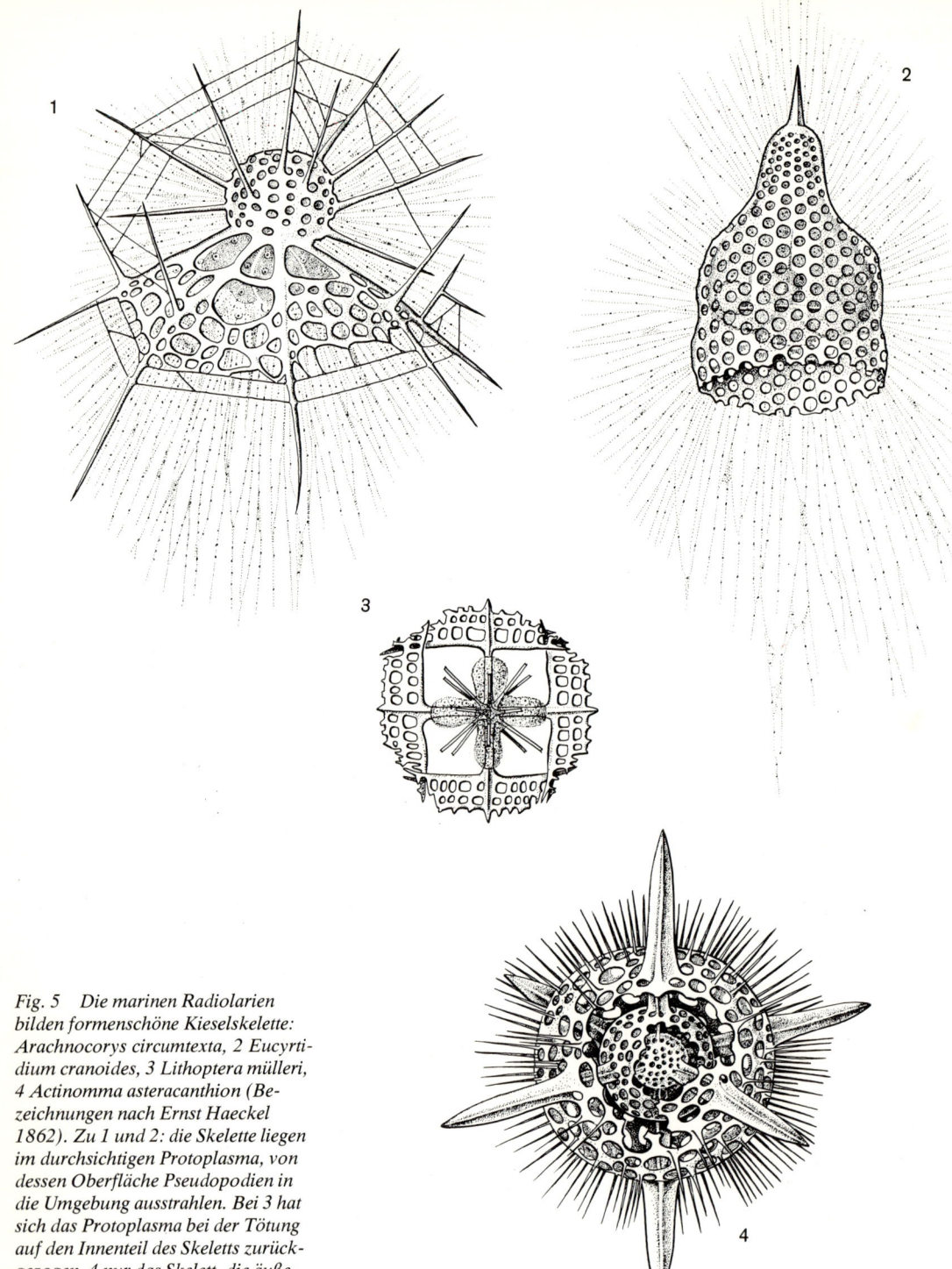

Fig. 5   Die marinen Radiolarien
bilden formenschöne Kieselskelette:
Arachnocorys circumtexta, 2 Eucyrti-
dium cranoides, 3 Lithoptera mülleri,
4 Actinomma asteracanthion (Be-
zeichnungen nach Ernst Haeckel
1862). Zu 1 und 2: die Skelette liegen
im durchsichtigen Protoplasma, von
dessen Oberfläche Pseudopodien in
die Umgebung ausstrahlen. Bei 3 hat
sich das Protoplasma bei der Tötung
auf den Innenteil des Skeletts zurückgezogen. 4 nur das Skelett, die äußeren Gitterschalen aufgebrochen.

2. Schwämme

Ist es ein unbedachter Sprung, von den winzigen, zierlichen Protozoen zu den Schwämmen überzugehen? Zwar sieht ein Badeschwamm, als Handelsware allbekannt, ganz anders aus als Radiolarien. Von bedeutender Größe, ist er das Stützskelett eines Tieres, das festgewachsen auf felsigem Meeresgrund lebt und von Schwammtauchern aus Tiefen von 30 m und darüber heraufgeholt wird. In frischem Zustand fühlt es sich schleimig an. Sein Weichkörper ist aus zahllosen Zellen aufgebaut. Er erfüllt und umhüllt das elastische, »schwammige« Skelett, das aus einer hornartigen Substanz besteht, dem Spongin. Der Name (von lat. spongia = Schwamm) sagt uns nichts über seine chemische Natur. Es handelt sich um Eiweißstoffe (Proteine). Andere Gattungen und Arten haben Kalk- und Kieselskelette, womit wir den Foraminiferen und Radiolarien näher rücken, besonders da auch bei Schwämmen die Kalk- und Kieselnadeln zunächst im Inneren von Zellen gebildet werden; sie wachsen aber bald über deren Ausmaße hinaus, wobei sich weitere Zellen an sie anlegen und neues Material abscheiden. So können mehrstrahlige Nadeln, kugel-, kreuz- oder ankerförmige Gebilde in großer Mannigfaltigkeit entstehen. Bei manchen Arten werden die Skelettnadeln untereinander zu einem starren Gerüst verkittet wie beim Tiefseeschwamm *Euplectella aspergillum* (Bild 3, Seite 25). Mit seinem unteren Ende im Boden verhaftet, kann er mehr als einen halben Meter nach oben ragen. Im bewegten Küstenwasser würden die gläsernen Kelche rasch zu Bruch gehen. Daher findet man diese Tiere nur in der Tiefsee. Selbst in diesem stillen Reich stört der Mensch ihren Frieden. Er holt sie ans Licht, säubert die Glaskelche von ihren lebenden Hüllen, die sie in ihrem Inneren erzeugt haben, und bringt sie in den Handel. Denn im Südosten Asiens werden sie als Schmuckgegenstände geschätzt.

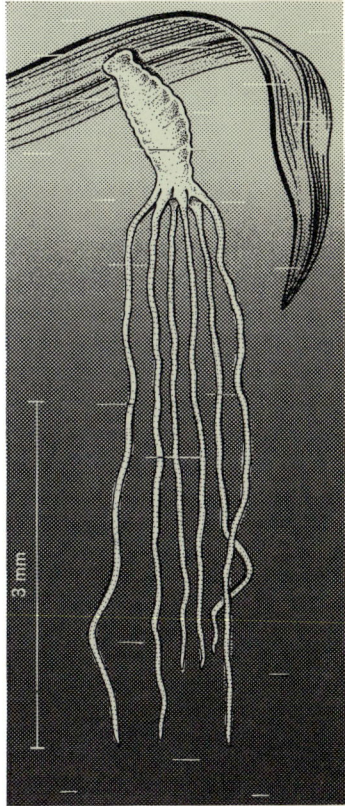

Fig. 6   Der Süßwasserpolyp (Hydra).

3. Die momumentalen Bauten der Korallenpolypen

Polypen sind etwas höher differenziert als die Schwämme. Aber der Bauplan ihres Körpers ist einfach: der Süßwasserpolyp *(Hydra)* ist ein zarter Schlauch von wenigen Millimetern Länge, mit dem blinden Ende an eine Unterlage, etwa ein Blatt einer Wasserpflanze, angeheftet (Fig. 6); das freie Ende trägt Fangarme (Tentakel) und zentral eine Öffnung, die als Mund und After zugleich dient. Der ganze Innenraum des Schlauches ist der Magen. Die Fangarme sind mit mikroskopisch kleinen Giftwaffen (Nesselzellen) bewehrt und sorgen dafür, daß recht ansehnliche Nahrungsbrocken, zum Beispiel kleine Krebschen, getötet und ver-

17

schlungen werden können. Die kleine Mundöffnung ist enorm erweiterungsfähig.

Größere Polypen leben in reicher Artenzahl im Meer. Dem Besucher felsiger Küsten wie auch dem Liebhaber von Seewasserbecken sind die Seerosen (Seeanemonen, Aktinien) wohlbekannt. Sie gehören zur Klasse der Blumentiere (Anthozoen) und wirklich, wer sie in ihren oft lebhaften Farben mit ausgebreiteter Tentakelkrone still am Meeresboden sitzen sieht, wird eher an Blumen als an gefräßige Tiere denken. Nichts ist hart am Körper einer Seerose. Aber andere Arten der Anthozoen, die Korallenpolypen, bilden Kalkskelette.

Wie dieses geschieht, zeigt Fig. 7, rechts oben, an einem einzelnen Polypen. Er scheidet an seiner Unterseite Kalk ab, auch in den taschenförmigen Einstülpungen der Haut, so daß ein zierliches Rippenmuster entsteht. Anders als bei Protozoen und Schwämmen, ist es ein *Außenskelett*. Der Polyp baut sich einen Kalksockel, der ihn allmählich höher hebt. Aber nur wenige Arten leben einzeln. Bei diesen ist das ganze Skelett nichts anderes als dieser Sockel, der nach oben an Dicke zunimmt, weil der Polyp im Laufe seines Lebens größer und breiter wird. Bei der Gattung *Fungia* kann er einen Durchmesser von 25 cm erreichen; ein Riesenpolyp, der auf einem stattlichen Postament sitzt.

Bei anderen Arten teilt sich der emporwachsende Polyp in zwei Individuen, deren jedes nun sein eigenes Skelett bildet. Indem sie sich weiter gabeln, entsteht ein Korallenstock. Bild 7, Seite 26, zeigt das Skelett eines solchen. Man sieht (im Bilde oben) ein Tier in Teilung, zwei andere, die sich eben getrennt haben und solche, die schon weiter auseinander gewichen sind. Die meisten Arten der Korallenpolypen bilden aber, im Prinzip auf gleiche Weise, viel größere Kolonien mit dicht beisammensitzenden Einzeltieren. Fig. 7 stellt einen kleinen Ausschnitt aus einer solchen dar. Die Körperwände und Magenräume benachbarter Polypen bleiben in Verbindung. Das Skelett folgt dieser Verzweigung des Weichkörpers, von dem es ja gebildet wird. Beim Höherwachsen zieht jeder Polyp in gewissen Abständen sein unteres Ende nach, und dieses scheidet unter sich eine neue Kalkplatte als Querboden ab. Auf diese Weise können die Korallen im Laufe eines Jahres um mehrere Zentimeter wachsen und allmählich mächtige Stöcke bilden mit Tausenden, ja vielen Millionen Individuen. Die Einzeltiere bleiben klein und haben meist einen Durchmesser von 0,5 bis 1 cm. Aber sie wachsen und vermehren sich immerzu, und eine Kolonie kann ein Alter von vielen Jahrzehnten erreichen. Neben der Vermehrung durch Teilung gibt es eine geschlechtliche Fort-

pflanzung, die zur Bildung ausschwärmender Larven und zur Gründung neuer Korallenstöcke führt. Die Gestalt dieser Stöcke kann sehr verschieden sein. Denn bei den einzelnen Arten erfolgt die Teilung oder Knospung in verschiedener Weise, und so kommt es zu dicht oder locker verzweigten Stöcken, auch zu runden Blöcken und tellerförmigen und armleuchterartigen Formen. Davon gibt Bild 11, Seite 27, eine Vorstellung. Man sieht einen kleinen Teil eines Korallenriffes, das bei Ebbe über den Meeresspiegel ragt. Die Polypen haben sich völlig zusammengezogen. Sie überkleiden als zarte Häutchen ihr Skelett und schützen sich durch starke Schleimabsonderung vor dem Vertrocknen. So nehmen sie keinen Schaden, auch wenn sie mehrere Stunden der Luft ausgesetzt sind. Sobald das Wasser wiederkehrt, können sie sich von neuem in die Länge strecken und die Tentakel ausbreiten. Es sieht so aus, als hätte sich ein Blütenmeer entfaltet (Bild 8, Seite 26). Zauberhaft wird das Bild auch durch die reiche und bunte Gesellschaft von Fischen und anderen Tieren, denen die bizarren Korallenstöcke reichlich Schlupfwinkel und Schutz bieten als Zuflucht vor ihren zahllosen Verfolgern. Gegenüber solchen sind die Polypen selbst durch ihre Nesselzellen gut gewappnet. Auch können sie sich

Fig. 7   Kleiner Ausschnitt aus einer Kolonie von Korallenpolypen. Ein Tier entfaltet, zwei halb und eines ganz zurückgezogen. Rechts das Skelett eines Polypen nach Entfernung der Weichteile. Durchmesser eines Skelettsockels etwa 8 mm. Rechts oben ein Polyp etwas stärker vergrößert, vorn die Weichteile entfernt. Die gefaltete Fußscheibe scheidet nach unten Kalk ab und bildet so den Sockel, auf dem der Polyp sitzt.

bei Gefahr blitzschnell an ihr Kalkskelett zurückziehen. Trotzdem haben auch sie ihre Feinde. Nicht erst der Mensch hat das Wettrüsten erfunden. Bessere Verteidigungsmittel lösen wirksamere Angriffswaffen aus. Die Papageienfische haben merkwürdige, schnabelartige Zähne entwickelt, mit denen sie ganze Korallenäste abbeißen und zermalmen können, um sich von den Polypen zu ernähren; und sie sind nicht die einzigen, die diese steinige Weide zu nutzen wissen.

Erst seit etwa 1963 werden die Korallenriffe von einem neuen Feind ernsthaft bedroht. Ein Seestern, der nach der Anordnung seiner Rückenstacheln den Namen Dornenkrone führt *(Aonthaster planci)*, breitet sich in großen Scharen auf den Riffen aus und weidet systematisch die Polypen ab. Nur das tote Skelett bleibt zurück. Wenn diese Seesterne weiterhin so zunehmen, bedeutet es in ausgedehnten Gebieten den Untergang der Korallen. Das wäre bedrohlich für die Küsten, die durch die vorgelagerten Riffe vor der Brandung geschützt sind.

Die riffbildenden Arten gedeihen nur in warmen Meeren, bei einer Wassertemperatur von mindestens 20° C. Vor den Küsten und Inseln des Stillen und Indischen Ozeans finden sie günstige Lebensbedingungen. Als *Saumriff* können sie auf viele hundert Kilometer dem Brandungsbereich der Küste folgen oder diese in einem größeren Abstand (bis 150 Kilometer) begleiten (Bild 9, Seite 27). Auch mitten im Meer können sie eine Insel umgeben oder ohne eine solche ein ringförmiges *Atoll* bilden (Bild 10, Seite 27). Sie ragen zum Teil aus Wassertiefen von 4000 bis 6000 m auf. Das war ein großes Rätsel. Denn die Korallenpolypen gedeihen nur bis zu einer Wassertiefe von 40 bis 50 m. Sie sind auf das Licht angewiesen, weil sie in enger Gemeinschaft mit pflanzlichen Organismen leben, mit einzelligen Algen, die sie in ihren Zellen beherbergen. Das Zusammenleben dient beiden Partnern zum Vorteil (Symbiose). Aber wie kommt es dann, daß der Korallenkalk in so große Tiefen hinabreicht?

Charles Darwin hat die Erklärung gefunden, die im wesentlichen auch heute noch gilt. Nur in Einzelheiten wurde sie später ergänzt und modifiziert. Der Korallenkalk entsteht tatsächlich nur nahe der Oberfläche des Meeres, im Lebensbereich der Polypen. Wo die Kalkmassen in größere Tiefen hinabreichen, hat sich der Meeresboden ganz langsam gesenkt, wie das an vielen Stellen der Erde auch heute noch der Fall ist. Soviel sich der Boden senkt, soviel gewinnt das Riff nach oben an Lebensraum, den es mit neuen Korallenstöcken erfüllt. So hält es Kontakt mit der Meeresoberfläche, während tiefer unten die Kolonien absterben und nur ihre

Kalkstöcke als Bausteine des Riffs zurücklassen. Noch im Brandungsbereich der Oberfläche füllen sich die Lücken mehr und mehr mit Korallenbruchstücken, Schnecken und Muschelschalen und sonstigem Geröll, das durch andere kalkabscheidende Organismen, besonders Algen, zusammengekittet wird.

Die Polypen hatten reichlich Zeit für ihre Bauwerke. Bei den Bahamainseln führten Bohrungen in großer Tiefe zu dem Ergebnis, daß dort das Korallenwachstum der Riffe mindestens seit der Mittleren Kreidezeit, seit etwa achtzig Millionen Jahren, besteht. Ihr stetes Wachsen durch lange Zeiträume bei allmählicher Senkung des Bodens macht das Auftreten der oben erwähnten Riff-Typen mit einem Schlage verständlich. Saumriffe entstehen, wo in der Nähe der Küste in geringer Tiefe felsiger Grund gegeben ist und sich Korallenpolypen ansiedeln können, die nach oben wachsen. Nimmt durch Senkung des Bodens die Wassertiefe zu, so wächst das Riff weiter empor; zugleich vergrößert sich sein Abstand von der Küste, wo diese zum Teil überflutet worden ist *(Barriere-Riff*, Bild 9, Seite 27). Wenn eine Insel, die von einem Korallenriff umgeben ist, allmählich versinkt, bleibt ein *Atoll* zurück (Fig. 8).

Nicht überall senkt sich der Meeresboden; in anderen Gebieten hebt er sich; alter Meeresboden kann Land geben und zu Gebirgen aufgefaltet werden. So kommt es, daß der Bergwanderer, wenn er nur die Augen offen hält, manchenorts hoch oben versteinerte Meeresschnecken und Muscheln entdeckt. Er kann auch fossile Korallen finden. Wenn er im Dachsteingebiet der österreichischen Alpen die Bischofsmütze in den Donnerkogeln ersteigt, so schreitet er über ein altes Korallenriff. Dieses Kalkgebirge ist zum größten Teil von Korallenpolypen aufgebaut worden, vor langer Zeit, als hier noch Meer war und andere Temperaturen herrschten als heute.

Man muß nicht in die Tropen reisen, um Korallenriffe beobachten zu können. Aber die Arten der gemäßigten Breiten schaffen nur kleine und vergängliche Bauwerke. Manche von ihnen haben trotzdem die Aufmerksamkeit der Menschen erregt. Wer in Italien war und etwa Venedig besucht hat, kennt die Halsketten und anderen Schmuckstücke aus rotem Korallenkalk, die dort in Menge feilgeboten werden. Sie sind aus dem Skelett der im Mittelmeer häufigen Roten Edelkoralle angefertigt. Die wenig verzweigten Stöcke werden 20 bis 40 cm hoch. Wie diese aussehen, wenn sie noch auf dem Meeresgrund stehen und von ihren Erbauern belebt sind, davon haben die wenigsten Käufer der Korallenketten eine Vorstellung. So wie bei Riffkorallen strecken die Poly-

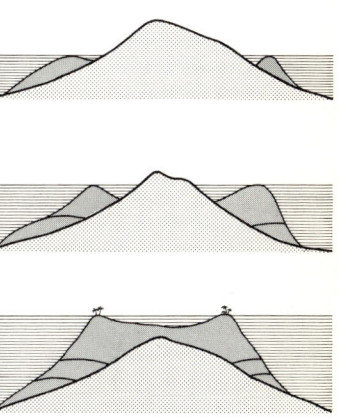

Fig. 8 Wie ein Atoll entsteht: Oben Insel mit Saumriff. Bei allmählicher Senkung des Meeresbodens wachsen die Korallen nach oben, während die in größere Tiefe verlagerten unterhalb 50 m absterben. Bei weiterer Senkung erreicht nur noch das ringförmige Korallen-Atoll die Oberfläche. Schema.

pen ihre Körper mit geöffneten Fangarmen nach Nahrung aus. Bei der geringsten Störung ziehen sie sich sofort an ihr hartes Schutz- und Stützskelett zurück (Bild 5 und 6, Seite 26).

4. Das Schneckenhaus

Auch ein Schneckenhaus ist ein Bauwerk; ein Eigenheim, das die Schnecke mit sich trägt. Es bedeckt schützend einen großen Teil ihres weichen Körpers. Bei Gefahr kann sie sich vollständig hinein zurückziehen.

Die Schale ist bei den meisten Arten spiralig gewunden (Fig. 9). Das ist aber nicht von vornherein der Fall. Bei der Entwicklung der Schnecke erscheint die Schale zunächst als eine kleine Kalkkappe auf dem Rücken des Tieres. Während der Korallenpolyp unter sich, mit seinem Fuß seinen Kalksockel abscheidet, bildet die Schnecke ihre Kalkschale auf dem Rücken; aber hier wie dort wird die Hartsubstanz durch einen bestimmten Teil der Körperhaut erzeugt. Das nötige Material steht der Schnecke als kohlensaurer Kalk in der Nahrung und im Wasser gelöst zur Verfügung und wird von der Haut als Aragonit oder Calcit abgeschieden.

Stärker differenziert als ein Polyp, läßt eine Schnecke sehr unterschiedliche Körperteile erkennen: vorn einen Kopf mit einem oder zwei Paar Fühlern (Bild 13, Seite 28), die dem Tastsinn und chemischen Sinn dienen; bei der Weinbergschnecke sogar auch dem Sehen, denn in den Endknöpfen des oberen Fühlerpaares (Fig. 9) liegen sehr einfach gebaute Augen. Die Unterfläche des Körpers, der »Fuß«, ist muskulös und bewegt durch wellenförmig ablaufende Kontraktionen das Tier auf der Unterlage vorwärts. Sehr eigenartig ist, was im Bereich der Schale im Laufe der Entwicklung passiert. Die Eingeweide, bestehend aus Darm, Verdauungs-

Fig. 9 Weinbergschnecke (Helix pomatia). Unter dem Schalenrand ist der Mantelrand mit dem Atemloch sichtbar. Von den vier Fühlern tragen die zwei oberen (längeren) an ihren Spitzen einfache Augen.

drüsen, Herz, Nieren, Geschlechtsorganen, wölben sich während des Wachstums wie ein Bruchsack nach oben und hinten vor. Die Körperhaut über diesem so entstehenden Eingeweidesack, der »Mantel«, scheidet die Schale ab. Da sich der Sack im Laufe seiner Entwicklung spiralig einrollt, nimmt auch die Schale diese Form an. Vom Mantel wächst eine Falte nach unten und schließt einen Luftraum unter sich ein, die Lunge der Schnecke. Mit der Außenluft bleibt diese durch ein Atemloch in Verbindung. Man sieht dieses in Fig. 9 knapp unter dem Schalenrand inmitten des wulstförmigen Mantelrandes, der unter dem Schalenrand herauslugt. Die Schale wächst hier an ihrer Mündung weiter, indem der Mantelrand periodisch neue Kalksubstanz anbaut. Die Zuwachsstreifen sind deutlich erkennbar. Hinter dieser Zone des Wachstums wird die Schale nur noch von innen durch weitere Kalkabsonderung des Mantels etwas verstärkt.

Diese Schilderung gilt freilich nicht allgemein. Man kennt mehr als 100 000 verschiedene Schneckenarten. Sie bewohnen das Land, stehende und fließende Gewässer und in besonderer Formenfülle das Meer. Vielen fehlt ein Gehäuse, oder es ist von außen nicht erkennbar und liegt verkümmert in den Weichteilen. Hier interessieren uns nur die Hausbesitzer. Bei der Weinbergschnecke und vielen anderen Arten ist der Randwulst des Mantels und infolgedessen auch der Schalenrand einfach und glatt. Aber der Strandwanderer am Meer kann sich beim Auflesen der angespülten Schnekkenhäuser an weit größerem Formenreichtum erfreuen. Nicht umsonst gibt es neben Sammlern von Briefmarken, Münzen, Käfern usw. auch Schneckensammler. Nicht nur, daß die Windungen verschieden verlaufen, zu einem Teller aufgerollt, zu einem niederen Kegel oder zu einem spitzen Turm geformt, mit ihrem Innenraum allmählich oder schneller sich erweiternd, sie können auch mit vielerlei Zierat besetzt, mit Zacken und Spießen versehen sein (Bild 12, Seite 28). Alle diese Varianten entstehen beim Wachstum an der Schalenmündung durch entsprechende Formung des Mantelwulstes. Hier werden die Schalen gestaltet. Das gilt auch für die Schnecke rechts in der oberen Reihe, deren sonderbarer Spieß von einem nach vorn gerichteten schlauchförmigen Fortsatz des Mantelrandes abgeschieden wird. Durch diesen »Sipho« wird den Atmungsorganen (bei dieser Wasserschnecke sind es Kiemen) frisches Wasser zugeleitet. Der Mantelrand ist auch der Ort, wo allerhand Farbstoffe eingelagert werden können, die zuweilen den Schneckenhäusern ein buntes Muster verleihen, freilich nur zur Freude des Sammlers. Denn bei den Schnecken selbst mit ihrem kümmerlichen Sehvermögen kommt solcher Schmuck nicht an die richtige Adresse.

Werfen wir – mit einem Seitensprung – einen Blick auf die vielgestaltigen Würmer. Auch unter den höher entwickelten »Borstenwürmern« (Polychäten) sind keine bemerkenswerten Baumeister. Aber es gibt immerhin Arten, die um ihren Körper eine schützende Röhre aus Kalk oder aus verkitteten Sandteilchen bilden. In diesem Rohr seßhaft verbringt das Tier sein Leben am Meeresboden oder etwa an Meerespflanzen. Am primitiven Bauwerk solcher Röhrenwürmer vermißt man jeglichen architektonischen Schmuck. Um so reizvoller wirkt eine zarte Tentakelkrone, die vom Kopf (in der Röhrenmündung) ins freie Wasser ragt (Bild 2, Seite 25, *Megalomma*). Mit mikroskopisch kleinen Wimperhärchen strudeln die fadenförmigen Anhänge winzige Nahrungspartikel in die Mundöffnung. Die schwarzen Pünktchen nahe den Enden der Fäden sind einfach gebaute Augen. Bei Gefahr verschwindet die Tentakelkrone plötzlich in der Röhre.

Die Weinbergschnecke kann 6 bis 7 Jahre alt werden. Sie ist aber für ein Leben im Winter nicht gerüstet. Da zieht sie sich ganz in ihr Haus zurück, verschließt den Eingang durch Absonderung eines Kalkpfropfens, der erst im Frühjahr abgestoßen wird, und verbringt die schlechte Zeit in tiefem Schlaf. Einen eleganteren Verschlußdeckel, der allezeit vorhanden und als Schutz vor Feinden immer gebrauchsfertig ist, findet man bei vielen anderen Land- und Wasserschnecken: eine runde Scheibe auf dem Rücken der Schwanzregion, scheinbar ohne jede Beziehung zum Schneckenhaus (Fig. 10, links), aber man braucht das Tier nur zu stören, um verwundert zu erkennen, daß beim Rückzug in die Schale diese Platte ganz zuletzt die Mündung erreicht und perfekt verschließt (Fig. 10, rechts). Der Deckel besteht aus Kalk wie die Schale, bei anderen Arten aus

Fig. 10 Die Meeresschnecke Murex brandaris. Von der Haut der Schnecke wird vor ihrem Hinterende ein rundes Plättchen gebildet, das bei ihrem Rückzug in das Haus genau die Mündung verschließt.

Bild 2 (rechts) Der Röhrenwurm Megalomma baut sich eine Schutzröhre aus verkitteten Sandkörnchen. Aus der Rohrmündung ragt die entfaltete Tentakelkrone zum Nahrungserwerb. (Zu Seite 24)

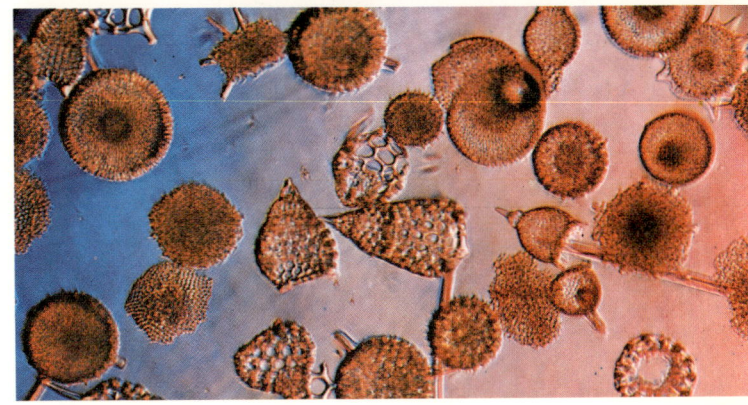

Bild 3 (oben) Das gläserne Skelett des Gießkannenschwammes Euplectella aspergillus. Das Tier baut es im Inneren seines Körpers aus Silikaten auf, die es dem Meerwasser entzieht. Länge 24 cm, in anderen Fällen bis zu 60 cm. (Zu Seite 17)

Bild 4 Kieselskelette von Radiolarien sammeln sich in großer Zahl als Reste dieser mikroskopisch kleinen Lebewesen am Boden warmer Meere. Künstlicher Farbeffekt. (Zu Seite 15)

Bild 5 Edelkoralle (Corallium rubrum) mit zurückgezogenen Polypen.

Bild 6 (rechts) Dieselbe Edelkoralle mit ausgestreckten Polypen. Mittelmeer. (Zu Seite 21, 22)

Bild 7 Skelett eines kleinen Korallenstockes. (Zu Seite 18)

Bild 8 (rechts) Korallenpolypen unter Wasser, entfaltet. Ausschnitt aus einer Goniopora-Kolonie. Insel Shadwan im Roten Meer. (Zu Seite 19)

Bild 9 Barriere-Riff in der Südsee (Gesellschaftsinseln). Die Lücke bietet Schiffen eine Durchfahrt in die stille Lagune. Luftaufnahme. (Zu Seite 20, 21)

Bild 10 Atoll bei der Insel Viti Levu (Pazifik). Luftaufnahme. (Zu Seite 20, 21)

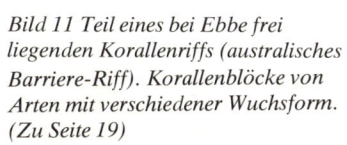

Bild 11 Teil eines bei Ebbe frei liegenden Korallenriffs (australisches Barriere-Riff). Korallenblöcke von Arten mit verschiedener Wuchsform. (Zu Seite 19)

*Bild 12 Kleine Auswahl aus der
Formenmannigfaltigkeit von
Schneckenschalen. Obere Reihe,
von links: Cyclophorus eximius,
javanische Landschnecke. Alle folgen-
den Arten leben im Wasser:
Scala scalaris (Pazifik, China),
Charonia tritonis (Indopazifik),
Tibia fusus (bei China). Untere Reihe:
Astraea longispinum (Westindien),
Murex palma-rosae (Indischer Ozean),
Lambis scorpius (Indonesien, West-
pazifik), Murex tenuispina (Indo-
pazifik). – Bayerische Zoologische
Staatssammlung. (Zu Seite 23)*

*Bild 13 Eine Süßwasserschnecke.
Auf ihrer Schale haben sich gestielte
Einzeller angesiedelt. Es sind kolonie-
bildende Glockentierchen, Carchesium.
(Zu Seite 22)*

einer hornigen Masse. Seine konzentrischen Zuwachsstreifen zeigen, wie er sich mit dem Wachstum der Schnecke vergrößert hat, so daß er immer passend bleibt.

Schneckenhäuser können schön sein, und sie bieten durch ihre Härte guten Schutz. Die erste Eigenschaft hat die Gilde der Schneckensammler ins Leben gerufen, ihre Festigkeit aber hat ihnen Liebhaber von ganz anderer Art zugeführt: im Meer mit seiner gewaltigen Überproduktion an Leben herrscht für die Bodenbewohner meist Not an schützender Unterkunft. Die Einsiedlerkrebse haben für dieses Problem die originelle Lösung gefunden, daß sie ein leeres Schneckenhaus von passender Größe suchen und als Fertigbau beziehen. So sehr haben sie sich in ungezählten Generationen an diese Behausung angepaßt, daß ihr Schwanz die spiralige Form der Schneckenschale angenommen hat und der harte Panzer des Hinterkörpers, wie man ihn vom Flußkrebs oder Hummer kennt, einer weichen Haut gewichen ist. Aus der Mündung ragen nur Kopf und Beine hervor und die wehrhaften Scheren, die beim Rückzug des Krebses die Schalenöffnung so wirksam verschließen wie der Deckel ihrer früheren rechtmäßigen Bewohnerin.

Von den Innenskeletten der Protozoen und Schwämme, von den Kalksockeln der Polypen und den Schalen der Schnecken ließe sich ein langer Faden weiterspinnen, wollten wir systematisch die Schutz- und Stützskelette bei anderen Tieren an uns vorüberziehen lassen bis zum Gerippe des Menschen. Das ist nicht meine Absicht. Doch schien ein Hinweis angebracht auf die sinnvolle und formenschöne Architektonik, die schon bei niederen Lebewesen besteht und die sich bis zu ihren höchsten Vertretern verfolgen ließe – Konstruktionen, um die sich ihre Träger nicht zu bemühen brauchen und die schon bestanden haben, lange bevor die ersten Baumeister und Künstler an ein bewußtes Schaffen gingen.

Die Werkmeister

Die Menschen überlassen die Ausführung ihrer Bauarbeiten immer mehr den Maschinen, die sie erdacht haben. In alten Zeiten war ihr »Handwerk« noch wirklich das Werk ihrer Hände. Sie benützten nur Werkzeug von einfacher Art, doch oft vollendet in seiner zweckdienlichen Form. Die Pflugschar oder ein Hammer sind durch die Erfahrung und Überlieferung ungezählter Generationen entstanden. Der Weg reicht zurück bis an die Wurzeln des Menschengeschlechts. Der *Australopithecus*, der vor etwa einer Million Jahren gelebt hat und als primitivster Vertreter der Menschen (Hominiden) gilt, kannte noch nicht den Gebrauch des Feuers, aber er fertigte bereits Faustkeile aus Stein an, denen er durch Abschläge scharfe Kanten verlieh. Es war der erste Versuch, eine Art Universalwerkzeug herzustellen, mit dem man schlagen, kratzen, schaben oder schneiden konnte.

Die Entwicklung der Werkzeuge zu immer höherer Vollkommenheit blieb den Menschen vorbehalten. Bei Tieren ist der Gebrauch körperfremder Werkzeuge eine Seltenheit. Sie benützen ihre eigenen Körperteile, bevorzugt Mundwerkzeuge und Beine.

Das Ziel ihrer Bautätigkeit ist in der Regel die Herstellung einer schützenden Wohnung. Der Erbauer kann eine solche für sich selbst machen oder für seine Nachkommenschaft, auch für die ganze Familie oder in sozialer Zusammenarbeit für große Kolonien, wie etwa bei den staatenbildenden Insekten. Der Vielgestaltigkeit der Tiere, der Verschiedenheit ihrer Bedürfnisse und Fähigkeiten entspricht die Mannigfaltigkeit der Wohnbauten. Aber nicht nur Wohnungen werden gebaut. Es gibt auch Fallensteller, die Fanggruben oder Fangnetze machen; man kennt die Straßenbauten der Ameisen und Termiten oder die bemerkenswerten Staudämme, durch die der Biber den Wasserspiegel nach seinen Bedürfnissen reguliert. Eine Schilderung der tierischen Bauwerke mit allen Varianten würde an kein Ende führen. Wir müssen eine Auswahl treffen. Wir legen uns eine weitere Beschränkung auf, indem wir unsere Beispiele nur aus zwei Tierstämmen wählen, die wir getrennt besprechen:

Selbstverständlich betrachten wir Bauten der *Wirbeltiere*. Diese stehen uns am nächsten. Zu den Säugern gehört auch der Mensch. Vogelnester hat schon ein jeder gesehen und möchte wohl Näheres über sie erfahren. Mancher wird überrascht sein, daß auch bei niederen Wirbeltieren, bei den Kriechtieren, Lurchen und Fischen, Bauwerke vorkommen.

Auch den Stamm der *Gliederfüßer* ziehen wir heran, und von ihnen besonders die Insekten. Sie verdienen es. Denn die anatomische Ausbildung und Leistungsfähigkeit ihrer Organe ist von gleichem Rang wie bei hochentwickelten Wirbeltieren. Insekten sind keine »niederen Lebewesen«, als die man Fliegen oder Wespen gern hinstellt. Sie haben sich aber stammesgeschichtlich auf einem anderen Weg entwickelt als die Wirbeltiere, und so kommt es, daß ihr Körperskelett, ihre Sinnesorgane, ihre Atemwerkzeuge usw. die Aufgaben in anderer Weise, aber durchaus nicht schlechter gelöst haben als bei den Wirbeltieren. In mancher Hinsicht übertreffen ihre Leistungen sogar diejenigen des Menschen. So wird man sich bei ihnen über originelle Bauten nicht wundern, die oft mit anderen Mitteln und auf andere Weise hergestellt sind als bei Wirbeltieren und einen hohen Grad der Vollkommenheit erreichen können.

Wenn Menschen ein Bauwerk machen, wird es zunächst geplant, und man sucht für den besonderen Fall nach der besten Lösung. Bei Tieren ist das nicht so umständlich. Sie folgen angeborenen Trieben. Auch die größten Baukünstler unter ihnen arbeiten instinktiv richtig. Das gilt nicht nur für die Gliederfüßer, sondern im allgemeinen auch für die Wirbeltiere. Allerdings hat das zentrale Nervensystem dieser beiden großen Tierstämme bei seiner stammesgeschichtlichen Entwicklung verschiedene Wege eingeschlagen. Nur bei den Wirbeltieren kam es zu jener dominierenden Entfaltung des Gehirns, die schließlich zu verständigem und einsichtigem Handeln geführt hat. Bei manchen Vögeln und Säugetieren meint man Spuren solcher höherer Geistestätigkeit in ihrem Bauhandwerk zu finden.

I. Gliederfüßer

Die Zoologen haben in ihrem Drang, zu sammeln und zu sichten, bisher rund 1,5 Millionen verschiedene Tierarten beschrieben und nach ihrer Ähnlichkeit und vermutlichen Verwandtschaft in Stämme und deren Untergruppen (Klassen, Ordnungen, Familien, Gattungen usw.) geordnet. Der Stamm der Gliederfüßer *(Arthropoda)* trägt seinen Namen von den reich gegliederten Beinen. Die drei artenreichsten Klassen sind auch jedem Laien bekannt: Die Krebse *(Crustacea),* Spinnentiere *(Arachnoidea)* und Insekten *(Insecta).* Von ihnen hat die Klasse der Insekten den weitaus größten Umfang. Man hat bisher rund eine Million verschiedene Arten beschrieben. Sie stellen also etwa zwei Drittel aller bekannten Tierarten.

1. Fallensteller

Daß Tiere zum Fangen ihrer Beute Fallen errichten, ist eine ziemlich seltene Methode des Nahrungserwerbes. Die folgenden zwei Beispiele mögen zeigen, daß manche dabei mit ganz einfachen Mitteln, andere durch erstaunlich differenzierte Konstruktionen ihr Ziel erreichen.

Der Ameisenlöwe

So wie aus dem Ei des Schmetterlings zunächst eine Larve

Fig. 11 Der Ameisenlöwe (Myrmeleon formicarius). Links die Larve, von der Bauchseite gesehen, rechts das voll entwickelte Insekt.

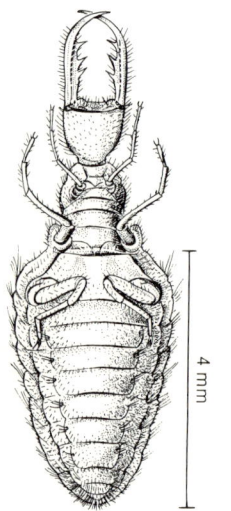

4 mm

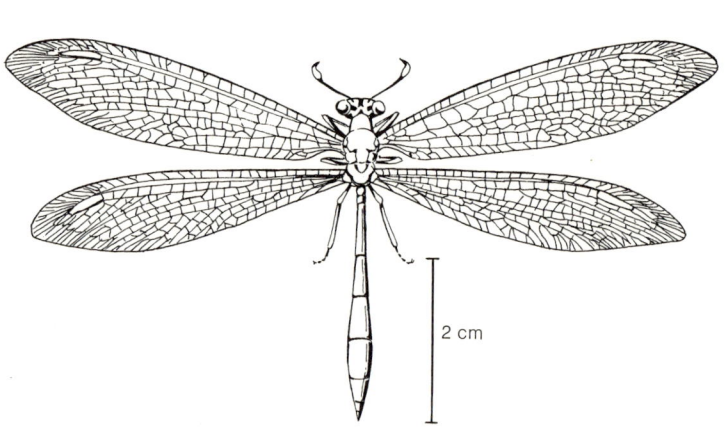

2 cm

kommt, die Raupe, die heranwächst und zur Puppe wird, aus welcher der geflügelte Falter schlüpft, so ist der Ameisenlöwe die Larve der Ameisenjungfer. Diese gehört zur Ordnung der Netzflügler *(Neuroptera)* und sieht in voll entwickeltem Zustand ähnlich aus wie eine Wasserjungfer (Fig. 11, rechts). In ihrer Lebensweise hat sie aber mit den Libellen wenig gemein. Zur Eiablage sucht sie nicht Gewässer, sondern sonnige, trockene Stellen auf, wo etwa an Wegböschungen unter überhängenden Wurzeln die Larven in feinem Sand oder staubiger Erde ihre trichterförmigen Fallgruben bauen können. An günstigen Stellen sieht man solche manchmal in Menge nebeneinander. Der Räuber sitzt unter dem Trichter im Boden, nur der flache Kopf mit den aufgesperrten, zangenförmigen Kiefern ragt heraus (Fig. 12).

Bei warmem Wetter laufen in solchen Gebieten Ameisen umher. Kommt eine solche zu nahe an einen Trichterrand, so rutscht sie ab. Manchmal geht die Fahrt direkt in die offene Zange, die blitzschnell zuschlägt. Manchmal entwischt die Ameise in hastiger Flucht, aber bevor sie über den Rand der Grube hinaus ist, schießt der Räuber durch schnellende Bewegungen seines flachen Kopfes in rascher Folge eine Sandladung nach der anderen nach oben. Sie kann den Flüchtling direkt treffen und mit sich reißen. Wenn aber der Schuß danebengeht und an anderer Stelle den Trichterhang trifft, bringt er dessen lockeren Sand ins Rutschen, der in der Regel die Ameise mit sich nimmt und ins Verderben führt. Selten gelingt es ihr zu entkommen.

Beim Zupacken schlägt der Räuber seine spitzen Kiefer in den Körper seines Opfers und impft ihm ein tödliches Gift ein. Er kann die Beute nicht zerkleinern, dazu sind seine Mundteile gänzlich ungeeignet. Er hat eine viel elegantere Methode, sie zu verzehren: Durch eine Kiefer-Rinne läßt er seinen Verdauungssaft einfließen, der sonst erst nach der Nahrungsaufnahme im Magen und Darm zur Wirkung kommt. Da die Muskeln und Eingeweide der Ameise von einem festen Hautpanzer umschlossen sind, werden sie in dieser Hülle durch den Verdauungssaft in wenigen Stunden aufgelöst, ohne daß auch nur ein Tröpfchen verlorengeht.

Die Lösung wird durch die Kiefer-Rinne aufgesogen, die leere, unverdauliche Hülle aber aus dem Trichter geworfen. Hernach genügen einige energische Schleuderbewegungen mit dem Kopf, um auch den abgerutschten Sand hinauszuwerfen. Der Trichter ist wieder in Ordnung und zum Empfang des nächsten Ankömmlings bereit. Es müssen nicht immer Ameisen sein, aber diese sind die häufigsten

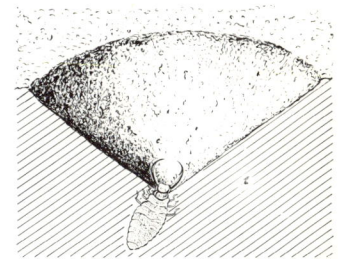

Fig. 12 Ameisenlöwe.
Die Larve im Trichter lauernd.
Unten: Schematischer Schnitt.

Opfer. Gelegentlich bringt ein anderes umherstreifendes Insekt oder eine kleine Spinne etwas Abwechslung in den Speisezettel.

Wie lange die Larve braucht, um heranzuwachsen, nach mehreren Häutungen zur Puppe zu werden und hiermit ihr Räuberdasein abzuschließen, das hängt von ihren Jagderfolgen ab. Bei mangelhafter Ernährung dauert es oft zwei Jahre. Trotzdem verunreinigt sie nie den Sand ihres Wohnbereichs mit Exkrementen. Das kann sie gar nicht, denn ihr Darm ist blind geschlossen. Durch die Verdauung außerhalb des Körpers wird Unverdauliches gar nicht aufgenommen, und es bleiben daher im Darm der Larve keine Rückstände der Mahlzeiten zurück.

Man hat in früheren Zeiten den Ameisenlöwen für ein recht schlaues Tier gehalten. Was er macht, erscheint ja auch zweckmäßig und zielbewußt. Aber es beruht auf einfachen, angeborenen Trieben und wenigen, stereotyp wiederkehrenden Reflexen. Er führt sie perfekt aus, ohne daß sie ihm gezeigt wurden und ohne daß er erst Erfahrungen sammeln muß. Man kann sein Verhalten bequem studieren, wenn man ihn durch einen raschen Griff unter den Trichter herausholt und in einen Behälter mit trockenem Sand setzt.

Zunächst wird er sich für einige Minuten totstellen. Da er in seiner Färbung dem Sande gleicht, entgeht er der Aufmerksamkeit eines Störenfriedes am besten dadurch, daß er sich ganz still hält. Aber es behagt ihm nicht lange an der freien Luft. Er bohrt sich bald wieder in den Sand ein. Hierfür ist er aufs beste gerüstet. Mit der kegelförmig verjüngten Hinterleibsspitze voran drückt er sich ruckweise in das lose Material, wobei ihm die nach vorn gerichteten Borstenkränze an den Hinterleibsringen zustatten kommen (Fig. 11). Binnen wenigen Sekunden kann er verschwunden sein. Nun aber löst der Sand auf seinem flachen Kopf den Schleuderreflex aus. Da er immer wieder den Sand über sich wegwirft, entsteht ein Trichter von zunehmender Tiefe. Das Tier dreht sich dabei langsam im Kreise, so daß sich der fortgeschleuderte Sand gleichmäßig im Umkreis verteilt und die Falle von allen Seiten zugänglich ist. *Junge* Ameisenlöwen bauen winzige Trichter. Bei großen Tieren können sie einen Durchmesser von 10 cm erreichen. Sobald die Grube eine angemessene Größe erreicht hat, widmet sich ihr Erbauer der Hauptaufgabe seines langen Larvenlebens: zu warten. Dabei lauert er regungslos mit aufgesperrten Kiefern, bis eine abstürzende Beute den Schnappreflex auslöst. Schleuderreflex und Schnappreflex sind seine Hauptaktionen und die Grundlagen seines Nahrungserwerbes. Im übrigen rührt er sich nur wenig. Bei Kälte zieht er sich etwas tiefer in den Boden zurück.

Wir brauchen ihn wegen seines eintönigen Lebens nicht zu bemitleiden. Langeweile empfindet wohl nur, wer auch die Kurzweil kennt.

Das Netz der Kreuzspinne

Kreuzspinnen und viele ihrer Verwandten bauen sich vornehme Wohnungen. Sie bestehen aus reiner Seide. Diese brauchen sie nicht einzuhandeln. Sie tragen ihre eigene Seidenfabrik im Leibe; eine großartige Fabrik, die den dicken Hinterleib der Spinne fast ganz ausfüllt. Sie besteht aus sechs Paar Drüsen, die ihre Seide unabhängig voneinander abgeben können. Die Mündungen liegen am Hinterende des Spinnenkörpers an den »Spinnwarzen«, die aus rückgebildeten Extremitäten hervorgegangen sind (Fig. 13). Je nach Bedarf läßt die Spinne aus einer bestimmten Drüsen-

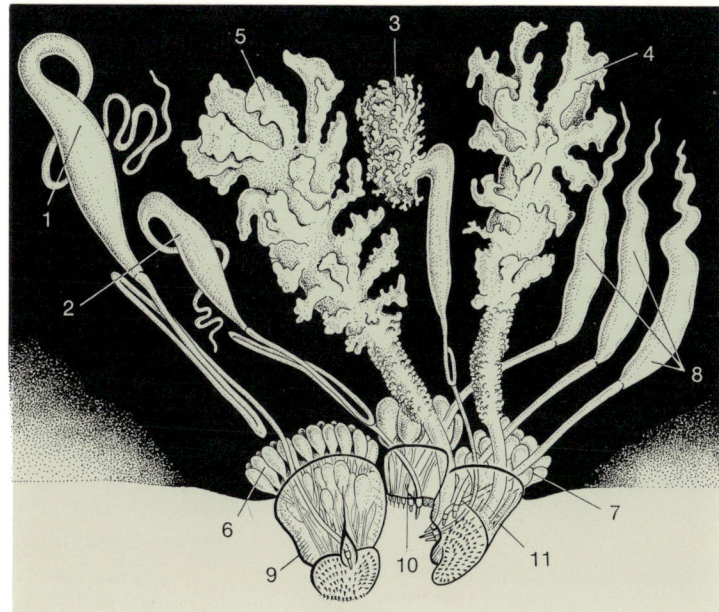

Fig. 13 Spinndrüsen einer großen tropischen Spinne (Nephila madagascariensis). Es sind nur die Drüsen der rechten Körperseite dargestellt, der ganze Spinnapparat ist also doppelt so groß. Die Ampullendrüsen (1,2) liefern den trockenen Faden, an dem sich die Spinne im Netz bewegt oder an dem sie sich abseilt und wieder hinaufklettert. Der Klebfaden entsteht durch das Zusammenwirken von zweierlei weiteren Drüsen: die Fadendrüse (3) gibt den Grundfaden ab, der gleichzeitig von den Leimdrüsen (4, 5) mit Klebstoff überzogen wird (vgl. Bild 15, Seite 45). Von den übrigen Drüsen liefert: 6 Klebstoff für die Befestigung trockener Fäden an einer Unterlage, 7 einen Schwall allerfeinster Fäden zum Einwickeln und Fesseln der Beute, 8 das Gespinst für den Eikokon, 9, 10 und 11 sind die vordere, mittlere und hintere Spinnwarze der rechten Körperseite.

sorte das Sekret als Spinnfaden austreten. Er besteht immer aus Seide (einem Eiweißstoff), hat aber je nach der Drüsensorte verschiedene Beschaffenheit und verschiedene Aufgaben. Das ganze Drüsenpaket ist so verwickelt, daß es an unserer nicht sehr großen Kreuzspinne schwer zu studieren ist. Aber an einer tropischen Radnetzspinne aus Madagaskar (Nephila madagascariensis) sind alle Einzelheiten gut zu erkennen. Diese Gigantin unter den Radnetzspinnen kann mit ausgestreckten Beinen einen Handteller

umfassen. Ihr Spinnapparat gleicht im Bau dem der Kreuzspinne. Die Fig. 13 zeigt die Drüsen der rechten Körperseite mit ihren Ausmündungen an den drei Spinnwarzen
der rechten Körperhälfte. Dieser Anblick bietet sich, wenn
man die Spinne in ihrer Mittellinie der Länge nach durch-
teilt, die linke Hälfte entfernt und die Spinndrüsen der
rechten Seite entwirrt. Die Legende zur Zeichnung gibt an,
welchen Aufgaben die einzelnen Drüsen dienen.

Das fertige Netz einer Kreuzspinne (Fig. 14 und Bild 14,
Seite 45) dient ihr als Wohnung und zugleich als Falle für
Fliegen und andere umherschwärmende Insekten, deren
Augen die feinen Fäden nicht wahrnehmen können. In der
Regel hält sich die Räuberin tagsüber im Zentrum des
Netzes auf. Zur Wohnung gehört aber noch ein Unterschlupf
am Rande des Netzes, der oft durch angesponnene Blätter

*Fig. 14 Kreuzspinne im Netz. Die
Spinne sitzt in der Warte. Von dieser
ziehen die Speichen zum Rahmen des
Netzes. Zwischen Rahmen und Warte
liegt die klebrige Fangspirale.*

36

bei schlechtem Wetter und für die Nacht recht guten Schutz bietet.

Das Fangnetz muß klebrig sein, um seine Aufgabe zu erfüllen; die Spinne selbst darf aber nicht klebenbleiben, wenn sie in ihrem Heim sitzt oder flink über die Maschen eilt. Dem wird durch zweierlei Fäden Rechnung getragen: der zentrale Teil des Netzes, die »Warte«, wo die Spinne regungslos zu sitzen pflegt, wenn sie auf Beute lauert, besteht aus trockenen Fäden. Sie stammen aus den Ampullendrüsen (1, 2 in Fig. 13). Von der Warte ziehen gleichfalls trockene Fäden der gleichen Herkunft, die »Speichen«, strahlenförmig nach dem äußeren Netzrahmen. Zwischen Rahmen und Warte liegt die »Fangspirale«, deren klebriger Faden an den Speichen befestigt ist (Fig. 14). Er stammt aus zweierlei Drüsen: die Fadendrüse (3) liefert den Grundfaden, der bei seiner Absonderung mit dem Klebstoff aus den Leimdrüsen (4, 5) überzogen wird. Gleich nach dem Austritt zieht sich der Klebstoff zu Perlen zusammen (Bild 15, Seite 45). Dieser Klebstoff ist es, an dem Fliegen und andere, nicht allzu große Insekten bei Berührung des Netzes unfehlbar hängenbleiben. Bewegt sich die Spinne durch das Netz, so greift sie in die trockenen Fäden und vermeidet es geschickt, den Klebfaden zu berühren. Zwei Umstände kommen ihr hierbei zustatten: ihre Fußspitzen tragen Häkchen und Borsten (Fig. 15), mit denen sie an den dünnen, aber festen Fäden sicheren Halt findet. Überdies aber bemerkt man bei genauer Betrachtung des Netzes, daß es nicht lotrecht, sondern etwas schräg im Raum steht. Die Spinne sitzt an seiner Unterseite, bewegt sich hangelnd und vermeidet so um so leichter ein Hineintreten in den Klebfaden.

Es ist schwer, sich in eine lauernde Kreuzspinne hineinzudenken. Aber aufgrund vieler Beobachtungen können wir mit Sicherheit sagen, daß ihre acht kleinen Augen für die Wahrnehmung der Beute keine Rolle spielen, daß aber um so wichtiger ihr außerordentlich feiner Tastsinn ist. Auch wenn sie außerhalb des Netzes im Schlupfwinkel sitzt, hält sie ein Vorderbein dauernd an einen Speichenfaden oder an einen eigens gesponnenen Signalfaden. Das Zittern der Fäden verrät ihr, daß eine Beute ins Netz gegangen ist. Ob es ein fetter oder magerer Bissen ist, erkennt sie an der Spannung der Speichenfäden. Vor allem aber kann sie ertasten, wo im Netz das Opfer hängt. Regt es sich nicht, so zupft die Spinne von der Warte aus der Reihe nach an den Fäden, um den Ort herauszubekommen. Mit erstaunlicher Geschwindigkeit findet sie ihn, eine Meisterin im Fingerspitzengefühl. Es ist für sie wichtig, rasch Bescheid zu

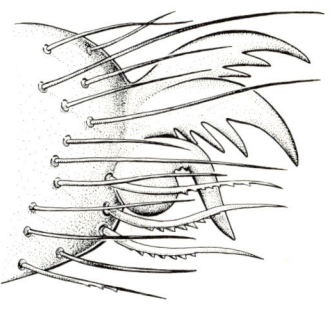

Fig. 15 Fußspitze einer Kreuzspinne, vergrößert.

wissen. Denn kräftige, große Insekten sind trotz der Klebrigkeit der Fäden nicht selten in ihren Befreiungsversuchen erfolgreich. Darum stürzt sich die Spinne sofort auf die Beute und sichert sich den Fang, indem sie einen breiten Schwall von sehr feinen Spinnfäden (wieder aus besonderen Drüsen, 7 in Fig. 13) über ihn ergießt und gleichzeitig das Opfer mit flinken Beinbewegungen so herumwirbelt, daß es nach kürzester Zeit völlig hilflos ist. Überdies versetzt sie ihm mit ihren scharfen Kiefern, an denen eine Giftdrüse mündet, einige Bisse. An dem Gift stirbt eine Fliege nach wenigen Minuten. Die eingesponnene Beute wird durch Abreißen der Fäden aus dem Netz gelöst, in die Warte getragen und dort an einem kurzen Faden aufgehängt. Die Mahlzeit vollzieht sich, wie beim Ameisenlöwen, außerhalb des Körpers durch eingespuckten Verdauungssaft, der später samt den gelösten Nährstoffen wieder aufgesogen wird. Den unverdaulichen Hautpanzer wirft die Spinne aus dem Netz.

Der Ameisenlöwe macht in seiner Lebensführung den Eindruck eines recht stumpfsinnigen Geschöpfes. Von einer Spinne kann man das nicht behaupten. Sie besitzt auch zweifellos ein gewisses Maß von Gedächtnis. Das lehrt zum Beispiel der folgende Versuch: die Spinne hat eine Fliege gefangen, das eingesponnene Päckchen in die Warte getragen und aufgehängt. Bevor sie sich an die Mahlzeit macht, schneiden wir vorsichtig den Aufhängefaden durch, so daß die Beute zu Boden fällt. Der Verlust wird von der Spinne bemerkt. Weit entfernt, ihn ruhig hinzunehmen, beginnt sie, die verschwundene Beute planmäßig zu suchen. Sie zupft der Reihe nach an den Speichen, und da sie alle unbelastet sind, läuft sie sogar an die Stelle im äußeren Bereich der Netzmaschen, wo sich die Fliege gefangen hatte. Erst nach langer vergeblicher Suche beruhigt sie sich und lauert auf das nächste Ereignis.

Bei Spinnen ist so manches anders als bei Insekten. Diese sind meistens beschwingt, eine Spinne hat niemals Flügel. Insekten haben sechs Beine, Spinnen deren acht. Insekten schlüpfen als Larven aus dem Ei und machen eine Verwandlung (Metamorphose) durch, Spinnen haben von vornherein die Gestalt der Eltern.

Schon die kleine Jungspinne fertigt ein regelrechtes Radnetz an, das freilich keine dicke Brummfliege, wohl aber etwa eine fliegende Blattlaus festhalten kann. Ohne jede Anleitung beherrscht sie die komplizierte Folge von Handlungen so gut wie ihre Mutter und wird dabei auch durch allerlei Anpassungen den lokalen räumlichen Verhältnissen gerecht.

Wie entsteht nun eigentlich das Spinnennetz? Seinen Bau in allen Einzelheiten zu verfolgen, ist nicht leicht, und die Geduld des Lesers wäre wohl früher zu Ende als unsere Schilderung. Wir beschränken uns darum auf die wichtigsten Schritte im Netzbau und zeigen nur, nach welchem Prinzip gearbeitet wird.

Angenommen, eine Kreuzspinne sitzt an einem Baumstamm. Um ein frei hängendes Netz bauen zu können, muß sie zunächst eine Brücke zu einem anderen festen Gegenstand schaffen. An ihrem Hinterleibsende sitzen die kegelförmigen Spinnwarzen, aus denen sie die Seidenfäden wie aus feinsten Düsen austreten lassen kann. Sie reckt nun den Hinterleib in die Luft, gibt etwas Spinnstoff ab und spreizt dabei die beweglichen Spinnwarzen auseinander, so daß aus den Faserbüscheln ein kleiner Fächer, eine Art Segel, entsteht, der von der leisesten Luftströmung erfaßt wird. Gleich darauf legt sie die Spinnwarzen zusammen; die weiteren Absonderungen vereinen sich zu einem einzigen Faden, den sie schießen läßt. Mit dem Segel voran zieht er aufs Geratewohl davon. Hat sie ins Leere geschossen, so holt sie den Faden wieder ein und frißt ihn auf, um ihre Spinnsubstanz nicht zu vergeuden. Dann versucht sie ihr Glück aufs neue. Trifft der Faden zufällig auf einen Ast oder einen anderen festen Gegenstand, so bleibt er dort kleben; die Spinne befestigt ihn auch diesseits und hat die erste Brücke geschaffen, die sie sogleich beschreitet – aber auf eine höchst eigenartige Weise: sie beißt den Faden durch und hält die beiden Enden mit den Vorder- und Hinterbeinen fest, so daß ihr Körper als Schwebebrücke zwischen ihnen hängt. Vorwärts laufend, läßt sie hinten neuen Spinnstoff austreten, während sie vor sich das andere Ende aufhaspelt. Indem sie hinter sich mehr Faden ausschießt als sie vorn aufhaspelt, verlängert sie ihn, und die Brücke sackt nach unten durch (Fig. 16, a). In der Mitte angekommen, klebt sie die Fadenenden zusammen und läßt sich zu Boden sinken (Fig. 16, b). Dann läuft sie eine kleine Strecke quer (in Fig. 16, b auf den Beschauer zu oder von ihm weg) und befestigt den Faden am Boden. Hiermit sind die drei ersten Speichen des späteren Netzes entstanden und zugleich ist durch den kleinen Quergang jene etwas schräge Stellung des späteren Netzes gesichert, die für die hangelnde Fortbewegung wichtig ist.

Der nächste Schritt liefert den ersten Teil des Netz-*rahmens*. Man muß sehr aufpassen, um zu erkennen, wie er zustande kommt. Die Spinne ist wieder nach der künftigen Mitte des Netzes hinauf und von dort nach A gelaufen (Fig. 16, c). Da sie auf allen ihren Wegen ununterbrochen

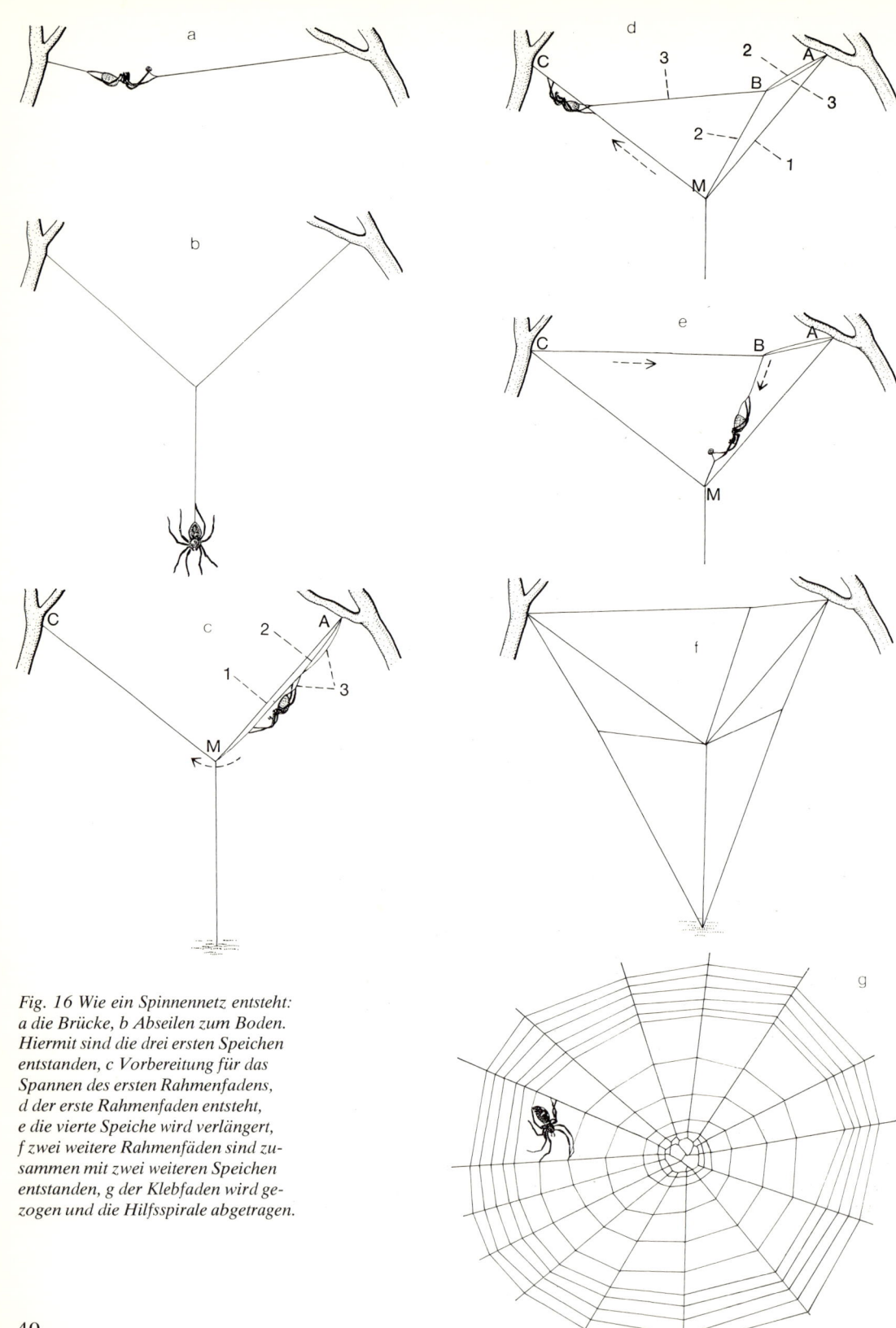

Fig. 16 Wie ein Spinnennetz entsteht:
a die Brücke, b Abseilen zum Boden.
Hiermit sind die drei ersten Speichen
entstanden, c Vorbereitung für das
Spannen des ersten Rahmenfadens,
d der erste Rahmenfaden entsteht,
e die vierte Speiche wird verlängert,
f zwei weitere Rahmenfäden sind zusammen mit zwei weiteren Speichen
entstanden, g der Klebfaden wird gezogen und die Hilfsspirale abgetragen.

einen Faden austreten läßt, ist diese Speiche nun doppelt. Auf dem Doppelfaden läuft sie ein Stückchen zurück, so daß er dreifach wird, dann hält sie an und macht etwas scheinbar Sinnloses: sie verklebt den neu gesponnenen dritten Faden mit dem zweiten (Fig. 16, c). Alsbald zeigt sich, wozu das gut war. Während sie über M nach C weiterläuft, wird sie sparsamer mit der Abgabe des neuen Fadens. Sie strafft ihn dadurch, zieht ihn mit der Klebestelle vom ersten Faden weg und klebt den Faden 3 bei C fest (Fig 16, d). Hiermit ist eine neue Speiche (BM) und zugleich ein Teil des Rahmens entstanden. Dieser hat aber noch einen Schönheitsfehler, da er zu stark gespannt und eingeknickt ist. Das läßt sich korrigieren: die Spinne läuft nach B zurück und verlängert den Faden BM nach der uns schon bekannten Methode: sie beißt ihn durch und ersetzt ihn durch einen längeren, während sie als lebende Brücke von B nach M läuft (Fig. 16, e). In gleicher Weise entstehen weitere Rahmenfäden stets in Verbindung mit einer neuen Speiche. Nun ist das Grundgerüst des späteren Netzes schon erkennbar (Fig. 16, f). Weitere Speichen kommen hinzu, und indem sie im Zentrum durch Querfäden untereinander verbunden werden, gestaltet sich dort die spätere Warte.

Jetzt fehlt noch die Hauptsache: der Klebefaden, an dem sich die Insekten fangen sollen. Um ihn anzubringen, muß die Spinne erst eine »Hilfsspirale« aus einem trockenen Faden ziehen. Sie macht das in vier bis fünf Rundgängen, während sie von Speiche zu Speiche klettert. Außen angekommen, wendet sie um und zieht, nunmehr von außen nach innen fortschreitend, zwischen den soeben hergestellten weitläufigen Umgängen des trockenen Fadens die sehr viel engere Spirale des Klebfadens. Sie bewegt sich hierbei von Speiche zu Speiche auf der Hilfsspirale und beißt deren Stücke heraus, soweit sie mit dem Fortschreiten der Arbeit entbehrlich geworden sind (Fig. 16g). Früh am Morgen hat sie die Arbeit begonnen, und wenn die warme Sonne das Insektenvolk zum Fliegen verlockt, ist ihr Werk vollendet.

Wer aber denkt, nun könne die Spinne müßig sein und Tag für Tag die Früchte ihres Fleißes ernten, befindet sich im Irrtum. Die leimige Beschaffenheit des Klebfadens hält nicht lange vor, so daß das Netz nach ein bis zwei Tagen erneuert werden muß. Nur der Rahmen oder seltener auch die Speichen werden wieder benützt. Neue Bautätigkeit kann auch schon früher erforderlich werden. Gerät eine stürmische Brummfliege oder eine dicke Hummel ins zarte Netz, so gibt es leicht eine Verwüstung statt einer fetten Mahlzeit. Dann macht sich die Spinne sofort an die Reparatur, wobei sie wieder mit dem Tastsinn der Beine feinfühlig die Stellen herausfindet, die des Flickens und neuer Verspannungen bedürfen.

Spinnen mit anderen Jagdmethoden

Verschiedene Spinnen – man kennt ja deren etwa 20 000 Arten – bauen verschiedene Netze. Doch gibt es unter ihnen auch solche, die sich als freizügige Jäger auf ihre Beute stürzen, wie die Wolfsspinnen oder die kleinen, zierlichen Springspinnen. Ihre Augen sind besser entwickelt als jene der Netzbauer. Aber auch sie können das Spinnen nicht lassen. Springspinnen schaffen sich ein lose gesponnenes Netz als Unterkunft für die Nacht. Wolfsspinnen, die man an Seeufern häufig umherlaufen sieht, fallen auch dem Laien auf, wenn sie unter dem Hinterleib einen weißen Kokon tragen; in diesem Gespinst sind ihre Eier untergebracht.

Andere Spinnen verstecken ihren Kokon irgendwo, statt ihn mit sich zu tragen. Manche befestigen ihn frei sichtbar an einem Blatt oder anderen Gegenstand. Bei einer im Boden lebenden Röhrenspinne *(Agroeca brunnea)* hat er durch seine zierliche Gestalt und schneeweiße Farbe die Phantasie der Menschen angeregt, denn sie gaben ihm den Namen »Feenlämpchen« (Bild 16, Seite 45). Der Stiel wird an einem Grashalm oder an einem Krautstengel angeheftet. Im bauchigen Behälter, der etwa 0,5 cm breit ist, findet man ungefähr 50 Eier. Ein so hell glänzender Kelch ist durch seine Auffälligkeit gefährdet. Aber sein Aussehen ändert sich schnell. Die Mutter holt mit ihren Mundteilen Erd- oder Lehmklümpchen vom Boden und überzieht das Seidenhäuschen mit einer dunklen Kruste, die sie mit Gespinstfäden vor dem Abbröckeln schützt. Rasch wird aus der strahlenden Feenlampe ein kleiner Schmutzklumpen, der nicht mehr verräterisch wirkt (Bild 17, Seite 45).

Es gibt eine Spinne, die ihr ganzes Leben im Wasser verbringt und dabei doch ein Lufttier bleibt: die Wasserspinne *(Argyroneta aquatica)*. Man kann sie in stehendem oder langsam fließendem Wasser in Gräben und Weihern in ganz Europa und Asien antreffen. Sie führt stets einen Luftvorrat mit sich, der als silberner Mantel Hinterleib und Unterbrust umhüllt und fest am Haarpelz der Spinne haftet (Bild 18, Seite 46). Zur Erneuerung der Atemluft braucht sie nur etwa einmal am Tag zur Oberfläche aufzusteigen. Ihr Wohnsitz ist ein kleiner Luftballon, den sie zwischen Wasserpflanzen oder versunkenen Ästchen errichtet. Er wird durch ein Netzwerk von Fäden festgehalten, die sie zuvor gesponnen hat. Zur Füllung steigt sie zum Wasserspiegel auf, kreuzt die Hinterbeine über dem nach oben gestreckten Hinterleib und nimmt so eine Blase mit nach unten, die sie unter dem Gespinst mit den Hinterbeinen abstreift. Hat sie das ein dutzendmal wiederholt, so ist eine Luftglocke von etwa 2 cm Durchmesser entstanden. Wo feste Ästchen oder Wurzelwerk zur Verankerung dienen, kann die Halbkugel dadurch etwas aus der Form gebracht sein. Von diesem Wohnsitz aus oder auf Streifzügen durch die Umgebung erjagt sie Wasserasseln, Wasserinsekten oder andere Beute.

In starkem Gegensatz zu solchem Wasserschloß oder zum luftigen Reich einer Kreuzspinne steht das Heim anderer Spinnen, die eine Röhre im Boden bewohnen – und dies ist nicht minder interessant. Ein mit Seide tapeziertes Rohr mit verschließbarem Eingang ist keine schlechte Einrichtung. Die Familie der Falltürspinnen *(Ctenizidae)* ist in den Tropen und Subtropen daheim, kommt aber auch im Mittelmeergebiet vor. Hier lebt *Nemesia cementaria*, die wir als Beispiel herausgreifen. An einem trockenen Bodenhang legt sie einen röhrenförmigen, schräg in die Tiefe verlaufenden Gang an (Fig. 17), den sie mit Speichel und Erd-

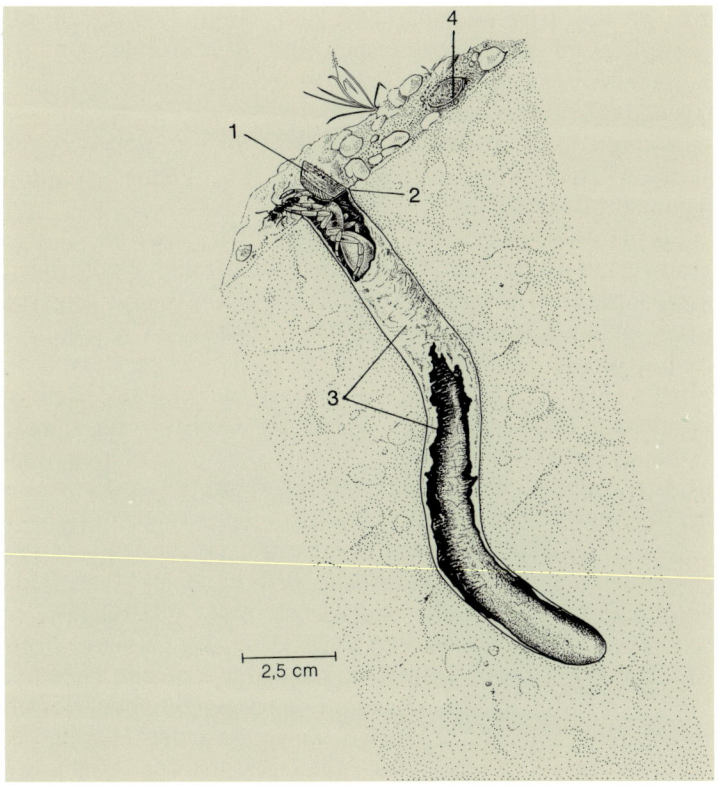

2,5 cm

Fig. 17 Wohnröhre der Falltürspinne (Nemesia cementaria), an einem trokkenen, schräg abfallenden Hang. Die Spinne saß auf Lauer unter dem leicht geöffneten Deckel (1) und hat soeben eine Ameise ergriffen. (2) Gelenk der Falltür. Die Röhre und teilweise auch ihre Gespinstauskleidung (3) sind längs aufgeschnitten. Oberhalb von dieser Wohnröhre liegt eine andere, von der nur der geschlossene Deckel zu sehen ist (4).

krümeln ausmauert und mit Spinnfäden bekleidet, besonders dicht im vorderen Teil, nahe der Öffnung. Für das Eingangsloch webt sie einen dicken Deckel. Dieses Gespinstpolster ist mit einem Scharnier aus starker Seide am oberen Rand des Eingangs befestigt, so daß sich die Tür aufklappen läßt und durch ihr eigenes Gewicht, das durch eingesponnene Erdkrümel erhöht ist, wieder zufällt. Der breite Rand der Falltür ist nach innen konisch verjüngt und paßt genau in die Röhrenmündung. Weder Licht noch Regenwasser können eindringen. Die Außenseite des Deckels wird immer mit Bodenmaterial aus der unmittelbaren Umgebung getarnt, so daß sie sich nicht abhebt und der Eingang kaum erkennbar ist (Bild 19a bis c, Seite 46). Die Spinne kann ein Alter von zehn Jahren erreichen. Während ihres ganzen Lebens bewohnt sie die finstere Röhre, ohne sie jemals zu verlassen. Beim Sprung nach einer Beute kommt sie zwar heraus, aber auch dann nur so weit, daß sie mit den Spitzen der Hinterbeine noch in der Röhrenmündung verankert bleibt. Man kann sie auch hervorlocken, wenn man den Deckel weit aufmacht und mit der Spitze einer Nadel befestigt (Bild 19a, Seite 46). Dann erscheint sie im Eingang, um zu sehen, was los ist, und versucht vergeblich den Deckel zuzuziehen. Erst nachdem sie ganz hervorgekommen ist, gelingt es ihr, ihn freizumachen und zu schließen. Dr. Fr. Schremmer war so freundlich, diese Aufnahmen zur Verfügung zu stellen.

Während die Weibchen seßhaft bleiben, verlassen die reifen Männchen zur gegebenen Zeit ihre Wohnröhren und gehen auf Brautsuche.

Die Falltürspinnen sind Nachtjäger. Tagsüber bleibt ihre Haustür zu. Wenn es Abend wird, was ihnen ihr Zeitsinn sagt, lupfen sie ab und zu die Tür ein wenig und schauen nach, ob es schon dunkel ist. Dann halten sie die Falltür halb geöffnet und strecken die beiden vorderen Beinpaare hinaus (Fig. 17). Stundenlang können sie so, ohne sich zu regen, auf Insekten lauern. Wenn ein solches – meist eine Ameise – nahe vorbeikommt, springt die Spinne blitzschnell hervor, ergreift es und zieht sich sofort wieder in die Röhre zurück, deren Tür von selbst zufällt.

Vor jeder Häutung wird der Deckel von innen fest zugesponnen, so daß die gefährliche Zeit, in der der feste Panzer abgeworfen und der neue noch nicht erhärtet ist, in Sicherheit verbracht werden kann. Vor der Eiablage wird die Tür für längere Dauer verschlossen und der Eikokon am Grunde der Röhre bewacht. Die jungen Spinnen bleiben mindestens ein Jahr, zuweilen länger, mit der Mutter gemeinsam in der Röhre. Wer es mit den rechten Augen be-

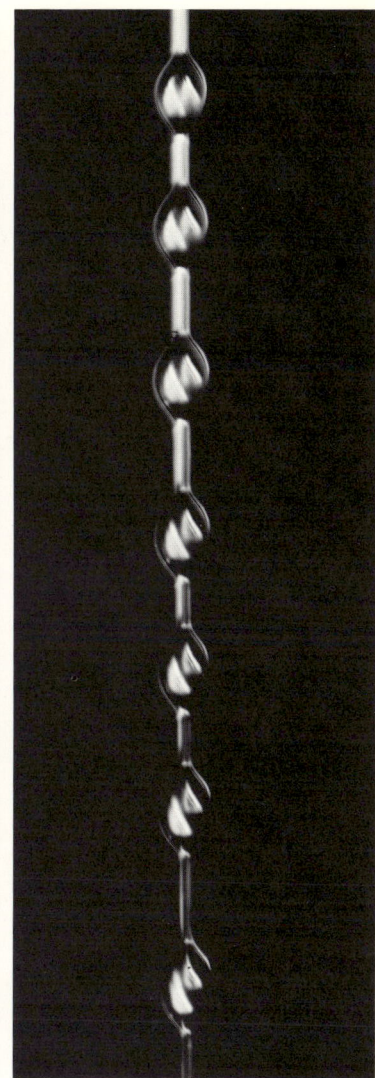

Bild 14 Spinnennetz am frühen Morgen. Täglich sind Schäden zu reparieren, oder es muß das ganze Netz neu gesponnen werden. (Zu Seite 36)

Bild 15 (rechts oben) Klebefaden aus dem Netz der Radnetzspinne Nephila, sehr stark vergrößert. Auf dem Grundfaden hat sich der Klebstoff zu Tröpfchen zusammengezogen. (Zu Fig. 13 und Seite 35 und 37)

Bild 16 Feenlämpchen nennt man diese gestielte Glocke aus Seide. Eine Spinne hat sie als Schutzhülle ihrer Eier geschaffen. (Zu Seite 42)

Bild 17 (rechts) Kaum ist das Feenlämpchen fertig, wird es von der Spinne mit Erdklümpchen, die sie einzeln vom Boden holt, getarnt. (Zu Seite 42)

Bild 18 Der Wohnsitz der Wasserspinne: eine Luftglocke unter Wasser,
durch ein Netz von Spinnfäden festgehalten. (Zu Seite 42)

Bild 19a (unten links) Die Falltür der
Wohnröhre von Nemesia cementaria
wurde extrem weit geöffnet und mit der
Spitze einer Nadel (rechts oben sichtbar)
befestigt. Die Spinne kommt hervor,
um zu sehen was los ist, und versucht
vergeblich, den Deckel zu schließen.

Bild 19b und c (Mitte und rechts)
Erst nachdem die Spinne ganz hervor-
gekommen ist, gelingt es ihr, den
Deckel freizumachen und zuzuziehen.
(Zu Seite 44)

Bild 20 Eine Köcherfliegenlarve, die Steinchen und Schneckenschalen an ihr Häuschen angesponnen hat. (Zu Seite 51)

Bild 21 Minengänge der Raupe eines Kleinschmetterlings im Inneren eines Blattes. (Zu Seite 54)

Bild 22 Sackspinnerraupe, kriechend. (Zu Seite 55)

Bild 23 Sackspinnerraupe an einem Halm. (Zu Seite 55)

Bild 24 Die Eier einer Florfliege (Chrysopa flava) sind durch lange Stiele vor der Entdeckung durch Ameisen einigermaßen geschützt. (Zu Seite 59)

Bild 25 Larve der Schaumzikade bei der Schaumbereitung. (Zu Seite 58)

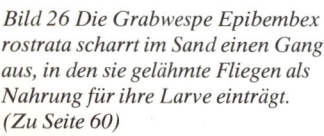

Bild 26 Die Grabwespe Epibembex rostrata scharrt im Sand einen Gang aus, in den sie gelähmte Fliegen als Nahrung für ihre Larve einträgt. (Zu Seite 60)

trachtet, wird in dieser Wohnung mit ihrer Seidentapete und kunstvollen Tür eher ein trauliches Heim für die Spinnenfamilie sehen als ein düsteres Loch.

Fangreusen unter Wasser

Nicht nur Spinnen, auch Insekten können Seide erzeugen. Der Seidenspinner wird ja deshalb seit langen Zeiten vom Menschen gezüchtet. Er liefert uns die Naturseide, von der man durch Grabungsfunde weiß, daß sie die Chinesen schon vor dreieinhalb Jahrtausenden besessen und in hoch entwickelter Webetechnik verarbeitet haben. Wirtschaftlich war die Naturseide von weltweiter Bedeutung, bis sie durch die Kunstseide entthront wurde.

Bei Spinnen münden die Spinndrüsen am Hinterende des Körpers, bei Insekten sind sie umgewandelte Speicheldrüsen, die am Munde nach außen führen und nur den Larven zukommen. Nicht selten kann man bei einem Spaziergang im Wald eine kleine Raupe bemerken, die einen Spinnfaden aus dem Munde läßt und sich an diesem aus dem Blätterdach nach unten abseilt. In ungepflegten Obstgärten trifft man oft gesellig lebende Raupen, die ihre Seidenfäden als Baustoff für ein wirres Wohngespinst gebrauchen oder, bei anderen Arten, einen urnenförmigen Beutel weben, der ihnen als Schutzraum zu gemeinsamem Aufenthalt dient. Viele aber, und so die Raupen des Seidenspinners, fertigen vor der Verpuppung mit kreisenden Bewegungen von Kopf und Vorderkörper aus dem Faden den Kokon, in dem sie ihre Puppenruhe verbringen. Zahlreiche Runden haben sie zu drehen, denn ein einziger Kokon hat eine Fadenlänge von 3 bis 4 Kilometern. Man kann danach ermessen, wie fein der Faden ist.

Daß es auch Insektenlarven gibt, die im Wasser kunstvolle Fanggeräte aus Seide weben, wird nur wenigen bekannt sein. Fig. 18 zeigt als Beispiel die Fangreuse einer Köcherfliegenlarve. Die »Köcherfliegen« sind keine Fliegen, sondern bilden eine Insektenordnung (Trichoptera), die den Schmetterlingen nahe steht. Die voll entwickelten, geflügelten Tiere wird der Unkundige in ihrem unscheinbaren graubraunen Kleid vielleicht für Nachtfalter halten. Man trifft sie häufig in der Nähe von Gewässern, in denen ihre raupenähnlichen Larven ihr Leben verbringen. Die Mehrzahl von ihnen baut sich köcherförmige Gehäuse (vergl. Fig. 19 Mitte, Seite 52), wonach sie ja Köcherfliegen heißen. Aber die Herstellerin der Fangreuse (Fig. 18) bedarf keines solchen Schutzes. Wohlgeborgen sitzt sie in der Tiefe ihres Trichters, den sie in langsam strömenden Bächen baut und an Wasserpflanzen oder Zweigen verankert. Das strömende Wasser

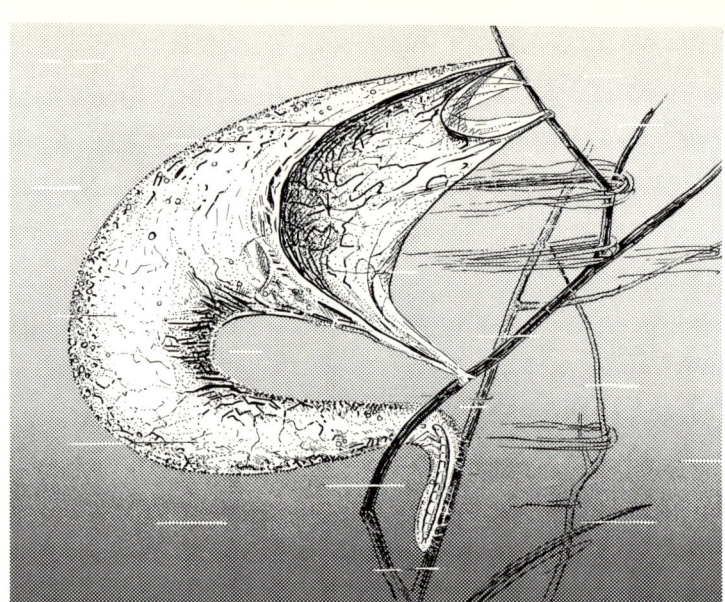

Fig. 18 Fangreuse, aus Seidenfäden gesponnen. Die Herstellerin, die Larve einer Köcherfliege (Neureclipsis bimaculata), sitzt im verengerten Ende des Trichters. Etwa natürliche Größe.

hält die Reuse offen und trägt allerhand kleine Lebewesen in den Trichter, dessen Wände die Larve von Zeit zu Zeit in aller Ruhe abweiden kann.

2. Man baut sich ein Wohnhaus

Die Larven der Köcherfliegen

Es war im letzten Jahrzehnt des vorigen Jahrhunderts. Am Rande einer Großstadt gab es noch Tümpel und Altwässer, die leider von der wuchernden Zivilisation bald verschüttet werden sollten. Ein kleiner Bub lag bäuchlings am Ufer und beobachtete regungslos das Gewirr von Wasserpflanzen, vermodernden Blättern und Schilfresten, die den Boden des flachen Weihers bedeckten, ob nicht neben den Kaulquappen, Wasserschnecken und anderen Kleintieren etwas Neues für seine Aquarien zu holen wäre. Wie staunte er, als da und dort Ästchen und anderer toter Abfall sich zu rühren begannen und langsam davonwanderten. Nur bei scharfem Zusehen konnte man bemerken, daß es Wohnröhren waren und daß am einen Ende Kopf und Beine einer Insektenlarve herausragten, die den Schutzköcher wie ein Schneckenhaus mit sich trug und ihren weichen Hinterleib darin geborgen hielt.

Im vorigen Abschnitt war von den Fangreusen gewisser Köcherfliegenlarven die Rede. Aber jene Fallensteller bilden eine Ausnahme. Viel zahlreicher sind andere Arten, die Köcherbauer, die zur Bezeichnung dieser Insektenordnung als Köcherfliegen Anlaß gaben. Schon bald nach dem Schlüpfen aus dem Ei weben sie sich ein seidenes Röhrchen. Den Stoff liefern ihre Speicheldrüsen, genau wie bei ihren nächsten Verwandten, den Reusenfabrikanten, oder beim Seidenspinner und anderen Schmetterlingsraupen. Aber alsbald beginnen sie, diese Seidenröhre außen mit festerem Material zu belegen. Mit ihren Beinen und scharfen Kiefern ergreifen sie zum Beispiel Pflanzenreste, schneiden sie zurecht und spinnen sie am Röhrchen an. Gebaut wird nur an der Mündung der Röhre, in Reichweite der Kiefer und Beine. Der Hinterkörper bleibt dauernd im Schutz des Köchers (Fig. 19a, Seite 52 und Bild 20, Seite 47).

Ein Sammler der eigenartigen Köcher – es gibt solche unter den Insektenfreunden – kann an der Fülle des Gebotenen ähnliche Freude erleben wie ein Markensammler an seinen Schätzen. Verschiedene Arten fügen die Bausteine ihrer Wohnungen jeweils in typischer Weise aneinander. Während die eine Art Aststückchen parallel zur Längsachse des Röhrchens anordnet, setzt sie eine andere quer, wieder eine andere ordnet sie zu einer Spirale oder ungeregelt aneinander. Eine japanische, in Wildbächen vorkommende Art befestigt ihren Larvenköcher mit dem verbreiterten Ende eines langen krummen Fortsatzes an einem Stein (Fig. 21, Seite 56, obere Reihe). Kann also sozusagen der Baustil verschieden sein, so ist noch auffälliger die Verschiedenheit der gewählten Baustoffe. Die einen benützen tote Pflanzenteile, andere Sandkörnchen oder Steinchen, auch die leeren Schalen von kleinen Muscheln und Schnecken werden zum Bau verwendet, wobei es passieren kann, daß eine bewohnte Schneckenschale ergriffen und am Bauwerk festgesponnen wird, so daß die Bewohnerin dem langsamen Hungertod preisgegeben ist.

Freilich kann nicht immer der beliebteste Baustoff gewählt werden, weil er nicht immer vorhanden ist. Man ist auf das beschränkt, was die Nachbarschaft bietet. Gerade dadurch fügen sich aber die Gehäuse so harmonisch in ihre Umgebung ein, daß die Insassen vortrefflich getarnt sind.

In der Regel verbringt eine Larve ihr ganzes Leben im gleichen Köcher. Je mehr sie heranwächst, desto geräumiger muß natürlich die Röhre gestaltet werden, um genügend Platz zu bieten. Am hinteren Ende bröckelt der zu eng gewordene Köcher allmählich ab. Besonders widerstandsfähiges Material bleibt besser erhalten und legt dann Zeugnis ab vom Wachstum der Hausbesitzerin im Laufe ihres Lebens. Am besten ist für die Erhaltung auch der ältesten Teile gesorgt, wenn die Röhre in Windungen nach Art eines Schneckenhauses gebaut wird. So entstehen die merkwürdigen kleinen Wohnhäuschen der Gattung *Helicopsyche* (5 in

Fig. 21), die in den Tropen heimisch ist, aber auch im Lake Mendota in Nordamerika und in Südeuropa gefunden wurde.

Köcherfliegenlarven gibt es in Tümpeln und Seen, in Strömen und Flüßchen und rauschenden Bächen. Es ist verständlich, daß das Baumaterial auch zu den Launen des Wassers passen muß. Leichte Köcher, aus Schilfrohr- oder Blattstückchen zusammengefügt, sind für stille Wässer tauglich. Arten, die in bewegtem Wasser leben, verwenden gern gewichtigeres Material und belasten die Röhren oft noch zusätzlich mit größeren angesponnenen Steinchen.

Die Larven führen ein geruhsames Leben in ihren mit Seidenstoff austapezierten Köchern. Eile ist ihnen fremd. Solche wäre auch nicht gut möglich, denn die Wohnröhren sind für rasche Fortbewegung auf dem Boden eine arge Behinderung. Eile ist aber auch nicht nötig, denn diese Tiere sind keine Räuber, die eine Beute erhaschen müssen. Sie nähren sich zumeist von lebenden und toten Pflanzenteilen, von denen sie genug an ihren Wohnplätzen vorfinden. Werden sie gestört, so ziehen sie auch Kopf und Beine in

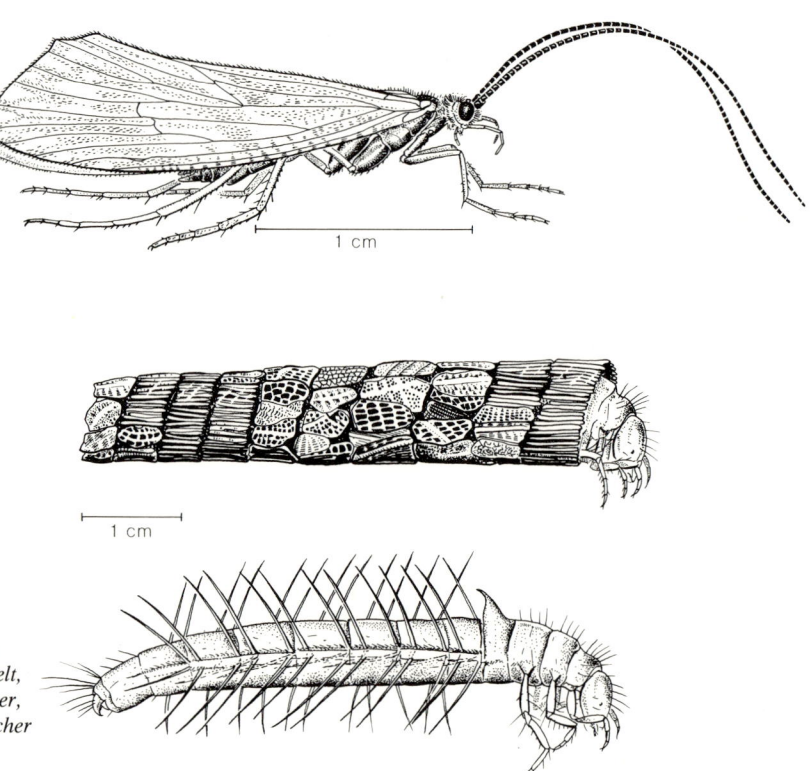

Fig 19 a Köcherfliege (Gattung Phryganea) oben: voll entwickelt, Mitte: die Larve in ihrem Köcher, unten: die Larve aus ihrem Köcher herausgenommen. Die langen Körperfortsätze sind Kiemen.

1 cm

1 cm

den Köcher zurück. Versucht man, sie daraus hervorzuholen, so erweist sich das als fast unmöglich. Mit Höckern ihres Körpers drücken sie sich von innen gegen die Wand und mit zwei Häkchen am Hinterende verankern sie sich und bieten so äußersten Widerstand. Es ist ein wohlbegründeter Instinkt. Denn wenn sie sich herauszerren ließen, würde es unter natürlichen Umständen den Tod ihres saftigen Körpers im Magen eines Feindes bedeuten.

Nach vollendetem Wachstum verpuppt sich die Larve im Köcher. Zuvor befestigt sie diesen mit Spinnfäden am Boden oder an Pflanzen, zuweilen beschwert sie ihn noch durch Anspinnen größerer Steinchen (Fig. 19b) oder sie sucht ein

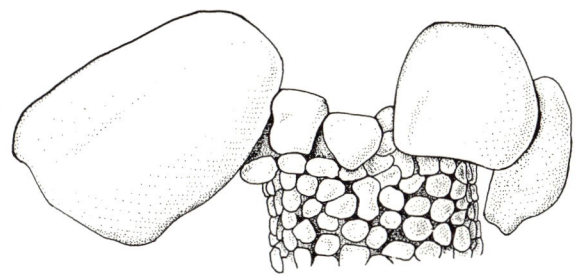

Verlassen auf, etwa eine Spalte im Boden. Die Mündung der Röhre kann sie durch eine Membran verschließen, in der aber ein Schlitz dem Wasser freien Zutritt läßt (Fig. 19b, rechts). Denn auch die Puppe benötigt zum Leben den im Wasser enthaltenen Sauerstoff. Nachdem so alle Vorkehrungen für eine ungestörte Puppenruhe getroffen sind, erfolgt die Umwandlung zum geflügelten Insekt, das nach wenigen Wochen aus der Puppe schlüpft und zum Luftbewohner wird (Fig. 19a). Da fallen die Tiere im Sommer durch ihr massenhaftes Auftreten und ihren schwerfälligen Flug zuweilen auch dem Laien auf. Ihre kunstvollen Köcher aber kennt er kaum, und schon gar nicht deren Zusammenhang mit den flatternden Gestalten.

Fig. 19b Puppenköcher einer Köcherfliege, die in rasch fließendem Wasser lebt (Sericostoma personatum). Links: zum Beschweren werden größere Steinchen an das Ende des Köchers angesponnen. Rechts: Aufsicht auf die Verschlußmembran des Köchers mit Schlitz für das Atemwasser.

Raupenwohnungen bei Kleinschmetterlingen

Daß es Sammler gibt, für welche die Gehäuse der Köcherfliegen das Ziel ihrer Wünsche bilden, mag von manchem mit ungläubigem Kopfschütteln hingenommen werden. Daß es leidenschaftliche Schmetterlingssammler gibt, weiß ein jeder. Allerdings denkt man dabei an die schönen bunten Tagfalter oder an große dickleibige Nachtfalter, die im Freien abends um die Lampen schwirren. Mit den sogenannten Kleinschmetterlingen (*Mikrolepidoptera*), die allein etwa den vierten Teil aller bekannten Schmetterlingsarten ausmachen, verbindet der Laie kaum eine Vorstellung, und sie werden auch nur von wenigen Sammlern beachtet. Denn ihre Präparation und Artbestimmung ist schwierig.

Man sollte aber doch etwas von ihnen wissen. Sie kreuzen nicht selten unsere Wege. Oft sieht man an Rosenblättern oder anderem Laub helle, mäandrische Linien. Sie zeigen uns an, wo die Räupchen bestimmter Arten von Kleinschmetterlingen im Blatt ihre Minengänge angelegt haben (Bild 21, Seite 47). So klein sind diese Raupen, daß sie sich im Inneren des Blattes entlangfressen können, ohne die Zellen seiner oberen und unteren Deckschicht zu verletzen. Da nur die zarten, innen liegenden Zellen von den Räupchen verzehrt werden und nur diese den grünen Blattfarbstoff (das Chlorophyll) enthalten, zeichnen sich die Fraßgänge hell von der grünen Umgebung ab. Die farblose Deckschicht des Blattes liegt beiderseits über dem Tunnel, den die Larve gefressen hat. Sie findet hier nicht nur ihr tägliches Brot, sondern schafft zugleich durch die unberührten harten Deckschichten für ihre Wohnröhre ein Dach und einen Boden.

Ein »Apfelwurm« oder die Bewohnerin einer »wurmigen« Pflaume sind auch die Raupen zweier hübscher Arten von Kleinschmetterlingen. Sie nützen die Frucht als Nahrung und sicheres Quartier. Leider entwerten sie sie durch ihre Exkremente.

In weiteren Kreisen bekannt ist gewiß die Kleidermotte. Ehemals von Hausfrauen gehaßt und gefürchtet, hat sie heute viel von ihrem Schrecken verloren. Denn die große Hexenmeisterin, die moderne chemische Industrie, liefert imprägnierte Wollstoffe, die gegen Mottenfraß gesichert sind. Um keinen Irrtum aufkommen zu lassen: nicht die gelblichen Kleinschmetterlinge, die durchs Zimmer flattern, mit Unwillen verfolgt und womöglich erschlagen werden, sind die Übeltäter. Obwohl sie als voll entwickelte geflügelte Wesen mehrere Wochen leben können, nehmen sie in dieser Zeit überhaupt keine Nahrung auf, sondern zehren an den Reserven, die sie sich als Raupen angemästet haben. Diese sind die Schädlinge, denn sie nähren sich von Wolle und Federn. Auch bei ärgstem Hunger würden andere Tiere oder würden wir selbst keine Haare oder Federn schlucken. Sie sind ja durchaus unverdaulich. Aber die Raupen der Kleidermotte bilden eine Ausnahme: sie besitzen einen Verdauungssaft, der durch besondere Enzyme die Hornsubstanz, aus der Haare und Federn bestehen, zu lösen vermag. Da es sich um einen Eiweißstoff handelt, gewinnen sie wertvolle Nahrung.

Mottenmütter haben den Instinkt, ihre Eier in das Fell oder Gefieder verendeter Tiere abzulegen, wodurch sie in

freier Natur zur Müllbeseitigung beitragen. Weniger will-
kommen sind ihre Eigelege an Kleidungsstücken oder
Möbelbezügen. Aus den Eiern schlüpfen nach ein bis zwei
Wochen die Räupchen und machen sich unverzüglich an
die Arbeit. Sie sind recht seßhaft und fressen beständig
an deselben Stelle, so daß schon an einem Tag ein Loch entstehen kann. Sie richten sich auch sogleich häuslich ein,
indem sie eine Wohnröhre aus Seide bauen, die sie mit abgebissenen Haaren bekleiden. Die Röhre ist unbeweglich
am Grunde festgesponnen, aber sie brauchen nur den Kopf
herauszustrecken, um zu fressen, und wenn nichts Genießbares mehr erreichbar ist, wird die Röhre um ein Stückchen
verlängert und in nächster Nähe weitergefressen. Man
versteht, daß die Mottenlöcher so scharf umschrieben sind
(Fig. 20). War der Platz von der Mutter ungünstig gewählt,
und bietet sich nur wenig Nahrung, so verläßt die Raupe
den Köcher und wandert langsam davon. Wenn es ihr glückt,
einen besseren Weideplatz zu finden, baut sie eine neue
Wohnröhre. So kunstvoll gerät diese nicht wie bei den
Köcherfliegen.

Doch brauchen wir uns nur bei den Kleinschmetterlingen
noch etwas besser umzuschauen, um eine Familie zu entdecken, die es zu ähnlich hoher Baukunst gebracht hat wie
ihre entfernten Verwandten im Wasser, die Köcherfliegen.
Ja noch mehr: mit Überraschung stellen wir fest, daß diese
beiden Gruppen von Baumeistern, die niemals im Leben
einander begegnen, in ihrem Baustil weitgehend überein-
stimmen. Wir sprechen von der recht unauffälligen Familie
der Sackspinner *(Psychidae)*. Die Männchen sind sehr kleine,
dunkle Falter, die im geflügelten Zustand nicht länger als
zwei Tage leben. Die Weibchen sind ungeflügelt, bleiben
sitzen wo sie aus der Puppe geschlüpft sind, locken durch
ihren Duft Männchen an und legen an Ort und Stelle ihre
Eier ab. Die geschlüpften Räupchen aber beginnen sofort,
ein seidenes Röhrchen zu bauen und Pflanzenteile oder
Erde daran zu weben, um nie mehr diese Wohnung zu verlassen. Sie können mit ihr umherwandern (Bild 22, Seite 47),
wobei sie aber noch träger sind als die Köcherfliegen. Man
findet sie etwa an Baumstämmen, wo sie Flechten verzehren –
besser gesagt: man findet sie nicht oder selten. Auch ein
geübter Sammler kann sie nur schwer entdecken, weil sie
Material von ihrem Aufenthaltsort an ihren Wohnsack
weben, der dadurch sogar für die scharfen Augen hungriger
Vögel mit seiner Umgebung optisch verschmilzt. Selbstverständlich vergrößern sie die Röhre mit zunehmendem
Wachstum. Wie bei der Köcherfliegenlarve hat dabei jede
Art ihren eigenen Baustil. Ein paar Beispiele mögen zeigen,

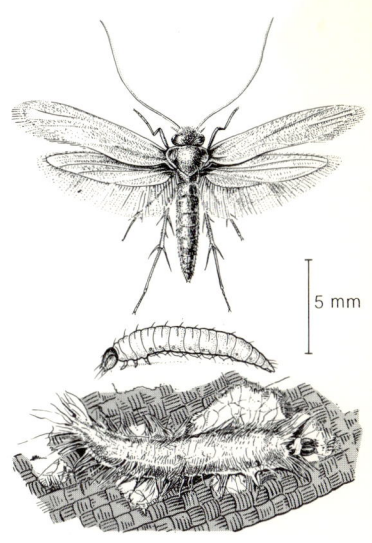

Fig. 20 Oben: Kleidermotte. Mitte: die Raupe. Unten: die Raupe in ihrem Wohnhaus.

5 mm

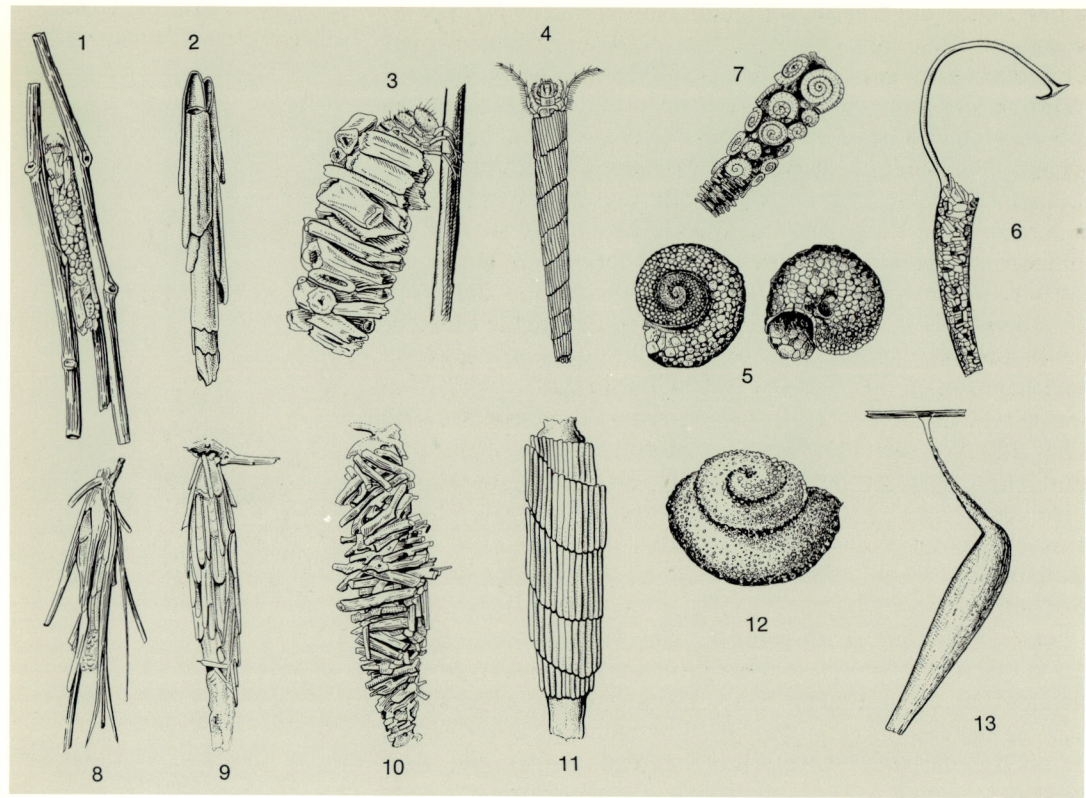

Fig. 21 Obere Reihe: Gehäuse der
Larven verschiedener im Wasser
lebender Köcherfliegen. Untere Reihe:
Gehäuse der Raupen von Kleinschmetterlingen (Sackspinner, Familie: Psychidae). Die Typen wiederholen sich in erstaunlicher Weise bei
den beiden, nicht näher miteinander
verwandten Insektengruppen.
Die Köcherfliegen: 1 Anabolia sp.,
2 Grammotaulius nitidus, 3 Limnophilus flavicornis, 4 Triaenodes sp.,
5 Helicopsyche sperata, 6 Kitagamia
montana, 7 Limnophilus flavicornis.
Die Sackspinner: 8 Basicladus tracys,
9 Oiketicus townsendi, 10 Oiketicus
platensis, 11 tropische Art, nicht best.,
12 Apterona sp., 13 Metisa sp.

wie sehr er jenem der Köcherfliegen gleichen kann. Längs-
oder quergestellte Holzstückchen finden sich hier wieder,
auch solche in fortlaufender Spirale, und es gibt auch eine
Gattung *(Apterona),* die – wie *Helicopsyche* unter den
Köcherfliegen – die Wohnröhre nach Art eines Schneckenhauses gewunden gestaltet, und eine in Nepal heimische Art,
die sie an einem langen Stiel schräg in die Luft ragen läßt
(Fig. 21, untere Reihe). *Einen* bei manchen Köcherfliegen beliebten Baustoff verwenden sie allerdings nicht: sie
wählen keine Steinchen. Solche mögen nicht immer zu
finden sein im Wohnbereich der Sackspinner-Raupen, die
sich an Flechten und Blättern aufhalten. Aber ein weiterer
Grund mag sein, daß dieses Material nur für Bewohner
des Wassers geeignet ist, das ihnen durch seine Tragkraft
einen Teil der gewichtigen Last abnimmt.

Ist es schon sonderbar genug, daß die Flügel bei diesen
Schmetterlingsweibchen verkümmert sind, so daß sie an
ihrem Sitzplatz von einem Männchen gefunden werden müssen, so gibt es noch Merkwürdigeres zu berichten: manche
Arten können auf die Männchen verzichten und ihre Eier

unbefruchtet zur Entwicklung bringen. Den Zoologen ist solches Vorkommen bei verschiedenen Tieren bekannt. Sie nennen es Jungfernzeugung *(Parthenogenese).* Ich wußte noch nichts davon, als ich in meiner Jugend mit der Anlage einer Insektensammlung begann. Aber es wurde mir sehr eindrucksvoll vor Augen geführt. Natürlich hatte ich eine Raupenzucht. Auf diese Weise erhält man ja die Schmetterlinge völlig unbeschädigt. Eines Tages fand ich eine Sackspinnerraupe, mit ihrem Häuschen auf einem Blatt sitzend, und gab sie in eine Zuchtschachtel. Nie verließ sie ihr Gehäuse; solches ist ja bei Psychiden nicht Brauch. Als sich die Raupe, von mir unbemerkt, in ihrer Wohnung verpuppt und dann in ein flügelloses Weibchen verwandelt hatte, konnte dieses in der Zuchtschachtel niemals den Besuch eines Männchens erhalten haben. Aber bei einer Nachschau fand ich in der Schachtel rund um die mütterliche Wohnung mehr als ein Dutzend winzig kleine, perfekt gebaute Raupensäckchen mit der Nachkommenschaft der verborgen gebliebenen Mutter. Wie es die Sackspinner nicht selten machen, war sie in ihrem Sack geblieben und hatte darin unter Verzicht auf männliche Einmischung ihre Eier abgelegt. Erst die geschlüpften Räupchen waren herausgewandert und hatten sofort ihre eigenen Wohnungen gebaut (Fig. 22 und Bild 22 und 23, Seite 47).

Die Schaumzikade

Ein Schutzhaus von völlig anderer Art baut sich die Schaumzikade. Zikaden erkennt man im voll entwickelten Zustand leicht an den dachförmig gestalteten Flügeln (Fig. 23 unten) und an ihrer vollendeten Springkunst. Bei einem Wiesenspaziergang sitzt einem nicht selten unversehens eine Zikade auf der Hand. Berührt man sie vorsichtig von rückwärts, so entschwindet sie mit einem mächtigen Satz und ist nicht mehr zu finden. Kinder, die noch mit einfachen Vergnügungen zufrieden sind, haben ihre Freude daran. Die Larven (Fig. 23 rechts oben) verbringen ihr Leben still sitzend an Weidenblättern, Wiesenkräutern und anderen Pflanzen, in die sie den Saugrüssel einsenken, um sich von ihren Säften zu ernähren. Man sieht sie aber nicht ohne weiteres. Sie sind von einem schützenden Schaumballen umgeben (Fig. 23, links), der zwar recht auffällig ist, aber nicht zum Hineinbeißen verlockt. Ameisen etwa, diese vernichtenden Insektenjäger, lassen die schmackhaften Zikaden unter ihrer Schaumdecke völlig unbelästigt. Entfernt man den Schaum, so werden die zarten Larven schnell eine Beute der Räuber.

Wie entsteht die Schaumhülle? Wasser haben die saugenden Larven in den Pflanzensäften reichlich zur Verfügung.

Fig. 22 Eine weibliche Sackspinnerraupe hatte sich in ihrem Wohnhäuschen verpuppt und war darin nach Ablage der Eier gestorben. Die unbefruchteten Eier entwickelten sich, die jungen Räupchen kamen heraus und bauten sich sogleich ihre eigenen winzigen Häuschen. Privatsammlung Brunnwinkl.

3 mm

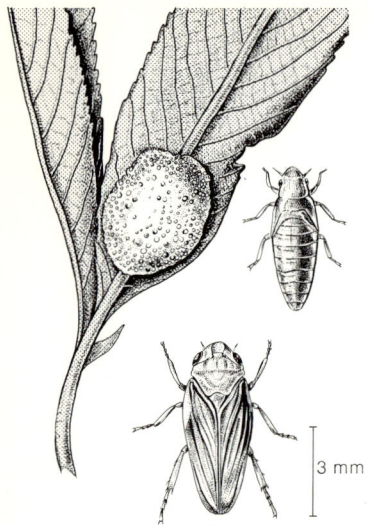

3 mm

Fig. 23 Oben links: Kuckucksspeichel auf einem Weidenblatt. Oben rechts: die Erzeugerin des Schaumes, die Larve einer Zikade. Unten: die frei lebende Zikade nach der Verwandlung.

Seinen Überschuß geben sie durch den After von sich, so daß sie sozusagen in einem Wassertropfen aus Pflanzensaft sitzen. Sie machen ihn durch ihre Atemluft zu Schaum (Bild 25, Seite 48). Um Atem zu holen, strecken sie ihre Hinterleibsspitze aus der Flüssigkeit. Durch eine Rinne an der Unterseite ihres Hinterleibes gelangt die Luft zu den Öffnungen ihrer Atemwerkzeuge, jener feinen Röhrchen *(Tracheen)*, die sich bei den Insekten im Inneren des ganzen Körpers verzweigen. Die verbrauchte Luft wird durch die Atemöffnungen nach außen in den Flüssigkeitstropfen abgegeben und erzeugt die Schaumbläschen. In gewöhnlichem Wasser zerplatzen Luftblasen rasch, wie man an jedem Wasserfall sehen kann. Für einen beständigen Schaum, etwa zum Herstellen von Seifenblasen, ist ein Zusatz erforderlich, der die Struktur der Bläschenwände in bestimmter Weise verändert. Wie das die Schaumzikaden machen, haben sie noch nicht genau verraten. Doch hat man gefunden, daß eine Absonderung ihrer Nierenkanälchen, die in den Darm münden, den Schaum festigt.

Nicht nur die Schaumzikaden haben diese ebenso einfache wie wirksame Schutzhülle erfunden. Wir werden ihr bei Wirbeltieren wieder begegnen.

3. Bauten zum Schutze der Nachkommen

Im allgemeinen sind die erwachsenen Tiere weniger gefährdet als ihre Jugendstadien. Daß von diesen auch bei hoher Vernichtungsziffer doch genug am Leben bleiben, um die Art zu erhalten, kann durch eine Massenproduktion von Nachkommen gewährleistet sein. Das ist ein primitiver und oftmals beschrittener Weg. Insekten pflegen besser vorzusorgen, indem sie ihre Eier an geschützten Stellen ablegen, wo die Larven zugleich günstige Lebensbedingungen vorfinden. Bei hochstehenden Arten, bei vielen Wespen etwa oder Bienen, wird das Leben der Brut überdies durch eine sorgsame Bautätigkeit der Mütter gesichert.

Auf einfachste Weise machen das Florfliegen (auch Goldaugen genannt, Familie der *Chrysopidae)*. Sie sind keine Fliegen, sondern gehören zur Ordnung der Netzflügler *(Neuroptera)*. Die voll entwickelten, geflügelten Tiere kann man häufig auf Blättern sitzen sehen, wo sie kaum beachtet werden. Kennzeichnend sind ihr schlanker, grüner Körper und die durchsichtigen, großen, dachförmig nach oben gestellten grün irisierenden Flügel. Das Gitterwerk ihrer Adern und andere Merkmale verraten sie dem Kundigen als Netzflügler. Bei der Eiablage läßt das Weibchen zunächst aus einer Kittdrüse des Hinterleibes einen zähen Faden austreten, der rasch zu einem Stiel für das nachfolgende Ei erhärtet. Meist steht jedes in einigem Abstand von den anderen auf einem Blatt. Bei dichter Anordnung können die Stiele einander umschlingen (Bild 24, Seite 48).

Wo richtig gebaut wird, kann sich diese Tätigkeit auf das Schaffen einer einfachen Erdhöhle beschränken, was nicht ausschließt, daß die Brutfürsorge erheblich darüber hinausgeht. Es kann auch das Bauwerk selbst durch sinnvolle, bei verschiedenen Arten oft grundverschiedene Gestaltung den Beobachter fesseln.

Wenn von »Wespen« oder »Bienen« die Rede ist, denkt der Laie wohl an die großen Wespennester, deren Insassen im Sommer und Herbst sich an Obstständen und bei Mahlzeiten im Freien als ungebetene Gäste einstellen, oder an die Bienenvölker der Imker, unsere Honiglieferanten. Er weiß kaum, daß zahlreiche, wenig beachtete Wespen- und Bienenarten ein Einsiedlerleben führen. Während die Männchen sich nach der Vereinigung mit einem Weibchen noch eine Weile in der Gegend herumtreiben, Blüten besuchen und Nektar naschen, bleibt die Sorge für die Nachkommen allein den Weibchen überlassen.

Grabwespen

Wir greifen als Beispiel zunächst die Familie der Grabwespen *(Sphecidae)* heraus. Sie gehören, wie neben anderen auch alle Wespen und Bienen, zur Ordnung der Hautflügler *(Hymenoptera)*. Zum Teil sind es stattliche, meist aber mittelgroße bis kleine Tiere mit der typischen schwarzgelben Wespenzeichnung, oft sind sie auch unscheinbar schwarz. Die Weibchen führen ein arbeitsreiches Leben. Für jedes Ei haben sie zunächst eine Nesthöhle anzulegen, manche Arten im Boden, andere in morschem Holz, im Inneren von Pflanzenstengeln usw. Die Nestkammern können einzeln zerstreut oder linienförmig gereiht oder in Gruppen errichtet werden, wobei jede Kammer die Kinderstube für eine Larve ist. Diese ernährt sich von »Fleisch«, und mit solchem wird die Nestkammer in raffinierter Weise verproviantiert. Jede Art ist auf eine bestimmte Jagdbeute spezialisiert. Manche, sehr kleine Grabwespen jagen Blattläuse, größere Arten haben es auf Fliegen, Schmetterlingsraupen, Heuschrecken, Zikaden usw. abgesehen. Würden sie ihre Opfer töten, so könnten diese in den wenigen Wochen, bis das Ei geschlüpft ist und die Larve ihre Entwicklung abgeschlossen hat, verschimmeln oder zu faulen beginnen. Das geschieht jedoch nicht. Denn die Beute wird durch Stiche gelähmt, aber nicht getötet und muß sich dann wehrlos in die Nesthöhle ziehen und bei lebendigem Leibe von der Larve verspeisen lassen.

Ein Tier der Küste und der Sanddünen ist die Grabwespe *Bembex (Epibembex) rostrata*. Sie scharrt einen Gang in den Boden und schleudert dabei den Sand weit zurück (Bild 26, Seite 48). Das Ende des Ganges erweitert sie zu einer Kammer, in die sie gelähmte Fliegen als Nahrung für ihre Larven einträgt.

Sehr eingehend hat der Verhaltensforscher G. P. Baerends in der holländischen Heide die Sandwespe *(Ammophila adriaansei)* studiert. Diese Grabwespe hat die ansehnliche Körperlänge von 2 cm. Im Sandboden gräbt sie mit ihren Kiefern und Vorderbeinen einen senkrechten Schacht, der am Ende zu einer seitlichen Kammer erweitert wird. Die Vorderbeine der Wespe sind durch einen Borstenbesatz zum Graben hervorragend geeignet. Den losgescharrten Sand trägt sie, zwischen Kopf und Brust eingeklemmt, hinaus und verstreut ihn in die Umgebung. Bei gutem Wetter ist sie in etwa einer Stunde mit einer Nisthöhle fertig. Dann wird der leere Bau vorläufig verschlossen. Loser Sand würde natürlich durch den Schacht in die Kammer fallen. Darum sucht die Wespe zuerst nach einem passenden Verschlußsteinchen für den Schacht (Bild 30, Seite 66). Als Maß dienen ihr die aufgesperrten Kiefer, die ja beim Graben der Röhre für deren Weite maßgebend waren. Trotzdem muß manches Steinchen, das sich nicht richtig festklemmen läßt, wieder hinausgetragen und verworfen werden, bis schließlich eines gut sitzt. Dann ist es ein leichtes für die Wespe, den Rest des Schachtes mit Sand und kleinen Steinchen aufzufüllen.

Hat sie so das fertige Werk gegen Besuch oder gar Besitznahme durch unbefugte Gäste gesichert, so erjagt sie in der Umgebung eine Raupe, die sie mehrmals sticht und, sobald sie durch das Gift gelähmt ist, zum Nest schleppt (Fig. 24a). Das Jagdgebiet kann sich auf Entfernungen bis etwa 40 m erstrecken. Man muß ihren ausgezeichneten Orientierungssinn bewundern, der sie an den richtigen Ort zurückleitet. Hier erkennt sie an den Pflanzen und anderen Marken der

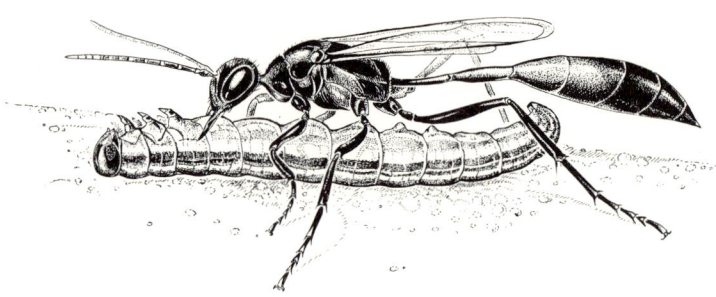

Fig. 24 a Die Wespe trägt eine durch Stiche gelähmte Raupe zum Nest. Körperlänge der Wespe 2 cm.

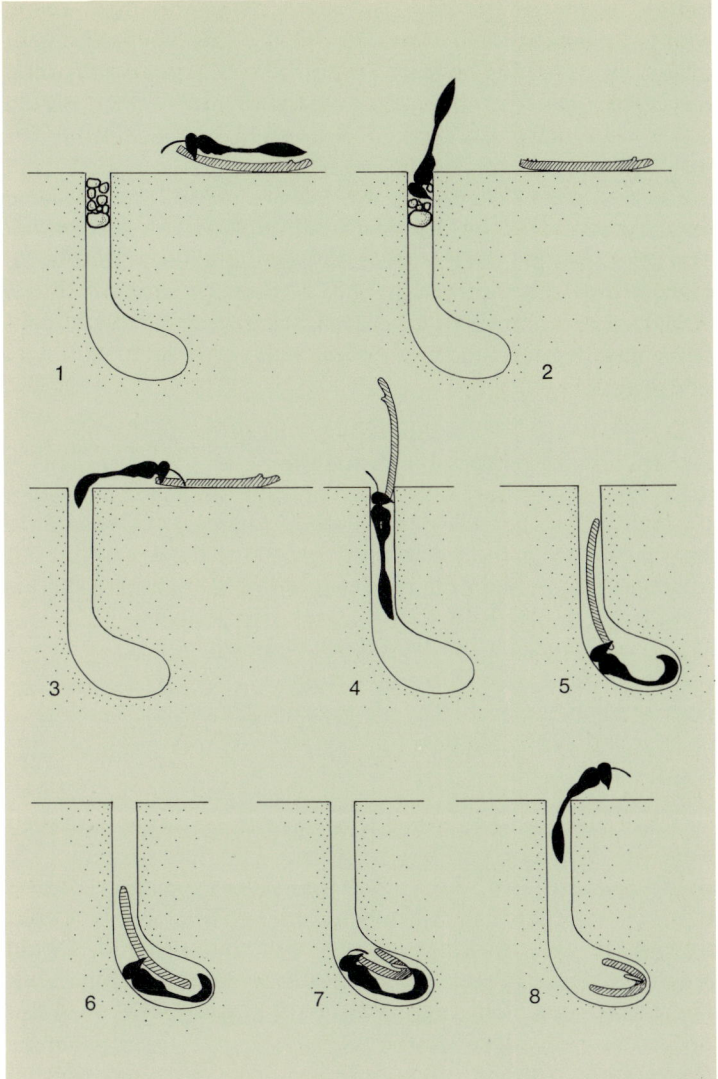

Fig. 24 b Die Raupe wird abgelegt und nach Öffnen des provisorisch verschlossenen Nestes in dieses hineingezogen. Nach Ablage eines Eies (unten Mitte) verläßt die Mutter das Nest und verschließt es wieder. Schematisch, die Wespe ohne Beine und Flügel.

Umgebung auch genau die Lage der verschlossenen Nestöffnung und legt die Raupe vor derselben nieder. Dann räumt sie den Schacht aus, zuletzt das Verschlußsteinchen, das sorgsam beiseite gelegt wird, weil sie dieses erprobte Stück später noch mehrmals braucht, packt die Raupe, zieht sie rückwärts kriechend in die Höhle und legt ein Ei daran (Fig. 24b). Hierauf verschließt sie abermals das Nest. Zwar beginnt sie nun zunächst mit der Anlage weiterer Nester; aber im Gegensatz zu den meisten anderen Grabwespen kümmert sich diese Art nach der Eiablage auch noch weiterhin um die Larven. Wenn man sieht, wie sie das macht, könnte man sie für ein denkendes Wesen halten. Jeden Morgen besucht sie zuerst alle Nester, die sie noch nicht endgültig verschlossen hat. Das mögen zwei oder drei sein. Sie öffnet die Nisthöhlen und inspiziert das Innere. Ist die Larve noch nicht aus dem Ei geschlüpft, so füllt die Mutter den Schacht wieder zu. Ist sie aber bereits geschlüpft und bei der Mahlzeit, so erjagt die Wespe ein bis zwei weitere Raupen und legt sie als zusätzlichen Proviant zur ersten. Hat die Larve bei der nächsten Inspektion schon eine gewisse Größe erreicht, so bringt die Mutter in einem dritten Arbeitsgang noch sechs bis sieben Raupen dazu, verschließt dann zum letztenmal dieses Nest und kehrt nicht mehr zu ihm zurück.

Dieser letzte Verschluß erfolgt mit größerer Sorgfalt als das frühere provisorische Zuschütten des Schachtes. Nach dem Einsetzen des unteren Verschlußsteinchens werden die Sandladungen mit dem Kopf festgedrückt. Oft konnte man auch beobachten, daß die Wespe zum Feststampfen der obersten Sandschicht ein größeres Steinchen benützt, das sie zwischen den Kiefern hält – einer der seltenen Fälle von Werkzeuggebrauch im Tierreich. Vielleicht hat es zur Entwicklung dieser Leistung beigetragen, daß die Wespe mit dem Steinchen durch das wiederholte Einpassen beim provisorischen Verschließen des Nestes so gut vertraut geworden ist.

Alles äußerst vernünftig, wird man sagen. Und doch erfolgt die Handlung gewiß nicht mit Überlegung und Einsicht, sondern instinktiv. Wo immer man näher zusieht, wird das deutlich. Die Entscheidung darüber, ob die Wespe weitere Raupen einträgt, erfolgt unabänderlich bei ihrem ersten morgendlichen Inspektionsbesuch aller noch nicht endgültig verschlossenen Nester. Wenn ein listiger Beobachter nach dem ersten Besuch der Wespe mehrere Raupen hinzufügt, hindert sie das nicht, die sonst übliche Zahl von Raupen sinnlos noch weiter dazuzulegen. Oder: wenn die Wespe eine erjagte Beute vor dem Nest ablegt, und man bringt diese an eine andere Stelle, während sie den Schacht aufgräbt, so wird die verschwundene Raupe in der Umgebung gesucht und wieder vor den Nesteingang geschleppt; aber statt sie gleich hineinzuziehen, legt sie die Wespe abermals ab und scharrt in dem ohnehin offenen Schacht – diese Handlung folgt eben unter normalen Umständen auf das Niederlegen der Raupe – und erst dann packt sie wieder die Beute, um sie hinunterzuziehen. War diese inzwischen abermals verschwunden, so wird sie von neuem gesucht, herbeigeschafft, abgelegt und wieder wird

am offenen Schacht gegraben. Das kann sich bis zu zwanzig-
mal wiederholen. Ohne Überlegung wird die Kette der
Instinkthandlungen abgewickelt, wobei das Ende einer Teil-
handlung das Signal für das Einsetzen der nächsten gibt – so
wie sie seit ungezählten Generationen aufeinander gefolgt
sind.

Die erwachsenen Larven überwintern im Nest, verpuppen
sich im Frühjahr und schlüpfen im Sommer. Dann graben sie
sich empor ans Licht, wo die Männchen dasselbe lockere
Leben führen wie ihre Väter und die Weibchen in gleicher
Weise ihre Nester bauen und die Brut versorgen wie ihre
längst gestorbenen Mütter.

Faltenwespen

Die Faltenwespen *(Vespidae)* haben ihren Namen daher,
daß die Vorderflügel in Ruhelage der Länge nach gefaltet
werden – was bei Insekten sonst durchaus nicht üblich ist.
Zu dieser Familie gehören neben solitär lebenden Arten
auch die staatenbildenden Wespen.

Wir greifen zunächst als Beispiel für eine einzeln lebende
Art die Pillenwespe *(Eumenes)* heraus. Während die Grabwespe *Ammophila* die Nestkammern im Boden aushöhlt,
formen die Pillenwespen zierliche Urnen aus Lehm, die sie
an Pflanzen oder an einem Brett anbringen oder auch verborgen an einem Baumstamm unter einem abblätternden
Rindenstück, einzeln oder zu mehreren in einer Gruppe
(Bild 27, Seite 65). Das Baumaterial holen sie von einer
lehmigen Bodenstelle, und wenn sie zu trocken ist, wird sie
erweicht, indem die Töpferinnen im Magen Wasser herantragen und es daraufspucken. Dann schaben sie Lehm ab und
formen ihn zu einer Pille (daher »Pillenwespe«). Für die
Arbeit ist ihnen mit den säbelförmig gekrümmten Vorderbeinen ein geeignetes Werkzeug gegeben. Die Kiefer
arbeiten mit, und bald ist der kleine Klumpen fertig, der –
zwischen Kopf und Brust eingeklemmt – im Flug zum Bauplatz getragen wird. Mit Kiefern und Beinen wird der Lehm
zu einem schmalen, flachen Streifen ausgezogen und eine
Zone an die andere gefügt, bis eine Hohlkugel entstanden
ist, die oben krugartig verengt wird (Fig 25 und Bild 29,
Seite 65). Solche Nestkammern von Wespen sollen einst
den Indianern bei der Töpferei als Vorbild für ihre Tonkrüge
gedient haben.

Ist der Bau soweit gediehen, so begibt sich die Wespe auf
die Jagd und holt eine Anzahl von Käferlarven oder Raupen.
Da sie selbst den engen Eingang nicht mehr passieren kann,
drückt und schiebt sie die gelähmten Larven von außen in

Fig. 25 Zellen der Pillenwespe, links geöffnet und ein Teil der eingetragenen Raupen entfernt. Das Ei der Wespe ist an einem Faden aufgehängt.

die Urne (Bild 28, Seite 65). Ist ein ausreichender Vorrat gesammelt, so streckt sie ihr Hinterleibsende durch die Öffnung und legt ein Ei, das sie in etwas ungewöhnlicher Weise innen an der Decke der Urne befestigt. Sie sondert mit dem Ei eine Flüssigkeit ab, die rasch zu einem Faden erhärtet. An diesem hängt das Ei zwischen den gelähmten Opfern (Fig. 25). Die ausschlüpfende Larve kann sich sogleich an die Mahlzeit machen. Nach der Eiablage verschließt die Wespe mit einer letzten Pille die Öffnung der Urne, um die sie sich hernach nicht weiter kümmert (Bild 29, Seite 65).

Eine einzeln lebende Faltenwespe der Gattung *Oplomerus* (früher *Odynerus*) gräbt einen Gang in eine steile Böschung oder Lehmwand und baut dabei aus dem ausgegrabenen Material, das sie mit ihrem Speichel vermischt, eine bis 15 cm lange, vom Eingang herabhängende Röhre (Bild 31a, Seite 66). In die Tiefe ihres Schachtes trägt sie gelähmte Käferlarven, die aussehen wie Blattwespenlarven und wiederholt für solche gehalten wurden (Bild 31b, Seite 66). Ebensolche Vorbauten kennt man auch von Einsiedlerbienen, die in Lehmwänden nisten. Über ihre Bedeutung sind die verschiedensten Meinungen geäußert worden. Man weiß darüber nichts Sicheres. Aber man hat bei den Wespen beobachtet, daß ein Teil dieser Lehmklümpchen später verwendet wird, um das fertige Nest zu verschließen.

Sozial lebende Faltenwespen

Zur gleichen Familie der Faltenwespen gehören die *Papierwespen,* deren größte die Hornisse *(Vespa crabro)* ist. Aber welch ein Unterscheid zwischen der eleganten Einfachheit der kleinen Urnen von Pillenwespen und dem stattlichen, allbekannten Wespenbau! Übereinstimmung besteht darin, daß im Frühling die Gründung des neuen Nestes durch ein einzelnes Weibchen besorgt wird, das schon im vergangenen Jahr begattet worden ist und an geschützter Stelle überwintert hat. Wie eine Pillenwespe ist auch eine solche »Wespenkönigin« bei der Nestgründung auf sich allein gestellt und muß die Wohnung bauen, Eier legen, die Nahrung beschaffen und die Brut versorgen. Später, sobald die ersten

Bild 27 Fünf Nester der Pillenwespe an der Innenseite von abblätternder Baumrinde. Links: eine Wespe schlüpft eben aus. Die beiden Zellen rechts sind bereits verlassen, man sieht die Schlupflöcher. Privatsammlung Brunnwinkl. (Zu Seite 63)

Bild 28 Die Pillenwespe schiebt eine gelähmte Raupe in die Lehmurne. (Zu Seite 64)

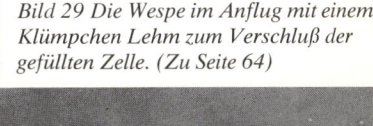

Bild 29 Die Wespe im Anflug mit einem Klümpchen Lehm zum Verschluß der gefüllten Zelle. (Zu Seite 64)

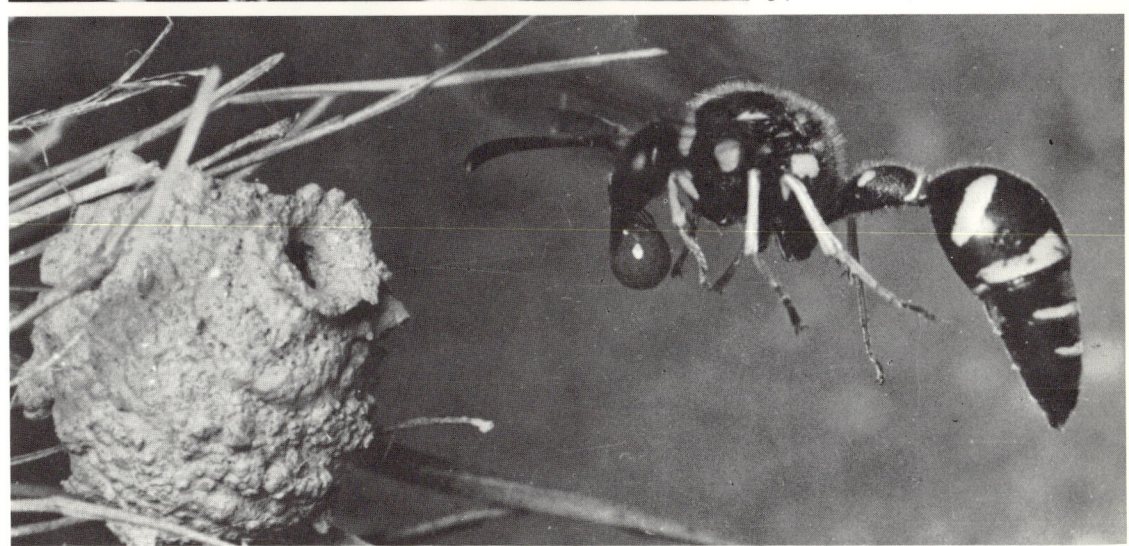

Bild 30 Die Sandwespe prüft, ob der Verschlußstein in das Loch ihrer Röhre paßt. (Zu Seite 60)

Bild 31 a Eine solitär lebende Wespe hat in einer Lehmwand ihre Niströhre gegraben und vor den Eingang eine herabhängende Röhre gebaut. Sie besteht aus dem mit Speichel vermischten, ausgebuddelten Lehm. (Zu Seite 64)

Bild 31 b Schnitt durch die Lehmwand. Unten in einer ausgebuchteten Zelle eine Anzahl gelähmter Käferlarven als Nahrung. (Zu Seite 64)

Bild 32 a Junges Wespennest.
Privatsammlung Brunnwinkl.
(Zu Seite 69)

Bild 32 b Außenhüllen des Wespen-
nestes vorn weggeschnitten. Die Wabe
ist mit einem Stiel oben befestigt, sie
wird bald vergrößert und andere wer-
den unten angebaut. Flugloch unten.
Privatsammlung Brunnwinkl.
(Zu Seite 69)

Bild 33 Ein zu voller Größe ausgebau-
tes Nest der Hornisse (Vespa crabro).
Die äußere Nesthülle ist zum großen
Teil entfernt. Die horizontalen Waben
sind durch Säulen aneinandergehängt.
(Zu Seite 69)

Bild 35 (rechts) Nest der Feldwespe (Polistes). Die einzige, hüllenlose Wabe ist mit einem Stiel an einem Stengel befestigt. (Zu Seite 70)

Bild 34 (unten) Wespenwabe mit Brut. Bevor die Larven zu Puppen werden, spinnen sie einen Deckel über die Zelle. (Zu Seite 70)

Bild 36 Aufsicht auf ein Nest der Feldwespe mit der Königin. (Zu Seite 73)

Arbeiterinnen geschlüpft sind, kann sie sich ganz dem Eier-
legen widmen. Das eigenartige Baumaterial ist durch sein
geringes Gewicht eine Voraussetzung für die spätere Größe
des Nestes. Diese Wespen fabrizieren nämlich Papier, indem sie Holz von Balken, Pfosten, Brettern und dergleichen
mit ihren Kiefern abnagen und mit ihrem Speichel als Bindemittel vermischen. Die Kunst, aus Holzfasern und einem
Bindemittel Papier zu machen, haben die Menschen den
Wespen abgeguckt.

Die Nestmutter wählt als Platz für ihren Bau einen Dach-
balken oder einen anderen geschützten Ort und macht aus
der papierartigen, rasch erhärtenden Masse einen Träger,
an den sie eine zunächst ganz kleine Wabe mit sechseckigen
Zellen ansetzt. Im Gegensatz zu den aus Wachs gebauten,
vertikal hängenden, beiderseits mit Zellen besetzten Waben
der Honigbiene sind die Papierwaben der Wespen in der
Regel horizontal ausgerichtet und die Zellen auf die Unterseite beschränkt. Jede Zelle dient der Aufzucht einer Larve.
Zu diesem Wohnbau für die Brut kommt eine mehrfache
Schutzhülle, in der unten ein Flugloch offenbleibt (Bild 32a
und 32b, Seite 67).

Nicht lange ist das Nest so klein und einfach. Es wird zu
einem mehrstöckigen Gebäude erweitert. Dabei fügen die
Baumeister – anders als bei unseren Häusern – von oben
nach unten ein Stockwerk an das andere. Die Wespen hängen jede neue Wabe durch säulenförmige Träger an der
nächst höheren auf. Auch nach den Seiten verbreitern sie
die Waben. Dieses Wachstum des Innenbaues erfordert
natürlich auch einen Umbau der Hüllen. Die inneren werden
abgebaut, außen aber neue angelegt. So kann im Laufe des
Sommers ein sehr großes Nest entstehen, wie ein solches
Bild 33, Seite 67, von einem Volk der Hornisse zeigt. Beim
Bau der Außenwände sieht man die Tiere ein Papier-
kügelchen nach dem anderen herantragen und am Rande
der wachsenden Hülle im Rückwärtsschreiten mit den
Kiefern zu einem Streifen ausbreiten, so wie es die Pillenwespe mit ihrem Lehmkügelchen macht. An der fertigen
Hülle sind die Zuwachsstreifen oft deutlich erkennbar. Der
Stiel des Nestes und die säulenförmigen Träger der Waben
bestehen aus dem gleichen Material wie die lockere Hülle.
Sie erhalten ihre Festigkeit und Tragkraft dadurch, daß die
Holzfasern in ihnen alle längs ausgerichtet sind, genauso wie
die Sehne eines Muskels dadurch fast unzerreißbar wird,
daß in ihr alle Bindegewebsfasern einander parallel in der
Zugrichtung verlaufen.

Die Farbe der Wespennester hängt von der Farbe des
verwendeten Holzes ab. Häufig ist sie grau (Bild 32a,

Seite 67), weil oft das graue, verwitterte Holz von der Oberfläche der Telegraphenmasten oder von Pfosten und Brettern gesammelt wird, wo man die Wespen leicht bei dieser Tätigkeit beobachten kann. Hornissennester verdanken ihre mehr rötliche Farbe dem mit Vorliebe gewählten morschen Eichenholz.

Die Zellen dienen nur der Aufzucht der Brut. In jede Zelle wird ein Ei gelegt und die geschlüpfte Larve von Mund zu Mund ernährt. Wespen sind eine Räuberbande. Sie naschen zwar Honig oder nagen an süßen Früchten, wo sich Gelegenheit bietet, aber zur Hauptsache ernähren sie sich selbst und ihre Larven mit andren Insekten. Diese werden überfallen, zu Brei zerkleinert, zu Klümpchen geformt und eingetragen. Wenn Larven hungrig sind, betteln sie durch Kratzen an der Zellwand um Futter. Nach etwa drei Wochen sind sie erwachsen, verschließen ihre Zelle durch ein Gespinst und verpuppen sich (Bild 34, Seite 68). Etwa nach drei weiteren Wochen schlüpfen sie als geflügelte Tiere aus.

Aber es sind keine Königinnen, die aus den Zellen steigen, sondern kleinere Wespen, ausschließlich Weibchen mit nur kümmerlich entwickelten Eierstöcken, »Arbeiterinnen«, die nun die Königin von aller Bauarbeit, Nahrungsbeschaffung und Brutpflege entlasten. Um so intensiver kann sich diese der Eiablage widmen. Es ist ein *Wespenstaat* mit seiner Arbeitsteilung entstanden.

Seine Wohnung ist nicht schlecht eingerichtet. Sie besitzt sogar eine Heizung. Im Bereich der Brut herrscht eine konstante Temperatur von etwa 30° C. Lebende Öfchen sorgen für die Wärmeerzeugung. Eine bestimmte Gruppe von Arbeiterinnen widmet sich dieser Aufgabe durch lebhafte Muskelbewegungen, wobei sie in rascher Folge den Hinterleib zusammenziehen und wieder strecken. In geringem Maße sind auch die Larven an der Wärmeerzeugung durch Bewegungen beteiligt. Die Papierhüllen und die zwischen ihnen liegenden Luftschichten bilden eine vorzügliche Isolierung und hemmen die Wärmeabgabe nach außen. Wird es aber bei hoher Außentemperatur im Nest zu warm, so tragen die Wespen Wasser ein und erzeugen durch Befeuchten der Zellen Verdunstungskälte. Sie brauchen kein Thermometer. Ihre Temperatur-Sinnesorgane zeigen ihnen an, wann geheizt und wann gekühlt werden muß.

Nicht immer hängen die Wespennester frei sichtbar am Dachgebälk oder an einem Ast. Inmitten einer Wiese kann man unversehens von Wespen überfallen und schmerzhaft gestochen werden, weil man einem »Wespenloch« zu nahe gekommen ist. In solchem Falle ist das Nest im Boden, meist an der Decke eines Mäuseganges, gegründet worden. Natürlich wird bei seiner Größenzunahme der Raum bald zu eng. Dann erweitern ihn die Arbeiterinnen, indem sie Erdkrümel und Steinchen locker machen und hinaustragen. Größere Steine, deren Transport über ihre Kräfte geht, werden unterminiert. Durch das Wegtragen der darunterliegenden Erde senken sie sich und geben Raum für die Erweiterung des Nestes. Beim Aufgraben findet man solche Steine am Boden der Erdhöhle als Zeugen für eine beachtliche Arbeitsleistung der kleinen Baumeister, die sie auf solche Weise aus dem Wege geräumt haben (Fig. 26). Es ist kein artspezifisches Merkmal, ob die Wohnung unterirdisch oder über dem Boden angelegt wird. Bei manchen Wespenarten kann die Königin ebensogut ein Erdloch wie einen Balken oder einen anderen Platz in luftiger Höhe zur Gründung der Kolonie wählen. Der große Spielraum, der einigen Arten für die Betätigung ihrer Bauinstinkte offensteht, hat vielleicht zu ihrer weiten Verbreitung und zu einer beherrschenden Stellung im Insektenreich beigetragen.

In Tropengebieten, besonders in Amerika, ist eine andere Gruppe der Faltenwespen häufig, die einen abweichenden Baustil entwickelt hat; die Gattung *Polybia* und ihre Verwandten. Die Nesthülle ist derber gebaut und widerstandsfähiger als die zarte Papierhüllen der Wespennester, die wir bisher betrachtet haben. Oft ist sie langgestreckt, röhrenförmig, und sie erhält eine weitere Versteifung dadurch, daß der Außenrand der Wabenscheiben mit der Nesthülle fest verbunden wird. Das ist natürlich günstig für die Stabilität

Fig. 26 Unterirdisches Wespennest. Die Erdhöhle und der Flugkanal sind freigelegt. Am Boden der Höhle und des Ganges liegen Steine, die wegen ihres Gewichtes von den Wespen nicht hinausgetragen werden konnten.

des Bauwerks, aber die Wespen verschließen so den Raum zwischen Wabenrand und Schutzhülle, der den Hornissen und ihren Verwandten als Verkehrsweg zwischen den Stockwerken dient. Statt dessen bauen sie einen zentralen Verkehrsschacht, indem sie in der Mitte jeder Wabe ein Loch offenlassen (Bild 38, Seite 85). Wie große Würste hängen solche Nester oft zahlreich an den Ästen der Urwaldbäume. Sie können durch mehrere Jahrzehnte dem Wetter standhalten und gewähren den Kolonien eine lange Lebensdauer.

Im Tropenklima haben viele Tier- und Pflanzengruppen eine Fülle wunderbarer Formen entwickelt. Bei den Faltenwespen scheint auch die Gestaltungskraft der Baumeister davon betroffen zu sein. Bild 37a, Seite 85, zeigt das Nest einer kleinen Wespenart *(Polybia emaciata)*, das Prof. F. Schremmer auf einer seiner Tropenreisen aus Kolumbien mitgebracht hat. Es war 2 m über dem Boden an den Zweig eines Strauches gebaut, aber nicht aus Papier. Diese Wespen sind Maurer wie die Pillenwespen unter den solitär lebenden Arten (Fig. 25, Seite 64), und sie beherrschen dieses Handwerk meisterhaft. Die Hülle besteht aus *Mörtel*, einer Mischung aus Ton und Sand. Die Waben mit ihren regelmäßig sechseckig geformten Zellen sind aus reinem, sehr feinem Ton hergestellt. Die oberste Wabe ist mit einem Stiel an den Zweigen angebaut, und von da nach oben haben die Baumeister eine Stütze zur Kuppel der Mörtelhülle angelegt. Die nach unten folgenden Waben sind aber nicht, wie bei Hornissen und ihren Verwandten, durch Pfeiler aneinandergehängt, sondern seitlich an der Hülle befestigt wie bei *Chartergus* (Bild 38, Seite 85). Statt des zentralen Flugkanals besteht hier im Bereich des Fluglochs ein Abstand zwischen Waben und Hülle als Verkehrsweg. Das Nest hat einen Durchmesser von 7 cm. Die Wespen sind schlank und klein, etwa 1 cm lang. In Bild 37a, Seite 85, sieht man eine im Flugloch und eine über dem Eingang.

Abermals anders hat *Polybia singularis* das Problem des inneren Verkehrsweges gelöst. Wie Bild 39, Seite 85, zeigt, ist das Flugloch eine lange Spalte, die den meisten Waben unmittelbar offensteht. Die Wespen sind so klein wie die Erbauer des Mörtelnestes (Bild 37a), aber sie haben sich ein stattliches Haus von 30 cm Länge, etwa 15 cm Breite und mehr als 1 kg Gewicht geschaffen (das abgebildete Nest wiegt 1350 g). Das ganze Bauwerk ist aus feinem Ton (Schlamm) modelliert. Schremmer nennt es ein Keramiknest. Es stammt aus dem oberen Amazonasgebiet.

Auch an den Papierbauten tropischer Faltenwespen kommen originelle Besonderheiten vor. *Metapolybia pediculata* errichtet eine kleine kreisrunde oder längliche Wabe an der Rinde eines Urwaldstammes oder auch an einer Hausmauer oder einem Brett. Über der Wabe schwebt, in einem Abstand von 0,5 cm von den Öffnungen der Zellen, eine Decke aus Wespenpapier, getragen von einer ringförmigen Seitenwand, die aus demselben Material rund um das Nest aufgeführt worden ist. Nirgends wird die Wabe von dem Überbau berührt, in dessen Seitenwand sich das Flugloch befindet. Das merkwürdigste an der ungemein dünnen Nesthülle ist, daß sowohl die Decke als auch die Seitenwand mit zahlreichen, nahe beisammenliegenden Fenstern ausgestattet ist. Jedes mißt etwa 1 bis 3 mm im Durchmesser. Das vollkommen durchsichtige »Fensterglas« besteht aus dem erhärteten Speichel der Wespen, den sie ja auch bei der Herstellung des Papiers als Bindemittel benützen. Vor mir liegt ein Deckenteil eines Nestes, das Prof. Schremmer aus Panama mitgebracht hat. Gar zu gerne wüßten wir, warum gerade diese Wespen beim Bau ihrer Wohnung für Beleuchtung des Innenraumes sorgen. Wahrscheinlich ist das Ziel dieser Konstruktion gar nicht die Innenbeleuchtung, sondern die Tarnung des Nestes. Mehreren Beobachtern ist aufgefallen, daß die Nesthüllen durch die Fensterchen optisch aufgelockert werden und so den mit Flechten bedeckten Steinen oder Stämmen ihrer üblichen Umgebung täuschend ähnlich sehen.

In unserer Darstellung haben wir den hochorganisierten »Wespenstaat« gleich nach den Bauten von einzeln lebenden Wespenarten geschildert. Im Laufe der stammesgeschichtlichen Entwicklung ist er gewiß in langen Zeiträumen allmählich und über viele Zwischenstufen entstanden. Nur wenige von diesen sind heute noch zu finden. Das Nest der Feldwespe *(Polistes)* kann als eines der Zwischenglieder betrachtet werden. Es besteht aus einer einzigen kleinen Wabe, die mit ihrem Stiel an einem Stein, einem Brett, einem Pflanzenstengel oder dergleichen befestigt ist (Bilder 35 und 36, Seite 68). Außenhüllen um die Wabe werden nicht gebaut. Wenn es hineinregnet, wird das Wasser von den Tieren aufgesaugt und weggetragen. Wird es aber zu heiß, so wird Wasser geholt und zur Kühlung verwendet. Keine Höhle, keine Hülle schützt die kleine Kolonie und ihre Brut, deren Verteidigung allein den Bewohnern überlassen ist.

Eine Königin, die überwintert hat, beginnt im Frühjahr den Bau. Andere Königinnen der gleichen Art können sich zugesellen und sich sowohl an der Bauarbeit wie an der Eiablage beteiligen. Aber auf ungeklärte Weise bildet sich bald eine Rangordnung aus. Das erste Weibchen legt die meisten

Eier und frißt die fremden Eier auf, die anfangs noch von den anderen gelegt worden sind. Die zugeflogenen Königinnen sind hiermit zu Arbeiterinnen oder Hilfsweibchen degradiert. Nach dem Schlüpfen der ersten Brut werden sie durch die Königin vom Nest vertrieben. Man fühlt sich eigenartig berührt, solche Methoden einer Regelung der Regierungsgewalt schon bei einem Wespenstaat zu finden.

Noch einfachere Verhältnisse, Übergänge von solitärer zu sozialer Lebensweise, sind von tropischen Faltenwespen bekanntgeworden. Aber mit diesem kurzen Hinweis wollen wir die Wespen verlassen und nochmals zu den Bauten solitär lebender Hautflügler zurückkehren, diesmal aus der Familie der Bienen.

Einsiedlerbienen

Zur Familie der Bienen gehören mehr als 20000 verschiedene Arten. Wie bei den Wespen haben es nur wenige von ihnen zur Staatenbildung gebracht, so die Hummeln und die Honigbienen. Die meisten leben als Einsiedler (solitäre Bienen). Oft wird sie nur das geübte Auge des Fachmannes als Bienen erkennen. Denn ihre Größe und ihr Aussehen schwanken in weiten Grenzen. Neben Knirpsen von 2 mm Länge wirken andere Arten mit ihrer Körperlänge von nahezu 4 cm als wahre Riesen. Manche Formen sind fast nackt, andere pelzig behaart. Nicht selten besitzen sie eine abwechslungsreiche Zeichnung und Färbung.

In einem wichtigen Punkt unterscheiden sie sich allesamt von den räuberischen Wespen: sie sind strenge Vegetarier und ernähren sich selbst und ihre Brut mit Pollen und Nektar. Schon dadurch gewinnen sie die Sympathie friedliebender Menschen. Sie zerstören nicht, um leben zu können; ja sie werden durch ihren Nahrungserwerb zu einem aufbauenden Element im Haushalt der Natur. Denn beim Besuch der Blumen übertragen sie den Pollen von Blüte zu Blüte und bewirken so als unbewußte Pflanzenzüchter deren Bestäubung und den Samenansatz. Bei der wechselseitigen Anpassung zwischen Bienen und Blumen im Verlaufe der Jahrmillionen haben jene den Blütenduft und die Farbenpracht der Blumen zur heutigen Höhe ihrer Entwicklung gesteigert. Je auffälliger die Blüten für den Geruchssinn und für das Auge wurden, desto leichter wurden sie von den Insekten gefunden und desto besser war ihre Bestäubung und hiermit ihre Vermehrung gewährleistet.

Ungemein mannigfaltig sind die Bauten, welche die Einsiedlerbienen zum Schutz ihrer Brut errichten. Die einen suchen einen geeigneten Hohlraum in einem Stengel, in Holz und dergleichen. Andere graben, ähnlich wie es die

Sandwespe macht, einen Schacht in den Boden, von dem aus seitlich die Brutkammern ausgehöhlt werden, für jede Larve eine eigene Kinderstube. Wieder andere betätigen sich wie Maurer und verarbeiten einen aus Sand und Speichel bereiteten Mörtel. Auch Schneiderinnen gibt es, die nach bestimmten Schnittmustern aus Blättern ihren Stoff schneiden und ihn, freilich ohne Nadel und Faden, zu finger-hutförmigen Behältern formen. Und bei manchen Bienen erinnert die Wohnung der Larve fast an das Werk eines Architekten, der sich mancherlei einfallen ließ und ver-schiedene Techniken anwandte, um ein Heim zu gestalten – nur daß sich die Biene nicht den Kopf zerbrechen muß. Sie folgt ihren wunderbaren Instinkten.

Wenn wir nun zu näherer Betrachtung einige Fälle heraus-greifen, so müssen wir uns bewußt bleiben, daß es nur wenige Beispiele sind aus einer großen Zahl von Bautypen, die von Art zu Art ihr verschiedenes Gepräge haben, und daß auch bei einer einzigen Art Varianten vorkommen können, auf deren Schilderung wir hier verzichten.

In der Gesamtheit der Bienen gehören die Seidenbienen *(Colletes)* und die winzigen Maskenbienen *(Hylaeus)* zu den primitivsten Formen. Diese »Urbienen« erinnern in manchem an die Grabwespen, von denen sich stammes-geschichtlich die Familie der Bienen herleitet. Zu ihren ursprünglichen Merkmalen gehört der recht kurze Rüssel, der nicht geeignet ist, aus tieferen Blütenkelchen Nektar zu saugen. Auch fehlt ihren Hinterbeinen die Ausrüstung, mit der Honigbienen und viele Einsiedler den Pollen sam-meln und die Höschen eintragen. Sie haben auch keine Bauchbürste, mit der ihn zahlreiche andere Arten gewinnen und einbringen, sondern sie fressen ihn und spucken ihn, mit reichlich Nektar vermischt, als Larvenfutter in die Kammern. Diese legen sie in hohlen Zweigen, in Erdgängen und anderen Hohlräumen an und beschränken ihre Bau-tätigkeit darauf, den Brutraum durch Absonderungen aus ihrem Munde mit einer Tapete auszukleiden. Die schleimige Masse erhärtet rasch zu einer wasserdichten Folie von cellophanartigem Aussehen. Dadurch wird ein Versickern des eingetragenen Nektars verhindert und zugleich der Inhalt der Kammer vor dem Eindringen von Feuchtigkeit und vor Schimmelbildung bewahrt.

Die meisten solitären Bienen bereiten als Futtervorrat für die Larven ein Gemisch aus Blütenstaub und Nektar, das durch seinen Pollenreichtum als fester Kuchen in den Kammern gespeichert werden kann. Fig 27 zeigt die Nest-anlage einer Löcherbiene *(Heriades)* in einem verlassenen Holzgang. Die Zellen sind zu einem »Linienbau« anein-

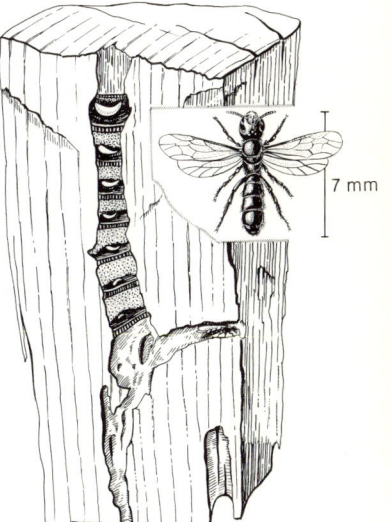

Fig. 27 Fast vollendete Nestanlage der Einsiedlerbiene Heriades. Die Mutter (rechts vergrößert dargestellt) sitzt im Flugloch und hätte dieses noch mit Harz verschlossen. Privatsammlung Brunnwinkl.

7 mm

andergereiht. In der ältesten (obersten) Kammer hat die Larve den Futterkuchen schon fast aufgezehrt und ist herangewachsen, während er bei der jüngsten noch die ursprüngliche Größe zeigt. Zwischen den einzelnen Larvenkammern hat die Mutter Trennwände aus Baumharz errichtet. Sie selbst sitzt noch im Flugloch, das sie aber nun gleichfalls mit Harz verschlossen hätte – wenn sie nicht ein Beobachter abgefangen und samt ihrem ganzen Werk seiner Sammlung einverleibt hätte.

Schimmelbildung ist besonders bei den Bodenbrütern die größte Gefahr für die Larven, und mannigfache Maßnahmen werden dagegen getroffen. Während die Seidenbiene die Innenwände der irdenen Zelle mit einer Tapete bekleidet, erreichen andere Arten denselben Erfolg, indem sie die Wand mit einem Drüsensekret durchtränken oder sie mit einem wachsartigen Material überziehen. Manche Arten der Gattung *Halictus* (Furchenbiene), die in Lehmboden nisten, sorgen überdies für Trockenheit durch eine Lüftungsanlage. Nachdem sie nebeneinander eine Gruppe von Zellen ausgegraben haben, deren Wände sie von innen mit einem erhärtenden Sekret tränken, räumen sie hinter diesen Kammern den Lehm weg, bis sie auf die verhärteten Zellböden stoßen. So entsteht – nicht durch Aufbauen des Gewünschten, sondern durch Forträumen des Unerwünschten – eine zierliche Lehmwabe, von allen Seiten gestützt durch dünne Lehmpfeiler, welche die Biene vorsorglich stehenließ (Fig. 28). Nach oben und nach unten führt ein Gang ins Freie und sorgt für die Luftzufuhr.

Wohl die interessantesten Nester findet man bei den Mauerbienen. Zu ihnen gehören die Schneidermeisterinnen,

Fig. 28 Wabe der Furchenbiene (Halictus quadricinctus) in einer Lehmwand, freigelegt und zum Teil angeschnitten. Aufsicht und Seitenansicht.

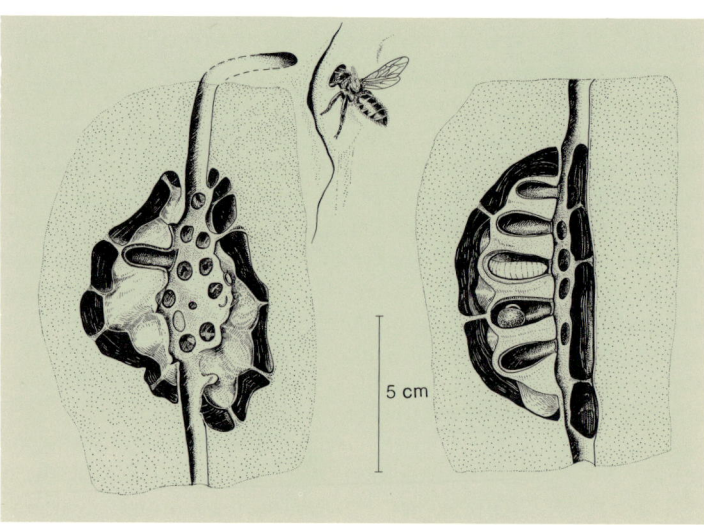

5 cm

die Blattschneiderbienen *(Megachile)*. Sie sind etwa so groß
wie Honigbienen, manche Arten auch kleiner, andere größer.
Die Spuren ihrer Tätigkeit sieht man oft an den Blättern
von Rosen, Flieder, Himbeerstauden und anderen, wo die
Biene vom Rande her mit ihren scharfen Kiefern ein ellip-
tisches Stück herausschneidet und unter dem Bauch eingerollt zu ihrem Bauplatz trägt. Als solchen wählt sie einen
Gang in morschem Holz, auch im Erdboden unter einem
flachen Stein, eine Spalte zwischen Brettern usw. und dreht
aus einer Anzahl der ovalen Blattstücke einen Fingerhut
als Brutraum. Dann macht sie darin einen Futterkuchen aus
Pollen und Nektar, legt ein Ei darauf und holt zum Verschluß abermals Blattstücke, diesmal aber kreisrund ge-
schnitten, als Deckel. Dutzende von Blattfingerhüten, jeder
mit einem Deckel aus mehreren runden Scheiben, können
so zu einem zigarrenartigen Gebilde aneinandergereiht
werden. Hier sind es die Blätter, die als Isolierschicht der
Brutkammer dienen gegenüber der oftmals feuchten Um-

a 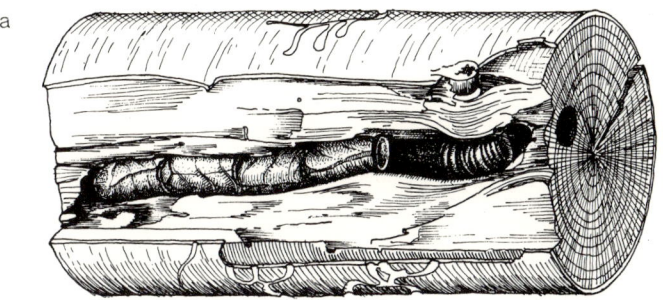 b

gebung. Die Öffnung nach außen verschließt die Biene mit
einem Propfen, indem sie viele kreisrunde Blattstücke wie
einen Satz Teller aneinaderfügt (Fig. 29a und 29b).

Ist das Flugloch nicht kreisrund, so paßt allerdings der
Verschluß nicht, und die Blattstücke können dann recht
sinnlos hineingesteckt werden. Hier zeigt sich wieder die
ererbte Anpassung an den Regelfall und der Mangel an
Einsicht.

Trockene Steine und Felsen bevorzugt die Mörtelbiene
(Chalicodoma) als Baugrund, auf dem sie ihre Zellen
mauert. Aus trockenem Gesteinsstaub oder Sand, den sie
mit ihrem Speichel durchfeuchtet, formt sie einen länglichen
Ballen, bringt einen solchen nach dem anderen zum Nistplatz und baut aus der bald erhärtenden Masse die Zellen
auf (Fig. 30 und Bilder 40a und b, Seite 86). Diese stehen
in Gruppen bis zu einem Dutzend beisammen. Als Futter-

*Fig. 29a Nestanlage einer Blatt-
schneiderbiene (Megachile willough-
biella) in einem Balken, teilweise freigelegt. Rechts ist am Querschnitt des
Balkens das Flugloch sichtbar.
b Rosenblatt mit zwei typischen Blatt-
ausschnitten: oval für die Herstellung
der Nester, kreisrund für ihre Deckel
sowie für den Verschlußpfropf der
ganzen Anlage. Privatsammlung
Brunnwinkl.*

vorrat dient hier flüssiger Honig. Die Zellen belegt die Biene mit je einem Ei, mauert sie zu und vermörtelt auch noch die Unebenheiten zwischen ihnen, so daß der ganze Bau für den unbefangenen Betrachter mit dem Gestein optisch verschmilzt. Schwerlich kann jemand unter dieser Fläche die weißen Maden mit ihren süßen Vorräten vermuten. Wohlgeborgen wachsen sie heran und verpuppen sich. Nach dem Schlüpfen müssen sie freilich mit ihren starken Kiefern harte Arbeit leisten, um sich in die Freiheit durchzubeißen.

Erstaunlich vielseitige Schutzmaßnahmen trifft eine andere Mauerbiene, *Osmia bicolor*. Kopf und Brust sind tiefschwarz, der Hinterleib ist leuchtend rostrot, woran diese Art leicht kenntlich ist (der Artname bicolor = zweifarbig deutet darauf hin). Für jedes ihrer Kinder hat die Mutter zunächst ein leeres Schneckenhaus zu suchen. Tief ins Innere bringt sie den Futterkuchen, legt ein Ei daran und baut dann in einigem Abstand, so daß für die heranwachsende Larve ein genügender Luftraum bleibt, aus zerkauten

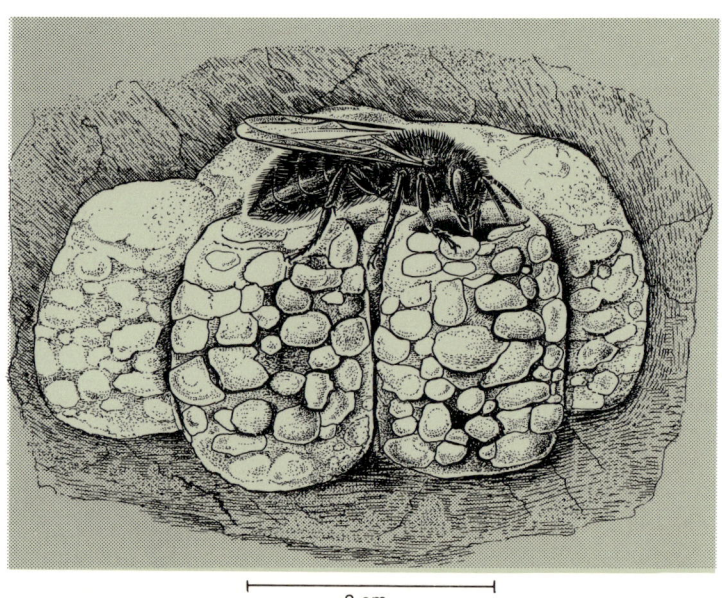

Fig. 30 Die Mörtelbiene (Chalicodoma muraria) an einer fertigen, aber noch offenen Brutzelle. Die anderen enthalten außer dem Honigvorrat bereits je ein Ei und sind verschlossen. Die rückwärts sichtbaren Zellen sind schon miteinander vermörtelt.

2 cm

Blättern eine Querwand. Fast den ganzen Rest der Schnekkenwindung füllt sie mit kleinen Steinchen aus und sichert diese durch eine zweite Querwand aus erhärtendem Blattbrei vor dem Herausfallen (Fig. 31, rechts unten). Zuletzt holt sie in vielen weiteren Flügen trockene Halme, dürre dünne Ästchen, auch Kiefernnadeln, wo sie sich bieten, und legt dies alles zu einem zeltförmigen Schutzdach zusammen (Fig. 31, links), bis das Schneckenhaus vollständig

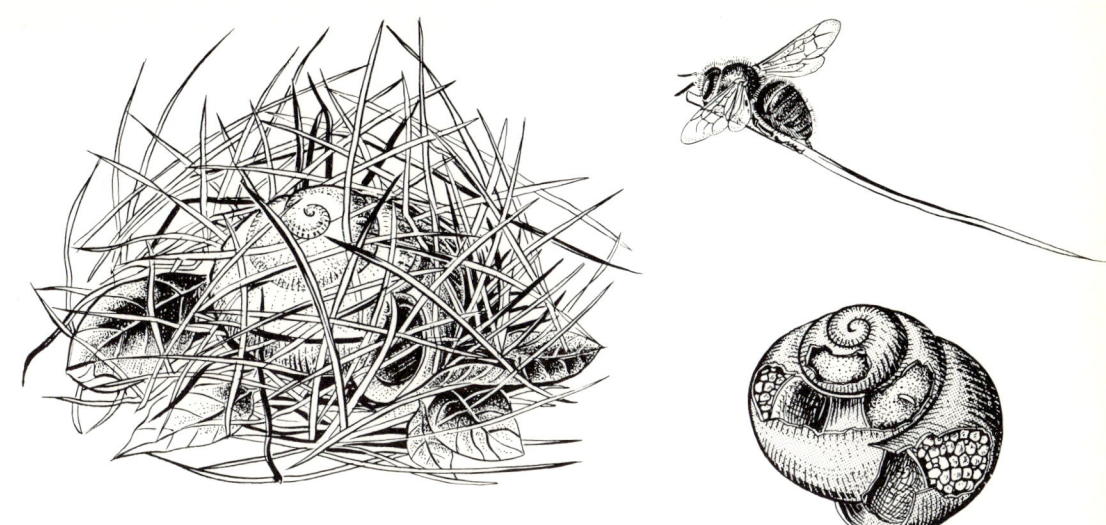

darunter verschwunden ist. Dann sucht sie die Unterkunft für das nächste Ei.

Solche Bauten sind, in einer Wiese oder Erdmulde verborgen, schwer zu entdecken. Ich werde meinen ersten Fund nie vergessen. Auf Insektenjagd, erwischte ich mit dem Fangnetz ein eigenartig dahinsegelndes Tier von bizarrer Gestalt, fand aber im Netzbeutel zu meiner Überraschung nur eine schwarz-rote Mauerbiene – und einen Halm. Da ich vom Bau der Zeltdächer bei diesen Bienen gelesen hatte, ahnte ich den Zusammenhang, ließ die Biene frei und stellte mich auf die Lauer. Wirklich kam sie nach einer Weile wieder daher, auf einem neuen Halm reitend wie eine Hexe auf ihrem Besen und durch diese Last im Flug so gehemmt, daß ich mit ihr mitlaufen konnte. So führte sie mich selbst zu ihrem kaum 50 m entfernten Nistplatz. Ein andermal traf ich dieselbe Art beim Nestbau auf einer Almwiese, wo sie ihre Bauten in ausgetretenen Kuhfährten anlegte. Hier waren Halme und Zweige nach der Spitze des Hufabdrucks ausgerichtet. Das Schutzdach war in seiner Form den örtlichen Verhältnissen angepaßt. Überraschend ist die Geschwindigkeit, mit der gebaut wird. Im eben erwähnten Falle war eine Biene gerade bei der Herstellung einer Schutzwand, für die sie Blattstückchen von nahestehenden Erdbeerpflanzen holte. In schnellen, geradlinigen Flügen ging es hin und her zwischen dem Standort der Pflanzen und der Baustelle. Ebenso wird anscheinend anderes Baumaterial, Steinchen oder Halme, nicht Stück für Stück planlos gesucht, sondern von einem vorher erkundeten geeigneten Platz in rascher Folge geholt.

Fig. 31 Nestanlage der Mauerbiene (Osmia bicolor). In den obersten Windungen des Schneckenhauses der Futterkuchen mit dem länglichen Ei der Biene. Die unterste Windung ist mit Steinchen verbarrikadiert, vor ihnen eine Stützwand aus zerkauten Blättern. Das Schneckenhaus wird unter einem Dach aus Halmen und dürren Ästchen verborgen. Privatsammlung Brunnwinkl.

Man wird verstehen, wie sehr man vom reizvollen Treiben der Einsiedlerbienen fasziniert werden kann. Aber ein trüber Aspekt der Angelegenheit soll nicht verschwiegen werden. Wie alle Tiere haben auch diese Bienen ihre Schmarotzer, und sie stammen zum großen Teil aus ihren eigenen Reihen. Mehr als ein Drittel der bekannten Arten von Einsiedlerbienen sind »Kuckucksbienen«, die sich die Bauarbeit ersparen und ihre Eier in einem unbewachten Augenblick in die Bauten der redlichen Arbeiter einschmuggeln. Die schlüpfenden Larven der Schmarotzerbienen wachsen schneller als jene der rechtmäßigen Wohnungsinhaberin und fressen dieser das Futter weg. Die meisten Schmarotzerbienen sind auf bestimmte Arten von Einsiedlerbienen spezialisiert, mit deren Bauten und Gepflogenheiten sie genau vertraut sind.

Die Bezeichnung »Einsiedlerbienen« ist nicht bei allen Arten gerechtfertigt. Man kennt zum Beispiel bei den Furchenbienen *(Halictus)* auch Ansätze zu einem Gemeinschaftsleben, die uns zeigen, wie es im Laufe der Stammesgeschichte zur Staatenbildung der Bienen gekommen sein mag. Bei *Halictus quadricinctus* (vgl. Fig. 28, Seite 76) wird die Gründerin der Lehmwabe verhältnismäßig alt. Sie bewacht das Nest mit seiner Brut und erlebt das Erscheinen ihrer Kinder. Bei nahe verwandten Arten arbeiten Mutter und Töchter zusammen und bilden eine kleine Kolonie. Auch können die zuerst ausschlüpfenden Weibchen verkümmerte Eierstöcke haben und als »Arbeiterinnen« tätig sein. Erst im Herbst entstehen neben voll entwickelten Weibchen auch Männchen. Nach der Paarung überwintern nur die Weibchen und gehen im Frühjahr einzeln an die Gründung neuer Kolonien. Hiermit ist die Organisation eines Hummelstaates erreicht. Bei einer mit *Halictus* nahe verwandten Einsiedlerbiene *(Evylaeus marginatus)* kann die Gründerin des Nestes sogar ein Alter von fünf bis sechs Jahren erreichen und zur Königin einer mehr als hundertköpfigen Kolonie mit ausgeprägter Arbeitsteilung werden. So sind hier Übergangsstufen von der solitären zur sozialen Lebensweise noch vollständiger als bei den Wespen erhalten geblieben.

Besser bekannt und leichter zu beobachten als Einsiedlerbienen sind die Hummeln. Sie sollen uns als Beispiel dienen für die Bauweise von sozialen, aber primitiven Arten aus der Familie der Bienen.

4. Das Heim sozialer Insekten

Vom Wespenstaat war schon auf Seite 64 die Rede. Daß wir ihn dort behandelt haben, war etwas ordnungswidrig.

Aber die Lebewelt kennt keine scharfen Grenzen, und so mag man es der Darstellung verzeihen, wenn sie gelegentlich über den Rahmen der Disposition hinausgleitet. Nun wollen wir wieder ordentlich sein und alle übrigen sozialen Insekten in diesem Kapitel besprechen.

Das Hummelnest

Trotz ihres plumpen Aussehens haben die Hummeln in ihrem Bau und ihrer Lebensweise so viel mit den solitären Bienen und den Honigbienen gemein, daß sie in die gleiche Familie *(Apidae)* gestellt werden.

Im zeitigen Frühjahr sieht man da und dort große Hummeln einzeln langsam am Boden umherfliegen, sichtlich nach etwas suchend. Aber nicht für Blumen interessieren sie sich, an denen sie zu anderen Zeiten so eifrig Nektar und Pollen sammeln. Es sind so früh im Jahre durchweg Königinnen, die an einer geschützen Stelle überwintert haben und nun unterwegs sind, um einen geeigneten Platz für die Gründung einer neuen Kolonie zu finden. Manche wählen einen Ort unter der Erde, etwa einen verlassenen Mäusegang, andere Arten nisten an versteckter Stelle auf dem Erdboden, etwa zwischen Grasbüscheln in einer Wiese, in Moospolstern am Waldrand, unter einer Bretterdiele und dergleichen. Bei der Wahl des Platzes und der Anlage des Nestes ist jede Hummelkönigin zunächst auf sich allein gestellt, genau wie eine Einsiedlerbiene. Die Vorgänge laufen bei den verschiedenen Hummelarten im wesentlichen gleich ab. Wir nehmen als Beispiel eine Ackerhummel *(Bombus agrorum)*.

Am gewählten Plätzchen wird der Boden geebnet, gesäubert und mit einer Wachsschicht überzogen, als Schutz vor der von unten drohenden Feuchtigkeit. Das Wachs ist eine fettartige Substanz, welche die Hummeln selbst in Hautdrüsen ihres Hinterleibes erzeugen und zwischen den Bauch- wie zwischen den Rückensegmenten als Schüppchen ausscheiden. Sie kneten Pollen hinein und formen daraus die Brutkammern. Die Königin macht zunächst nur eine einzige Zelle, gibt einen Pollenvorrat hinein, legt etwa ein halbes Dutzend Eier dazu und verschließt mit Wachs den Behälter. Daneben hat sie, gleichfalls aus Wachs, eine bauchige Flasche als Vorratstopf errichtet, den sie mit Honig füllt als Nahrungsreserve für kalte Regentage. Das Ganze umgibt sie mit einer aus Moos geflochtenen Hülle, in der als Verbindung mit der Außenwelt ein Flugloch offenbleibt. Die geschlüpften Larven zehren von dem Pollenvorrat in ihrer Wohnkammer, die manchmal von der Mutter aufgebissen, mit neuem Vorrat versorgt und wieder ver-

schlossen wird. Andere Hummelarten bauen an die Innenwand taschenförmige Pollenbehälter und geben von vornherein genügend Futter bei. Durch die wachsenden Larven
wird die Zellwand vorgebuckelt (Fig. 32). Sobald sie erwachsen sind, spinnt jede einen Kokon und verpuppt sich
darin. Die Reste der Wachswand nagt die sparsame Königin ab, um sie anderwärts zu verwenden. Etwa vier Wochen
nach der Nestgründung krabbeln die ersten fertigen Hummeln aus den Kokons.

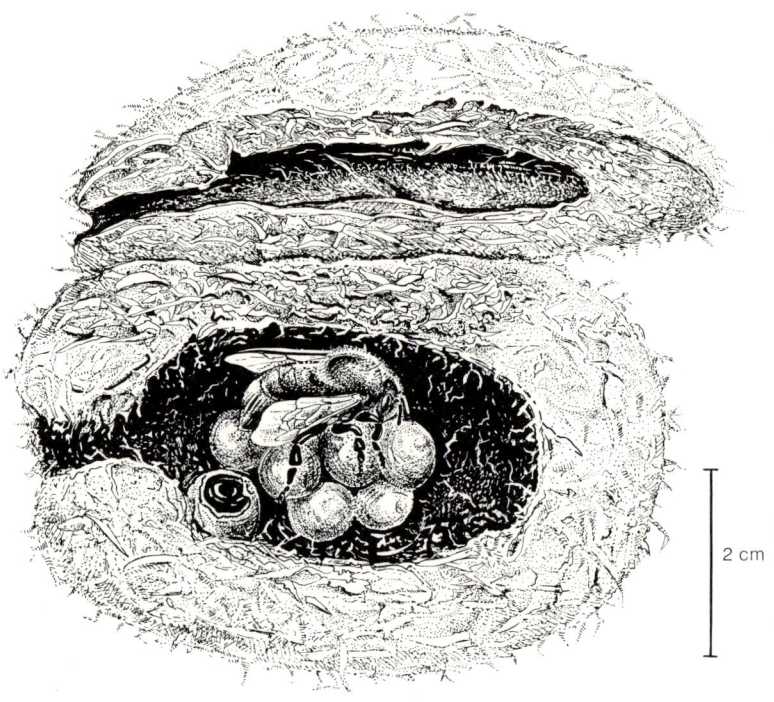

*Fig. 32 Junges Nest der Ackerhummel,
von oben gesehen. Mooshülle aufge-
klappt. Hinter dem Flugkanal der
Honigtopf (im Bilde unten links).
Die Königin ist noch allein. Die her-
angewachsenen Larven haben die
Wand der Brutzelle vorgebuckelt.
Privatsammlung Brunnwinkl.*

2 cm

Sie waren zu mehreren in einer Zelle, bei schmaler Kost
und wenig Raum. So kann man verstehen, daß sie gegenüber der stattlichen Mutter an Größe weit zurückgeblieben
sind. Ein Laie könnte auf den Gedanken kommen, sie wären
klein, weil sie noch jung sind. Das wäre natürlich ein arger
Irrtum. Ein geflügeltes Insekt, das sein Larven- und Puppen-
leben abgeschlossen hat, ist immer ausgewachsen. Unsere
Hummelzwerge bleiben für ihr Leben klein, obwohl dieses
viele Wochen dauern kann. Sie sind durch die Unter-
ernährung und Beengung während des Larvenlebens so
kümmerlich geraten und legen keine Eier. Das bleibt der
Königin allein überlassen. Aber sie entlasten nun die Nestmutter, indem sie Nektar und Pollen eintragen, das Nest

verteidigen und neue Brutzellen bauen – denn die leeren Konkons werden nicht mehr für die Eiablage verwendet; sie dienen nun der Honigspeicherung. Auch wird die Mooshülle von ihnen erweitert, um für die wachsende Wabe Raum zu gewinnen. Durch die Tätigkeit der fleißigen »Hilfsweibchen« kann die neu aufwachsende Brut besser mit Futter und Wohnraum versorgt werden und gibt bereits etwas größere Tiere. In diesem Sinne geht es weiter, bis schließlich im Sommer auch voll entwickelte Weibchen entstehen, die Königinnen für das folgende Jahr, und auch die ersten Männchen schlüpfen. Die Größenstufen im Bild 42, Seite 86, fanden sich (am 2. September 1935) alle beisammen im gleichen Nest einer Ackerhummel.

Bei den meisten Hummelnestern wird die Wabe kaum größer als ein Handteller. Mit ihren unregelmäßig angeordneten rundlichen Zellen, die zum Teil über die leeren Konkons gebaut sind, ist sie kein architektonisches Kunstwerk.

Abwechslungsreicher wird die Hülle des Nestes gestaltet. In Brunnwinkl nistete einmal eine Ackerhummel in einem Schuppen, in dem Felle von Rehen zum Trocknen aufgehängt waren. Die Königin hatte unter dem Boden einer abgestellten Kiste einen gut geschützten Platz zur Nestgründung gewählt. Um die Wabe war eine dicke, gewiß sehr warm haltende Hülle ausschließlich aus unzähligen Rehhaaren gebaut. Bequemer hat es ein Hummelvolk, wenn die Königin ein leeres Vogelnest als Wohnstätte wählt. Das kommt nicht selten vor. Ich besitze ein Bachstelzennest, das wohl geschützt unter dem Dach einer Bootshütte erbaut war, aber mit seiner weichen Nestmulde statt Eiern ein Hummelnest umschloß.

Vielleicht noch schöner hatte es eine Kolonie der Wiesenhummel *(Bombus pratorum)*, die in einer Hütte in einem Korb mit Hühnerfedern wohnte. Zu ihrem Unglück stand auch diese Hütte in Brunnwinkl, wo mich der Besitzer des Federkorbes auf die aus- und einfliegenden Hummeln aufmerksam machte. Natürlich holte ich mir das Nest samt seiner Federhülle für meine Sammlung. Beim Öffnen der Hülle zeigte sich, daß die Federn an der Grenze gegen den Innenraum, der die Wabe barg, durch eine feste Kruste miteinander verklebt waren. Dadurch hatten die Hummeln ihre Wohnung gegen den äußeren luftigen Federflaum gut abgedichtet (Bild 43, Seite 87). Ich nahm an, daß sie als Dichtungsmaterial entweder selbst erzeugtes Wachs oder gesammeltes Harz verwendet hatten. Was sollte es anders sein? Wie sie es fertiggebracht hatten, eine so feste Substanz an die lockeren Federn hinzuarbeiten, schien mir allerdings schwer verständlich. Erst 30 Jahre später, als ich endlich wissen wollte, ob das Material Harz oder Wachs sei, brachte die chemische Untersuchung eine Überraschung: Harz war nicht nachweisbar. Nur in geringer Menge fand sich Wachs, das leicht als Verunreinigung hineingekommen sein konnte, sowohl von den Federn, wie durch die Hummeln. Aber die Kruste löste sich in Wasser auf. Ihr wesentlicher Bestandteil war Zucker! Die Hummeln hatten entweder Nektar oder schon eingedickten Honig aus den Vorratstöpfen benützt, um an der Grenze gegen den Innenraum die Federn so zu benetzen, daß beim Eintrocknen eine dichte und feste Kruste entstand. Ob die Verwendung von Zucker als Dichtungsmittel bei Hummeln schon beobachtet worden ist, weiß ich nicht. Auch die Wiesenhummel gebraucht wohl nicht regelmäßig diesen Baustoff. Denn sie nistet oft unter freiem Himmel, wo bei Regenfällen das Zuckerdach ein schlechter Schirm wäre. In unserm Falle aber, im geschlossenen Raum und zum Abdichten der lockeren Federhülle, war der Zucker ein vorzügliches Material. Unter welchen Umständen benützen sie wohl auch sonst noch ihr süßes Futter als Mörtel? Haben auch andere Hummelarten die gleiche Erfindung gemacht? Für wißbegierige Insektenfreunde gibt es hier gewiß noch allerhand zu entdecken.

Daß manche Hummeln eine Nesthülle aus Wachs errichten, weiß man schon lange. Die Steinhummel *(Bombus lapidarius)*, in Europa eine häufige und verbreitete Art, gründet ihr Nest oft unterirdisch in einem Mauseloch oder in einer anderen Höhlung. Als Schutz gegen Feuchtigkeit oder Kälte baut sie eine Wachsdecke über ihre Wabe (Fig. 33 und Bild 44, Seite 87), während man unter günstigeren Umweltbedingungen ihren Bau frei in der Erdhöhle findet.

Fig. 33 Unterirdisches Nest der Steinhummel (Bombus lapidarius). Die Wachshülle wurde teilweise entfernt, um die Wabe mit der Königin zu zeigen. Einige Honigtöpfe.

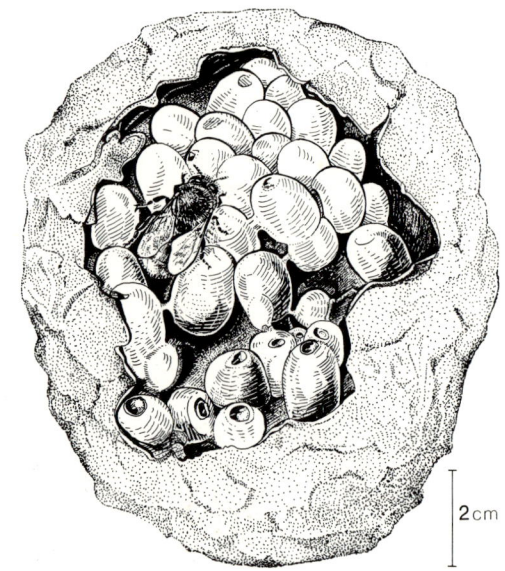

2 cm

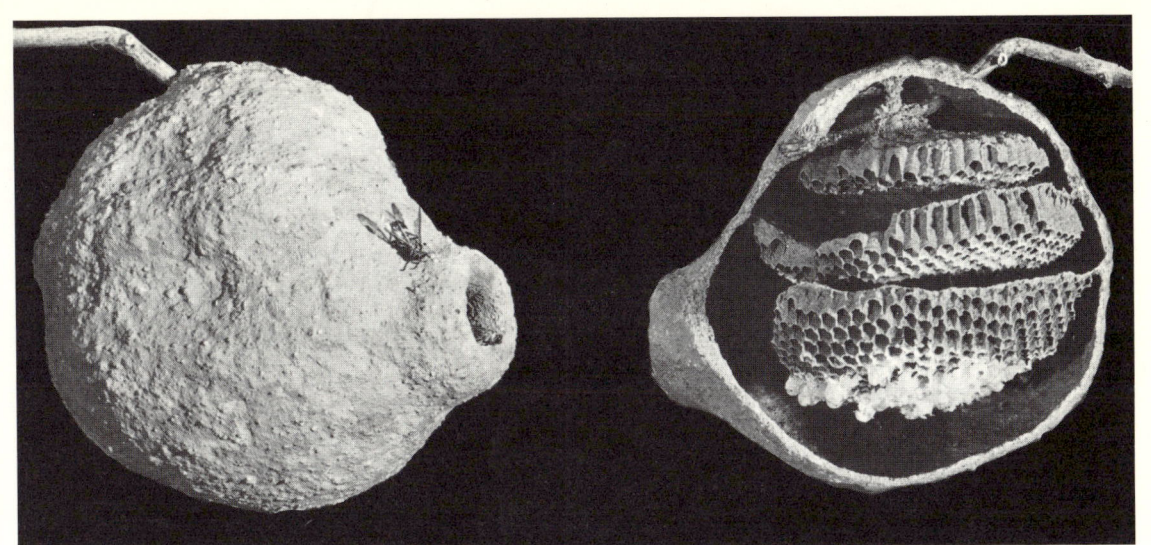

Bild 37 a Das Mörtelnest der Wespe
Polybia emaciata von außen; eine der
Bewohnerinnen im Flugloch, eine über
dem Flugloch sitzend.

Bild 37b Wabenbau, nach Entfernung
der Schutzhülle. Die weißen Kappen an
der untersten Wabe sind die von den
Larven gesponnenen Schutzdeckel der
Zellen, hier von den geschlüpften Wespen bereits durchgebissen. Durchmesser
des Nestes etwa 7 cm. (Zu Seite 72)

Bild 38 Papiernest einer südamerika-
nischen Wespenart (Chartergus, nahe
verwandt mit Polybia). Das etwa 25 cm
lange Nest ist längs durchgeschnitten
und auseinandergeklappt. Jede Wabe
wird an die Außenhülle angebaut und
hat in der Mitte ein Loch. Der zentrale
Verkehrsweg verbindet alle Stockwerke
des »Hochhauses« und endet unten im
Flugloch. (Zu Seite 72)

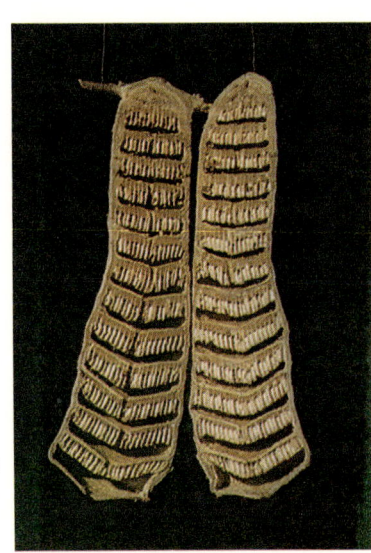
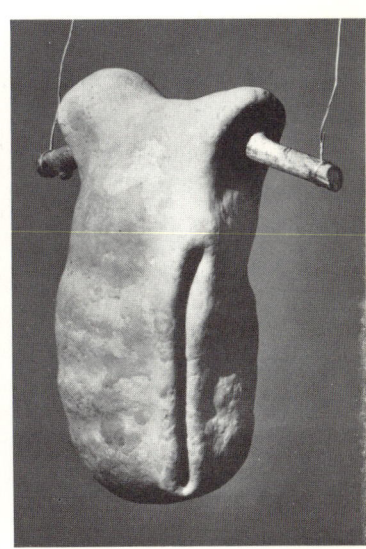

Bild 39 Keramiknest von Polybia singularis. Es ist durchweg aus feinem Ton
modelliert. Länge 30 cm, Breite 15 cm.
Gewicht 1350 g. Seitlich der längs-
gestreckte Flugspalt. (Zu Seite 72)

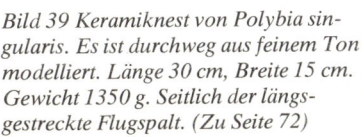

Bild 40a Eine weibliche Mörtelbiene bringt mit den Kiefern einen neuen Baustein an ihr Nest.

Bild 40b Aufsicht auf ein noch unvollendetes Nest mit zwei noch offenen Zellen. Bei Rovinji, Italien. (Zu Seite 77)

Bild 41 Rechts Königin, Mitte Arbeiterin, links Drohne der Honigbiene. (Zu Seite 90)

Bild 42 Ackerhummeln, am 2. September alle aus demselben Nest genommen. Oben und rechts sieben Größenstufen von Arbeiterinnen, unten zwei junge, voll entwickelte Weibchen, Königinnen des kommenden Jahres. Ganz links die alte Königin. Privatsammlung Brunnwinkl. (Zu Seite 83)

Bild 43 Nest der Wiesenhummel (Bombus pratorum) zwischen Hühnerfedern. Die innerste, verklebte Lage ist aufgeschnitten und nach oben zurückgeschlagen. Die Federhülle ist innen durch eine Kruste abgedichtet, die im wesentlichen aus Zucker besteht. Privatsammlung Brunnwinkl. (Zu Seite 83)

Bild 44 Wabe der Steinhummel. Braun: Larvenzellen; hell: zugesponnene Zellen, innen liegen Puppen; am Rande eine Gruppe von Honigtöpfen. (Zu Seite 84)

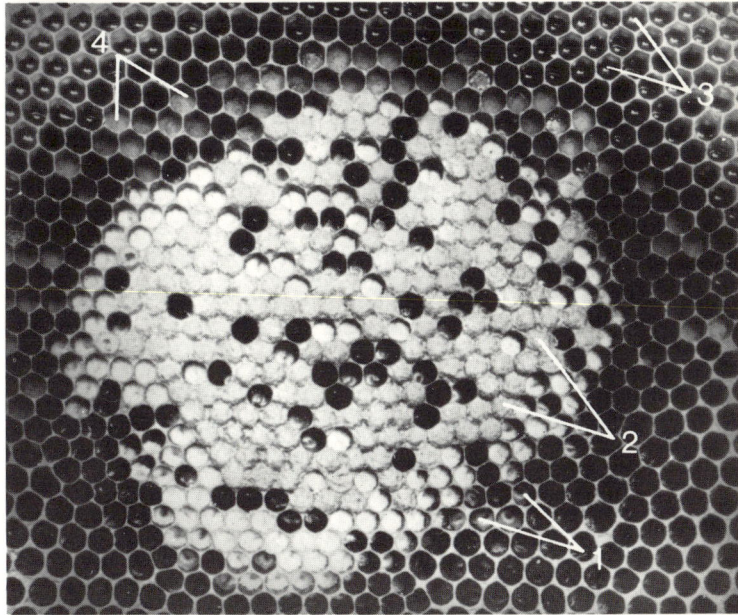

Bild 45 Das Brutnest der Honigbiene im mittleren Teil einer Brutwabe.
1 offene Zellen mit Larven, 2 gedeckelte Zellen, in welchen die Puppen ruhen, 3 Honig, 4 Pollen. (Zu Seite 93)

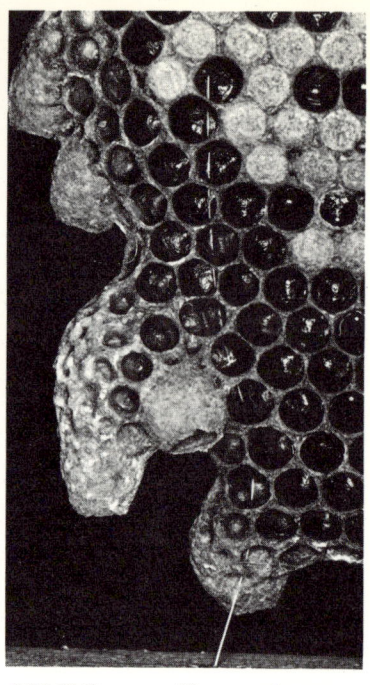

Bild 46 Die Wohnung, die der Imker den Bienen zur Verfügung stellt. Der Deckel des Kastens ist abgehoben. Im Inneren die Holzrähmchen, in welche die Bienen ihre Waben bauen (eine herausgehoben). Flugspalt an der Vorderseite über dem Anflugbrettchen. (Zu Seite 90)

Bild 47 Gruppe größerer, anders gestalteter Zellen, wie sie die Arbeiterinnen in beschränkter Zahl für die Aufzucht von Königinnen bauen. (Zu Seite 92)

Bild 48 Wabe im Bau. Sie war oben an drei verschiedenen Stellen begonnen worden. Die drei zungenförmig nach unten weitergeführten Bauteile sind oben bereits vereinigt. Beachtenswert ist der harmonische Zusammenschluß der Zellen da, wo die Wachszungen zusammengetroffen sind. – Der größte Teil dieser Wabe ist »Drohnenbau«, zur Aufzucht von Drohnenlarven. Für die kleineren Larven der Arbeiterinnen werden kleinere Zellen gebaut (oberer Teil der Wabe). An den hellen Stellen wurde neu abgeschiedenes, an den dunklen altes Wachs verbaut. (Zu Seite 96)

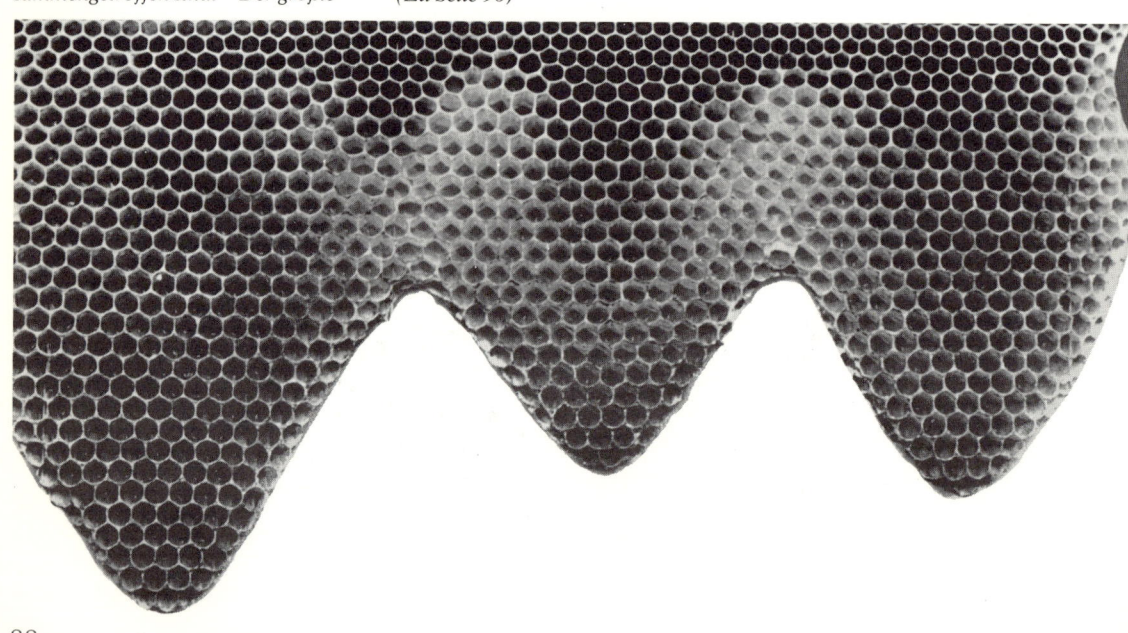

So gut auch solche Niststätten gewählt sein mögen, ihr Schutz ist nicht ausreichend, um der Winterkälte der gemäßigten Breiten standzuhalten. Auch die gesammelten Vorräte genügen wohl zur Überbrückung von Regenzeiten, aber nicht als Wintervorrat wie bei der Honigbiene. So sterben die Nester im Spätherbst aus, und nur die begatteten Königinnen überdauern in einem Zustand der Starre die kalten Monate in rechtzeitig aufgesuchten Schlupfwinkeln.

Anders ist es bei den tropischen Hummeln, deren Kolonien ein Alter von mehreren Jahren erreichen können. Und abermals anders liegen die Dinge im hohen Norden, in Lappland etwa oder Grönland. Auch dort gibt es Hummeln, die sich ja fast die ganze Erde erobert haben. Aber die Lebensbedingungen sind zu ungünstig, als daß sich mehrere Folgen von Hilfsweibchen entwickeln könnten. Dort führt die Königin das Leben einer typischen Einsiedlerbiene. Auf ihr allein lastet im Sommer die ganze Arbeit. Und sie versorgt ihre Larven in der kurzen Zeit üppigen Blühens so reichlich, daß schon die erste Brut zur vollen Reife kommt und ihr Geschlecht in das nächste Jahr hinüberrettet.

Die Honigbiene und ihre Wohnung

Bei den bisher betrachteten Insekten war das schützende Wohnhaus ihr eigenes Werk. Den Honigbienen stellt der Imker Bienenkästen als fertige Wohnungen zur Verfügung. Nur deren Inneneinrichtung, den Wabenbau aus Wachs, machen die Bienen selbst. Das war natürlich nicht immer so. Denn Bienen gab es auf der Erde schon viele Jahrmillionen vor den ersten Menschen. Doch bauten sie auch keine eigenen Häuser, bevor sie der Mensch in Pflege nahm. Sie nisteten in hohlen Bäumen oder, wo es keine Wälder gab, in Erdhöhlen oder Felsspalten. Hier waren Honigvorräte und Brut recht gut geborgen, um so mehr, als sie gegen fremden Zugriff durch giftige Stiche verteidigt wurden.

Vor *allen* Feinden waren sie trotzdem nicht gesichert. Die dickpelzigen Bären haben so manches Volk in seinem morschen Stamm ausfindig gemacht und geplündert. Vielleicht haben es die Menschen von ihnen einst gelernt, wilde Bienen aufzuspüren und ihnen den Honig zu stehlen. Doch erfanden sie später die bessere Methode, die Völker in künstlichen Wohnungen anzusiedeln und bei sich aufzustellen. Da konnten sie die Bienen wie Haustiere überwachen und pflegen. Es entstand der Beruf des Imkers.

Imker und Bienen als Außen- und Innenarchitekten. Die Geschichte der Bienenzucht reicht weit zurück, und von vielfältiger Art waren die Wohnungen, die der Mensch seinen Honiglieferanten zur Verfügung gestellt hat. Schon vor 5000 Jahren haben die Ägypter – wie wir aus Bildern in Tempeln und Königsgräbern wissen – Bienenvölker in Tonröhren gehalten, die aus Nilschlamm geformt waren. Solche sind bei ihnen auch heute noch in Gebrauch. In europäischen Waldgebieten verwendete man oft ein abgesägtes Stück eines hohlen Baumes oder einen künstlich ausgehöhlten Baumklotz. Solche Bienenstöcke kamen der ursprünglichen, natürlichen Bienenwohnung am nächsten. In manchen Gebieten brachte man die Völker in Strohkörben unter, meistens aber in hölzernen Bienenkästen. Es war ein großer Fortschritt in der Bienenzucht, als man um die Mitte des 19. Jahrhunderts in das Innere der Bienenwohnung Holzrahmen einhängte, in welche die Bienen ihre Waben bauen konnten (Bild 46, Seite 88). Diese »beweglichen Waben« lassen sich einzeln herausnehmen. Man kann sich den Überschuß der Honigvorräte zu eigen machen, ohne das Volk zu stören oder gar zu vernichten, wie es früher oft geschehen mußte.

Das sind nur einige Beispiele für die Bienenheime, die sich der Mensch ausgedacht hat. Aber die Bienen selbst und ihre Wabenbauten haben sich nicht verändert. Sie sind nicht zu echten Haustieren geworden wie etwa die Hunde, die unter der Hand des Züchters als Dackel, Hirtenhunde, Schlittenhunde usw., in ihren körperlichen und psychischen Merkmalen abgeändert, zu willigen Gefährten und Gehilfen des Menschen wurden. Ein Bienenvolk nimmt die vom Menschen gebotene Wohnung an, weil sie seinen Bedürfnissen entspricht. Aber wie es die Waben gestaltet, wie es den Innenraum ausbaut, beruht, wie sein ganzes Verhalten, auf uralten, festgewurzelten Instinkten, die dem Einfluß des Menschen entzogen sind. Insekten stehen uns eben nach Herkunft und Organisation viel ferner als Wirbeltiere. Blick und Ausdrucksbewegungen eines Hundes verraten psychische Regungen, die den unseren verwandt sind. Zum Innenleben der Bienen führt keine geistige Brücke.

Die Leistungen dieser Tiere aber, auch als Baumeister, haben schon in alten Zeiten das Staunen und die Bewunderung der Menschen erregt. Um das recht zu verstehen, müssen wir die Zusammensetzung und Organisation eines Bienenvolkes wenigstens in groben Zügen kennen.

Das Bienenvolk. Wenn es nicht vom Imker mit Absicht vergrößert wurde, besteht ein Volk aus etwa 40 000 bis 80 000 Individuen, was der Einwohnerzahl einer kleinen Stadt entspricht. Sie alle sind Kinder der Königin, des einzigen Eier legenden Weibchens in der Kolonie (Bild 41, Seite 86). Die große Masse des Volkes wird von den Arbeiterinnen gebildet, Weibchen mit kümmerlich entwickelten Ovarien, die unter normalen Umständen keine Eier legen. Sie sind aber nicht »Hilfsweibchen«, wie bei den Hummeln und Wespen; sie unterscheiden sich von der Königin nicht nur durch die Verkümmerung der Eierstöcke, sondern auch durch den Besitz und die Funktion von Organen, die der Königin fehlen oder bei ihr weniger entwickelt sind: ihre Hinterbeine sind mit Bürstchen und Körbchen ausgerüstet, mit denen sie Pollen sammeln und als Höschen eintragen (Bild 50, Seite 105). Ihr Rüssel ist länger als bei der Königin und kann den Nektar auch in tiefen Blütenkelchen erreichen. Drüsen an der Unterseite des Hinterleibes scheiden Wachs aus, das Baumaterial für die Herstellung der Waben (Fig. 37, Seite 96). Durch diese und andere körperliche Merkmale unterscheiden sich die Arbeitsbienen scharf von der Königin, sie bilden eine besondere »Kaste«. Im Frühjahr und Sommer findet man auch Männchen im Volk, die plumperen Drohnen (Bild 41, Seite 86). Sie haben nichts zu tun, als sich mit einer Königin auf dem Hochzeitsflug zu vereinigen. Wenn sie dazu nicht mehr nötig sind, werden sie von den Arbeiterinnen in der »Drohnenschlacht« erstochen oder vertrieben, so daß sie draußen verhungern müssen.

Die Bienenkönigin gründet niemals selbständig eine Kolonie, wie im Frühjahr die Königinnen der Hummeln oder Wespen. Niemals beteiligt sie sich am Zellenbau, am Sammeln der Nahrung oder an der Brutpflege. Dies alles bleibt ausschließlich den Arbeiterinnen überlassen. Bei ihnen gibt es aber keine Bauarbeiter, die sich nur diesem Beruf widmen. Wohl besteht eine Arbeitsteilung, aber die Art der Beschäftigung wechselt mit dem Lebensalter. An ihrem Lebensabend, den die Frühjahrsbienen schon fünf Wochen nach dem Schlüpfen erreichen, haben sie jede Art Arbeit, die es im Bienenstock gibt, bereits geleistet – oder hätten sie bei Bedarf leisten können. Die Jungbienen sind in ihren ersten zehn Lebenstagen mit häuslichen Arbeiten beschäftigt, besonders mit der Brutpflege und Fütterung der Larven. Sie reichen ihnen neben Honig eine Art Muttermilch, den Futtersaft. Er wird von umgewandelten Speicheldrüsen erzeugt, die nur bei den jungen Arbeitsbienen voll entwickelt sind. Darum ist die Brutpflege der Beruf ihrer Jugend. In einem zweiten Lebensabschnitt hört mit der Rückbildung der Futtersaftdrüsen die Brutpflege auf, aber nun gelangen die Wachsdrüsen zu voller Leistungsfähigkeit und die Arbeiterinnen können zu Baubienen werden. Nebenher gehen andere vorwiegend häusliche Arbeiten, bis im dritten Lebensabschnitt, etwa vom zwanzigsten Lebenstag bis zum

Tod, auch die Wachsdrüsen zurückgebildet sind und die Bienen nun ausfliegen um Nektar und Blütenstaub zu sammeln. Das geschieht unter günstigen Bedingungen mit großem Eifer und sinnreicher Aufteilung der Arbeit. Einzelne Bienen erkunden lohnende Nektar- oder Pollenblumen und teilen durch Tänze auf den Waben ihren Kameraden mit, in welcher Richtung und Entfernung vom Stock gute Futterplätze liegen. Für lohnende Futterquellen wird intensiver und daher mit größerem Erfolg durch Tänze geworben als für magere Futterquellen. Daher bilden sich Arbeitsgruppen, deren Größe zur Ergiebigkeit der Blütensorten in angemessenem Verhältnis steht. Im Außendienst sind die Bienen am meisten gefährdet. Mit gutem Grund ist das Sammeln ihr letzter Beruf.

Die Arbeitsbienen, die im Spätsommer und Herbst ausschlüpfen, erreichen ein Alter von mehreren Monaten. Weniger beansprucht und wohl gemästet können sie den Winter überdauern. Die Königin ist imstande, vier bis fünf Jahre ihre Mutterpflicht zu erfüllen. Wenn sie ausscheidet, können die Arbeiterinnen aus einer jungen Larve eine neue Königin heranziehen. Das Volk kann also unbegrenzt leben, wenn es nicht durch Krankheit oder anderes Mißgeschick zugrunde geht. Das kommt oft genug vor. Daher müssen sich die Völker zur Sicherung ihres Fortbestandes vermehren, was bei Bienen durch das Schwärmen geschieht: ein Teil des Volkes zieht aus und macht sich selbständig. Bei diesem Vorgang wird eine neue Königin benötigt.

Im Frühjahr, wenn bei reichem Futtersegen das Volk erstarkt und der Raum knapp wird, bauen die Arbeiterinnen einige größere Zellen (Bild 47, Seite 88) und ziehen in diesen durch besondere Fütterung der Larven Königinnen heran – für alle Fälle mehrere, denn einer könnte ein Unglück zustoßen. Auch gibt ein Volk nicht selten mehr als einen Schwarm ab. Noch bevor die erste junge Königin aus der Zelle schlüpft, verläßt die alte Königin mit etwa der Hälfte der Bienen in wildem Taumel den Stock. Zunächst sammeln sie sich als Schwarmtraube um ihre Königin, meist an einem nahen Baumast. Da kann sie der aufmerksame Imker einfangen und in einen leeren Kasten setzen. Versäumt er es, so geht ihm der Schwarm verloren. Denn Kundschaftsbienen waren eifrig tätig, und sobald sie eine geeignete Unterkunft entdeckt haben, verständigen sie den wartenden Schwarm in der Bienensprache, durch Tänze auf der Schwarmtraube, in welcher Richtung und Entfernung die neue Wohnung zu finden ist; vielleicht ist es ein hoher Baum, vielleicht ein leerer Bienenkasten bei einem weit entfernten Imker, so daß der rechtmäßige Besitzer das Nachsehen hat. Denn nun löst sich die Schwarmtraube auf und zieht geradenwegs zu ihrem neuen Heim. Einen Proviant für die ersten Tage haben die Bienen mitgenommen und vor dem Verlassen des Mutterstockes noch rasch aus dessen Vorratszellen ihre Honigmägen gefüllt. Aber Waben konnten sie nicht mitschleppen. Die müssen sie in ihrer neuen Unterkunft schleunigst herstellen. Da im Schwarm alle Altersstufen der Bienen vertreten sind, gibt es auch genug Baumeister. Der Trieb zu bauen ist bei Schwarmbienen besonders mächtig. Auch die Wachsdrüsen kommen dem Bedürfnis entgegen, indem sie sich zur Schwarmzeit sogar schon bei jüngeren Bienen entwickeln und über das gewohnte Alter hinaus in Funktion bleiben können. Allzu starre Termine läßt sich auch sonst die Arbeitsteilung nicht vorschreiben. Die zeitliche Folge der Tätigkeiten ist plastischer, als man früher dachte.

Für Baubienen gibt es natürlich nicht nur nach dem Schwärmen zu tun. Sie müssen auch bei reicher Ernte die Waben vergrößern oder neue herstellen. Wenn im Laufe des Jahres die Zeit für die Drohnen und jungen Königinnen herankommt, sind rechtzeitig größere Zellen für deren Larven zu bauen, und mancherlei Kleinarbeit läuft nebenher.

Der Wabenbau. Wie sehen nun eigentlich die Bienenwaben aus? Im Gegensatz zu den Papierwaben bei Wespen, die in der Regel horizontal angeordnet sind und nur an der Unterseite Zellen tragen (vgl. Seite 69), bestehen sie aus Wachs, hängen vertikal und sind auf beiden Seiten mit Zellen besetzt, die durch eine gemeinsame Mittelwand voneinander getrennt sind (Fig. 34). Sie dienen sowohl der Aufzucht der Brut als auch dem Speichern von Pollen und Honig. Für alle drei Aufgaben wird die gleiche Art von Zellen benützt. Im Baubereich eines Stockes belegt die Königin das Zentrum der Waben mit Eiern, und nur die Außenbezirke dienen als Behälter für Pollen und Honig (Bild 45, Seite 87). Für Drohnen, die ja größer sind als Arbeiterinnen, werden größere Zellen gebaut, meist im unteren Teil der Waben (Bild 48, Seite 88), und für die Aufzucht von Königinnen noch geräumigere, zapfenförmige, meist seitlich oder am unteren Wabenrand an den Zellverband angesetzt (Bild 47, Seite 88).

Die Wände der im Verband stehenden Zellen bilden gleichseitige sechseckige Prismen (vgl. Fig. 34, Seite 94). Das ist bemerkenswert. Die Bienen könnten ja die Kammern auch mit runden Wänden bauen, wie die Hummeln, oder wie sie es selbst bei den Kinderwiegen für Königinnen ma-

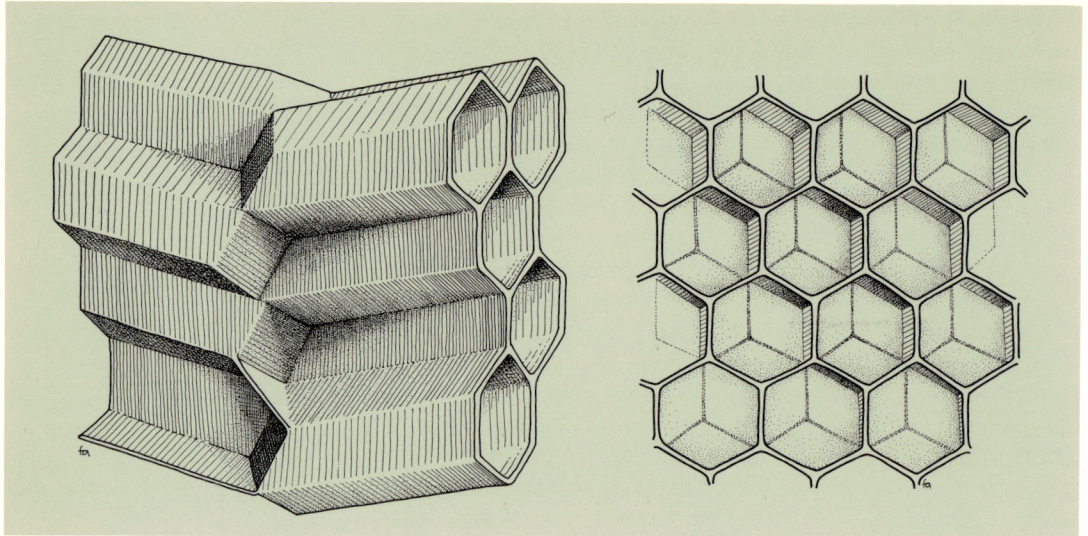

*Fig. 34 Ausschnitt aus einer Bienen-
wabe.*
*Links: Seitenansicht. An den Zellen
sind einige Seitenwände weggenommen,
so daß die Zellböden teilweise sichtbar
sind. Der Boden einer jeden Zelle
wird von drei Wachsplättchen (gleich-
seitigen Rhomben) gebildet und ist
nach der Mitte hin vertieft. Die Zellen
steigen nach beiden Seiten hin leicht
an, so daß der Honig nicht vor dem
Verschluß heraustropft.
Rechts: Einblick in die Zellen.
Zeichnung nach einem von M. Renner
hergestellten Modell.*

chen. Sie könnten auch andere geometrische Figuren ihrem
Baustil zugrunde legen. Es würden aber bei runden oder
achteckigen oder fünfeckigen Zellen (Fig. 35, oben) zwischen ihnen ungenützte Räume bleiben; das wäre Raum-
verschwendung. Überdies müßten sie für jede Zelle ganz
oder teilweise eine eigene Wand bauen; das wäre Material-
verschwendung. Bei drei-, vier- oder sechseckigen Zellen
(Fig. 35, unten) würden diese beiden Nachteile fortfallen.
Nun sind die Dreiecke, Vierecke und Sechsecke der Fig. 35
so gezeichnet, daß sie genau gleich große Flächen um-
schließen. Solche Zellen würden also bei gleicher Tiefe
gleich viel Honig fassen. Die Sechsecke haben von diesen
drei flächengleichen geometrischen Figuren den kleinsten
Umfang. Zur Ausführung der sechseckigen Zellen ist also,
bei gleichem Fassungsvermögen, am wenigsten Baumaterial
nötig. So haben die Nahrungsspeicher mit den sechseckigen
Zellen die sparsamste Form.

Die sechseckigen Prismen sind mit je einer Kante nach
unten und oben gerichtet. Als Ausnahme findet man auch
Waben mit horizontalen Zellwänden oben und unten
(Fig. 36). Ob die übliche Anordnung der Zellen gegenüber
der ausnahmsweise vorkommenden Anordnung statische
Vorteile hat und die Tragfähigkeit der Zellen erhöht, darüber gibt es meines Wissens keine Untersuchungen. Dr.
Georg Kirchner (Frankfurt/M.) war so freundlich, als Fach-
mann diese Frage zu prüfen. Seine Berechnungen führten
für beide Wabenmuster zu demselben Endergebnis. Wir
wissen also nicht, warum das eine Muster von den Bienen
bevorzugt wird. Für die Stabilität der Wabe ist gewiß auch

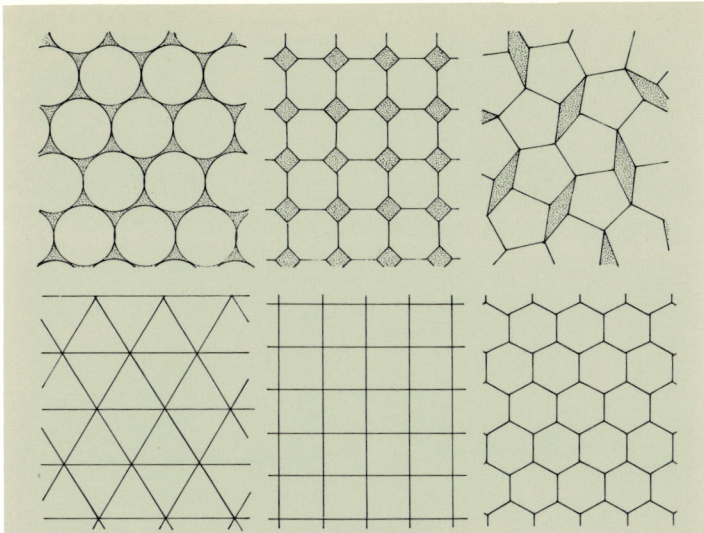

Fig. 35 Vorteile der sechseckigen Zellform. Erklärung im Text.

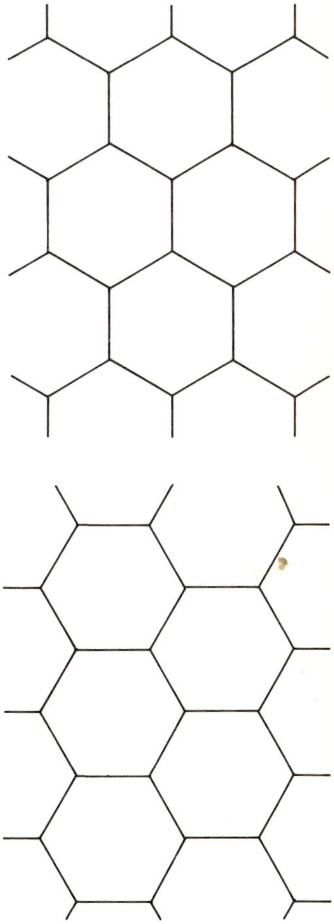

Fig. 36 Normale, darunter ausnahmsweise vorkommende Orientierung der Wabenzellen.

die Gestalt und Vertiefung der Zellböden und ihre Verzahnung mit jenen der Nachbarzellen von wesentlicher Bedeutung (Fig. 34). Wer zum erstenmal eine gefüllte Honigwabe hebt, ist überrascht von ihrem großen Gewicht. Eine solche im Maß von 37 zu 22,5 cm kann mehr als 2 kg Honig aufnehmen. Zu ihrer Herstellung verarbeiten die Bienen nur etwa 40 g Wachs. Das entspricht der Menge von drei Christbaumkerzen (10,5 cm lang, 1,3 cm im Durchmesser). Es würde sich bestimmt lohnen, dem Zusammenhang zwischen Bau und Tragkraft der Wabe genauer nachzugehen.

Wenn es nötig ist, wird sehr rasch gebaut. Wo Baubienen an die Arbeit gehen, hängen sie sich in Ketten aneinander und bilden bald einen dichten Klumpen, die Bautraube, in der sie eine Temperatur von 35° C aufrechterhalten. Diese Wärme ist zur Ausscheidung von Wachs nötig. Es wird bei der Honigbiene nur an der Unterseite des Hinterleibes gebildet, und zwar durch die Wachsdrüsen an vier Körpersegmenten. An den Segmentgrenzen tritt es in Gestalt von je zwei Wachsplättchen unter den Bauchschuppen hervor (Fig. 37, links). Um ein Plättchen abzunehmen, benützt die Biene das erste, stark vergrößerte Fußglied am Hinterbein. Es trägt an seiner Innenseite das Bürstchen zum Pollensammeln. Mit der letzten Borstenreihe wird das Wachsplättchen angespießt (Fig. 37, rechts unten), aus der Hauttasche herausgezogen und nach vorn gehantelt, wo es von den Vorderbeinen und Kiefern übernommen wird (Fig. 37, rechts oben). Vor dem Munde wird es mit dem Sekret einer Speicheldrüse vermischt und durchgeknetet. Dadurch wird

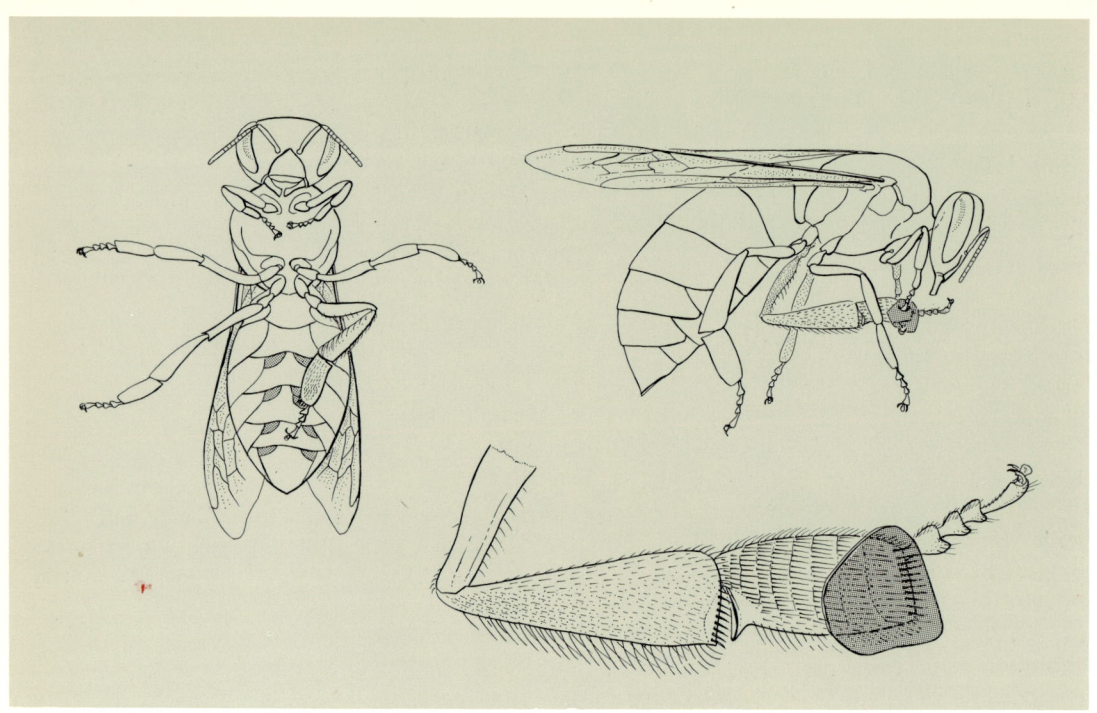

Fig. 37 Wie die Biene die ausgeschiedenen Wachsschüppchen aus den Bauchtaschen zieht und zum Munde führt, um sie zu verarbeiten. Links: Biene von der Bauchseite gesehen. Die Wachsschüppchen ragen aus den Drüsentaschen heraus. Eines wird soeben mit dem linken Hinterfuß abgenommen, indem es mit der Borstenreihe des vergrößerten ersten Fußgliedes angespießt wird (rechts unten). Rechts oben: das Schüppchen wird vom Hinterbein an die Vorderbeine und Kiefer weitergegeben.

es bei der herrschenden Wärme homogen und erhält jene Plastizität, bei der es am besten geformt werden kann.

Der Wabenbau beginnt oben an der Decke der Wohnung, bei den üblichen Bienenkästen an der oberen Leiste eines Wabenrähmchens. Hier fangen sie mit der Arbeit meist an zwei oder drei getrennten Stellen an und bauen Wachszungen nach unten. Dabei wird nicht etwa eine Zelle nach der anderen fertiggestellt. Während die Seitenwände der ersten Zellen allmählich in die Höhe wachsen, werden bereits nach unten anschließend weitere angelegt. Bei der Verbreiterung der Wachszungen nach den Seiten kommen sie miteinander in Berührung, zunächst an ihrer Basis, dann immer weiter nach unten. Sie werden so harmonisch zusammengefügt, daß hernach die Entstehung der Wabe aus getrennten Ansätzen nicht mehr erkennbar ist (Bild 48, Seite 88). Das ist um so mehr bemerkenswert, als am Bau jeder einzelnen Zelle viele Bienen beteiligt sind, die einander oft schon nach einer halben Minute ablösen. Wo sie zu schaffen beginnt, informiert sich jede Biene selbst über den Stand der Arbeit und führt sie richtig weiter. Wird sehr intensiv gebaut, so können die Wachszungen rasch in die Breite gehen, so daß schon bald eine einheitliche Front entsteht.

Moderne Imker setzen in leere Rähmchen, welche die Bienen ausbauen sollen, künstliche Mittelwände aus Wachs ein, mit vorgeprägtem Sechseckmuster. Das beschleunigt die Arbeit, auch dadurch, daß den Bienen ein Teil der Wachserzeugung erspart wird. Aber auch ohne diese Hilfe bauen sie die Zellen ebenso regelmäßig. Wiederholt wurde die Meinung geäußert, das wäre keine besondere Leistung, die Zellen müßten unter dem seitlichen Druck von selbst die Form mit der kleinsten Oberfläche annehmen. Aber so ist es nicht. Die Zellen werden von vornherein in ihrer zweckmäßigsten Gestalt angelegt. Die Konstruktion beginnt in der Regel mit einem rhombenförmigen Teil der Basis, an dem mit dem Aufbau von zwei Zellwänden angefangen wird. Dann wird an der Basis ein zweiter Rhombus angesetzt und zwei weitere Zellwände werden begonnen. Dann folgt der dritte Rhombus mit den zwei letzten Zellwänden. Jede einzelne Ecke der entstehenden Zelle zeigt sogleich den richtigen Winkel von 120°. Ein Wachsring, der als Vorrat für die weitere Verarbeitung die obere Zellkante bedeckt, verbirgt unter sich die regelmäßige Form des Sechseckes, die sogleich zum Vorschein kommt, wenn man den Wachswulst abpräpariert. Es muß den Tieren das Muster der Zelle vom Erbgut in den Sinn gelegt sein. Sie bringen es sogar als nutzlosen Zierat an der Außenfläche der Königinzellen an, wenn sie daran herummodeln (vgl. Bild 47, Seite 88). Die Papierwände der horizontalen Wespenwaben zeigen das gleiche Sechseckmuster, und auch jene tropischen Wespen, die ihre Zellen aus Ton modellieren (Bild 37b, Seite 85), geben ihnen die gleiche regelmäßige Gestalt.

Nicht nur ihre präzise Form, auch die verschiedenen Ausmaße der Bienenzellen für Drohnen- und Arbeiterinnenbrut, ihre außerordentlich dünnen Wände und darüber hinaus ihre genaue Orientierung im Raum verdanken sie der Baukunst ihrer Fabrikanten. Nichts von alledem ergibt sich von selbst. Es ist das Werk gezielter Arbeit.

Vom Boden der Zellen gegen ihre Öffnung wird eine Steigung von 13° angelegt (vgl. Fig. 34, Seite 94). Sie ist hinreichend, damit der zähe Honig nicht heraustropft. Der Abstand einer Zellwand von der gegenüberliegenden beträgt 5,2 mm, bei den größeren Drohnenzellen 6,2 mm. Die Dicke der Zellwand wird in erstaunlicher Präzisionsarbeit mit 73 Tausendstel Millimeter hergestellt, wobei die Abweichungen nicht größer sind als 2 Tausendstel Millimeter. Es wird mit dem Baumaterial bis an die Grenze des Zulässigen gespart. Für solcherlei Arbeit würden menschliche Handwerker Winkelmesser und eine Schubleere brauchen.

Wo haben die Bienen ihre Meßinstrumente? Zur Orientierung über die Richtung der Schwerkraft dient ihnen der

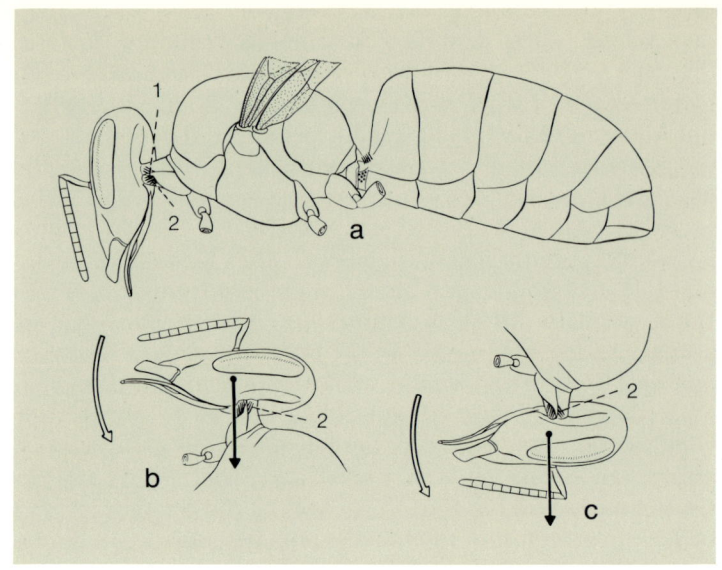

Fig. 38 Sinnesorgane zur Wahrneh-mung der Richtung der Schwerkraft. Der Kopf der Biene ruht auf zwei Zapfen der Vorderbrust (1), sein Schwerpunkt liegt etwas tiefer! Der Kopf wird daher bei Stellung der Biene nach oben (Bild unten links) gegen die Brust bewegt, bei Stellung nach unten aber gegen den Rücken (Bild unten rechts). Diese Drehungen werden durch die Sinnesborsten (2), die den Hinterkopf berühren, genau registriert.

eigene Kopf als Pendellot. Er ruht auf zwei Zapfen des Brustpanzers (1 in Fig. 38a). Sein Schwerpunkt liegt tiefer als diese gelenkige Verbindungsstelle. Sitzt die Biene mit dem Kopf nach oben, so zieht daher die Schwerkraft dessen gewichtigeren Unterteil gegen die Brust (Fig. 38b, weißer Pfeil). In der Stellung mit dem Kopf nach unten erfolgt die Drehung im entgegengesetzten Sinn (Fig. 38c). Durch eine Gruppe von hochempfindlichen Sinnesborsten (2) an der Spitze der Zapfen werden diese Drehbewegungen sehr genau registriert. Auch jede Schrägstellung bewirkt eine andere, bezeichnende Druckverteilung auf dem Polster der Sinnes-borsten. So kontrollieren die Bienen ihre eigene Körper-stellung und zugleich die Stellung der Wabe, die sie lotrecht nach unten führen.

Die Bedeutung des Sinnesorganes in ihrem Nacken für den Wabenbau der Bienen und für die richtige Orientierung der Zellwände wurde durch seine Ausschaltung bewiesen. Man kann die Sinnesborsten des Nackenorganes mit einem Wachs-Kolophonium-Gemisch, das warm aufgetragen wird und bei der Abkühlung erhärtet, vollkommen unbeweglich machen. Das ist freilich eine zeitraubende Arbeit. Man muß sie nämlich bei *allen* etwa tausend Bienen des Versuchs-völkchens durchführen, um sicher zu sein, daß nicht einige ungewöhnlich junge oder ungewöhnlich alte Baubienen das Ergebnis verfälschen. Die Mühe eines solchen Ver-suches lohnte sich. Die Bienen waren in Baustimmung und bildeten sogleich eine Bautraube. Aber sie taten, was Hand-werker machen, denen man ihr Werkzeug wegnimmt: sie arbeiteten nicht. In ihrem Befinden waren sie durch das Verkleben der Borsten gewiß nicht geschädigt. Die Flug- und Sammeltätigkeit des Völkchens war normal. Sie er- zeugten auch Wachs in Menge, aber die Schüppchen fielen ungenützt zu Boden. In einem Versuch, bei dem die Bau- traube einen Monat lang beobachtet wurde, brachte sie binnen vierzehn Tagen nur drei kümmerliche Zellen mit un- regelmäßigen Wänden zustande (Fig. 39, 1, 2). Als dann in einer Hitzeperiode die Verklebung teilweise abschmolz und die Sinneshaare wieder hervorragten, kam es in vier weite- ren Tagen über unregelmäßige Zwischenstufen zu einiger- maßen normalen Zellen (Fig. 39, 3 bis 6). Daraus geht her- vor, daß die Bienen für die Ausrichtung des Wabenwerks nach dem Lot ihr Nackenorgan brauchen.

Die Suche nach dem Instrument, mit dem die Baubienen die Größe der Zellen und die so imponierend regelmäßigen Winkel- und Längenmaße der Wände bestimmen, brachte bisher kein sicheres Ergebnis. Versuche an Königinnen führten aber zu einem Hinweis. Bei Bienen besteht, wie man schon lange weiß, eine merkwürdige Art der Ge- schlechtsbestimmung: die Königin kann ihre Eier unbefruch- tet ablegen oder aber befruchtet, indem sie aus dem Aus- führungsgang ihres Samenbehälters an das vorübergleitende Ei Samenzellen abgibt. Aus unbefruchteten Eiern ent- wickeln sich männliche Tiere, die Drohnen, während aus befruchteten Eiern Weibchen (Arbeiterinnen oder Königin- nen) hervorgehen. Die Larven der Drohnen werden größer als die der Arbeiterinnen. Darum legt die Königin die un- befruchteten Eier in die größeren Drohnenzellen. Wenn man ihr die Spitzen der Vorderbeine abschneidet, legt sie auch weiterhin fleißig Eier, aber nun kommt sie völlig durch- einander: sie kann die verschieden großen Zellen nicht mehr unterscheiden. Daraus darf man schließen, daß sie bei der Eiablage die Zellgröße mit den Vorderfüßen mißt, und wahrscheinlich ist es bei den Arbeiterinnen ebenso.

Kaum lösbar schien die Frage, wie die Baubienen die Stärke der Zellwände bestimmen. Sie müssen imstande sein, sie zu messen, sonst könnte ja ihre Dicke von 73 Tausendstel Millimeter (bei Drohnenzellen 94 Tausendstel) nicht so ge- nau eingehalten werden. Doch gerade hier haben sie sich hinter die Kulissen gucken lassen.

Beim Aufbau der Zellwand bringen sie zunächst an ihrem oberen Rand einen roh gekneteten Wulst aus Wachs an, der dann durch hobelnde Bewegungen der Kiefer zur feinen Lamelle ausgewalzt wird. Dabei wird die Wandstärke ständig kontrolliert und überschüssiges Wachs abgeschabt. Bei ihren Messungen benehmen sich die Arbeiterinnen, als hätten sie

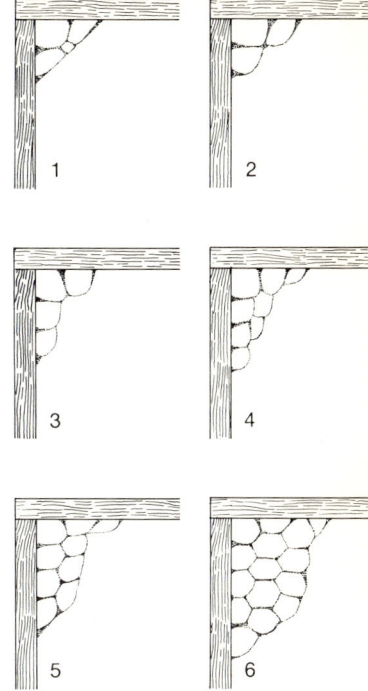

Fig. 39 Bei vorübergehender Aus- schaltung der Schweresinnesorgane im Nacken brachten die Bienen, ob- wohl sie bauwillig waren, in 14 Tagen nur drei runde Zellen zustande (1, 2). Mit der Wiederkehr der Sinnesleistung gelang ihnen in vier weiteren Tagen über unregelmäßige Zwischenstufen (3 bis 5) die Herstellung sechseckiger Zellen (6).

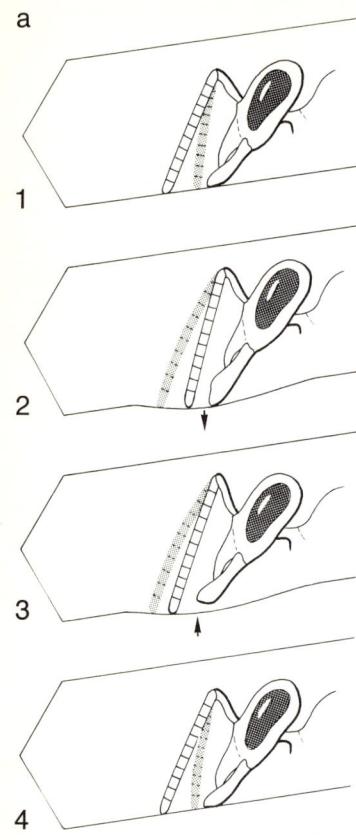

a

1

2

3

4

Fig. 40 Prüfung der Wandstärke einer Zellwand durch Messung der Rückschwingung einer eingedellten Stelle mit den Fühlerspitzen, a: im Längsschnitt durch die Zelle, b: von vorne gesehen. Schematisch dargestellt.

eine gründliche physikalische Ausbildung erhalten. Das Prinzip kann hier nur angedeutet und nicht im einzelnen erläutert werden. Die Biene drückt mit den Mandibeln gegen die Zellwand und bewirkt dadurch eine Eindellung (Fig. 40a, 1, 2). Beim Abheben der Kiefer schwingt die Delle zurück (3, 4). Während dieses Vorganges wird die Wandstelle mit den Fühlerspitzen pausenlos abgetastet (Fig. 40, b). An den Fühlerspitzen liegt ein Spezialsinnesorgan: drei Kränze von Tastzellen mit gebogenen Borstenspitzen, die auf die Wandfläche aufgesetzt werden, und im Zentrum jedes Kranzes eine Sinneszelle für mechanische und chemische Reize mit einer Spießborste, die in die Wand eingestochen wird. Mit diesen Sinnesorganen wird der Ablauf der Eindellung und der Rückbewegung verfolgt. Dieser Schwingungsvorgang aber ist bei den gegebenen Bedingungen (Be-

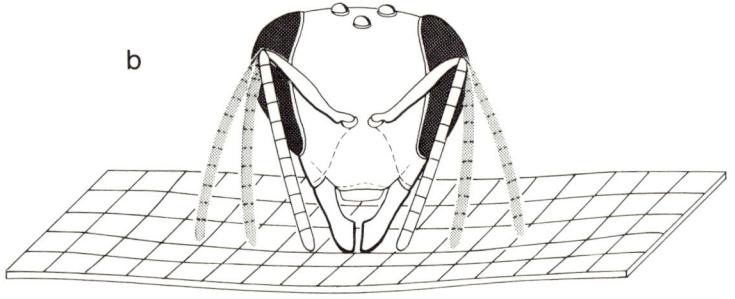

b

schaffenheit des Wachses, Temperatur von 35° und Form der Zelle) genau von der Wandstärke abhängig. Entfernt man bei den Baubienen nur die äußersten Spitzen der Antennen und hiermit jene Sinnesorgane, so ist es aus mit der Feinarbeit. Zwar können die Bienen die Grundarchitektur der Zellform noch schaffen, aber sie machen nun die Wände an den meisten Stellen viel zu dick, an anderen zu dünn (Bild 49, Seite 105, vgl. hiermit die geringe Wandstärke und den regelmäßigen Verlauf der Ränder bei normalen, neu gebauten Zellen in Bild 48, Seite 88).

Mit Pollen gefüllte Vorratszellen bleiben offen. Gefüllte Honigzellen werden mit einem Wachsdeckel verschlossen, für den die Baubienen den nötigen Vorrat schon vorher als Wulst am Zellrand ablagern. Er kann zur gegebenen Zeit rasch von allen Seiten über die Zelle gewalzt werden. Auch die Brutzellen werden für die zwölf Tage der Puppenruhe durch einen gewölbten Deckel aus Wachs verschlossen (Bild 45, Seite 87), unter den die Larve ihrerseits ein dichtes Gespinst aus Seidenfäden webt. In ungestörter Ruhe kann sich unter diesem doppelten Verschluß die Wandlung zur geflügelten Biene vollziehen.

Ausrichtung des Wabenbaues nach dem Magnetfeld der Erde.

Wenn der Imker seinen Bienen Holzrähmchen in den Stock hängt, bestimmt er hiermit die Richtung, in der sie ihre Waben bauen sollen. Wie verhalten sie sich aber unter natürlichen Verhältnissen, zum Beispiel in einem hohlen Baumstamm? Wie kommt es, daß Tausende von Bienen, die unter solchen Umständen sehr rasch an die Arbeit gehen und schon über Nacht einen Teil ihrer neuen Waben fertigstellen, keinen Wirrbau machen, sondern ein gleichmäßig ausgerichtetes Bauwerk?

M. Lindauer und sein Mitarbeiter M. Oehmke haben eine merkwürdige Entdeckung gemacht. Ein Bienenschwarm aus einem normalen Bienenkasten wurde in einem Kartonzylinder eingenistet, dessen Flugloch zentral im Boden angebracht war. Wabenrähmchen fehlten, weder der Rundbau, noch die Lage des Fluglochs boten den Bienen einen Anhaltspunkt über die Orientierung der Waben in ihrem früheren Heim. Trotzdem haben die Bienen schon nach wenigen Stunden Wabenstücke in schöner paralleler Ausrichtung geschaffen, deren Stellung in überraschender Weise der Wabenstellung im Muttervolk entsprach oder nur um wenige Winkelgrade von ihr abwich (Fig. 41). Wie war das möglich? Erfahrungen aus neuerer Zeit haben gelehrt, daß das Magnetfeld der Erde auf die Orientierung der Bienen Einfluß hat. So sorgsam die Beobachter darauf bedacht gewesen waren, den Bienen im Rundbau keine Richtmarken zu bieten, das Magnetfeld der Erde hatten sie ihnen als Kompaß nicht genommen. Ihr Verdacht, daß sie sich nach diesem orientieren, hat sich in weiteren Versuchen bestätigt. Wenn der Schwarm aus dem ersten zylindrischen Rundbau in einen zweiten umgesetzt wird, legt er seine Waben in genau der gleichen Kompaßrichtung an. Verdreht man aber zwischen dem ersten und zweiten Versuch durch einen außen angebrachten Magneten das natürliche erdmagnetische Feld um 40° nach einer Seite, dann weicht auch der neue Wabenbau um 40° nach dieser Seite ab.

Kein Imker und auch kein Wissenschaftler hat wohl bisher vermutet, daß Bienen ihren Wabenbau nach dem Kompaß ausrichten können. Nachdem sie uns diese Fähigkeit demonstriert haben, erscheint sie uns als eine weise Einrichtung. Denn ein Schwarm, der in eine dunkle Baumhöhle eingezogen ist und an mehreren Stellen gleichzeitig mit Tausenden von Arbeiterinnen beginnt, hat keinen Bauleiter, der den einzelnen Tieren Anweisungen geben könnte. Wenn sie alle den Trieb und die Fähigkeit haben, ihre Waben so in den Raum zu stellen, wie sie im Muttervolk standen, kann rasch ein geordnetes Bauwerk zustande kommen. Auf welche

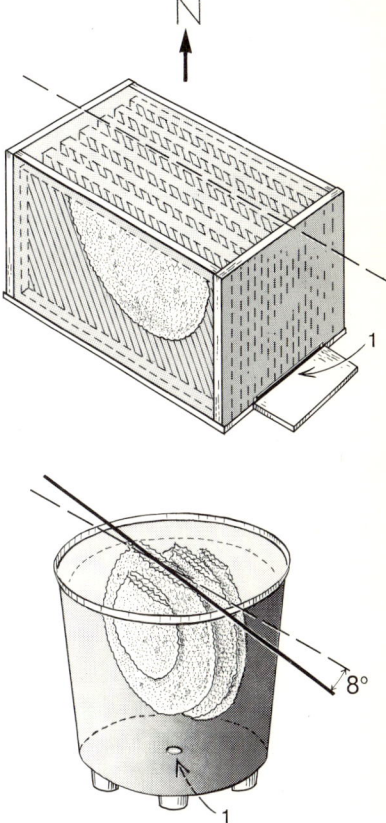

Fig. 41 Bienen aus einem normalen Stock (oben) wurden in einen zylindrischen Behälter umgesetzt, dessen Flugloch zentral im Boden angebracht war (unten). Die Stellung der von ihnen gebauten Waben entsprach fast genau der Wabenstellung im Muttervolk (unterbrochene Linie). Sie hatten sich dabei nach dem Magnetfeld der Erde orientiert. 1 Flugloch. Der dicke Pfeil oben gibt die Nordrichtung an. Schematisch, nach M. Lindauer und Oehmke.

Weise die Bienen das Magnetfeld der Erde wahrnehmen, ist zur Zeit noch ihr Geheimnis.

Das Kittharz. Wachs ist das hauptsächliche, aber nicht das einzige Baumaterial der Bienen. Sie verwenden daneben auch Harz, und zwar zum Verkitten von Lücken und Spalten. Auch eine ganz andere Verwendung kommt vor. Wenn etwa eine Maus oder ein anderes honiglüsternes Geschöpf in den Stock eingedrungen und durch Stiche der wehrhaften Insassen ums Leben gekommen ist, wird die Leiche durch einen luftdichten Harzüberzug vor Fäulnis bewahrt und zur Mumie gemacht.

Das Wachs erzeugen die Bienen selbst, das Kittharz müssen sie sammeln. Sie finden es an den harzigen Überzügen verschiedener Baumknospen. Hier wird es mit den Kiefern abgenagt, in die Körbchen der Hinterbeine geschafft und wie Pollen eingetragen (Bild 51, Seite 105). Nur kann dieses zähe und klebrige Material nicht im Fluge gehöselt werden wie Blütenstaub. Es geschieht vielmehr im Sitzen. Man wundert sich, daß sie es überhaupt verarbeiten können. Dazu hilft ihnen das Sekret der Kieferdrüsen, dessen Zusatz auch das Wachs besser formbar macht.

Eine Biene, die mit Kittharz-Höschen nach Hause kommt, benimmt sich ganz anders als eine Pollensammlerin. Während diese rasch eine Zelle aufsucht, in die sie die Höschen abstreift, begibt sich die Kittharz-Sammlerin an eine Baustelle, wo dieser Stoff benötigt wird, und bietet ihre Ware an – ohne Aufdringlichkeit. Sie bleibt still dort sitzen oder spaziert langsam umher, viele Stunden lang. Die Baubienen kommen zu ihr und nagen nach Bedarf Stückchen für Stückchen vom zähen Harzballen herunter, um sie zu verarbeiten. Es kann auch mit Wachs gemischt und so gestreckt werden.

Hauptsächlich der Spätsommer und Herbst, wenn die Nächte kühl werden und sich undichte Stellen der Wohnung warnend bemerkbar machen, sind die Zeiten des Kittharz-Sammelns. Dann wird emsig verkittet und gedichtet, um die kostbar werdende Wärme im Stock zu halten. Die Baubienen können dabei so eifrig sein, daß der Imker im nächsten Jahr seine liebe Not hat, die Rähmchen voneinander und von der Kastenwand zu lösen.

In südlichen Gegenden kann eher die Hitze als die Kälte den Bienen gefährlich werden. Bei zu hohen Wärmegraden kommt ihr Wachsbau zum Schmelzen. Aber die Bienen wissen auch dieser Gefahr zu begegnen. In den sehr heißen Lavagebieten bei Salerno in Süditalien wurde beobachtet, daß sie Kittharz mit dem Bauwachs vermischen und den Schmelzpunkt dadurch hinaufsetzen.

Der Mensch hat vielfachen Nutzen und Genuß von der Tätigkeit der Bienen. Wir sollten dabei auch daran denken, daß ihr Kittharz mit größter Wahrscheinlichkeit eines der geheimnisvollen Mittel war, welche die italienischen Geigenbauer dem Lacküberzug ihrer Instrumente beifügten, um deren Klangschönheit zu steigern.

Übersiedlung mitsamt dem Mobiliar. Unsere Honigbiene *(Apis mellifica)* trifft man heute in fast allen Ländern der Erde. Wo sie nicht vorkam, versuchte der Mensch sie einzuführen. Nirgends wollte er auf diese fleißige Honiglieferantin, Wachsfabrikantin und Blütenbestäuberin verzichten. Ihre ursprüngliche Heimat aber ist Indien. Nur in diesem Gebiet gibt es heute noch auch andere Arten von Honigbienen (Gattung *Apis*). Die kleinste von ihnen ist die Zwerghonigbiene *(Apis florea)*. Etwa so groß wie eine Stubenfliege, ist sie mit ihrer ziegelroten Zeichnung und den silberweißen Filzbinden die schönste von allen. Ihr Nest besteht nur aus einer einzigen Wabe, so groß wie ein Handteller. Sie baut es unter freiem Himmel an die Unterseite eines Zweiges. N. Koeniger beobachtete bei einem Studienaufenthalt in Pakistan eine Kolonie, die – wie das bei dieser Art nicht selten vorkommt – ihre Wabe verlassen hatte, um sich an einem anderen Platz eine neue zu bauen. Am nächsten Tag erschienen Arbeiterinnen an der alten Wabe, die das Wachs von den Zellen abnagten und als Höschen an ihren neuen Wohnort trugen (Bild 52, Seite 105). Indem sie haushälterisch ihren Wachsbesitz mitnahmen, konnten sie sich den Aufwand der neuen Wachsproduktion ersparen. An Zwerghonigbienen, die vom Institut für Bienenkunde der Universität Frankfurt/M. (Prof. Ruttner) importiert und in einem Flugraum beobachtet wurden, ließ sich das gleiche Verhalten feststellen, als die Kolonie von einer Ecke des Raumes in eine andere umzog.

Imker werden aufhorchen, wenn sie erfahren, daß es auch stachellose Bienen gibt. Diese Unterfamilie der *Meliponinen* ist in den Tropengebieten, besonders in Amerika, in zahlreichen Arten verbreitet. In der Bienenzucht hätte man die stechenden Bienen vielleicht schon längst durch »stachellose« ersetzt, wenn diese nicht weniger Honig liefern würden. Auch ist zwar ihr Stachel verkümmert, aber sie verteidigen ihr Heim nicht minder erfolgreich durch äußerst schmerzhafte Bisse.

Als Baumaterial verwenden sie Wachs, das sie oft mit anderen Stoffen, wie Harz und Erde, vermischen. Sie schaffen daraus Brutzellen und daneben bauchige Vorratstöpfe zum Speichern von Honig und Pollen, oft auch eine Hülle um die Waben. Ihre Bauweise ist bei manchen Arten primitiv und erinnert an jene der Hummeln, während hoch organisierte Arten der Gattung *Melipona* in Südamerika große und stattliche Nester haben. Ihre Völker vermehren sich durch Schwärmen, aber in anderer Weise als die Honigbienen. Hier wie dort werden vorher junge Königinnen herangezogen. Aber die stachellosen Bienen beginnen mit dem Bau der neuen Wohnung schon lange bevor die Königin einzieht. Statt daß sie selbst das Wachs bereiten, brechen sie Baumaterial in ihrem alten Heim ab, transportieren es an den neuen Platz und bauen daraus ihre eigenen Brutzellen und Vorratstöpfe auf. Sie nehmen das entwendete Gut auch zum Errichten der Nesthülle und schaffen Honig und Pollen aus den Speichern des Mutternestes in die neuen Vorratstöpfe. Dann erst erfolgt der Umzug, hier also wirklich mit dem gesamten Mobiliar. Bei der Honigbiene ist es die *alte* Königin, die beim Schwärmen den Stock verläßt und durch eine junge ersetzt wird. Bei *Melipona* ist die alte Königin zu dick und schwerfällig, um auf die Reise zu gehen. Eine junge Königin wird von Arbeiterinnen in die neue Wohnung geleitet. Bisweilen holt sich der junge Hausstand noch weiteres Baumaterial aus dem Stammnest, während die eigene Brut schon heranwächst. So nimmt hier der Vorgang des Schwärmens, verbunden mit der Übersiedlung, oft mehrere Wochen in Anspruch.

Die Bauten der Ameisen

»Ameisenhaufen« nennt man die aus Fichten-, Tannen- und Föhrennadeln, Halmen und dürren Aststückchen errichteten großen Wohnhaufen der roten Waldameisen (Gruppe der *Formica rufa*) oder die kleinen Erdhügel der schwarzen Wegameise und der gelben Wiesenameise (*Lasius niger* und *Lasius flavus*), in Europa die auffälligsten und für den Laien die bekanntesten Bauwerke der Ameisen. Mit dem kunstvollen Wachsbau eines Bienenvolkes haben sie nicht die geringste Ähnlichkeit. Die ungeflügelten Bewohner, die auf ihrem Bau und in seiner Umgebung so hastig und unstet herumkrabbeln, als wüßten sie nicht was sie wollen, sehen nicht aus wie nahe Verwandte jener geflügelten Blütengäste, die aus einem Bienenstock so zielsicher davonschwirren. Und doch stellt man die Ameisen (Familie der *Formiciden*) und Bienen *(Apiden)* mit Recht in die gleiche Ordnung der Hautflügler *(Hymenoptera)*. Trotz aller Verschiedenheiten im Aussehen und Benehmen stimmen sie in den Grundzügen ihres Körperbaues und ihrer staatlichen Organisation überein.

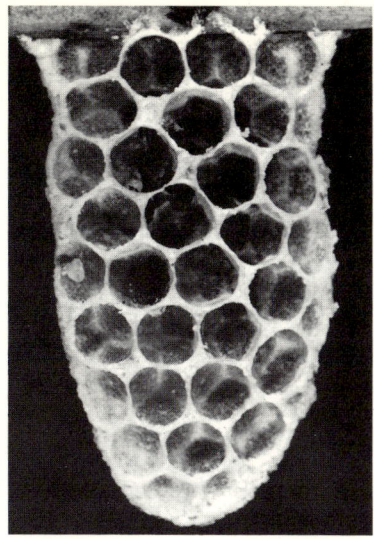

Bild 49 Wabenbau von Bienen, denen an beiden Fühlern das letzte Glied amputiert worden war. Die Zellen sind unregelmäßig und ihre Wände teils zu dick, teils zu dünn. Stellenweise haben sie Löcher. (Zu Seite 100)

Bild 50 Biene mit Pollenhöschen. (Zu Seite 91)

Bild 51 Biene mit Kittharzhöschen. (Zu Seite 102)

Bild 52 Arbeiterinnen der Zwerghonigbiene beim Abnagen und Höseln von Wachs einer von ihnen verlassenen Wabe. (Zu Seite 103)

Bild 53 Hügelbau der kleinen roten Waldameise (Formica polyctena). (Zu Seite 115)

Bild 54 Schnitt durch einen Bau der kleinen roten Waldameise (Formica polyctena). 1 Hügelbau, 2 Sandauswurf, 3 Erdnest, 4 Baumstumpf. Modell im Naturhistorischen Museum der Technischen Universität Braunschweig. (Zu Seite 115)

Bild 55 a und b Quer- und Längs-schnitt durch einen Lärchenstamm im Nestbereich einer Roßameise (Campo-notus herculeanus). Präparat im Natur-historischen Museum der Technischen Universität Braunschweig.
(Zu Seite 118)

Bild 56 Kartonnest der schwarzen
Holzameise (Lasius fuliginosus) in
einem hohlen Baumstamm, schematisch. 1 Baumhöhle, 2 Kartonbau,
3 Nestauswurf, 4 Winternest.
(Zu Seite 118)

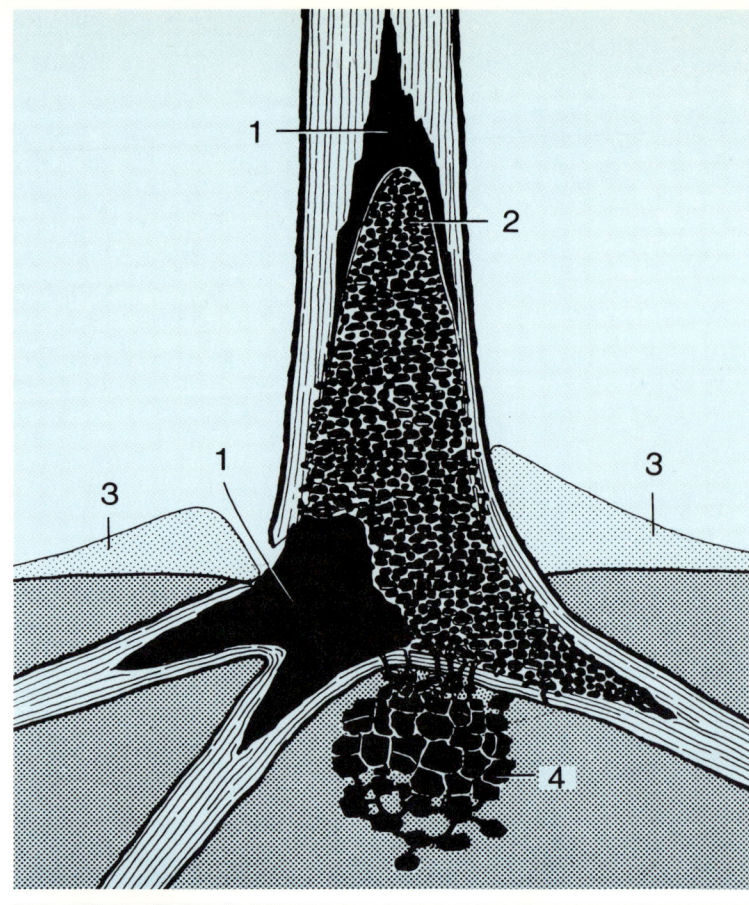

Bild 57 Kartonbau aus einem Nest der
schwarzen Holzameise. (Zu Seite 118)

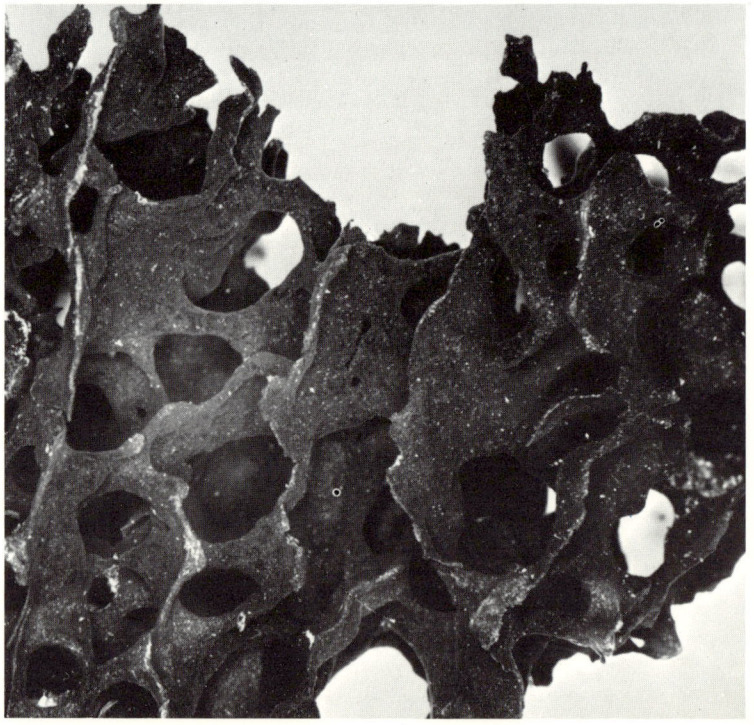

Es sind bisher mehr als 6000 Ameisenarten beschrieben worden. Unter ihnen gibt es keine solitär lebenden Formen. Sie alle bilden Staaten. Es können kleine Kolonien sein, kaum mehr als ein Dutzend Tiere, sie können aber auch Tausende, ja Hunderttausende, selbst weit über eine Million Individuen umfassen.

Die Kasten der Ameisen und ihre Aufgaben. Wie bei den Bienen wird die Hauptmasse des Ameisenvolkes von den Arbeiterinnen gebildet: weiblichen Tieren mit verkümmerten Eierstöcken, untauglich zur Fortpflanzung, aber befähigt, alle Arbeiten zu verrichten, die für den Bestand und das Gedeihen der Kolonie erforderlich sind. Sie haben keine Flügel und sind an den Boden gebunden. Was sie als Fußgängerinnen gegenüber den Bienen an Zeit verlieren, können sie durch ihre außerordentliche Menge wettmachen.

Die Geschlechtstiere sind geflügelt, doch werfen die Weibchen nach dem Hochzeitsflug die Flügel ab, die Männchen gehen bald zugrunde. Es gibt also bei den Ameisen Männchen, Weibchen und Arbeiterinnen (Fig. 42, a) wie bei den Bienen. Aber während bei diesen alle Arbeiterinnen gleich aussehen, ist es bei Ameisen zu einer mannigfaltigeren Ausbildung verschiedener »Kasten« im weiblichen Geschlecht gekommen. So findet man zum Beispiel bei den Waldameisen neben den Königinnen mittelgroße Arbeiterinnen, die am häufigsten sind, aber auch größere und kleinere in abnehmender Zahl. Das ist mit einer gewissen Arbeitsteilung verbunden. Die kleinen sind hauptsächlich in der Wohnung beschäftigt, während die größeren den Außendienst übernehmen. Bei anderen Ameisenarten treten die Arbeiterinnen in zwei oder mehr verschiedenen Kasten auf, die sich durch körperliche Merkmale ohne Übergänge scharf unterscheiden. So haben mehrere Arten neben den gewöhnlichen Arbeiterinnen solche mit sehr großen Köpfen (Fig. 42b). Man nennt sie oft die »Soldaten«, sie sind aber nicht immer besonders kriegerisch. Ihre Aufgabe kann auch sein, mit ihren kräftigen Kiefern harte Nahrung zu zermalmen, zum Beispiel Pflanzensamen oder Insekten mit festen Hautpanzern. Dieser Tätigkeit können sie sich im Inneren des Nestes in Frieden hingeben. Sie haben für diese Arbeit mächtige Kaumuskeln, die nur in einer geräumigen Kopfkapsel Platz finden. Auf höhere geistige Leistungen darf man aus den großen Köpfen nicht schließen. Das Gehirn der Soldaten ist nicht vergrößert (Fig. 42c).

Die Spezialisierung der Kasten kann sehr weit gehen. Manche Ameisenarten der Gattung *Colobopsis* legen ihr

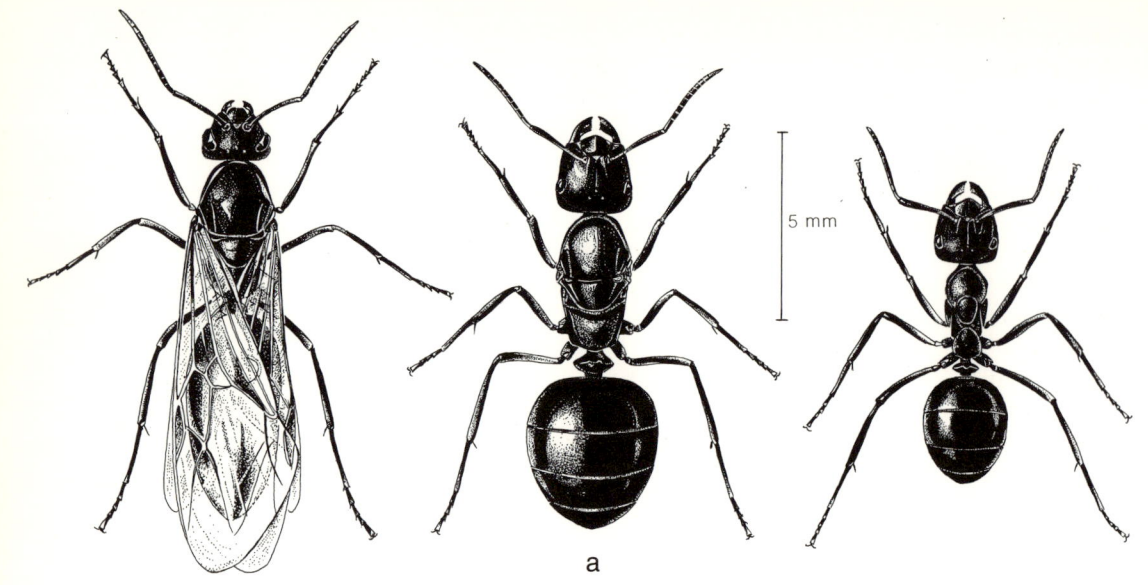

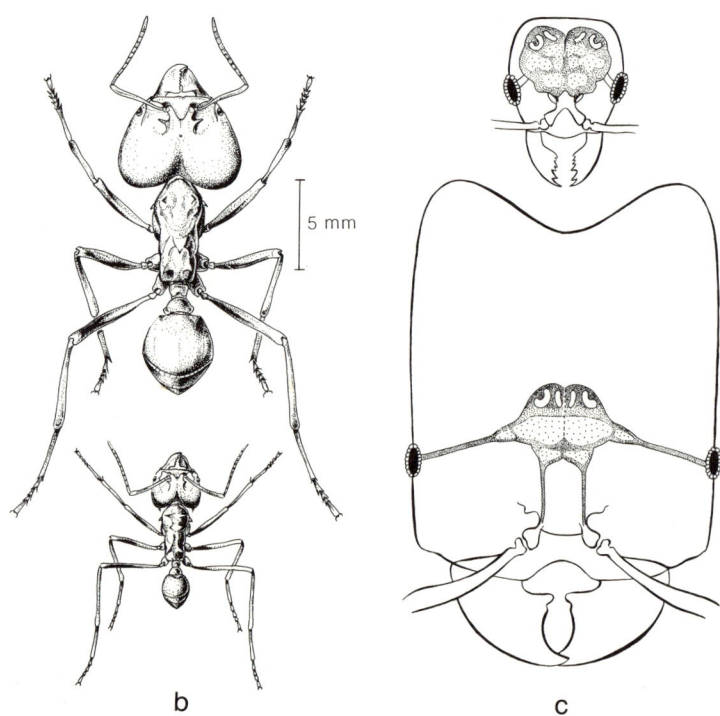

Fig. 42 a: Die kleine rote Waldameise
(Formica polyctena), links: Männchen, Mitte: Weibchen nach Abwurf
der Flügel, rechts: Arbeiterin.

b: Die Blattschneiderameise (Atta
laevigata). Oben: Soldat, unten:
Arbeiterin, bei gleicher Vergrößerung.

c: Kopf und Gehirn von Arbeiterin
(oben) und Soldat (unten) der Ameise
Pheidole instabilis.

Nest im Inneren von Baumstämmen an. Die Verbindung mit der Außenwelt ist nur durch ein Loch hergestellt, so klein, daß es die Bewohnerinnen eben passieren können. Bei diesen Völkern gibt es in geringer Individuenzahl eine besondere Kaste mit dem Beruf eines Pförtners. Diese Tiere haben einen verdickten, vorn abgeflachten Kopf. Er paßt genau in das Eingangsloch, das er als lebender Stöpsel vollkommen verschließt. Er ist überdies, soweit er von außen sichtbar ist, so strukturiert und gefärbt, daß man ihn von der umgebenden Rinde kaum unterscheiden kann (Fig. 43). Stundenlang sitzt die Pförtnerin da und gibt den Eingang nur für Nestgenossen frei, die durch Anklopfen mit den Fühlern Einlaß begehren und auch an ihrem Geruch als Nestangehörige erkannt werden. Wenn das Loch etwas größer ist als der Kopf der Pförtnerin, wird es von den Ameisen mit einer kartonartigen Masse verkleinert, bis es genau paßt. Wenn die Öffnung ausnahmsweise sehr groß ist, kann sie von mehreren Pförtnerinnen gemeinsam verschlossen werden (Fig. 43, unten).

Seit Jahrtausenden haben auch Menschen bei ihren Gebäuden zuweilen Torwächter aufgestellt. Aber die eigenartige Methode, daß ein solcher mit einem hart gepanzerten Teil seines eigenen Körpers die Tür verschließt, zugleich den Eingang tarnt und ihn nur auf ein »Losungswort« freigibt, blieb den Ameisen vorbehalten.

In den gemäßigten Breiten kann man es in der warmen Jahreszeit an einem sonnigen Tag erleben, wie sich aus einem Ameisennest ein mächtiger Schwarm von geflügelten Geschlechtstieren in die Luft erhebt. Das ist etwas ganz anderes als das »Schwärmen« der Bienen. Wir erinnern uns, daß sich bei diesen das Volk als Ganzes teilt, indem die alte Königin mit etwa der Hälfte der Arbeiterinnen abzieht und der Rest des Volkes eine neue Königin bekommt. Wenn aus einem Ameisenvolk in ähnlich stürmischer Hast die »fliegenden Ameisen« entweichen, so sind es die jungen Weibchen und Männchen, die zu günstiger Stunde ihren Hochzeitsflug unternehmen und sich, soweit es ihnen gelingt, miteinander vereinen. Die Männchen sterben bald darauf. Die Weibchen stoßen an einer vorgebildeten Bruchstelle nahe der Flügelwurzel die Schwingen ab, die sie für ihr weiteres Leben nicht mehr brauchen, und versuchen, ein neues Nest zu gründen oder in einer schon bestehenden Kolonie unterzukommen. Im ersten Falle, bei selbständiger Koloniegründung, ist die Königin zunächst auf sich allein gestellt. Sie sucht ein Versteck oder gräbt sich im Boden eine kleine Höhle und verstopft das Eingangsloch von innen. In dieser Abgeschiedenheit verbringt sie die ersten Monate, bei

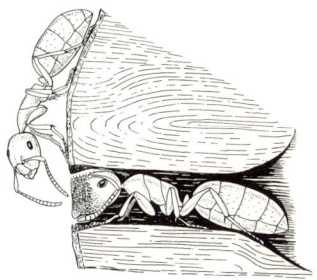

Fig. 43 Oben: Eingang zu einer Ameisenkolonie (Colobopsis) in einem Baumstamm, durch den Kopf der Pförtnerin verschlossen. Eine Arbeiterin begehrt Einlaß. Unten: eine größere Eingangsöffnung wird durch eine Gruppe von Pförtnerinnen verschlossen gehalten.

manchen Arten sogar länger als ein Jahr wie in einem Gefängnis. Sie legt ein Häufchen Eier und pflegt die Brut. In dieser Zeit lebt sie zur Hauptsache von der gut entwickelten Flugmuskulatur in ihrer Brust, die überflüssig geworden ist und allmählich zerfällt. Die Brut ernährt sie mit dem Sekret ihrer Speicheldrüsen und mit dem Überschuß ihrer Eier, von denen sie sich auch selbst ab und zu eines vergönnt. Wenn die ersten Arbeiterinnen aus den Puppen schlüpfen, öffnen sie die Wohnkammern, holen Nahrung und Baumaterial herbei, übernehmen auch alle anderen Arbeiten, und der neue Staat kommt zur Entfaltung. In ähnlicher Weise erfolgt die Gründung einer neuen Kolonie bei den meisten Ameisen. Sie erinnert an jene der Hummeln.

Es kann aber die begattete Königin auch in ihr eigenes Nest zurückkehren, wo sie freundlich aufgenommen wird, oder in ein anderes Nest der gleichen Art. So können Kolonien mit mehreren, sogar mit sehr vielen Königinnen entstehen. Solche Nester können in der Umgebung Ableger mit eigenen Königinnen gründen, die mit dem Mutternest durch Ameisenstraßen in dauernder Verbindung bleiben. Auf diese Weise kommt es manchmal zu ausgedehnten Siedlungen, es wachsen »Trabantenstädte« auf, die familiär der ersten Kolonie angehören.

Im Gegensatz zu den Bienen können die Ameisen-Arbeiterinnen ein Alter von mehreren Jahren erreichen. Ihren Königinnen kann sogar ein sehr hohes Alter beschieden sein. Der Schweizer Ameisenforscher H. Kutter hielt eine solche der schwarzen Wegameise *(Lasius niger)* in einem künstlichen Nest und beobachtete sie durch 28 3/4 Jahre. Sie legte bis zuletzt Eier. Bei anderen Arten wurde ein Alter von 15 bis 20 Jahren mehrfach festgestellt. Da die Königinnen nach ihrem Hochzeitsflug nicht wieder begattet werden, müssen sie im Samenbehälter ihres Hinterleibes eine ungeheure Menge lebender Samenzellen bewahren. Bei einer Königin der Blattschneiderameise hat man deren 320 Millionen gefunden.

Die Königinnen widmen sich ihr Leben lang ausschließlich der Eiablage. Die Arbeiterinnen aber entfalten eine vielseitige Tätigkeit. Vor allem betreuen sie die Brut. Die Larven der Ameisen sind, wie bei Bienen, hilflose Maden, die gefüttert und gepflegt werden müssen. Bevor sie sich verpuppen, können sie einen Kokon spinnen, wie es die Raupe des Seidenspinners macht, und in diesem seidenen Häuschen ihr Puppenstadium verbringen. Aber im Gegensatz zu einem Bienenkind, das seine ganze Jugend bis zum Ende des Puppenstadiums in einer Wachszelle lebt, findet man im Ameisennest die Eier, Larven und Puppen bald hier, bald dort in den Kammern der Bauten, säuberlich sortiert und zu Häufchen gruppiert (Fig. 44). Nichts ist zu bemerken von genau abgemessenen Kinderstuben wie bei den Bienen oder deren pedantischer Temperaturregelung im Brutbereich. Aber die Ameisenbrut ist keineswegs vernachlässigt. Ihre Beweglichkeit hat den Vorteil, daß sie von den Arbeiterinnen jeweils an jene Stellen des Nestes transportiert werden kann, wo zur Zeit Temperatur und Feuchtigkeit für ihr Gedeihen am günstigsten sind. Die Brut ist das wertvollste Gut der Kolonie. Wer sich jemals einen Eingriff in ein Ameisennest erlaubt hat, der weiß, wie blitzschnell die gefährdete Brut von den Arbeiterinnen gepackt und in Sicherheit gebracht wird.

Den Arbeiterinnen obliegt weiter die Verteidigung des Heimes. Ameisen sind, wie Bienen und Wespen, ein wehrhaftes Volk. Sie besitzen einen Giftstachel. Er ist zwar bei manchen Arten zurückgebildet, aber die Giftdrüse bleibt erhalten, und statt das Gift zu injizieren, spritzen sie es in die Wunden, die sie mit ihren spitzen Kiefern beißen. Hiermit ist ihnen auch die Ausrüstung zum Räuberhandwerk gegeben. Viele Ameisen leben von anderen Insekten, die sie überfallen und tot oder lebendig in ihren Bau schleppen. Doch ist ihre Ernährung vielseitig und nach Arten verschieden. Manche bevorzugen die süßen Absonderungen von Blatt- und Schildläusen, andere Pflanzensamen oder gar Pilze, die sie selbst in ihren Bauten züchten. Aber niemals sammeln die Ameisen der gemäßigten Breiten Vorräte für den Winter. Auch ist ihre Fähigkeit, die Nesttemperatur zu regeln, beschränkt. Trotzdem überstehen sie die kalte Jahreszeit. Sie ziehen sich dann in die Tiefen ihrer Behausungen zurück und verfallen in einen Zustand der Kältestarre. Ihr Stoffwechsel ist auf ein Minimum reduziert und so kann für einige Monate auf Nahrung verzichtet werden. Erst die Frühlingssonne ruft die Lebensgeister wieder wach.

Mit diesen kurzen Andeutungen ist die Mannigfaltigkeit des Ameisenlebens bei weitem nicht erschöpft. Doch mag der Leser schon ungeduldig fragen: Was ist's mit ihren Bauwerken? Sie sind so verschiedenartig wie die Lebensweise ihrer Herstellerinnen. Dieser Vielfältigkeit in ihrem Verhalten mögen es die Ameisen verdanken, daß sie sich fast den ganzen Erdball erobert haben. Die Honigbienen sind in ihren körperlichen Leistungen und ihrer staatlichen Organisation den Ameisen überlegen. Wenn trotzdem nicht Bienen, wohl aber Ameisen fast überall zu finden sind, wo eine Leben auf dem Lande möglich ist, wenn sie in einer Fülle von Gattungen und Arten alle Kontinente bevölkern

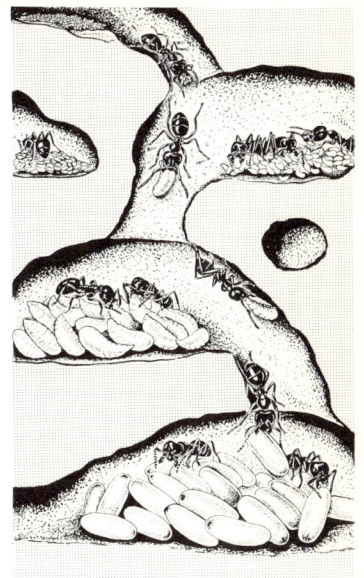

Fig. 44 Kleiner Ausschnitt aus einem Nest der schwarzen Wegameise (Lasius niger). Die Brut wird von Arbeiterinnen betreut.
Oben: Eier, Mitte: Larven, Unten: Puppen in ihren Kokons.

und noch dazu in einer Individuenzahl, die weder von anderen Insekten noch von Wirbeltierarten erreicht wird, so kommt es daher, daß sie im Laufe ihrer stammesgeschichtlichen Entwicklung für die vielfältigsten äußeren Verhältnisse passende Lebensformen gefunden haben.

Nun wollen wir uns ihren Bauten zuwenden, wobei wir uns auf ausgewählte Beispiele beschränken müssen.

Vom bescheidenen Bodenquartier zum stattlichen Hügelbau. Bei einer australischen Ameise *(Myrmecia dispar),* die man zur primitivsten Gruppe der Ameisenarten zählt, besteht die Nestanlage nur aus Gängen und Höhlen, die in den Boden gegraben werden. Die Herstellung eines solchen Bauwerks ist nicht schwierig und scheint mit den Bruthöhlen der Grabwespen und ähnlichen Nestern auf gleicher Stufe zu stehen. Immerhin stellt eine Ameisenkolonie als soziale Gemeinschaft höhere Ansprüche als ein solitär lebendes Insekt. Die Grabungen im Boden folgen einem bestimmten Bauplan und dienen verschiedenen Zwecken. In einem jungen Nest liegt in der untersten Kammer die Brut an wohlgeborgener Stelle (Fig. 45, links), von der Königin betreut. Wenn die ersten Arbeiterinnen geschlüpft sind, gewinnt der Bau an Tiefe, und vom Hauptgang werden Seitenstollen

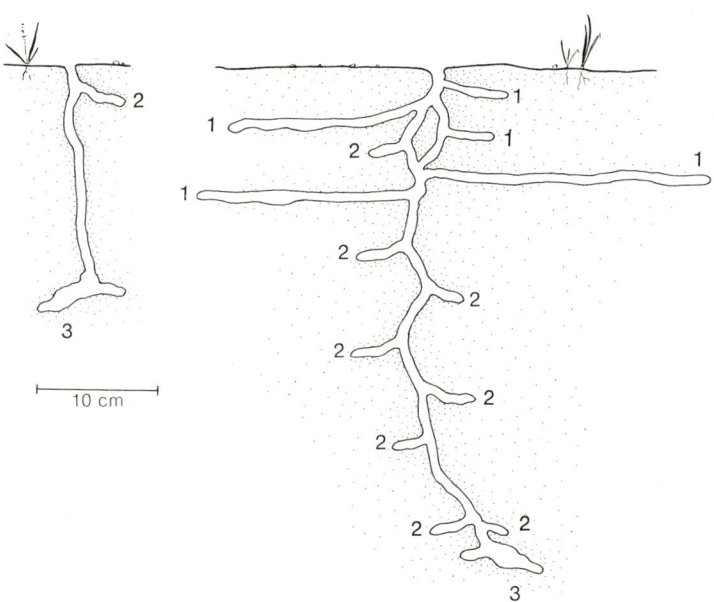

10 cm

Fig. 45 Primitiver Bau einer australischen Waldameise im Boden. Links: junges, rechts: älteres Nest. 1 Abfallräume, 2 Wohnkammern, die zum Teil auch für die Brut benützt werden, 3 Haupt-Brutkammer.

horizontal nach allen Richtungen angelegt. Als Haupt-Brutkammer dient der tiefste Raum, zur Zeit starker Vermehrung werden aber auch die höher gelegenen Wohnkammern zum Teil mit Brut belegt (Fig. 45, rechts). Die Gänge zunächst der Erdoberfläche sind Abfallräume und werden mit Puppenhüllen, mit den Resten der toten Kameraden und den ungenießbaren Überresten der Beutetiere vollgepackt. Ein solcher Ameisenbau ist schwer zu finden. Denn äußerlich ist nichts von ihm zu erkennen als die kleine Öffnung, durch welche die Bewohner aus und ein schlüpfen.

Welcher Gegensatz zu den Bauten der roten Waldameise *(Formica rufa)*, die in Europa und Asien weit verbreitet ist! Ihre Einwohner zählen nicht nach Hunderten wie bei den kleinen australischen Bodennestern, sondern nach Hunderttausenden. Ihre Wohnkammern liegen nicht nur im sichtbaren Haufen, sondern können darunter so tief in den Boden reichen, wie der Hügel über ihm aufragt (Bilder 53 und 54, Seite 106). Zur Verfestigung der Wände ihrer unterirdischen Gänge und Kammern benützen die Ameisen gewöhnlich eine Art Mörtel, ein Gemisch von Erde und eigenen Absonderungen. Begonnen wird der Bau immer im Untergrund. Wenn zum Beispiel eine übervölkerte Kolonie in der Nähe des Mutternestes einen Ableger gründet, so schafft eine Gruppe von Arbeiterinnen an einer günstigen Stelle zunächst einige Hohlräume in der Erde, die durch Gänge verbunden werden. Auch ein Baumstrunk, in dessen morschem Holz die ersten Kammern und Gänge ausgenagt werden, kann als Kern des Bauwerks dienen. Aber bald herrscht das Bestreben, die nach außen führenden Öffnungen zu überdecken und zu verbergen. Aus der Umgebung werden Föhren- oder Fichtennadeln herangeschleppt, Ästchen, Moos- oder Flechtenstücke, Grashalme und dergleichen. Das ist der Beginn des Kuppelbaues, der nun ständig fortschreitet, während gleichzeitig der Bau auch in die Tiefe erweitert wird. Tannennadeln und andere leichte Stücke werden mit den Kiefern gepackt und in rüstigem Lauf frei getragen. Wo ein gewichtigeres Ästchen von einer einzelnen Ameise nicht befördert werden kann, greifen andere zu, die des Weges kommen, und nun zerren sie die Last gemeinsam über den Boden. Nicht selten wird der Transport dadurch gebremst, daß sie nach verschiedenen Richtungen ziehen. Zwar streben sie wohl alle nach demselben Ziel, und sie haben auch die Möglichkeit, sich über seine Lage nach Geruchsspuren auf dem Boden, nach Landmarken und nach dem Sonnenstand zu orientieren. Aber man darf nicht vergessen, daß es auf bewachsenem Boden und beim Transport sperriger Gegenstände schwieriger ist, eine bestimmte Richtung einzuhalten als bei freiem Flug durch die Luft. Nach manchem Hin und Her gelangen sie doch zum Nest. Das Material wird nur zum Teil auf die höchste Stelle getragen, zum größeren Teil am Hang der Kuppel abgelagert. Dadurch entsteht die gleichmäßig gerundete Gestalt (Bild 53 und 54, Seite 106). Mit kleineren Bauteilchen wird die Oberfläche abgedichtet, das Innere zu zahlreichen Kammern und Verbindungsgängen ausgestaltet. An der Oberfläche bemerkt man viele Löcher, die als Pforten dienen. Sie sind aber keine starre Einrichtung. Ihre Zahl und Größe wird häufig verändert. Nachts werden sie mit Nestmaterial verstopft. Dasselbe geschieht bei Tag, wenn es zu kalt ist — so wie wir die Fenster schließen, um uns die Wärme der Wohnung länger zu erhalten.

Auch am scheinbar fertigen Ameisenhaufen sind ständig Bauarbeiter beschäftigt — nicht nur mit dem Öffnen und Schließen der Zugänge. Der ganze Hügel wird dauernd umgeschichtet. W. Kloft besprühte einen Hügel der kleinen roten Waldameise *(Formica polyctena)* mit einem blauen Farblack, der rasch trocknete, ohne daß die Teilchen des Baumaterials miteinander verklebten. Nach vier Tagen hatte der Ameisenhaufen wieder sein ursprüngliches Aussehen, die blauen Teilchen aber lagen 8 bis 10 cm tief unter der Oberfläche. Sie sanken allmählich im Laufe eines Monats in 40 cm Tiefe, wobei sie mehr aufgelockert wurden. Später aufgesprühte andere Farben nahmen denselben Weg. Vier Wochen nach dem Aufsprühen kamen die Farben der Reihe nach wieder an der Oberfläche zum Vorschein. Das erklärt sich so, daß die Ameisen dauernd Nestmaterial aus dem unteren Nestbereich an die Oberfläche tragen und dort ablegen, wodurch die frühere Oberflächenschicht immer mehr in die Tiefe rückt, bis sie schließlich selbst wieder hinaufbefördert wird. Die biologische Bedeutung dieses Vorganges ist klar: Das Material aus dem feuchten Inneren wird immer wieder an der Oberfläche getrocknet und eine Schimmelbildung dadurch verhütet. Tatsächlich kommt es bei unbewohnten Haufen bald zum Verpilzen und Verrotten des ganzes Bauwerkes.

Der Vorgang ist zugleich von Wichtigkeit für die Stabilität des Hügels und seine Schutzwirkung. Denn die groben, sperrigen Bausteine, wie Ästchen oder größere Koniferennadeln, lassen sich nicht mehr zwischen dem anderen Material hindurch nach oben bringen. Sie bilden den festen Kern des Haufens, während das feine Baumaterial in dichter Packung einen vortrefflichen Mantel bildet, der Nässe und Kälte abhält. Die Arbeiterinnen haben auch die richtige Neigung des Hügels aufrechtzuerhalten. Sie richten sich

dabei zum Teil nach dem lokalen Klima. Denn der Hügelbau ist ein wichtiges Mittel, um in gemäßigten Breiten für
das Nest genügend Sonnenwärme zu gewinnen. Bei tiefem
Sonnenstand, am Morgen und am Abend, werden durch die
Kuppel mehr Sonnenstrahlen aufgefangen, als ohne sie für
die Erwärmung des Nestes ausgenützt würden (Fig. 46).
Das ist eine primitive, aber doch recht wirksame Heizungs-
anlage für soziale Insekten, die keine so hoch entwickelte
Temperaturregelung besitzen wie Wespen oder Bienen. Oft
gewinnen die Ameisen noch weitere Wärme dadurch, daß
sie sich in dichten Mengen in die Sonne setzen und nach
einer Weile ihre aufgewärmten Körper als lebende Öfchen
ins Nest tragen, während andere draußen ihr Amt übernehmen. Während Bienen die rechte Temperatur und
Feuchtigkeit für die Brut an Ort und Stelle schaffen, erreichen die Ameisen weitgehend dasselbe Ziel, indem sie
die Brut jeweils an jene Plätze im Nest tragen, wo zur Zeit
die Bedingungen am günstigsten sind.

Es gibt noch manche andere Hügelbauer unter den Ameisen, doch sind ihre Wohnhaufen kleiner. Die schwarzen

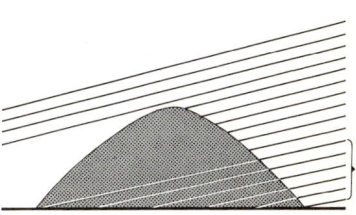

Fig. 46 Der Ameisenhaufen als
Strahlenfänger. Ohne den Hügel
würde das Nest bei niederem Sonnenstand nur von den weiß gezeichneten
Strahlen erwärmt werden. Die Kuppel
macht mehr Wärme nutzbar.

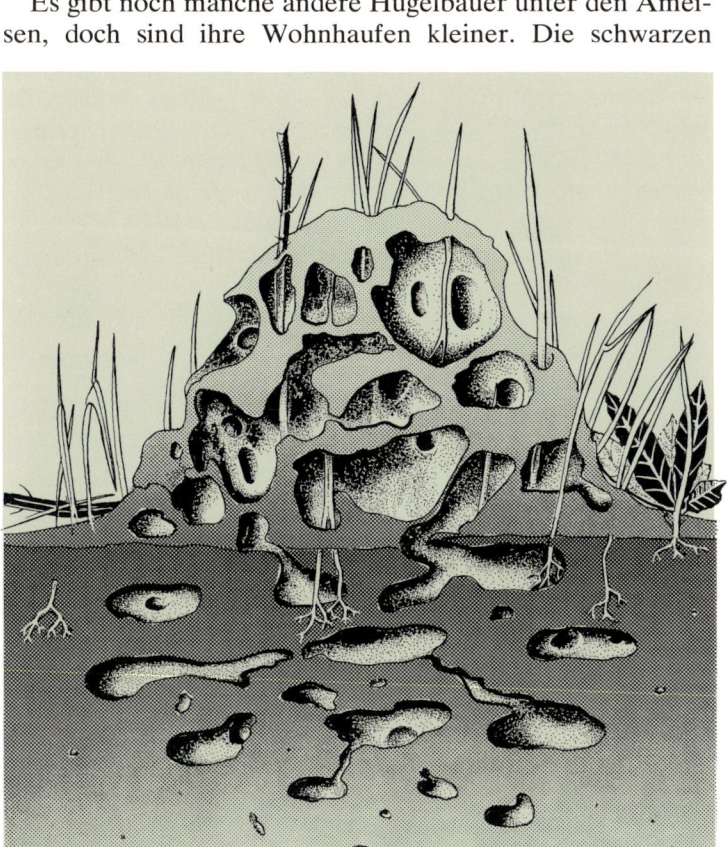

Fig. 47 Schnitt durch ein Nest der
schwarzen Wegameise (Lasius niger).
Die Kammern erstrecken sich unter
dem Hügel in den Boden hinein.

117

Weg- und gelben Wiesenameisen *(Lasius)* bauen ihre bescheidenen Hügel aus Erdkrümeln, wobei Gräser und anderer Bodenbewuchs als Stütze dienen. Auch bei ihnen reicht das Nest unter dem Hügel in die Tiefe des Bodens (Fig. 47). Ameisenhaufen solcher Art bauen *Formica-* und *Lasius*arten auch in Nordamerika und Asien, weitere Hügelbauer findet man in anderen Erdteilen.

Holz- und Papierwohnungen. Beliebte Nistplätze sind Baumstämme. Es war schon die Rede von Arten der Gattung *Colobopsis,* die ihre Wohnung gern in Nußbäumen ausnagt. Wenn der Eingang durch eine Pförtnerin verstöpselt ist, kann sie da in Ruhe und Sicherheit leben, abgeschlossen von der Außenwelt. Die große Roßameise *(Camponotus herculeanus)* bevorzugt Stämme, die innen teilweise vermorscht und daher leichter zu bearbeiten sind. Bei der Herstellung ihrer Wohnkammern im gesunden Holz folgt sie den Jahresringen. Jeder von diesen konzentrischen Zuwachsstreifen besteht aus einem hellen, verhältnismäßig weichen Teil, der beim raschen Frühjahrswachstum entstanden ist, und dem kompakteren, nach außen folgenden Sommerholz. Beim Ausnagen der Wohnräume entfernen die Ameisen die weichen Anteile der Jahresringe und tragen die Holzteile fort, während sie die harten stehenlassen, soweit es ihr Raumbedarf gestattet. So haben sie doppelten Gewinn: leichtere Arbeit und ein solides Bauwerk (Bilder 55 a und b, Seite 107).

Statt sich die Wohnräume durch Ausnagen des Holzes zu schaffen, bauen andere Arten die Kammern in einen gegebenen Raum frei hinein. So zeigt das Bild 56 auf Seite 108 ein Nest der schwarzen Holzameise *(Lasius fuliginosus)* in einem hohlen, innen vermorschten Baumstamm. Das Nest setzt sich auch unterirdisch fort. In diesen tiefen Teil ziehen sich die Bewohner zur Überwinterung zurück. Die Wände der zahlreichen, unregelmäßigen Kammern in der Baumhöhle bestehen aus einer papierartigen Masse (»Kartonnester«), die von den Ameisen durch Verarbeitung von Holzteilchen erzeugt wird (Bild 57, Seite 108). Also auch Ameisen haben, so wie Wespen, die Papierfabrikation erfunden. Ihr Verfahren ist aber ein ganz anderes, wenigstens bei *Lasius,* wo es von B. Hölldobler untersucht wurde. Während die Papierwespen Holzfasern mit ihrem Speichel als Bindemittel versetzen, werden von den Ameisen Holzteilchen mit hochkonzentrierter Zuckerlösung durchtränkt und miteinander verklebt. Diese Zuckerlösung dient zugleich als Nährstoff für einen Pilz *(Cladosporium myrmecophilum),* der regelmäßig in diesen Ameisennestern – und anscheinend *nur* hier – vorkommt. Mit dem Hyphengeflecht seiner Fäden gibt er dem leichten Bauwerk seine Festigkeit. Es besteht also eine Symbiose zwischen diesem Pilz und den Ameisen, ein Zusammenleben zu beiderseitigem Vorteil: der Pilz hat eine sichere Wohnstatt, die Ameise eine stabile Wohnung. Aber wo kommt der Zucker her? Es wird noch zu berichten sein, daß viele Ameisenarten die zuckerreichen Abscheidungen von Blattläusen und Schildläusen als Nahrung eintragen. Das gilt auch für unseren *Lasius fuliginosus*. Aber hier ist der Zuckersaft nicht nur eine wichtige Nahrung für die Ameisen selbst, sondern auch für den von ihnen kultivierten Pilz, den lebendigen Mörtel ihres Bauwerkes.

Als die Baumeister bei ihrer Tätigkeit genau beobachtet wurden, machte sich eine Arbeitsteilung bemerkbar: eine Gruppe bringt die kleinen Holzteilchen heran und legt sie an der Arbeitsstelle nieder. Eine zweite Gruppe bringt und verteilt den Zuckersaft, der von den Ameisen im Kropf, einer Erweiterung des Vorderdarmes, transportiert wird. Bei der dritten Gruppe handelt es sich um die eigentlichen Baumeister. Diese nehmen mit ihren Kiefern die herangebrachten Holzteilchen auf, benetzen sie mit Zuckersaft aus ihrem Kropf und bauen sie an die wachsende Kammerwand.

Kartonnester werden auch von anderen *Lasius*arten gebaut, nicht nur in Hohlräumen, sondern zum Beispiel in einem Balkenwinkel auf einem Dachboden. Bei den europäischen Ameisen sind sie jedoch selten. Sehr häufig findet man sie in den Tropengebieten, besonders in Amerika, Indien und Madagaskar. In den Tropen sind ja die Ameisen nicht durch Kälte gefährdet. Daher wundert man sich nicht, dort ihre Nester auch ungeschützt in luftiger Höhe zu finden, an den Stamm eines Baumes angebaut oder in den Zweigen der Krone. Sie können in Größe und Aussehen an stattliche Wespennester erinnern. Über die Bauweise der tropischen Papierfabrikanten scheint nichts bekannt zu sein.

Ameisen als Weber. Im tropischen Südasien kann man in Baumkronen auch die kugeligen oder ovalen Blattnester einer rötlichen, ziemlich großen Ameisenart entdecken. Diese Wohnungen bestehen aus lebenden Blättern, die durch ein dichtes, seidenartiges Gewebe miteinander versponnen sind (Fig. 48). Die Zoologen standen bei diesem Werk der Ameisen (Gattung: *Oecophylla*) zunächst vor einem Rätsel. Ameisen haben ja keine Spinndrüsen. Nur ihre Larven besitzen solche. Denn diese spinnen sich bei vielen Arten nach Abschluß ihres Wachstums aus den Seidenfäden einen Kokon, in dem sie ihr Puppenstadium verbringen—genau so, wie

*Fig. 48 Nest der Weberameise
Oecophylla smaragdina.*

es von der Raupe des Seidenspinners und mancher anderer Schmetterlinge bekannt ist. Aber Ameisenlarven ruhen, von den Arbeiterinnen betreut, in der Tiefe des Nestes. Sie können nicht emporkriechen, um die Blätter zusammenzuspinnen. In der Erwartung, daß die Tiere bei einer Verletzung ihres Baues den Schaden ausbessern und dabei ihr Geheimnis preisgeben würden, stieg eines Tages ein mutiger Naturforscher in eine Baumkrone und machte einen Riß in ein Blattnest. Mut war nötig, weil diese Ameisen über jeden Störenfried herfallen und ihn durch schmerzhafte Bisse und

*Fig. 49 Weberameisen bei der Arbeit.
Bildmitte: Arbeiterinnen suchen die
Blattränder aneinanderzuziehen.
Oben: wo die Entfernung zu groß ist,
bilden sie lebende Ketten. Unten:
Arbeiterinnen beim Zusammenweben
der Blätter; jede hält eine Larve zwischen den Kiefern fest und benützt sie
zugleich als Spinnrocken und Weberschiffchen.*

ihr ausgespritztes ätzendes Gift zu vertreiben suchen. Das
gelang ihnen in diesem Falle nicht. Das Ausharren wurde
belohnt. Bald kamen Ameisen anmarschiert, die sich am
einen Rand des Risses aufstellten. Während sie sich mit den
scharfen Endklauen aller sechs Beine an ihrer Unterlage
festhielten, suchten sie den gegenüberliegenden Blattrand,
den sie mit ihren Kiefern gepackt hatten, näher heran-
zuziehen, indem sie behutsam einen Fuß nach dem andern
etwas nach rückwärts setzten. Es war ein wunderlicher Anblick. Während durch ihr gemeinsames Bemühen der Ab-

stand allmählich verkleinert wurde, kamen andere Arbeiterinnen und begannen, von den Rändern des Spaltes die Fetzen des zerrissenen Gewebes mit ihren Kiefern sorgfältig wegzuschneiden. Die Fetzen trugen sie an eine exponierte Stelle des Nestes und indem sie bei einem Windstoß die Kiefer weit öffneten, ließen sie das leichte Gut davonfliegen. Wo die Entfernung zwischen den Blatträndern zu groß war, wurden weitere Ameisen gepackt und zur Bildung einer Brücke dazwischengeschaltet. Nach einer Weile geschah das Erstaunlichste: aus der Tiefe des Nestes stiegen Ameisen herauf, deren jede eine erwachsene Larve zwischen den Kiefern trug. Wo von den anderen Arbeiterinnen die Blattränder einander genügend genähert waren, begannen die Puppenträgerinnen ihr Werk. Sie drückten das lebende, unfreiwillige Weberschiffchen bald diesseits, bald jenseits des Risses mit seiner Mundöffnung auf das Blatt und veranlaßten die Larve zugleich durch den Druck ihrer Kiefer zur Abgabe ihres Drüsensekretes (Fig. 49). So webten sie mit der Spinnseide ihrer Larven die Nesthülle wieder fest zusammen. Daß sie die eigenen Larven als Spinnrocken und Weberschiffchen zugleich benützen, ist unter den wenigen Fällen von Werkzeuggebrauch im Tierreich wohl das wunderbarste Beispiel.

Wir verdanken die fesselnde Beschreibung dieses Vorganges dem Münchner Biologen Franz Doflein. Auf einer Tropenreise kam er 1904 auch nach Ceylon und war von den gesponnenen Ameisennestern so fasziniert, daß er das Rätsel durchaus lösen wollte. Das gelang ihm erst am letzten Tag seines dortigen Aufenthaltes. Nach seiner Heimkehr erging es ihm wie manchem anderen Entdecker: beim Studium der Literatur ergab es sich, daß vor ihm der Engländer Ridley dasselbe schon gesehen und beschrieben hatte. Aber es macht nichts, wenn zwei verschiedene Menschen dieselbe Entdeckerfreude erleben.

Unsere Darstellung des Nestes (Fig. 48) und seiner Bewohner bei ihrer Arbeit (Fig. 49) verdanken wir Frau Hölldobler, die 1972 zusammen mit ihrem Mann die Tiere in Ceylon beobachten konnte. In Dofleins Bildern sind die Ameisen mit den Puppen parallel wie Soldaten aufmarschiert, und sie ziehen die Seidenfäden über den Spalt parallel hin und her. Vor Hölldoblers Augen entstand das Gewebe durch weniger regelmäßige Bewegungen, aber im Prinzip auf die gleiche Weise. In dieser Hinsicht mögen Verschiedenheiten vorkommen.

Viel größere Unterschiede in der Bauweise findet man beim Vergleich verschiedener Arten. Man weiß heute, daß auch andere tropische Ameisen *(Polyrhachis, Camponotus-*

arten) auf gleiche Weise ihre Larven zur Seidenweberei benützen, ohne daß ihre Bauwerke einander gleichen.

Die einen machen nur ein loses Gespinst, das einige Blätter schützend zusammenhält, andere fertigen ein dichtes Gewebe mit mehreren Kammern an. Es kann auch das ganze Nest nur aus einem eng gesponnenen Seidensack bestehen, der an einem Blatt befestigt ist. Wieder bei einer anderen Art war das Nest frei auf der Oberfläche eines mit Flechten bewachsenen Baumstammes erbaut, aber es war kaum zu erkennen, weil Flechtenteile, Rindenstückchen und andere Krümel aus der Umgebung in die Seidendecke hineingewoben waren – eine vollendete Tarnung für das Heim der Bewohner. Das verbreitete Vorkommen und die mancherlei Varianten erhöhen noch den Zauber solcher Webekunst. Gar zu gern wüßten wir, wie Ameisen auf diese merkwürdige Bautechnik gekommen sind. Aber darüber haben sie uns nichts verraten.

Auch eine andere Frage mag der Leser stellen: was geschieht mit den Larven, die ihre Seide zum Weben hergeben mußten? Können sie nachher noch für sich selbst einen Kokon spinnen? Zum Teil ist die Antwort einfach: die Larven von *Oecophylla* und *Polyrhachis* spinnen keinen Kokon, die Puppen liegen frei im Nest. Ihre Spinnseide dient nur der Baukunst. Das gilt aber nicht für alle webenden Ameisen. F. Schremmer fand in Kolumbien eine Weberameise der Gattung *Camponotus* (wahrscheinlich *C. senex*) deren Larven Kokons spinnen (persönliche Mitteilung). Ob sie dazu auch imstande sind, wenn sie zuvor schon Seide für Bauzwecke liefern mußten, ist – soviel ich weiß – noch nicht untersucht worden.

Vorratskammern und Kulturraum. Die gewählten Beispiele zeigen die Verschiedenartigkeit des Baumaterials, das Ameisen zur Herstellung ihrer Wohnungen benützen. Demgegenüber ist die Inneneinrichtung eher einförmig. Sie besteht zur Hauptsache aus einer Anzahl von Kammern, die durch Löcher und Gänge untereinander in Verbindung stehen. In der Regel sind diese Kammern die Aufenthaltsräume für die Ameisen und ihre Brut. Bei manchen Arten spielen sie aber auch eine wichtige Rolle als Vorratskammern. Zwar wissen wir bereits, daß Ameisen keine Wintervorräte sammeln. Das hätte auch keinen Sinn, da schon ihr Wärmehaushalt eine Aktivität zur Winterszeit nicht zuläßt. In den Tropen und Subtropen, wo nicht die Kälte, aber in gewissen Gebieten Trockenheit und Dürre das Leben jahreszeitlich erschweren, gibt es auch Ameisen, die eine Vorratswirtschaft treiben. Berühmt in dieser Hinsicht sind die Körnersammler, die zur Zeit des pflanzlichen Wachstums und Reifens große Mengen von Pflanzensamen eintragen und für die lange Trockenzeit in ihren Kammern einlagern. Zu ihnen gehören die Getreideameisen der Gattung *Messor* in den Mittelmeerländern und die Ernteameisen *(Pogonomyrmex)* in Nordamerika. Ihre Nester graben sie oft mehrere Meter tief in die Erde. Bei nordafrikanischen Arten kann sich eine einzige Siedlung über ein Areal von 50 m im Durchmesser ausdehnen. In dieser Unterwelt verschwindet ein beträchtlicher Teil der Getreideernte des Landes.

Ganz anders sieht es in den Vorratskammern der Wüstenameisen aus, die in nordamerikanischen Trockengebieten leben. Die Gattung *Myrmecocystus* sammelt süße Pflanzensäfte, besonders die zuckerreichen Abscheidungen von Galläpfeln als hochwertige Nahrung. Aber die Ameisen können keine kunstvollen und vollkommen dichten Behälter bauen. Wie sollen sie den Zuckersaft speichern? Sie haben einen verblüffenden Ausweg gefunden: Eine Anzahl ihrer Arbeiterinnen wird mit Zuckersaft gefüttert, bis bei einer jeden der Hinterleib wie ein Ballon aufgeschwollen ist und die Chitinplatten der Hinterleibssegmente durch die gedehnten Verbindungshäute weit voneinander getrennt liegen. Diese lebenden Töpfe findet man an den Decken der Vorratskammern aufgehängt, wo sie anmuten wie Lampions, die Wichtelmännchen für eine unterirdische Festlichkeit daselbst angebracht haben (Fig. 50). Doch leuchten sie nicht in ihrem finsteren Verlies, sondern sie warten unbeweglich, bis sich die Futterträgerinnen in den Monaten der Not Tröpfchen für Tröpfchen der süßen Magenfüllung von ihren Münden holen.

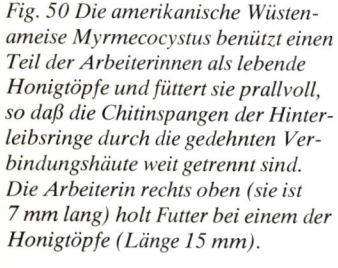

Fig. 50 Die amerikanische Wüstenameise Myrmecocystus benützt einen Teil der Arbeiterinnen als lebende Honigtöpfe und füttert sie prallvoll, so daß die Chitinspangen der Hinterleibsringe durch die gedehnten Verbindungshäute weit getrennt sind. Die Arbeiterin rechts oben (sie ist 7 mm lang) holt Futter bei einem der Honigtöpfe (Länge 15 mm).

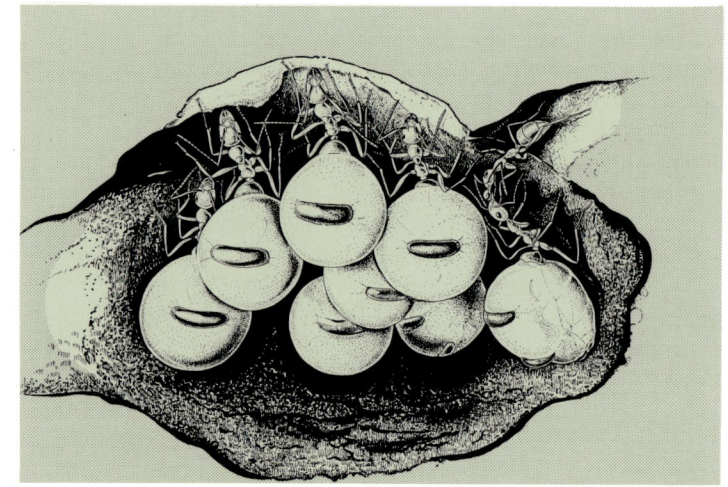

Statt Vorräte zu sammeln, züchten die Blattschneiderameisen Südamerikas (zum Beispiel die Gattung *Atta*) ihre Nahrung selbst in besonderen Kammern der ausgedehnten unterirdischen Kolonien. Um den Kulturboden für die Zucht eines bestimmten Pilzes zu bereiten, schneiden sie Blattstücke von den Bäumen der Umgebung und bevorzugen dabei wegen der zarteren Blätter Orangenbäume und andere Kulturpflanzen. Dadurch können sie verheerenden Schaden anrichten. In langen Kolonnen wandern sie an den Bäumen hinauf und verteilen sich über die Zweige. Die Arbeiterinnen der Gattung *Atta* zeigen sehr starke Größenunterschiede. Die größten sind die Verteidiger der Kolonie (»Soldaten«). Die Mittelgroßen schneiden die Blattstücke (Fig. 51, rechts). Mit eingekrümmtem Hinterleib sind sie eifrig an der Arbeit und führen mit ihren scharfen Kiefern einen bogenförmigen Schnitt durch das Blatt. Den abgeschnittenen Teil packen sie und machen sich auf den Heimweg zum Nest (Fig. 51, links). Auf Trinidad beobachtete D. R. Griffin, daß sie bei ihren Hamsterzügen von extrem kleinen Ameisen begleitet werden, welche die Blattschneiderinnen bei ihrer Tätigkeit aufmerksam verfolgen und das Blattstück kurz vor seiner völligen Abtrennung besteigen. Als kleine Reiter machen sie so die Reise zum Nest zurück (Fig. 51, oben). Eibl-Eibesfeldt konnte den Sinn dieses eigenartigen Verhaltens aufklären. Die Blattschneiderameisen sind oft den Angriffen kleiner parasitischer Fliegen ausgesetzt, die ihre Eier an den Nacken der Ameisen legen. Die ausschlüpfenden Fliegenlarven dringen in den Kopf ein und fressen ihn aus. Die kleinen Ameisen wehren heranschwebende Fliegen mit gespreizten Kiefern erfolgreich ab. Daß in diesem Falle neben den großen Soldaten auch extrem kleine Arbeiterinnen einen starken, aber streng spezialisierten Verteidigungstrieb zeigen, ist biologisch verständlich. Ein schwerer Reiter auf dem Blatt wäre eine zu große Last. Die Hauptaufgabe der vielen kleinen Arbeiterinnen in der Kolonie ist aber die Pflege der Pilzgärten.

Die eingetragenen Blattstücke werden in geräumigen Kammern, die bis zu 1 m lang und 30 cm breit und hoch sein können, in kleine Stückchen zerbissen, eingespeichelt und mit etwas Kot gedüngt. Aus diesem Material bestehen die schwammigen Klumpen, in denen die Ameisen ihren Pilz züchten (Fig. 52). Er gedeiht prächtig in Reinkultur unter der Pflege der Arbeiterinnen. Sie fügen ein Drüsensekret bei, durch welches das Aufkommen von Bakterien und andersartigen Pilzen unterdrückt wird (nach Untersuchungen von H. Schildknecht, 1971). Die Enden der wuchernden Pilzfäden zwicken die Ameisen ab. Infolge dieser Verstüm-

Fig. 51 Blattschneiderameisen. Das Tier rechts schneidet eben mit seinen scharfen Kiefern ein Blattstück ab. Die anderen sind mit ihrer Last bereits auf dem Rückweg zum Nest. Links oben: eine kleine Arbeiterin reitet auf dem Blattstück mit und wehrt mit aufgespreizten Kiefern die Angriffe von Schmarotzerfliegen ab.

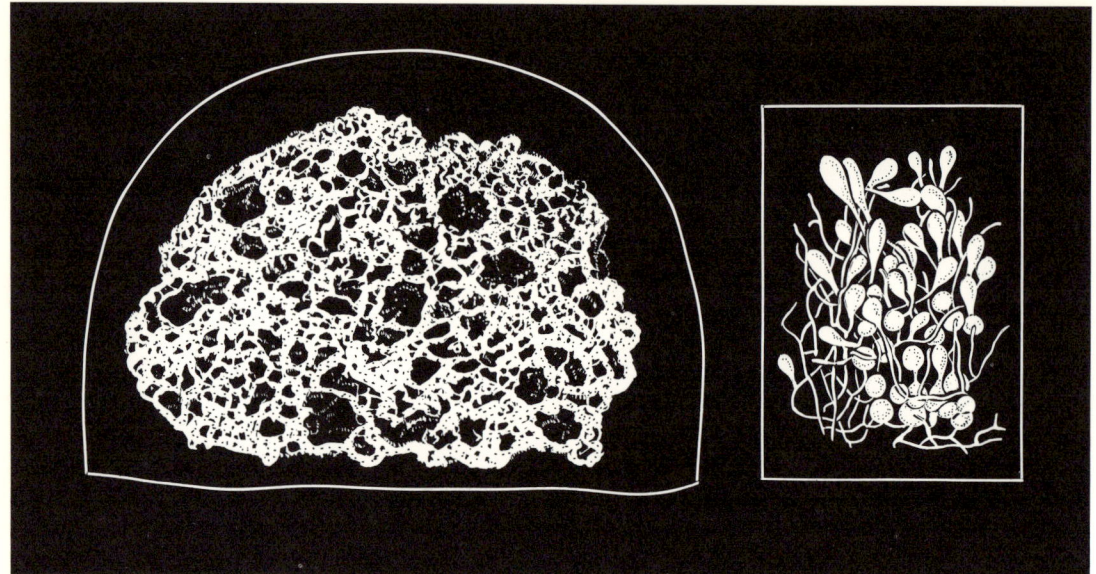

Fig. 52 Links: Pilzkuchen aus dem Nest einer Blattschneiderameise (Atta texana). Rechts: ein Stückchen des Pilzkuchens, stark vergrößert. Die kolbenförmigen Anschwellungen an den Enden der abgebissenen Pilzfäden bilden die ausschließliche Nahrung für die ganze Kolonie.

melung entstehen kolbenförmige Anschwellungen, die man Kohlrabiköpfchen genannt hat (Fig. 52, rechts). Sie bilden die ausschließliche Nahrung für die ganze Kolonie. Das Zusammenleben ist für beide Teile von Nutzen: Der Pilz wird an sicherer Stätte von den Ameisen gehegt und gepflegt. Andrerseits verwandelt er die für Ameisen unverdauliche Zellulose der eingetragenen Blätter, die er aufschließen und verwerten kann, in leichtverdauliche Nahrung für das Ameisenvolk. Niemals aber kann er im gepflegten Pilzgarten Fruchtkörper entwickeln. Solche entstehen nur ausnahmsweise in Nestteilen, die von den Ameisen verlassen sind. Dadurch erst hat man erkannt, daß der Pilz zu den Basidiomyceten gehört, also zur gleichen Gruppe, der auch viele unserer eßbaren Hutpilze angehören. Es handelt sich aber um eine eigene Art, die außerhalb der Ameisenkolonie nicht vorkommt.

Solche Bauten können mit ihren Kammern bis zu 5 Metern in die Tiefe des Bodens reichen und beherbergen in einem gut entwickelten Nest weit über eine Million Arbeiterinnen. Sie sind die Abkömmlinge einer einzigen Königin, die bei der Nestgründung als kostbarstes Gut ein Stückchen eines Pilzrasens aus der Mutterkolonie in einer Tasche ihrer Mundhöhle mitgenommen hat. Dieser Zuchtstamm wird von Generation zu Generation weitergegeben. Ist es nicht eine merkwürdige Sache, daß diese Ameisen Pilze züchten, um von ihnen zu leben, und andere Ameisenarten Pilze züchten um ihre Wohnkammern zu befestigen (vgl. Seite 118).

Stall- und Straßenbauten. Die pilzzüchtenden Blattschneiderameisen sind die einzigen Ameisen, die völlig vegetarisch leben. Viele Arten lieben eine gemischte Kost und tragen neben erbeuteten Insekten auch Zuckersäfte ein, wie wir schon von den Wüstenameisen berichtet haben. Sie beziehen aber den Zucker in der Regel nicht unmittelbar von den Pflanzen, wie ihn die Bienen aus den Blüten holen. Ihre Zuckerlieferanten pflegen Schild- und Blattläuse zu sein. Blattläuse sieht man oft in dichten Ansammlungen an jungen Pflanzentrieben sitzen, in die sie ihre Saugrüssel eingesenkt haben. Auch die ihnen verwandten Schildläuse bilden oft große Ansammlungen an Zweigen und Baumstämmen, aber sie sind unauffällig. Ihr Körper ist unter einem Rückenschild verborgen, der sich an die Rinde anschmiegt. Der Pflanzensaft, den die einen wie die anderen aufnehmen, ist arm an Eiweiß, aber reich an Kohlenhydraten. Deren Überschuß geben sie als Zucker ungenützt wieder von sich. Ameisen machen sich das zunutze, ohne den Spendern etwas zuleide zu tun, obwohl sie sonst so zarte Insekten gern fressen. Sie betrillern die Laus mit ihren Fühlern, worauf diese ein Tröpfchen aus dem After abgibt und der Ameise serviert (Fig. 53). In anderen Fällen spritzen die Läuse den klebrigen Saft von sich, und die Ameisen (sehr oft auch Bienen) sammeln diesen »Honigtau« von den Blättern ab.

Das hat nun nichts mit dem Ameisenbau zu tun. Aber es kommt vor, daß Ameisen an einem Pflanzentrieb über eine Blattlaus- oder Schildlauskolonie, die von ihnen genützt wird, aus Erdklümpchen oder anderem Material ein Gewölbe bauen und so ihre Nutztiere gleichsam in einem Stall halten. Wiesenameisen (*Lasius*arten) bauen aus Erde Pavillons über die von ihnen besuchten Blattlauskolonien. Fig. 54 zeigt ein aus Karton hergestelltes Zelt der nordameri-

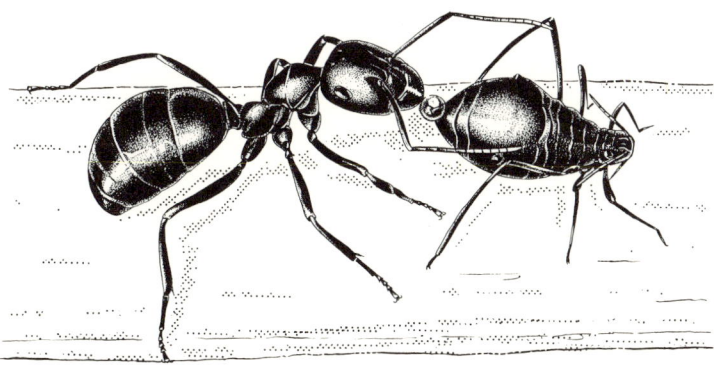

Fig. 53 Eine saugende Blattlaus wird von einer Ameise mit den Fühlern betrillert und gibt ein Tröpfchen Zuckersaft ab.

Fig. 54 Ameisen (Crematogaster pilosa) haben über eine Schildlaus-kolonie ein Kartonzelt gebaut. Um die am Kieferntrieb saugenden Schild-läuse sichtbar zu machen, wurde in der Wand ein Fenster ausgebrochen.

kanischen Ameise *Crematogaster pilosa* über einer Schild-lauskolonie an einem Kieferntrieb. Doflein beobachtete auf Ceylon, daß Weberameisen in der Nähe ihres Hauptnestes sogar eigene kleine Nebennester angelegt hatten, jeweils da, wo eine stattliche Kolonie von Schildläusen saß. In diesen Nebennestern gab es weder Brut noch Geschlechtstiere der Ameisen. Nur die Schildläuse wohnten da, und Ameisen-arbeiterinnen kamen aus dem Hauptnest, um den Zucker-trank zu holen. Die Nebennester gehörten zum Hauptnest wie die Stallungen zu einem Wirtschaftsgebäude. Schild-läuse, die an den Wurzeln von Pflanzen saugen, werden von manchen Ameisen in ihren unterirdischen Bauten gehalten und gepflegt, zum Teil auch mit Erdbauten überdacht.

Am engsten ist diese wechselseitige Bindung bei einigen Arten der Ameisengattung *Acropyga*. In den Kaffeeplantagen von Surinam (niederländisch Guayana), also im tropischen Norden Südamerikas, ist *Acropyga maribensis* die häufigste Ameisenart. Sie legt ihre Nester im Erdboden an, und zwar im Wurzelbereich der Kaffeebäume. Durch den Bau ihrer Nester lockert sie den Boden, was für die Pflanzungen günstig ist. Aber in ihren Kolonien lebt eine bestimmte Art von Schildläusen, die an den Wurzeln der Kaffeebäume saugen und durch ihr zahlreiches Auftreten großen Schaden anrichten können. Man trifft sie nur in den Nestern dieser Ameisen, und man findet andererseits kein *Acropyga*nest ohne diese Schildläuse. Die beiden leben in strenger Symbiose. Die Ameisen hegen und pflegen ihre Zuckerlieferanten wie ihre eigene Brut. Am meisten bemerkenswert ist das Verhalten ihrer geflügelten Geschlechtstiere beim Ausschwärmen. Während die Männchen ohne weiteres davonfliegen, ergreift jedes Weibchen vor dem Verlassen des Mutternestes mit seinen Kiefern behutsam eine kleine Schildlaus, die auf einem bestimmten Entwicklungsstadium steht: sie ist noch jung, aber bereits begattet. Sie wird auf die Hochzeitsreise mitgenommen, sie bleibt auch zwischen den Kiefern gefangen, während die Königin sich hoch in der Luft mit einem Männchen vereinigt, und kommt mit ihr wieder zu Boden. Da sucht die Ameise eine Erdritze bei einer Kaffeepflanze, um ein neues Nest zu gründen. Dann endlich setzt sie die lebende Mitgift aus der Mutterkolonie an einer Wurzel ab, in welche die Schildlaus ihren Rüssel senkt. Die Zuckerfrabrikation kann beginnen, die Königin aber hat ihre Kiefer wieder frei, baut eine Erdhöhle und schließt sie nach außen ab. Es ist die Gründungskammer, in der sie die heranreifenden Eier ablegen wird. Wenn sie bei der Bauarbeit gestört wird, ist es für sie ein Werk weniger Sekunden, den Rüssel der Schildlaus wieder herauszuziehen und sie an einen anderen, geschützten Ort zu tragen. Daß sich die junge Königin von *Acropyga* für ihre künftige Kolonie die Futterversorgung sichert, indem sie eine vermehrungsfähige Schildlaus mitnimmt, ist eine interessante Parallele zum Verhalten der Blattschneiderameisen, deren junge Königin im Mutternest ein Stückchen Pilzrasen stiehlt, um damit in ihrer eigenen Siedlung eine neue Pilzzucht zu gründen. Es wird zugleich verständlich, daß man so zuverlässig in jeder Ameisenkolonie auch ihre Schildläuse findet.

Die Symbiose bestimmter Ameisen mit Blattläusen ist eine altehrwürdige Verbindung. Schon im Bernstein aus dem frühen Tertiär sind Ameisen mit ihren Blattläusen gefunden worden. Weder die einen noch die anderen haben sich in ihrem Aussehen wesentlich verändert, seit ihre Vorfahren vor rund 40 Millionen Jahren im zähen Harzausfluß der Bäume erstickt sind, und auch ihr Zusammenleben ist von Bestand geblieben. Ob die Ameisen schon damals für ihr »Nutzvieh« Ställe gebaut haben, das wissen wir leider nicht.

Wenn Ameisen ihren Bau verlassen, um Beute zu jagen oder Blattlaussiedlungen aufzusuchen, so beschränken sich große Kolonien nicht auf die nächste Umgebung. Es können ihre Ziele 40, 50 oder 60 m weit entfernt liegen. Für Wiesenameisen *(Formica pratensis)* ist der mit Gras und Kräutern bewachsene Boden ihrer Umwelt so reich an Hindernissen wie für uns ein Urwald. Besonders wenn größere Beute zum Nest befördert werden muß, ist der Transport arg gestört. Man versteht, daß diese Ameisen und manche andere Arten auch *Straßenbauer* sind. Von einem Nest der Wiesenameisen können radial nach allen Seiten ein halbes Dutzend und mehr Straßen angelegt werden. Die Tiere entfernen auf eine Breite bis etwa 4 cm alle Grashalme und Pflanzenstengel, graben eine 1 bis 2 cm tiefe Rinne in den Boden, und nun steht einem flüssigen Verkehr nichts mehr im Wege. Nur bedürfen diese Straßen noch mehr als die unseren der ständigen Pflege, denn nur zu rasch wächst ja das Gras wieder nach. Größere Hindernisse, deren Beseitigung über die Kräfte der Ameisen geht, werden umgangen. Die Straßen laufen daher oft in Mäanderwindungen, ohne doch die Zielrichtung zu verlieren. Von den Ausfallstraßen zweigen meist kleinere Seitenwege ab, auf denen sich ein Teil der Tiere zu den näheren Jagdgebieten begibt. In anderen Fällen zieht ein geschlossener Wanderstrom in weite Entfernung, zum Beispiel bei Blattschneiderameisen, die einen bestimmten Baum besuchen und dessen Blätter eintragen. Bei ihnen werden die Arbeiterinnen sogar von wehrhaften und sehr angriffslustigen »Soldaten« begleitet. Probleme des Reiseverkehrs und seiner Sicherung hat es schon vor dem Zeitalter des Menschen gegeben, und sie sind von den Ameisen nicht schlecht gelöst worden.

Vagabunden ohne festen Wohnsitz. Es war nun schon so viel von den Wohnbauten der Ameisen die Rede, daß ich es kaum zu sagen wage: es gibt auch eine Reihe von Arten, die keinen festen Wohnsitz haben und ein Zigeunerleben führen. Als ein Beispiel für solche Wanderameisen sei die südamerikanische Gattung *Eciton* erwähnt. Sie bildet riesige Kolonien, baut aber kein Nest, sondern legt nur »Biwaks« an. Beobachtet man sie über längere Zeit, so erkennt man einen regelmäßigen Wechsel von zweierlei Verhaltensweisen: auf eine unstete Wanderphase, in welcher der Rastplatz in jeder Nacht um einige hundert Meter weiter verlegt wird, die Königin mitzieht und alle Brut mitgetragen wird, folgt eine Ruhezeit in einem Standquartier, das einige Wochen beibehalten wird. Dieser eigenartige Wechsel hängt damit zusammen, daß die Königin ihre Eier in Schüben ablegt. Auf jeden Schub folgt eine Legepause. Wenn die heranwachsenden Larven eine gewisse Größe erreicht haben, wird der Nahrungsbedarf für die Brut dieser volkreichen Staaten enorm. Da setzt die Wanderphase ein. Jede Nacht wandert das ganze Volk weiter und bezieht in einer Erdhöhle oder in einem anderen Versteck ein neues Biwak. Von da aus ergießt sich das Millionenvolk, von dem nur ein kleiner Teil im Versteck zurückbleibt, in gewaltigem Strom über die noch nicht geplünderten Jagdgründe. Mit ihren spitzen Kiefern ermorden die Räuber alles Lebendige, das sie bewältigen können. In der folgenden Nacht geht die Wanderung weiter. Haben sich die Larven verpuppt, dann vermindert sich mit einemmal der Futterbedarf wesentlich. Auch kleinere Ausflüge liefern nun Nahrung im Überfluß, die der Königin und ihren Eierstöcken zugute kommt und einen neuen Schub der Eiablage auslöst. Nun kann das Biwak eine Weile an Ort und Stelle bleiben. Aber auch für die wenigen Wochen der Rast wird keine Wohnung gebaut. Das Heim der Kolonie besteht aus den Ameisen selbst, aus dem ganzen Volk, das als riesiger Knäuel an der Decke einer Höhle hängt, mitten darin die Königin und ihre Brut.

Termiten, die Meister im Hoch- und Tiefbau

Termiten sind in mehr als 2000 verschiedenen Arten in den Tropen und Subtropen verbreitet. Die Menschen in den gemäßigten Zonen verzichten gern auf ihr Vorkommen in kühlerem Klima, denn ihre Zerstörungsarbeit in Holzwerk kann verheerend sein. Sie hat schon oft zum plötzlichen Zusammenbruch von Gebäuden geführt, ohne daß von den Vorgängen im Gebälk äußerlich vorher etwas bemerkbar war. Nur Biologen sind betrübt, wenn die Heimat dieser interessanten Tiere für sie in weiter Ferne liegt. Von Europa aus haben sie schon in alten Zeiten manche lange und beschwerliche Reise unternommen, nur um Termiten zu studieren.

Diese Insekten werden oft auch die »weißen Ameisen« genannt. Die Bezeichnung ist nicht glücklich gewählt. Gewiß bestehen Ähnlichkeiten: im Termitenbau wimmelt es wie in einem Ameisenbau. Auch treten bei Termiten, wie bei Ameisen, zu bestimmten Zeiten geflügelte Geschlechtstiere auf, die in gewaltiger Zahl ausschwärmen, während die arbeitende Bevölkerung zeitlebens ungeflügelt ist. Zutreffend ist auch, daß die meisten Termitenarten weiß sind. Dies hängt damit zusammen, daß sie im Finsteren zu leben pflegen. Aber es gibt auch Arten, die das Licht nicht meiden und ebenso dunkel gefärbt sind wie Ameisen. Es sind also nicht alle Termiten weiß; und nach ihren körperlichen Merkmalen und ihrer näheren Verwandtschaft haben sie mit den Ameisen überhaupt nichts zu tun. Während Bienen, Wespen und Ameisen einander nahestehen (Ordnung *Hymenoptera*), sind die Termiten (Ordnung *Isoptera*) den Schaben am nächsten verwandt, zu denen man auch die bekannte Küchenschabe zählt. Sie gehören einer älteren und primitiveren Insektengruppe an. Sicher sind sie ganz unabhängig von Bienen und anderen Hymenopteren zur Staatenbildung übergegangen. Dabei ist es aber zu erstaunlichen Parallelen gekommen, andererseits auch vielfach zu verschiedenen Lösungen gleichartiger Probleme und, was die Bauwerke betrifft, zu einzigartigen Leistungen.

Auf welchen Wegen sich aus schabenartigen Vorfahren die Termiten und ihre Staaten entwickelt haben, ist unbekannt. Denn diese Vorgänge liegen Jahrmillionen zurück, und Übergangsformen, wie sie etwa bei Bienen erhalten geblieben sind, bestehen heute nicht mehr. Wie die Ameisen leben auch alle heute bekannten Termiten sozial. Sie bilden Kolonien, die zum Teil mit mehr als 10 Millionen Individuen auch jene der großen Ameisenstaaten in ihrer Bevölkerungszahl übertreffen. Wir wollen uns wieder mit dem Aussehen, der sozialen Organisation und der Lebensweise dieser Insekten ein wenig bekannt machen, bevor wir ihre Bauten näher betrachten.

Das Termitenvolk. Die meisten Termitenarten meiden das Licht. Ihre Nester liegen im Erdboden, im Holz oder im Inneren hoch aufragender Hügelbauten, und auch ihre Verkehrswege pflegen unterirdische Gänge oder überdeckte Galerien zu sein. Termiten haben eine zarte Haut, vertragen keine Austrocknung und können nur gedeihen, wo sie Wärme und zugleich einen hohen Feuchtigkeitsgehalt der Luft finden. Durch ihr Leben im Dunkeln wird auch verständlich, daß sie blind sind oder nur kümmerliche Augen besitzen. Gut ausgebildet sind diese aber bei den Geschlechtstieren. Männchen und Weibchen sehen äußerlich gleich aus. Beide haben gut entwickelte Flügel (Fig. 55), freilich nur für eine kurze Zeit ihres Lebens. Junge Geschlechtstiere treten periodisch auf, ein oder zweimal im Jahr. Dann schwärmen sie, ähnlich wie Ameisen, in ungeheuren Mengen aus den Bauten ins helle Licht hinaus. Aber während bei den Hochzeitsschwärmen der Ameisen die Geschlechtstiere kopulieren und die Männchen hernach ihre Rolle ausgespielt haben, führt bei Termiten das Ausschwärmen zunächst nur zu »Verlobungen«. Kurz nach der Rückkehr zum Boden werfen sie die Flügel ab, die weiterhin nicht mehr gebraucht werden, gesellen sich zu Paaren, das Männchen läuft dem Weibchen nach, man sagt: sie machen einen Liebesspaziergang. Er kann 10 bis 20 Minuten dauern oder länger, bis zu zwei Tagen. In dieser Zeit sind sie als fette Bissen leicht zu erjagen und gern verzehrt von vielerlei insektenfressenden Tieren, in manchen Gegenden auch von den Eingeborenen. Geröstet sollen sie besser schmecken als Garnelen. Nur wenige erreichen ihr Ziel, im verborgenen die Gründungskammer für eine neue Kolonie herzustellen. Erst dann werden sie geschlechtsreif und bleiben als König und Königin in Dauerehe miteinander verbunden. Anfangs wird die Brut von ihnen gepflegt, später ist es umgekehrt, und das Königspaar widmet sich ausschließlich seinen geschlechtlichen Aufgaben. Bei den hochorganisierten Termitenstaaten werden König und Königin in einer engen Zelle eingemauert, deren kleine Öffnungen nur für die Arbeiter passierbar sind. Zur Sicherung der ehelichen Treue wäre dieses Gefängnis nicht nötig, denn auch in einem Millionenvolk würden weder er noch sie einen anderen Partner finden. Aber die Königskammer und rund um sie die junge Brut bilden das feste Zentrum der Kolonie. Bei manchen Arten entwickeln sich die Eierstöcke so ungeheuerlich, daß der Hinterleib monströs vergrößert ist (Fig. 57, Seite 140). Bei *Macrotermes bellicosus* (die Art hieß früher *M. natalensis* und mußte nach den Nomenklaturregeln umbenannt werden) erreicht er eine Länge von 14 cm und eine Breite von 3,5 cm. Die Zahl der abgelegten Eier ist enorm (im Tag 30 000 und darüber). Ein so beengtes und einseitig überspitztes Leben mag manchem ungesund erscheinen. Aber die Königin kann ein Alter von vielen Jahren erreichen – bis zu welcher Grenze, ist nicht bekannt. Die Kolonien und ihre Bauten scheinen Jahrhunderte überdauern zu können. Denn die Geschlechtstiere sind, wenn sie zugrunde gehen, ersetzbar.

Bei Ameisen und anderen Hymenopteren kommen aus den Eiern fußlose Maden, die zu keiner Arbeit brauchbar sind. Sie verbringen ihr Larvenleben in Muße, und erst nach dem Puppenstadium und abgeschlossener Verwandlung treten sie als aktive Mitglieder der Gemeinschaft auf den Plan. Das ist bei Termiten ganz anders. Sie gehören zu den Insekten mit »unvollkommener Verwandlung«, es

Fig. 55 Einige Termitengestalten.
Oben Mitte: geflügeltes Geschlechts-
tier, links Arbeiter, rechts Soldat
von Coptotermes acinaciformis.
Mitte: geflügeltes Geschlechtstier,
unten links Arbeiter, unten Mitte
Soldat von Hodotermes mossambicus.
Unten rechts Nasensoldat von
Nasutitermes exitiosus.

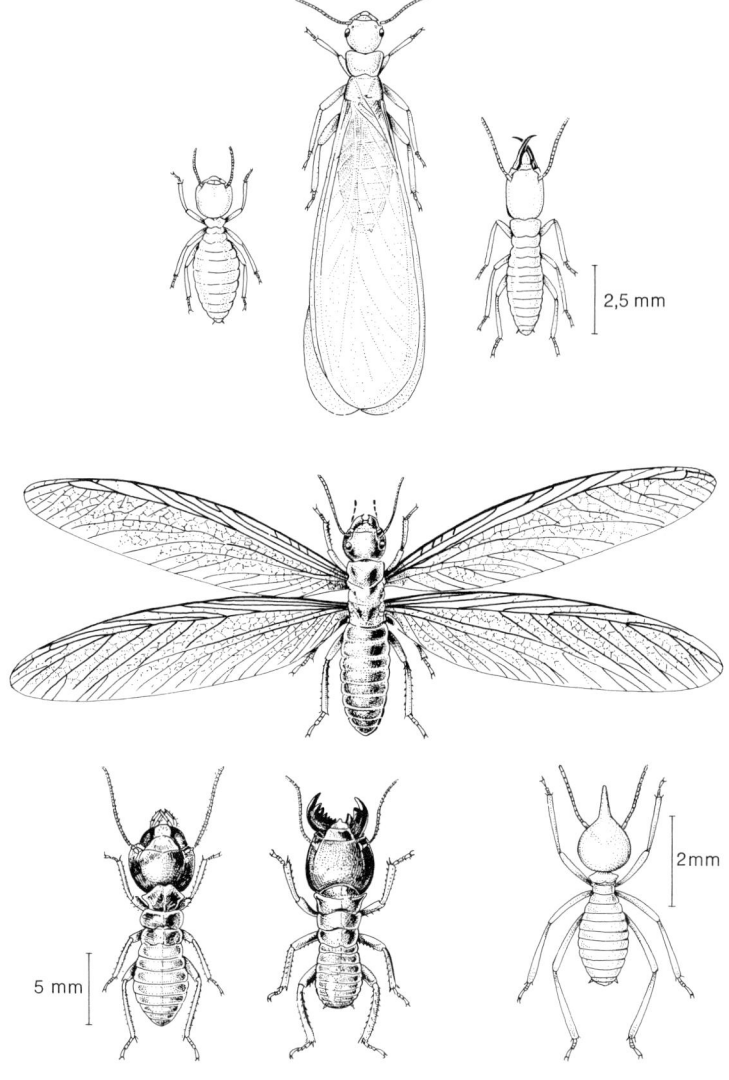

fehlt ihnen das Ruhestadium der Puppe (wie auch bei Schaben, Heuschrecken und manchen anderen Insektenordnungen). Die Verwandlung vollzieht sich fortlaufend, jeweils bei einer Häutung in kleinen Schritten, mit denen die Larven den voll entwickelten Tieren allmählich ähnlicher werden. So kommt es, daß die Termiten schon als Larven zu arbeiten beginnen. Wie bei Ameisen entwickeln sich verschiedene Kasten, die sich in ihrer Gestalt unterscheiden und verschiedene Aufgaben zu erfüllen haben. Von den Männchen und Weibchen war eben schon die

Rede. Am zahlreichsten vertreten ist die Kaste der Arbeiter (Fig. 55, oben links, unten links). Daneben gibt es immer auch »Soldaten«. Wie bei Ameisen sind sie durch große Köpfe und mächtige Kiefer ausgezeichnet (Fig. 55, oben rechts, unten Mitte), können aber auch in anderen, oft abenteuerlichen Gestalten auftreten. Gewisse Termiten- arten haben »Nasensoldaten«. Über den Kiefern ist die Stirn in eine nasenartige Spitze verlängert (Fig. 55, unten rechts). Hier mündet eine umfangreiche Drüse nach außen. Mit ihrem klebrigen Sekret können Feinde beschmiert und dadurch kampfunfähig gemacht werden. Aus der Vielge- staltigkeit der Formen sind hiermit nur einige Typen hervor- gehoben.

Die Arbeiter sind, zusammen mit den Soldaten, zu allen Arbeiten fähig, die es in der Kolonie zu tun gibt. Aber sie bleiben dauernd jugendlich, ihre Geschlechtsorgane unent- wickelt. Für die Vergrößerung der Familie sorgt ja das Königspaar in ausreichender Weise.

Bei Hummeln, Bienen, Wespen und Ameisen gibt es nur weibliche Arbeiter. Das männliche Geschlecht ist bei ihnen jeder Arbeit abhold. Für den Termitenstaat gilt das nicht. Hier sind männliche und weibliche Tiere, ohne geschlecht- lich aktiv zu werden, gleichermaßen und mit gleichem Eifer als Arbeiter und Soldaten tätig. Daneben gibt es noch die kleine Kaste der Ersatzgeschlechtstiere. Diese sind es, aus denen ein neues Weibchen oder Männchen hervorgeht, wenn die Kolonie die Königin oder den König verliert. Bei solcher Regelung spielen, wie überhaupt bei der Entstehung der Kasten, Hormone eine wesentliche Rolle.

Ich habe schon erwähnt, daß sich Termiten als Zerstörer von Holz recht unangenehm bemerkbar machen können. Sie zerstören es nicht aus Böswilligkeit. Es ist für viele Arten wertvolle Nahrung. Das klingt merkwürdig, weil ja Holz von den meisten Tieren, wie auch vom Menschen, nicht verdaut werden kann. Aber die holzfressenden Termiten leben in Symbiose mit einzelligen Pflanzen, mit gewissen Flagellaten, die sich mit ihren Geißelfäden im Darm umher- bewegen und durch besondere Enzyme die Zellulose des verzehrten Holzes abbauen. Sie machen sie dadurch für sich und zugleich für ihre Gastgeber verdaulich. Das voll- zieht sich in einem eigenen, zu einer Gärkammer erweiterten Darmabschnitt, wo sich die Flagellaten so üppig vermehren, daß ihr Überschuß den Termiten zugute kommt und ihnen das nötige Eiweiß liefert. Bei der umfangreichen Familie der Termitiden, zu der drei Viertel aller Termitenarten gehören, spielen statt Flagellaten Bakterien die gleiche Rolle der Verdauungshelfer.

Die Speisekarte der Termiten ist nicht auf Holz beschränkt. Die Nahrung kann bei verschiedenen Arten recht mannigfaltig sein und aus allerhand tierischen und pflanzlichen Stoffen bestehen. Bemerkenswert ist, daß viele in Asien und Afrika heimische Termitenarten in besonderen Kammern ihrer Wohnbauten Pilze kultivieren und sorgsam pflegen so wie im tropischen Amerika die Pilzzüchter unter den Ameisen. Beide haben offenkundig ganz unabhängig voneinander die gleiche gärtnerische Leistung entwickelt.

Trotz reicher Nahrungsvorräte im Nest sind die Soldaten meist nicht imstande, sich ihrer selbst zu bedienen. Zu einseitig ist ihr Kopf für andere Aufgaben spezialisiert. Sie lassen sich von den Arbeitern füttern.

Einfache Bauten. Das Termitennest ist bei den primitiveren Formen in seiner Verborgenheit oft schwer zu entdecken. Es besteht meist aus einem regellos erscheinenden System von Gängen und Kammern, in denen auch die Nahrung bewahrt wird. Die Königin kann verhältnismäßig klein und beweglich bleiben und wird nicht eingemauert, wie es bei den hochorganisierten Staaten ihr Schicksal ist. Zu den gefürchteten Schädlingen gehören die Bewohner trockenen Holzes. *Kalotermes* folgt bei der Anlage der Gänge in Balken der Struktur des Holzes, wie das auch die Holzameisen machen, und erweitert sie zu blind endigenden Kammern, die als Abfallstätten für die Fäkalien dienen. Die Tiere leben völlig abgeschlossen von der Außenwelt und stellen nur Ausflugsöffnungen für die Geschlechtstiere her, zur Zeit, da diese schwärmen. An den Bauten von *Cryptotermes*, findet man ständig Öffnungen, durch welche die Bewohner ihre Exkremente hinauswerfen, statt sie zu speichern. Aber diese Löcher werden – wieder eine erstaunliche Parallele zu solchem Vorkommen bei Ameisen – durch Soldaten mit ihren großen Köpfen verstöpselt.

Manche Arten legen Bodennester in Prärien und Halbwüsten an. *Hodotermes mossambicus* baut, in einer Tiefe von 3 m und mehr, runde Wohnungen mit vielen Kammern, von denen Gänge nach allen Seiten führen. Die Arbeiter sammeln Gras und bringen es in flache Kammern, die mehr als einen Meter im Durchmesser erreichen können und im geringer Tiefe liegen (Fig. 56). Wenn die Gärungsprozesse vorüber sind und keine schädlichen Gase mehr die Brut gefährden können, wird das fertige Heu in die Vorratskammern unmittelbar beim Nest transportiert.

Zu den primitiven Formen gehören die meisten nordamerikanischen Termiten und auch die wenigen Arten, die

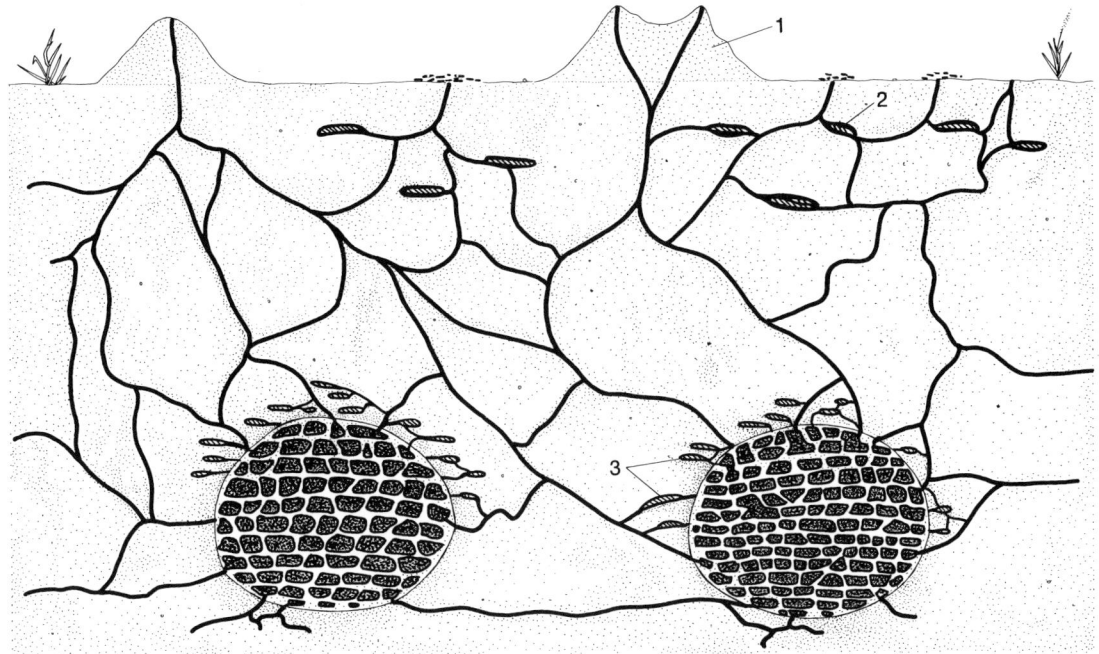

in Europa vorkommen: *Kalotermes flavicollis* in Südfrankreich, *Reticulitermes lucifugus* in Südeuropa. *R. flavipes* wurde in Hamburg eingeschleppt und konnte sich da an begünstigten Stellen einige Jahrzehnte vermehren und der Bekämpfung widerstehen.

Die großen Architekten. Die bisher erwähnten Arten und viele ähnliche haben durch den gestifteten Schaden, aber nicht durch ihre Baukunst die Aufmerksamkeit der Menschen auf sich gelenkt. Termitennester können aber auch als gigantische Bauten emporragen, in manchen Gebieten so zahlreich, daß sie das Landschaftsbild bestimmen (Bilder 58, 60 und 61 auf den Seiten 138/139 und 142/143). Sie können eine Höhe von 7 m erreichen. Unterirdische Gänge führen in das umliegende Gebiet, von wo nächtlicherweile Samen, Blätter und andere Nahrung eingetragen werden. Das Leben der Termiten in den großen, der Tropensonne preisgegebenen Hügeln ist nur dadurch möglich, daß die Bewohner sie mit einem verfestigten Baumaterial wie mit einem Panzer überziehen und im Inneren das Klima nach ihren Bedürfnissen regeln. Soweit das nicht in allen Teilen des Bauwerks gelingt, sorgen sie dafür, daß sich die Eier und die junge, noch hilflose Brut in Bezirken befinden, wo das Klima richtig ist. Der feste Außenpanzer des Termiten-

Fig. 56 Schnitt durch zwei Termitennester im Boden (Hodotermes mossambicus). Von den Nestern führen Gänge nach allen Seiten. 1 Hügel aus hinausgeschaffter Erde. 2 oberflächliche Kammern für das frisch eingebrachte Gras. 3 tiefe Kammern nahe den Nestern für das fertige Heu.

137

hügels dient natürlich nicht nur der Behütung des Innenklimas. Er schützt zugleich die Kolonie vor dem Zugriff vieler Feinde, die an den zahlreichen zarthäutigen Bewohnern eine leckere Mahlzeit finden würden. Einen allmächtigen Schutz gegen jeden Eindringling kann freilich selbst ein so harter Panzer nicht bieten. Erdferkel zerschmettern ihn mit ihren hufartigen Klauen; die Ameisenbären sind mit kräftigen Vorderbeinen und so starken Klauen ausgerüstet, daß sie den Schutzpanzer aufbrechen; und beide besitzen eine dünne, lange, klebrige Zunge, mit der sie die Termiten aus den tiefen Gängen des geöffneten Baues herausfischen. Bild 64 auf Seite 144 zeigt den »kleinen Ameisenbären« Südamerikas *(Tamandua tetradactyla)* genießerisch an einem Bau beschäftigt, den Baumtermiten an der Unterseite eines Astes errichtet haben.

Die Kammern und Gänge eines Termitenhügels können unten weit in den Boden hineinreichen. Gegründet wird ein neues Nest auch bei den Hügelbauern in der Tiefe des Bodens. Da kann es durch mehrere Jahre bleiben und eine bedeutende Ausdehnung gewinnen, ohne daß an der Oberfläche etwas davon bemerkbar wird. Auf Ceylon beobachtete K. Escherich, wie in einem Gebiet, das bisher ganz frei von Termitenhügeln gewesen war, nach heftigen Regengüssen überraschend schnell kleine Erdhügel empor-

Bild 58 a (linke Seite) Bauten von Kompaßtermiten in der australischen Steppe. Die Hügel sind mit ihren Breitseiten nach Ost und West ausgerichtet.

Bild 58 b Die schmalen Kanten der Kompaßtermiten-Hügel weisen sehr genau nach Nord und Süd. Die schwache Morgensonne wird von den breiten Flächen aufgefangen, während die Mittagssonne den Bau verhältnismäßig wenig erhitzen kann. (Zu Seite 137, 146)

wuchsen. Je eine Gruppe von diesen gehörte zu einem bisher unsichtbar gebliebenen Bau. Das weitere Wachstum erfolgte schubweise in Abständen von Monaten oder Jahren, immer nur, wenn der Boden durch Regen erweicht und seine Bearbeitung dadurch erleichtert war. Mit ihrer Vergrößerung wuchsen die benachbarten Erdhaufen allmählich zum einheitlichen Hügel zusammen. Bei ihrer ersten Entstehung hatten sie an Ameisenhaufen erinnert. Aber während solche durch einen Fußtritt oder durch einen Platzregen leicht zerstört werden können, sind schon die kleinen Termitenhügel hart und widerstandsfähig.

Nun wollen wir so indiskret sein, einem groß gewordenen Termitenbau unter seinen Panzer bis ins Innerste zu blicken. Dem Forscher, der in mühsamer Arbeit vorsichtig und Schritt für Schritt, wie man einen Brotlaib vom Rande her in parallele Scheiben schneidet, gegen die Mitte vordringt, bietet sich – viel deutlicher als in einem Ameisennest – das Bild einer planmäßigen Architektur. Auffallend ist im vorliegenden Falle (Bild 59, Seite 141), daß das Innere des ganzen Hügels in seinem oberen Teil dunkel, im unteren hell gefärbt ist. Der überraschende Anblick erklärt sich dadurch, daß hier zwei verschiedene Arten der Gattung *Macrotermes* sich übereinander angesiedelt haben. Oben wohnt eine Kolonie von *Macrotermes carbonarius*. Die Kammerwände bauen diese Tiere aus ihrem eigenen, dunkel gefärbten Kot. Auch sie selbst sind dunkel und durchaus

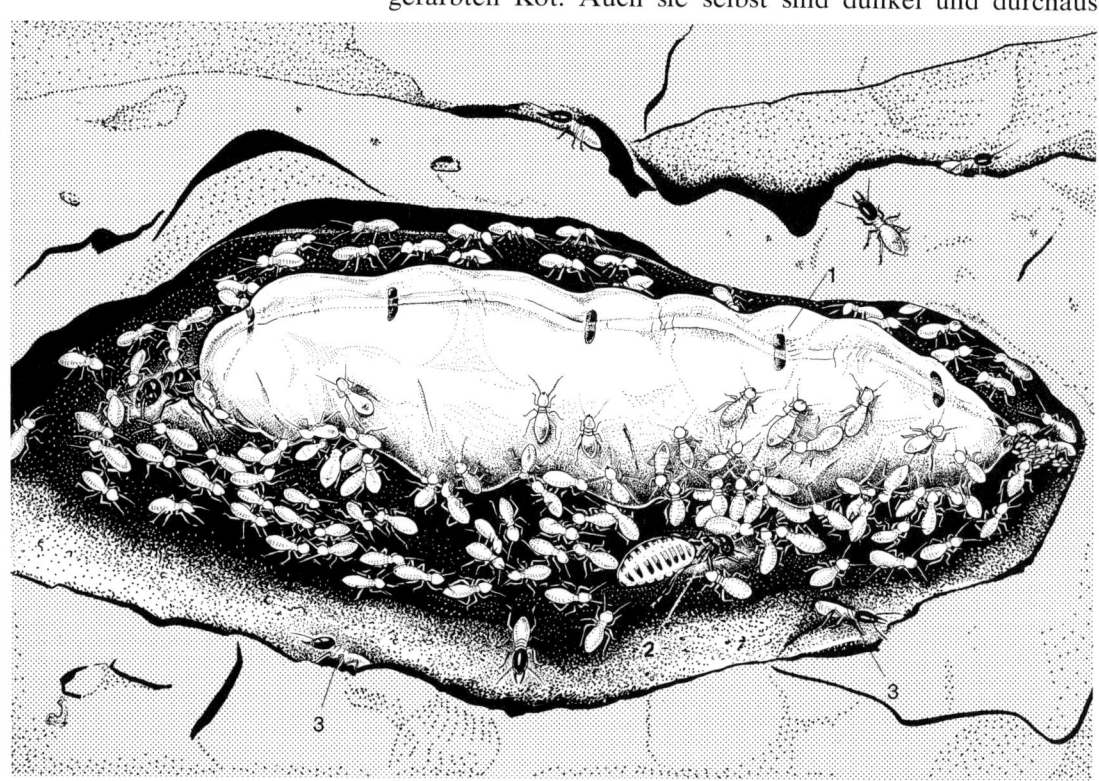

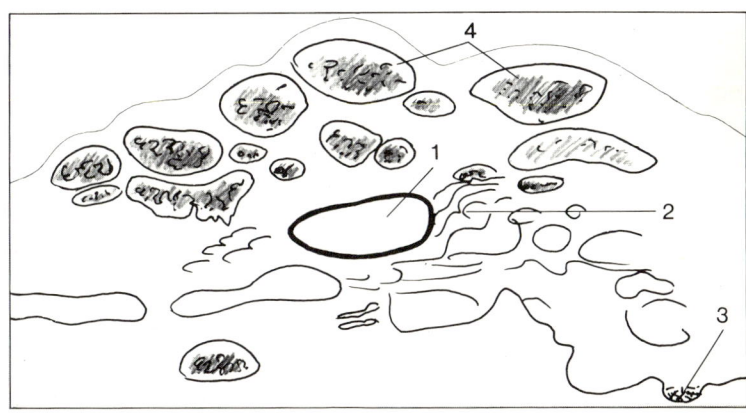

Bild 59 Schnitt durch das Nest von
Macrotermes carbonarius. 1 Königszelle (nicht geöffnet), das Zentrum und
der steinharte Kern der Kolonie.
2 Brutkammern. 3 Eine Vorratskammer, in der zerkleinertes Laub
gespeichert wird. 4 Pilzkammern. Die
Kammerwände bestehen hauptsächlich
aus dem Kot der Tiere, daher die
dunkle Farbe. Der helle Bereich darunter ist das Nest einer anderen Termitenart der gleichen Gattung
Macrotermes, die gleichfalls Pilze
züchtet. Aber diese Termiten sind
weiß und lichtscheu, während
M. carbonarius dunkel gefärbt ist und
im Tageslicht herumläuft. Vom Bau
führen Gänge bis 1 bis 2 m abseits
vom Nest, wo in der unmittelbaren
Umgebung abgefallene Blätter zerkleinert und eingesammelt werden.
Die beiden Arten leben ohne nähere
Beziehung beisammen. – Tropischer
Regenwald inmitten der Malaiischen
Halbinsel, Sumpfgebiet Tasek Beva.
(Zu Seite 140, 145)

Bild 60 Termitenhügel mit Kaminen (Macrotermes). Avash Nationalpark, Abessinien. (Zu Seite 137, 151)

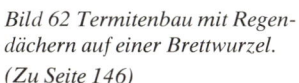

Bild 61 Termitenhügel. Macrotermes subhyalinus (früherer Name Macrotermes billicosus). Lake Manyara-Nationalpark, Tanzania, Afrika. (Zu Seite 137)

Bild 62 Termitenbau mit Regendächern auf einer Brettwurzel. (Zu Seite 146)

Bild 63 Pilzförmiger Hügel von Cubitermes, der Bau links durchschnitten, um die Kammern im Inneren zu zeigen. (Zu Seite 146)

Bild 64 Ein »kleiner Ameisenbär«
(Körperlänge ohne Schwanz etwa
55 cm) hat ein Nest von Baumtermiten
aufgebrochen und fischt sich mit seiner
klebrigen Zunge eine Mahlzeit heraus.
(Zu Seite 139)

nicht lichtscheu. Man kann sie in der Umgebung des Nestes im Tageslicht bei ihrer Tätigkeit beobachten. Der helle Bau darunter ist von einer anderen Art der Gattung *Macrotermes* errichtet, die, wie es ja der Regel entspricht, bleich und lichtscheu ist. Sie hat ein helles Baumaterial verwendet. Beide Arten sind Pilzzüchter, leben aber trotz der engen Nachbarschaft ohne nähere Beziehungen beisammen.

Wir betrachten nun den oberen Bau genauer. Zentral liegt ein harter Kern, die Zelle des Königspaares (1). Wie es im Inneren einer Königszelle zugeht, zeigt Fig. 57, Seite 140. In diesem engen Raum verbringt die Königin ihr ganzes Leben, ständig gefüttert und betreut von Scharen kleiner Arbeiter. Diese können durch die Löcher in der Kammerwand aus und ein gehen. Die Eier werden schon bei ihrem Austritt aus dem Mutterleib von ihnen gierig in Empfang genommen (rechts in Fig. 57) und in den Kammern der näheren Umgebung untergebracht. Bei der Königin hält sich der König (2) auf. Er erreicht, wie die Königin, ein Alter von mehreren Jahren und begattet seine Gemahlin zu wiederholten Malen.

Der Schnitt durch die ganze Kolonie zeigt neben der Königszelle die kleinen Kammern des Brutbereichs (2 in Bild 59, Seite 141), wo die Eier und sehr jungen Larven gepflegt werden. Weiter nach außen liegen Vorratskammern (3) für das gesammelte und zerkleinerte Laub. Solches oder auch zerkleinertes Holz vermischen die Termiten mit ihrem Kot und bereiten so den Kompost, auf dem sie in größeren Kammern das Geflecht eines Hutpilzes *(Termitomyces)* züchten wie die Blattschneiderameisen auf ihren Blattschnitzeln. Der Pilz vermag das Lignin des Holzes und anderer Bestandteile der Pflanzen in leicht verdauliche Verbindungen abzubauen. Die jungen Larven halten sich zahlreich auf diesen Pilzgärten (4) auf und finden da eine bekömmliche Kost. Nach außen wird das Nest durch die kompakte Schutzschicht abgeschlossen. Unterirdische Gänge führen vom Nest etwa 2 bis 4 m weit in die nähere Um-

Fig. 58 Ein Termitennest wächst über den Boden. Drei Stadien der Nestentwicklung von Cornitermes cumulans, rechts das Nest durchschnitten. Links und Mitte: Durchmesser des Nestes etwa 30 cm, der Hügel rechts erhob sich 160 cm über den Boden und war noch im Wachsen.

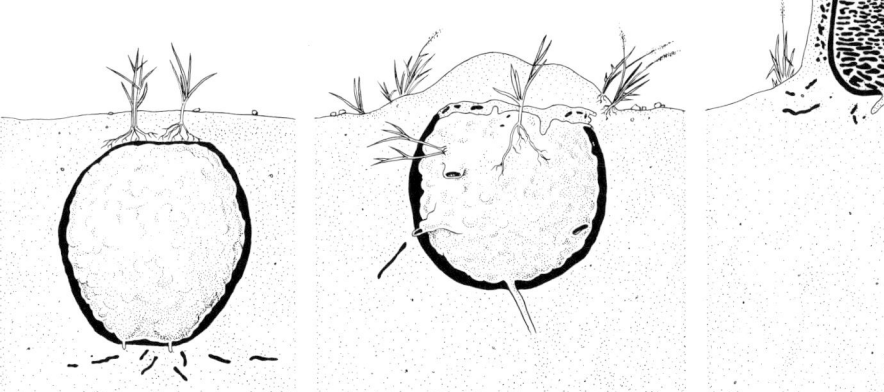

Fig. 59 Dachbauten von Cubitermes als Regenschutz.

gebung, wo die Arbeiter abgefallene Blätter zerkleinern und eintragen.

Nicht alle Hügelbauer haben eine so hohe Organisation. *Cornitermes cumulans*, eine südamerikanische Art, schafft ansehnliche Hügel, aber das Innere läßt mit seinen zahlreichen, unregelmäßig angeordneten Kammern keine derartige Differenzierung erkennen und hat auch keine Königszelle. Die Königin ist zwar groß, kann sich aber frei von einem Raum zum anderen bewegen. P. Grassé konnte bei dieser Art die stufenweise Entwicklung der Nester verfolgen. Zunächst sind sie von eiförmiger Gestalt und völlig unterirdisch, bis sie etwa einen Durchmesser von 30 bis 40 cm erreicht haben. Durch einen schmalen Luftraum sind sie vom umgebenden lehmigen Boden isoliert, auf dem sie nur mit ihrem unteren Pol aufliegen. Hier, und später auch seitlich, führen Galerien in die Umgebung. Den Luftraum um das Nest überbrücken sie als feste Röhren (Fig. 58). Beim weiteren Wachstum des Nestes wird Erdmaterial aus der Tiefe nach oben gebracht und eine Erdkuppel errichtet (Fig. 58, Mitte), als Vorbote des kommenden Hügels. Das Bodennest wird allmählich abgebaut und zum bleibenden Hügel umgestaltet, der im dargestellten Fall (Fig. 58, rechts) 1,60 m hoch war, mit einer Basis von 1 m Durchmesser. Man fragt sich verwundert, wie solche Umkronstruktionen zustande kommen können. Man hat noch mehr Anlaß zu staunen, wenn man die Hügel anderer Termitenarten zum Vergleich heranzieht und erkennt, wie sich ihre Bauweise an extrem verschiedene klimatische Bedingungen ihrer Lebensbereiche anpassen kann.

Einige Arten der Gattung *Cubitermes*, die man in regenreichen tropischen Urwäldern findet, bauen an ihren hohen Hügel vorspringende Schutzdächer (Fig. 59 und Bild 62, Seite 143). Bei den üblichen Regengüssen wird so das Wasser vom Hauptteil des Bauwerks abgehalten. Andere Arten geben dem ganzen Hügel die Gestalt eines Hutpilzes (Bild 63, Seite 143). Der Bau links ist der Länge nach durchschnitten, um die Wohnkammern im Inneren zu zeigen. In trockenen Gebieten bauen die Tiere kein solches Schutzdach, das also wirklich als Regenschirm und nicht als Sonnenschirm dient.

In den baumlosen Steppen Australien aber kann die Sonnenglut besonders in den Mittagsstunden zu einer Gefahr werden. Hier ist das Reich der Kompaßtermiten *(Amitermes meridionalis)*. Ihre bis 5 m hohen und 3 m langen Bauwerke sehen aus, als wären sie von zwei Seiten zusammengedrückt worden (Bilder 58a und b, Seite 138/139). Die Schmalseiten sind genau nach Nord und Süd gerichtet, so daß die Sonne zur Mittagszeit nur einen kleinen Teil der

Hügelfläche bestrahlt, während die Morgen- und Abendsonne die Breitseiten trifft. Im Winter suchen die Termiten frühmorgens die Ostseite, abends die Westseite auf und finden so die ihnen zusagende Wärme. Der Reisende kann sich an diesen Termitenbauten auf den ersten Blick über die Nord-Süd-Richtung orientieren. Aber wie orientieren sich die Termiten, wenn sie ohne Kompaß ihr Bauwerk so sauber ausgerichtet ins erdmagnetische Feld stellen? Wir denken an die Bienen zurück, die imstande sind, den Wabenbau nach dem Magnetfeld der Erde anzulegen (vgl. Seite 101). Bei den Kompaßtermiten hat noch niemand studiert, wie sie bei ihren Bauten vorgehen. Man weiß aber von anderen Arten durch Laboratoriumsversuche, daß sie imstande sind, sich nach dem Magnetfeld zu orientieren.

G. Becker beobachtete, daß sich die Geschlechtstiere von Termiten *(Macrotermes, Odontotermes)* in ihren Zuchtbehältern in der Nord-Süd- oder Ost-West-Richtung zur Ruhe setzten und, wenn der Behälter gedreht wurde, spätestens nach einigen Stunden wieder dieselbe Richtung eingenommen hatten. Auch in freier Natur fand man sie in ihren Bauten auffallend oft in diesen Stellungen. In weiteren Versuchen an verschiedenen Termitenarten hatten diese im Zentrum eines runden Glasgefäßes einen Wohnhaufen und konnten von der Peripherie Holzpartikel eintragen. Sie bauten als Verbindungswege Galerien, die vorwiegend nordsüdlich oder ost-westlich verliefen. Warum sie diese Richtungen bevorzugt haben, das wissen wir nicht. Vielleicht verhilft ihnen solche magnetische Kompaßorientierung dazu, beim Bau ihrer unterirdischen Gänge einen geraden Weg einzuhalten, so wie Bienen, Ameisen und andere Kinder des Lichtes den Sonnenkompaß gebrauchen, um eine Richtung nicht zu verlieren. Daß sich die Tiere wirklich nach dem Magnetfeld richten, ist auch hier, wie bei Bienen, aus Versuchen mit künstlichem Verdrehen der Feldlinien zu ersehen. Die Galerien wurden in entsprechend geänderter Richtung weitergebaut. Nach diesen Erfahrungen ist es sehr wahrscheinlich, daß sich die Kompaßtermiten beim Bauen ihrer Hügel unmittelbar nach dem Magnetfeld der Erde richten. Die Harmonie der Bautätigkeit bleibt trotzdem erstaunlich.

Klimaanlagen in Termitenwohnungen. Vor noch größere Rätsel stellt uns bei vielen Termitenarten die Innenarchitektur. Schon die Verteilung der Kammern, die verschiedenen Zwecken dienen, läßt einen bestimmten Bauplan erkennen. Aber mit den Räumen für das Königspaar, für die Bevölkerung in allen Altersstadien, für die Pilzgärten und mit der Herstellung aller Verbindungswege ist es nicht getan. In einem Bau von *Macrotermes bellicosus* (früher: *M. natalensis*), der eine Höhe von 3,5 m erreicht hat, leben mehr als zwei Millionen Termiten. Sie arbeiten, sie atmen, ihr Sauerstoffverbrauch ist erheblich. Man hat ihn gemessen. Ohne Lufterneuerung müßten alle Bewohner nach weniger als zwölf Stunden ersticken. Wo ist die Lüftungsanlage für das Millionenvolk? Der feste Außenpanzer läßt keine Fenster erkennen.

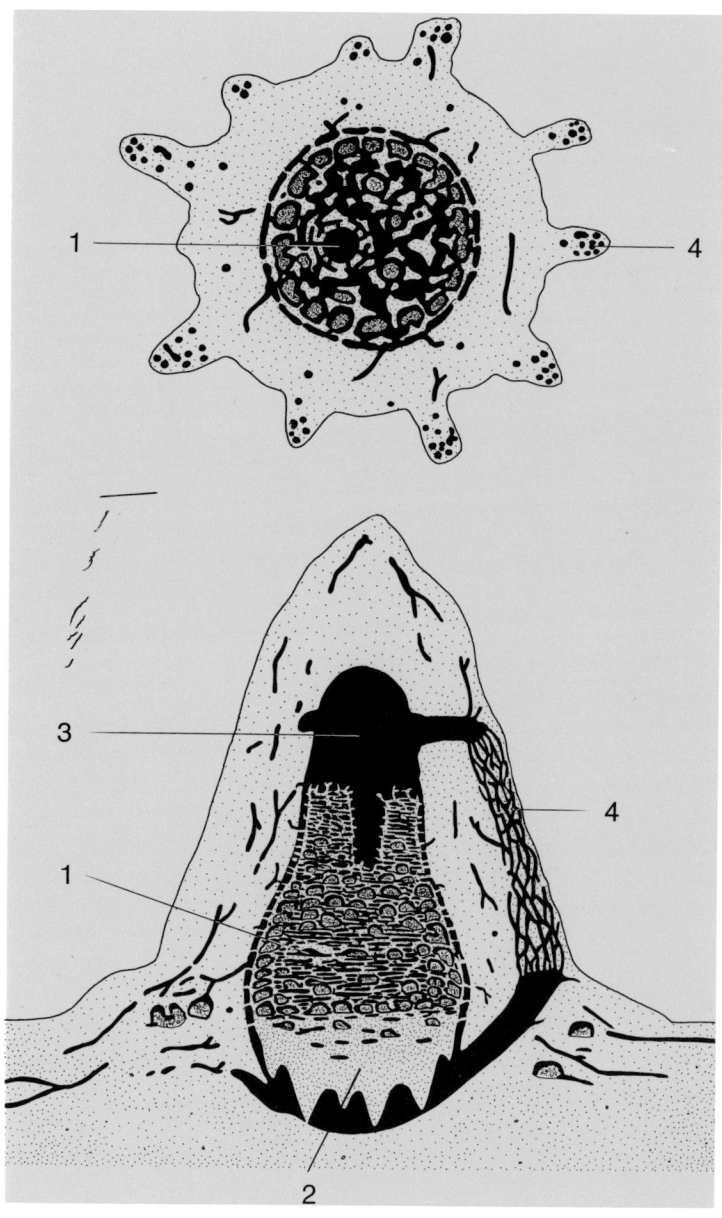

Fig. 60 Oben Querschnitt, unten Längsschnitt durch das Nest von Macrotermes bellicosus (früher: natalensis) von der Elfenbeinküste Afrikas. Die Lufträume sind schwarz dargestellt. Fein punktiert: Pilzgärten. Einige von diesen sind außerhalb des eigentlichen Nestes angelegt. Auf beiden Schnitten ist die Königszelle (1) getroffen; 2 Keller, 3 Luftraum über dem Nest, 4 Rippen mit Luftkanälen. Höhe des Hügels etwa 3,5 m. Schematisch.

M. Lüscher hat die Bauten dieser Termitenart an der Elfenbeinküste Afrikas studiert. Die Tiere haben eine merkwürdige und sinnreiche Lüftung konstruiert. An einem Schnitt, der mitten durch den Hügel führt (Fig. 60, unten) erkennt man als rundliches Gebilde das eigentliche Nest mit der Königszelle (1), mit den Kammern und Laufgängen, seitlich rings umgeben von schmalen Luftkammern, auf welche als schützender Mantel die dicke, harte Außenwand folgt. Unter dem Nest befindet sich ein größerer Luftraum, der »Keller« (2). Hier ruht der zentrale Bau auf konisch zulaufenden Pfeilern. Er ist auch seitlich durch Streben verankert. Oben befindet sich ein zweiter großer Luftraum (3), der wie ein Kamin eine Strecke weit in das Nest hineinreicht. An der Außenseite des Hügels verlaufen von oben nach unten vorspringende Rippen (4). Der Querschnitt (Fig. 60, oben) läßt sie deutlich erkennen. Vom oberen Luftraum führen armdicke Kanäle radial in die Rippen (Fig. 60, unten rechts), wo sie sich in viele kleine Kanälchen teilen. Diese münden unten wieder in einen armdicken Kanal, der zum Keller führt. In allen diesen Räumen trifft man Termiten, aber nicht *sie* sind die Ventilatoren, wie etwa Bienen durch Fächeln mit den Flügeln ihren Stock lüften. Die Lüftungsanlage der Termiten funktioniert automatisch, und zwar auf folgende Weise:

In den Pilzkammern erwärmt sich die Luft durch die Gärungsvorgänge. Auch die Nestbewohner bewirken, wie jede dicht gedrängte Gesellschaft atmender Tiere, eine Temperaturerhöhung. Die warme Luft steigt nach oben und muß unter dem Druck der nachfolgenden Warmluft in das Kanalsystem der Rippen ausweichen. Die Außenwände der Rippen sind so porös, daß hier ein Gasaustausch stattfinden kann: Kohlendioxid entweicht nach außen und Sauerstoff dringt ein. Die Rippen mit ihren Kanälen sind gleichsam die Lungen der Termitenkolonie. Auf dem Weg durch die Rippen wird die Luft abgekühlt. Das war zu erwarten und hat sich durch Messungen bestätigt. Durch die unteren dicken Kanäle fließt die Luft in den Keller und gelangt von da durch den Luftmantel der Kolonie wieder in das Nest zurück, als Ersatz für die aufsteigende Warmluft.

Wer eine Reise durch die Alpen macht, wird bald bemerken, daß die Häuser – soweit sie noch nach altem Brauch errichtet und nicht durch die Schwemme der Zivilisation schematisiert sind – ihre lokalen, sehr reizvollen Besonderheiten haben, sei es in der Form der Dachbauten, in bezeichnendem Zierat oder anderen Merkmalen. Auch Termitenbauten können ihre lokalen architektonischen Besonderheiten haben. Die gleiche Art, deren Lüftungsanlage

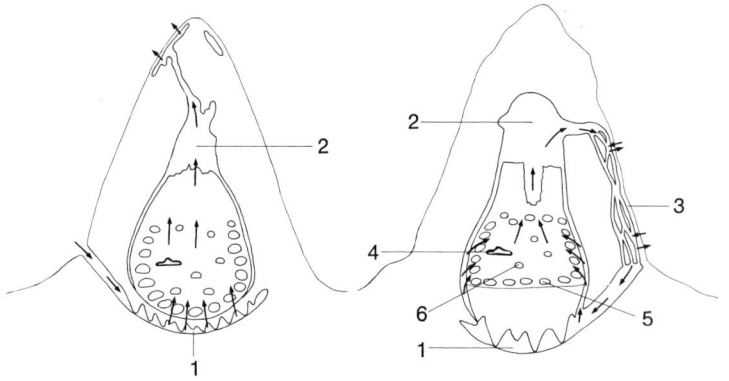

Fig. 61 Schema der Luftzirkulation bei Macrotermiten bellicosus (natalensis), rechts in einem Nest von der Elfenbeinküste, links in einem Uganda-Nest. Die Pfeile zeigen die Richtung der Luftbewegung. 1 Kellerraum, 2 oberer Luftraum, 3 Rippenkanäle, 4 Königszelle, 5 Pilzkammern, 6 Brutkammern.

wir eben beschrieben haben, kommt auch im Osten Afrikas, in Uganda vor. Kein Merkmal ihres Körperbaues weist darauf hin, daß eine andere Rasse vorläge. Aber sie baut die Lüftungsanlage anders.

Bei einem Hügel von *Macrotermes bellicosus (natalensis)* in Uganda fehlen die vorspringenden Rippen mit ihren Luftkanälen. Auch hier wird die Luft im Nest erwärmt und steigt in die Höhe, wo aber vom oberen Luftraum aus Kanäle in flache Kammern unter der Kuppe des Hügels führen (Fig. 61, links). Diese Kammern haben so poröse Wände, daß sie die Luft nach außen entweichen lassen. Bei diesem Bauwerk steht der Keller durch armdicke Kanäle mit der Außenluft in offener Verbindung, während er vom Nest abgeschlossen ist und die Bewohner keinen Zutritt zu ihm haben. Doch ist die Unterseite der Nestwand so porös gebaut, daß die frische Luft aus dem Keller eindringen kann und ein Luftstrom durch das Nest aufrechterhalten bleibt. Die beiden Typen sind in Fig. 61 nebeneinander gestellt. Beide Methoden der Ventilation: durch einen im Bau zirkulierenden Luftstrom an der Elfenbeinküste, und durch ständige Zufuhr frischer Außenluft bei den Bauten in Uganda scheinen gleich gute Dienste zu leisten. Auf welchen Wegen es im Laufe der Stammesgeschichte zu diesen verschiedenen Lösungen des gleichen Problems gekommen ist, das wissen wir nicht.

Bei anderen Termitenbauten (*Macrotermes*- und *Odontotermes*arten) fallen schon äußerlich schornsteinartige Röhren auf, die offenbar auch der Belüftung dienen, aber in ihrer Funktion nicht genau untersucht sind. Die oben offenen Kamine reichen als Luftschächte durch das eigentliche Nest bis in die Tiefe des Erdbodens, wo sie blind geschlossen sind. Unter normalen Umständen ist ihr Hohlraum ohne jede Verbindung mit dem Inneren des Nestes und gegen dieses durch eine dünne, wahrscheinlich luftdurchlässige Wand abgeschlossen. Man findet im Kamin keine Termiten, außer während der Bauzeit. Bei starken Regenfällen können die Kamine einstürzen. Anschließend sammeln sich darin massenhaft Termiten an, die mit der Reparatur beschäftigt sind (persönliche Mitteilung von Prof. M. Lüscher). Ein besonders schönes Beispiel für lange Kamine zeigt das Bild 60 auf Seite 142. Wir verdanken die Aufnahme H. Sielmann, der sie 1972 aus Abessinien mitgebracht hat. Nach der Anordnung der Kamine könnte es ein Bau von *Macrotermes subhyalinus (bellicosus)* sein wie Bild 61, Seite 143. Auch bei dieser Art sind die Nester je nach der Gegend recht verschieden. Doch ist die Artzugehörigkeit in diesem Falle nicht bestimmt.

Im allgemeinen halten die Termiten eines gegebenen Standortes treu an der althergebrachten Bauweise fest. Um so bemerkenswerter ist es, daß bei außergewöhnlichen Situationen, sozusagen in Katastrophenfällen, sinnvolle Reaktionen beobachtet worden sind. Als man Termitenhügel in Plastikzelte hüllte und die Ventilation dadurch ernsthaft behindert war, bauten die Bewohner binnen 48 Stunden oben Spitzhütchen mit außergewöhnlich porösen Wänden und schufen dadurch eine neue Lüftung.

Wie mannigfaltig die Aufgabe der Lüftung bei verschiedenen Termitenbauten gelöst sein kann, mag noch ein weiteres Beispiel zeigen. *Apicotermes gurgulifex* hat ein ovales, etwa 20 cm hohes Nest (Fig. 62). Es liegt im Erdboden und ist durch einen Luftmantel vom umgebenden Erdreich isoliert. Im Inneren des Nestes findet man flache Kammern mit einem zentralen Wendelgang als Verbindungsweg. An seiner Außenseite zeigt es ein Muster von ringförmigen Erhebungen. In jedem Ring liegt eine schlitzförmige Öffnung. Diese Schlitze führen in Rundgänge innerhalb der Außenwand des Nestes, die ihrerseits mit den Innenräumen in Verbindung stehen. So ist durch die Gesamtheit der Poren eine Ventilation der Wohnräume möglich. Wie ein Wunder erscheint ein solches Bauwerk, dessen Öffnungen in gleichen Abständen mit einer Präzision geformt sind, als wären sie maschinell gestanzt.

Neben der Lüftungsfrage gibt es auch andere Probleme für das Termitenvolk. Ein solches liegt oft in der Wasserbeschaffung. Wasser wird reichlich gebraucht, weil für die zarthäutigen Nestbewohner ein hoher Feuchtigkeitsgehalt der Luft aufrechterhalten werden muß. In den oben geschilderten Bauten von *Macrotermes* liegt er bei 89 bis 99% relativer Luftfeuchtigkeit. Überdies wird für die Ernährung, zur Mörtelbereitung und für andere Zwecke viel Wasser

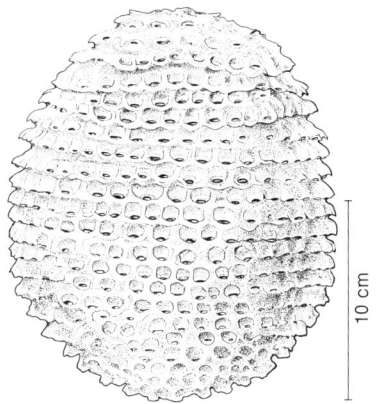

10 cm

Fig. 62 Nest einer Termitenart (Apicotermes gurgulifex) die ihren eigenen Kot als Baumaterial verwendet und daraus ein harmonisches Bauwerk gestaltet. Das etwa 20 cm hohe Nest liegt unterirdisch, von einem Luftraum umschlossen. Die Oberfläche zeigt Lüftungsspalten, je von einem Ringwall umgeben und so regelmäßig gebaut, als wären sie maschinell geprägt.

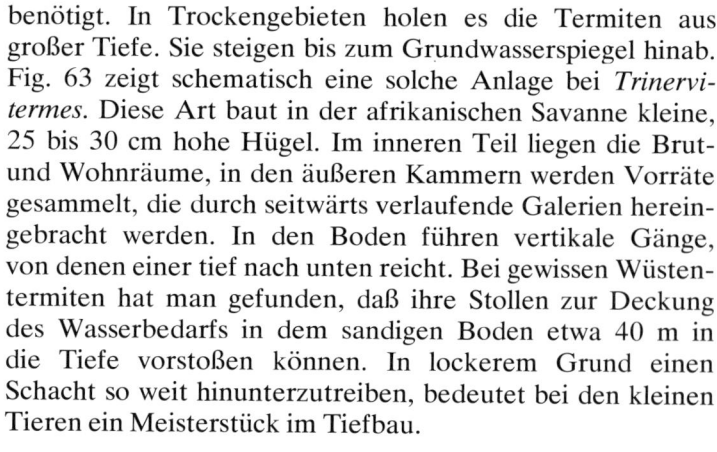

Fig. 63 Schematischer Schnitt durch den Bau einer Termitenart (Trinervitermes aus einem afrikanischen Trockengebiet. Vom Hügel führt ein tiefer Stollen hinunter bis zum Grundwasser.

benötigt. In Trockengebieten holen es die Termiten aus großer Tiefe. Sie steigen bis zum Grundwasserspiegel hinab. Fig. 63 zeigt schematisch eine solche Anlage bei *Trinervitermes*. Diese Art baut in der afrikanischen Savanne kleine, 25 bis 30 cm hohe Hügel. Im inneren Teil liegen die Brut- und Wohnräume, in den äußeren Kammern werden Vorräte gesammelt, die durch seitwärts verlaufende Galerien hereingebracht werden. In den Boden führen vertikale Gänge, von denen einer tief nach unten reicht. Bei gewissen Wüstentermiten hat man gefunden, daß ihre Stollen zur Deckung des Wasserbedarfs in dem sandigen Boden etwa 40 m in die Tiefe vorstoßen können. In lockerem Grund einen Schacht so weit hinunterzutreiben, bedeutet bei den kleinen Tieren ein Meisterstück im Tiefbau.

Bautechnik. Sofern die Termiten ihre Wohnungen nicht im Boden oder im Holz ausgraben, benützen sie verschiedenartiges Baumaterial.

In jeder menschlichen Siedlung muß die Frage gelöst werden: Wohin mit den Exkrementen? Schon lange, bevor Menschen darüber nachdachten, haben viele Termitenarten eine ebenso praktische wie einfache Lösung gefunden. Sie verwenden ihren eigenen Kot zum Bauen ihrer Wohnungen. Das ist allerdings nur möglich, weil ihre Exkremente rasch erhärten und nicht in Fäulnis übergehen. Die *Apicotermes*art, deren Lüftungsporen wir soeben besprochen haben, formt ihren Bau (Fig. 62, Seite 151) aus ihrem Kot. Die Tiere gestalten daraus ein Kunstwerk. Nichts deutet uns an, wie es als solches zustande kommt. Man sieht nur, daß die Termiten Kotwürstchen absetzen, wo es für die Herstellung des Bauwerks erforderlich ist. Dann drehen sie sich um und verstreichen und glätten die noch plastische Masse mit ihren Mundwerkzeugen.

Die meisten Arten benützen aber als Bausteine Erdkrümel, Sandkörner, Holzteilchen und andere Fremdkörper, die sie durch ihre Exkremente nur miteinander verkleben. Auch der erhärtende Speichel kann als Mörtel dienen, oder es wird sowohl Kot wie Speichel benützt.

Neben fest gemauerten Nestern und Hügeln, die wir nun schon an mehreren Beispielen kennengelernt haben, gibt es auch zerbrechlichere Bauten, die an Wespennester erinnern (Fig. 64a) und ähnlich wie diese hergestellt werden. Die sozialen Insekten haben sich als wahrhaft begabte Erfinder erwiesen, denn sowohl Wespen wie Ameisen und Termiten haben voneinander unabhängig für Bauzwecke die Technik der Papierfabrikation zustande gebracht. Termiten vermischen zerkautes Holz mit Speichel oder Kot als Bindemittel und können daraus nicht nur die Hülle ihrer Behausung, sondern auch die Wände der Wohn-, Brut- und Vorratsräume herstellen, und als Kern der Anlage die Königskammer (Fig. 64b). Zu diesen Kartonfabrikanten gehört eine ganze Anzahl verschiedener Termitenarten.

Gar zu gern möchten wir wissen, auf welche Weise die Tätigkeit der einzelnen Arbeiter in einem Termitenvolk geregelt wird. Wie können die kleinen Tiere so harmonische und sinnvolle Konstruktionen schaffen? Leider ist es nicht möglich, sie in ihren Nestern bei ungestörter Arbeit zu beobachten. Man hat versucht, auf andere Weise einen Einblick in ihr Verhalten zu gewinnen.

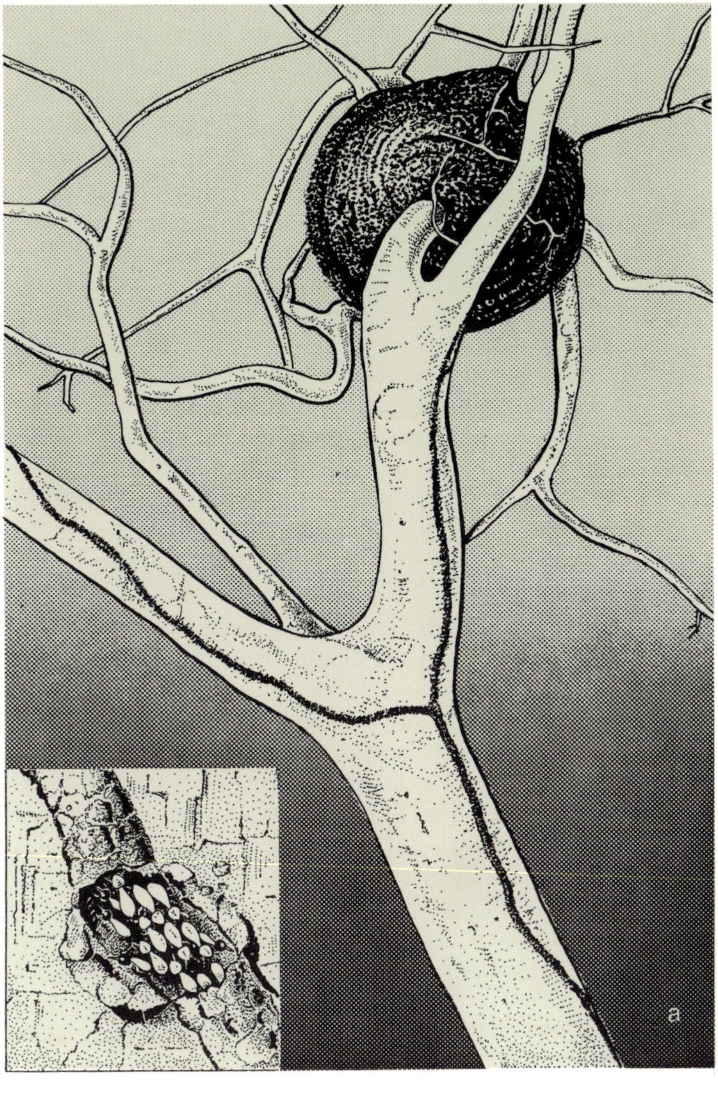

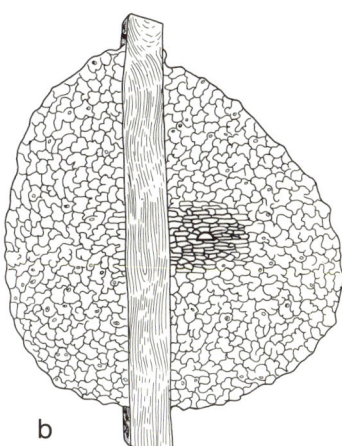

Fig. 64 a Kartonnest von Nasutitermes auf einem Baum. Vom Nest führen Galerien in die Umgebung. Einsatzbild: eine Galerie geöffnet, innen der Strom der Arbeiter.
b Kartonnest von Nasutitermes durchschnitten. Etwas rechts von der Mitte die Königszelle.

Wir haben schon die unterirdischen Gänge und oberirdischen gedeckten Galerien erwähnt, durch welche die Termiten von ihren Nestern zu Sammelplätzen und anderen Zielen gelangen. Schon K. Escherich kam auf den Gedanken, an den Galerien müßte die Bautätigkeit leichter zu beobachten sein als in den Wohnbauten. Er fand auf Ceylon ein Bodennest von *Eutermes ceylonicus*, von dem eine Galerie am Stamm einer Kokospalme bis in deren Krone hinaufführte. Er entfernte einen kleinen Teil der Decke des Tunnels, um zu sehen, wie sie wieder hergestellt würde. Der Anblick, wie er in Fig. 64a schematisch gezeichnet ist, bot sich ihm in Wirklichkeit nicht. Er sah bei dem Eingriff gerade noch einige Tiere im Tunnel verschwinden, dann herrschte Ruhe. Nach einigen Minuten kam vorsichtig ein Nasensoldat aus dem Gang, der den Schaden in seiner ganzen Ausdehnung untersuchte und sich wieder zurückzog. Bald kamen mehrere Soldaten. Sie stellten sich an den Rändern der oberen und unteren Öffnung auf, und zwar so, daß nur ihre Nasen und die ständig bewegten Fühler hervorlugten. Andere Soldaten kamen heraus und nahmen an beiden Seiten des zerstörten Teiles Aufstellung. Hierauf erschienen Arbeiter und begannen von oben wie von unten her mit der Reparatur. Doch war nicht viel von ihnen zu sehen. Zwischen zwei Soldaten kam da und dort das Hinterteil eines Arbeiters zum Vorschein und setzte am Bruchrand einen dicken Kottropfen ab. Dann wieder erschien ein Arbeiterkopf, der ein Erdklümpchen in den Tropfen drückte. So wurde durch einen Baustein nach dem anderen in mehreren Stunden der Defekt geschlossen. Der Weg war in diesem Falle durch den alten Verlauf des Tunnels und durch die Postenkette der schützenden Soldaten vorgezeichnet. Auch in anderen Versuchen schien es, als hätten die Soldaten Einfluß darauf, wo gebaut werden sollte. Doch ist das nicht erwiesen und keinesfalls immer zutreffend.

Auch neuere Arbeiten über den Galeriebau haben über die Organisation der Arbeit keine viel weiter gehenden Aufschlüsse gebracht. Es scheint, daß die Richtung, in welcher eine neue Galerie weitergeführt werden soll, oft durch Geruchsspuren von Termiten markiert ist, die vorher diesen Weg gegangen sind.

Nicht immer überdecken die Straßenbauer den Weg mit einem Gewölbe. Bei *Odontotermes magdalenae* pflastern sie ihn nur mit Erdpartikeln, die sie mit ihrem Speichel befeuchtet haben. *Trinervitermes* verwendet seine erhärtenden Exkrementtröpfchen als Pflastersteine.

Können sich in diesen Fällen die Bauarbeiter durch Geruchsspuren am Boden leiten lassen, so versagt eine solche

Erklärung, wo zielgerichtete Galerien auf größere Entfernung in die freie Luft hinaus gebaut werden. Auf geringe Distanz erscheint eine geruchliche Leitung verständlich. Wir verdanken Prof. M. Lüscher das interessante Bild 65 und die Erlaubnis, seine persönliche Mitteilung dazu hier zu veröffentlichen.

»Eine Gruppe von ca. 200 Tieren von *Reticulitermes* war in dem Reagenzglas rechts untergebracht, das als Kunstnest diente. Das Glas stand in meinem Laboratorium. Zufällig stand daneben eine Flasche mir Korkstopfen. Während einer Nacht haben die Termiten den Kork des Reagenzglases durchfressen und die freien Galerien gebaut, wobei sie mit einer derselben den Kork der Flasche gefunden haben. Sie haben denselben auch angefressen. Dieses ungewollte Experiment war für mich faszinierend, weshalb ich es sogleich aufgenommen habe. Ich glaube, daß es beweist, daß die Termiten den Kork auf etwa 5 cm riechen können und daß sie den Galeriebau nach dem Geruch orientieren.«

Die Galerien der Termiten werden vielleicht dem experimentierenden Biologen einigermaßen verständlich werden. Aber die größten Probleme ihrer Baukunst liegen nicht hier, sondern bei den Hügelbauten und deren erstaunlicher Struk-

Bild 65 Galeriebau frei durch die Luft. Im Reagenzglas rechts war eine Kolonie von Reticulitermes untergebracht. Über Nacht durchfraßen die Tiere den Kork und bauten, neben mehreren Ansätzen, eine vollständige Galerie zu einem benachbarten Glas, dessen Kork sie anfraßen. Beobachtung von M. Lüscher, Bern, unveröffentlicht.

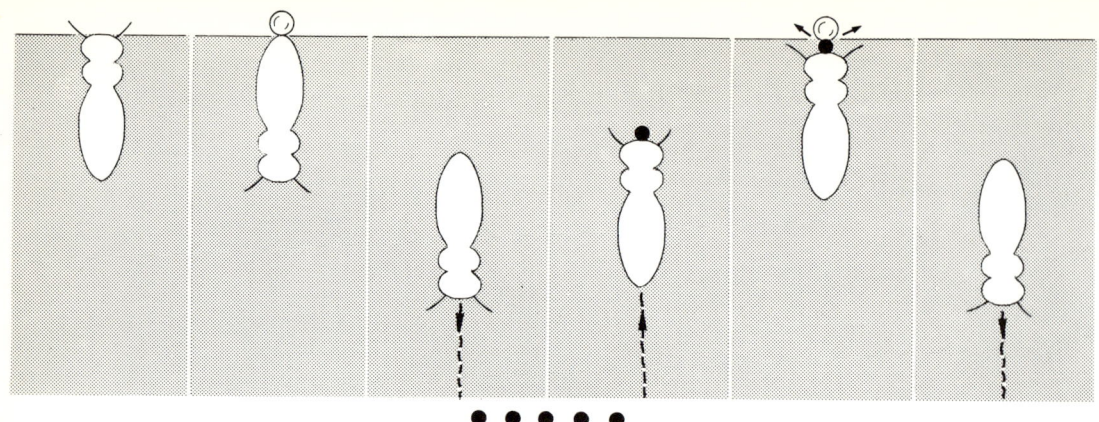

tur. Was man da von der Bauweise erkennen konnte, ist
wenig. Fig. 65 zeigt schematisch einen Arbeiter, der am
Bau einer Wand beteiligt ist. Er untersucht mit den Fühlern
den Platz, an dem er tätig ist. Darauf macht er eine Wendung
um 180° und setzt an der eben geprüften Stelle ein Kot-
tröpfchen ab. Dann nimmt er mit den Kiefern ein Erdkrümel
auf, dreht sich wieder um und drückt es in den erhärtenden
Kotballen. Nachdem er geprüft hat, ob das Teilchen fest
sitzt, wiederholt sich derselbe Vorgang mit dem nächsten
Baustein.

Fig. 66 zeigt eine Gruppe von Arbeitern bei der Herstellung eines Bogens. Ein Tier hat aus dem After soeben
ein Tröpfchen Kot abgegeben (Pfeil), andere Arbeiter setzen ein Erdkrümel oder Sandkörnchen ein, die durch den
Kot vermörtelt werden.

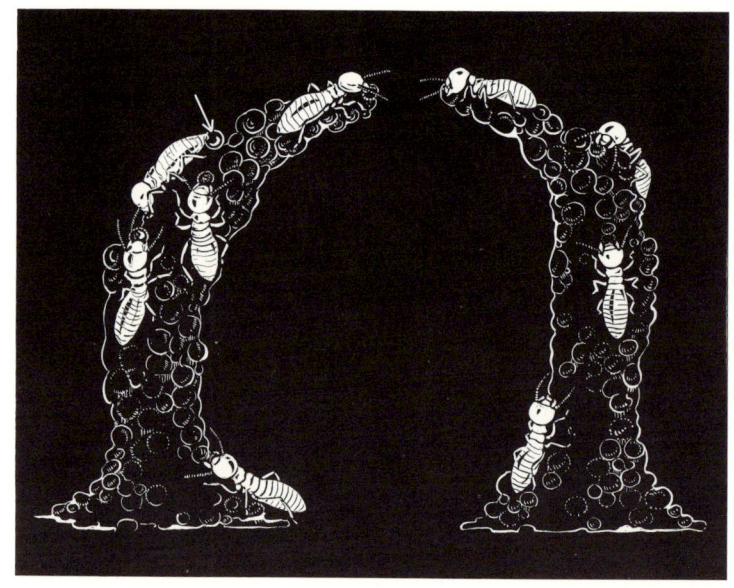

Es können in der Handlungskette Varianten auftreten, es kann auch Speichel zum Vermörteln verwendet werden, aber immer ist der Bauarbeiter in einem kleinen Bereich des Gesamtbaues beschäftigt und wiederholt hier in stereotyper Weise das Aneinanderfügen kleiner Teilchen. Begibt er sich an einen anderen Platz, so arbeitet er so weiter, wie es dort der gegenwärtige Bauzustand erfordert.

Nun stellen wir uns einmal vor, die Termitenarbeiter wären so groß wie Menschen. Dann würden ihre höchsten Hügel, im gleichen Ausmaß vergrößert, 1,5 Kilometer aufragen, viermal so hoch wie das Empire State Building in New York. Wie kommt es in einem so gewaltigen Bau zur planvollen Konstruktion des Ganzen? Zu den sinnreichen Lüftungsanlagen (Fig. 60, 61, Seite 148 bzw. 150) oder auch, in dem viel kleineren Nest von *Apicotermes* (Fig. 62, Seite 151), zur pedantisch herausmodellierten Außenhaut mit ihren Lüftungsschlitzen und zur Anlage der Wendeltreppe im Inneren? Wo sitzt der Bauleiter?

Man fragt sich, ob sich Termiten untereinander verständigen können. Das ist bestimmt der Fall. Sie können durch Geruchsspuren einen Weg markieren, der von Kameraden verfolgt wird, sie können auch Klopfzeichen geben, indem sie mit dem Kopf auf die Unterlage trommeln. Aber beide Arten der Kommunikation sind inhaltsarm. Die Geruchsspur kann zu einem Ziel führen, sie sagt aber nicht, was dort geschehen soll. Die Klopfzeichen sind Alarmsignale, durch welche die Arbeiter von den Soldaten oder von Arbeitskameraden zu schleuniger Flucht ins Innere ihres Bauwerks veranlaßt werden. Das Trommeln bewirkt Erschütterungen der Unterlage, die durch sehr empfindliche Sinnesorgane in den Beinen von anderen Tieren wahrgenommen werden. Sie bedeuten nur »Alarm«.

Das Gehirn der Insekten liegt, wie beim Menschen, im Kopf. Wenn auch der Bauplan anders ist als bei Wirbeltieren, so besteht doch Übereinstimmung darin, daß es bei den höherstehenden Formen komplizierter gestaltet und reicher an Nervenzellen ist als bei niederen. Bei den sozialen Insekten hat man schon lange vermutet, daß ein bestimmter Teil des Gehirns, die »pilzförmigen Körper«, den höheren geistigen Funktionen dienen, insbesondere der Bildung von Assoziationen: hier werden Informationen, die von den Sinnesorganen kommen, untereinander verknüpft und sind bestimmend für die Handlungen der Tiere. In neuerer Zeit haben elektrophysiologische Versuche diese Annahme bestätigt, und die Bedeutung der pilzförmigen Körper konnte näher erforscht werden. Bei Bienen, Wespen und Ameisen sind sie auffallend gut entwickelt. Man darf annehmen, daß ihre Lernfähigkeit und die reiche Gliederung ihrer Tätigkeiten damit zusammenhängen. Bei Termiten sind aber, nach Untersuchungen von Howse und Williams, diese Hirnteile sehr schwach entwickelt. Auch die Zahl der Nervenzellen ist bei Termiten, die komplizierte Bauten ausführen, nicht größer als bei primitiven Formen mit einfachen Nestern.

Man kann daher vermuten, daß bei Termiten individuelle Erfahrungen für die Ausführung der Bauten weniger maßgebend sind als bei Bienen und anderen Hymenopteren. Und doch beweisen die vollendeten Bauwerke, daß die Tätigkeit der Baumeister nach einem übergeordneten Bauplan geregelt ist und sich nach den Bedürfnissen der Gemeinschaft richtet. Wie das bei den blinden Arbeitern in der enormen Weite eines Millionenvolkes möglich ist, ahnen wir nicht. Man kann es mit gelehrten Worten umschreiben. Aber es scheint mir besser zu bekennen, daß wir es nicht begreifen. Hier ist, wie so oft in der Naturgeschichte, das Unbekannte mächtiger geblieben als der Forschergeist des Menschen.

II. Wirbeltiere

Zu den Wirbeltieren (Vertebraten) gehören fünf große und allgemein bekannte Klassen: Fische, Lurche, Kriechtiere, Vögel und Säugetiere. Von ihnen sind etwa 42000 heute noch lebende Arten beschrieben worden. Gliederfüßer aber kennt man mehr als 800000 Arten. Davon entfallen allein auf die Insekten 750000. Man wird sich nicht darüber wundern, daß sie dem forschenden Biologen mit mannigfaltigeren Bauwerken aufwarten können als die Wirbeltiere. Durch ihr Vielerlei haben sie unser Interesse erweckt.

Andererseits fühlen wir uns mit den Wirbeltieren näher verbunden als mit den Insekten. Wir selbst sind nach dem Bau unseres Körpers wie nach unserem gesamten Verhalten den Vertebraten zuzuordnen. Diese haben sich neben den Gliederfüßern als selbständiger Tierstamm entwickelt und viele Probleme des Lebens auf ganz andere Weise gelöst als jene. Nur Wirbeltiere brachten es zu jener Entwicklung des Gehirns, die schließlich beim Menschen zur Grundlage seiner geistigen und kulturellen Leistungen geworden ist. Er kann seine Bauwerke mit Vernunft und Überlegung so gestalten, wie es seinen Bedürfnissen und Wünschen entspricht.

Bei Insekten und Spinnen haben wir komplizierte, höchst zweckmäßige Bauten kennengelernt, die ohne vorangegangene Übung und Erfahrung als angeborene Instinkthandlungen perfekt ausgeführt werden können. Wie steht es damit im allgemeinen bei den Wirbeltieren? Viele Vögel sind in der Kunstfertigkeit ihres Schaffens mit den Leistungen von Insekten durchaus vergleichbar. Aber der Körper eines Insekts ist anders gebaut als der eines Wirbeltiers. Wer einer Biene »in die Augen schaut«, in ihre wunderbaren Sehwerkzeuge, deren zehntausend Einzeläuglein mit ihren Fazetten nach allen Seiten gerichtet sind, wird sich nicht in gleicher Weise angesprochen fühlen wie vom Blick eines Vogelauges. Nur dieses erscheint uns als Spiegel einer Seele wie der menschliche Blick. Leicht ist der naive Beobachter geneigt zu glauben, daß die Vögel ihre Nester mit Vernunft gestalten und betrachten. Und doch lassen sie sich dabei von ihren Instinkten leiten, wenn auch Lernvorgänge und individuelle Erfahrungen mit ins Spiel kommen. Unter den niederen Wirbeltieren, den Fischen, Lurchen und Kriechtieren, gibt es nur wenige Arten, die Bauwerke herstellen, und nichts deutet darauf hin, daß sie dabei mit Überlegung vorgehen.

1. Fische

Der Lachs als bescheidener Baumeister. Die meisten Menschen wissen von den bisher beschriebenen 20 000 verschiedenen Fischarten nur wenige zu nennen; am ehesten solche, die ihnen als Speisefische munden, etwa die Forelle oder den Lachs; dieser ist auch bei Sportfischern beliebt und überdies durch seine weiten Wanderungen berühmt geworden. Denn von der Stätte seiner Geburt in einem Fluß oder Bach zieht er nach einem oder wenigen Jahren stromabwärts bis ins Meer hinaus, wo er sich Hunderte, ja Tausende Kilometer von der Mündung entfernen kann. Herangemästet, kehrt er nach einigen Jahren in seinen Heimatstrom zurück und findet, aufwärts wandernd, mit erstaunlicher Sicherheit seinen Geburtsbach wieder. Er läßt sich von den bezeichnenden Gerüchen der Wasserläufe leiten, die sich in frühester Jugend beim Abwärtswandern tief in sein Gedächtnis eingeprägt haben.

Doch die Frage seiner Orientierung steht hier nicht zur Diskussion. Wenn er am Ziel angekommen ist, wählt der Lachs als Leichplatz meist einen Bach mit lebhafter Strömung und kiesigem Grund. Und nun zeigt sich, daß er ein Baumeister ist. Um korrekt zu sein, müßten wir sagen, daß sie eine Baumeisterin ist. Denn die Weibchen sind es, die durch kräftige Schläge mit dem Hinterkörper und Schwanz Gruben anlegen. Sie sind nur 10 bis 20 cm tief, aber 1 bis 2 m lang und verlaufen in der Richtung der Strömung. Die Männchen, die bei der Arbeit untätig zugesehen haben, nähern sich dann, und nach einem Liebesspiel entleeren sie ihren Samen über dem Boden der Grube gleichzeitig mit dem Ablaichen des Weibchens. Dieses bedeckt die Eier durch neuerliche Schwanzschläge mit Kies, so daß sie nicht fortgeschwemmt werden und der Sicht entzogen sind. Das Ablaichen wiederholt sich auf gleiche Weise an anderen Stellen im Laufe der folgenden Tage. Weiter kümmern sich die Eltern nicht um ihre Nachkommen. Solche Brutfürsorge ist wahrhaft primitiv. Immerhin finden die Eier und auch noch die Jungfische, solange sie an ihrem Dottersack zehren, in ihrem Kiesversteck so wirksamen Schutz, daß die Weibchen durch die Produktion von je 15 000 Eiern in der Laichperiode ihren Artbestand durch die Jahrtausende erhalten konnten. Der Karpfen, der seine Eier ungeschützt ablegt, erreicht den gleichen Erfolg erst mit etwa einer halben bis einer Million Eiern, und ein Kabeljau mit etwa 9 Millionen.

*Bild 66 Männlicher Paradiesfisch
unter seinem Schaumnest. Das Tier
im Hintergrund ist das Weibchen.
(Zu Seite 165, 166)*

*Bild 67 Kampffische. Das Pärchen
unter dem Schaumnest. Das Weibchen
stößt das Männchen in die Flanke und
gibt ihm dadurch seine Bereitwilligkeit
bekannt. (Zu Seite 167)*

*Bild 68 a Stichlingsmännchen
beim Nestbau.*

*Bild 68 b Der Stichling schwimmt dicht
über das entstehende Nest und verklebt die Bestandteile mit einer Absonderung aus seinen Nieren.
(Zu Seite 169, 170)*

Bild 69 Eine Seeschildkröte (die Leder-
schildkröte Dermochelys coriacea) bei
der Eiablage auf einem tropischen
Sandstrand. (Zu Seite 178)

Bild 70 (links) Der Bruthügel des australischen Buschhuhns (siehe Seite 186)
mit einer Breite von 4 m und einer Höhe
von 1,5 m. Ein stattliches Werk für den
Vogel, der nicht größer ist als ein großes
Haushuhn. (Zu Seite 185)

Bild 71 (oben) Ein Küken des Buschhuhnes ist geschlüpft und hat sich durch
den Bruthaufen bis an die Oberfläche
emporgearbeitet. Dann läuft es völlig
selbständig davon, ohne seine Eltern
kennenzulernen. (Zu Seite 186)

162

Bild 72 Die »Thermometerhühner«
(Leipoa ocellata) bergen in der trockenen Buschsteppe Australiens den spär-
lichen Kompost unter einem hohen
Sandhaufen. Das Männchen hat ihn soeben bis zur Tiefe der Eier aufgegraben
und prüft mit dem Schnabel die Temperatur. Das Weibchen steht abwartend
oben, um ein weiteres Ei in die Grube
zu legen, wenn beide Partner die Wärme
richtig finden. (Zu Seite 187)

Bild 73 Nest des Flußregenpfeifers. Durch ihre Färbung sind die Eier in der flachen Kiesmulde hervorragend getarnt. (Zu Seite 193)

Bild 74a Brütende Eiderente.

Bild 74b Nest der Eiderente, mit ihren Daunenfedern gepolstert. (Zu Seite 193)

164

Die Zahl der Lachse ist erst in den letzten hundert Jahren durch die zunehmende Verbauung und Verschmutzung der Gewässer in weiten Gebieten katastrophal zurückgegangen. Gegenüber den Eingriffen des Menschen, der so schnell, gründlich und unvernünftig die Lebensbedingungen auf unserer Erde verändert, bleibt die Natur machtlos.

Die Schaumnester der Labyrinthfische. Die steinigen Laichgruben der Lachse bilden ein hartes Kindsbett am Bachboden. Man kann sich kaum einen größeren Gegensatz denken als die Schaumnester der Labyrinthfische an der Oberfläche stiller Gewässer, die sie als Herbergen für ihre Brut schaffen. Die Tropen und Subtropen der alten Welt bilden die Heimat dieser eigenartigen Fischfamilie. Sie liegt für die meisten Aquarienfreunde ein bißchen weit weg, aber der Paradiesfisch oder Großflosser *(Macropodus opercularis)* gelangte bereits vor mehr als 100 Jahren als erster tropischer Aquarienfisch aus Indochina nach Europa. Da er verhältnismäßig leicht zu halten ist und bei genügender Wärme auch in kleinen Becken sein Nest baut und sich fortpflanzt, war dieser bunte Fisch bald ein verbreiteter Liebling der Züchter. Heute, wo die schnelle Beförderung durch Flugzeuge auch den Import empfindlicherer Arten erlaubt, ist er durch andere farbenprächtige Formen, so durch die ihm nahe verwandten Kampffische etwas in den Hintergrund gedrängt worden.

Der Name Labyrinthfisch deutet auf eine Eigentümlichkeit dieser Fischfamilie hin, die mit ihrem Nestbau in engem Zusammenhang steht. Unter dem Kiemendeckel befinden sich bei allen Fischen die Kiemenbogen mit den Kiemenblättchen zur Aufnahme von Sauerstoff aus dem Wasser. Labyrinthfische besitzen im oberen Teil der Kiemenhöhle ein zusätzliches, mit Luft gefülltes Atmungsorgan: durch vorspringende Knochenlamellen, die von reich durchbluteter Schleimhaut überzogen sind, ist dieser Raum labyrinthartig in Fächer geteilt, so daß eine große Oberfläche zur Verfügung steht, um Sauerstoff direkt aus der Luft aufzunehmen. Durch häufiges Luftschnappen erneuern die Tiere immer wieder die verbrauchte Atemluft. Nur diese Hilfseinrichtung macht ihnen das Leben in den extrem sauerstoffarmen Gewässern möglich, in denen sie so häufig zu finden sind und aufs beste gedeihen. Wenn die Laichzeit kommt, sucht sich jedes Männchen an der Oberfläche seines Gewässers einen Platz für sein Nest. Im Gegensatz zum Lachs ist hier das Männchen der aktive Partner. Seine Farben werden lebhafter, und es kann sie bei psychischer Erregung in prächtigem Glanz strahlen lassen. Häufiger, als es für die Atmung erforderlich wäre, schnappt es jetzt nach Luft und spuckt sie im Wasser wieder aus. Dadurch sammeln sich an der Oberfläche immer mehr Luftbläschen und bilden schließlich einen Schaumballen, der an Schwimmblättern oder Stengeln von Wasserpflanzen Halt findet (Fig. 67 und Bild 66, Seite 161). Wenn diese Fische außerhalb der Fortpflanzungszeit Luft schnappen und die verbrauchte Atemluft ausstoßen, zerplatzen die Gasbläschen bald, so wie andere Luftblasen an der Wasseroberfläche. Jetzt aber bleiben sie auffallend lange bestehen. Das kommt daher, daß vor Beginn der Laichzeit unter dem Einfluß eines Hormons die Zahl der Schleimzellen in der Mundhöhle, und hiermit die Schleimabsonderung stark zunimmt. Die aufgenommenen Luftblasen werden in der Mundhöhle mit dem Schleim vermischt. Den Schleimhüllen verdanken die Bläschen ihre große Beständigkeit.

Die Tätigkeit der Männchen bleibt den Weibchen nicht verborgen. Ab und zu kommt eines heran, aber der Revierbesitzer ist zunächst derart aggressiv gestimmt, daß er auch das Weibchen davonjagt. Mit der Vollendung des Schaumnestes legt sich diese abweisende Haltung, endlich wird das eindringende Weibchen geduldet, und es kommt unter dem Nest zur Paarung. Das Männchen umfaßt das Weibchen mit U-förmig gekrümmtem Körper von unten, so daß es mit Mund und Schwanz zugleich den Rücken der Partnerin berührt, und beide stoßen ihre Geschlechtsprodukte aus. Die Eier enthalten im Dotter je eine große Ölkugel und sind

Fig. 67 Paradiesfisch (Macropodus opercularis) beim Bau seines Schaumnestes.

daher spezifisch leichter als Wasser. Sie steigen von selbst ins Schaumnest auf. Abtreibende Eier werden vom Männchen aufgeschnappt und ins Nest gespuckt. Der Vorgang kann sich noch mehrmals wiederholen. Aber nach Beendigung der Laichabgabe wird das Weibchen nicht länger beim Nest geduldet. Das Männchen allein bewacht es, hält es instand und ergänzt den Schaum. Auch nach dem Schlüpfen der Jungfischchen behütet sie der Vater in ihren ersten Lebenstagen. Wenn sie sich vorwitzig entfernen, schnappt er sie auf und spuckt sie ins Nest zurück. Doch ist sein Hütetrieb nicht von langer Dauer. Die Jugend zerstreut sich, und der Schaum vergeht.

Ihrer Farbenpracht bei der Verteidigung des Reviers und bei der Paarung verdanken die Paradiesfische ihre Beliebtheit bei den Aquarienfreunden. In ihrer Streitbarkeit und der Heftigkeit der Rivalenkämpfe werden sie von einer anderen Gruppe der Labyrinthfische noch übertroffen: von den schon erwähnten Kampffischen. Einer der schönsten, *Betta splendens,* ist zu einem verbreiteten Zierfisch geworden. Es gibt etwa ein Dutzend verschiedene Arten dieser Gattung in Thailand und auf den indonesischen Inseln. Die Mehrzahl von ihnen baut Schaumnester (Bild 67, Seite 161). Da sich die Färbung dieser Tiere bei den Rivalenkämpfen zu märchenhafter Pracht steigert, ist es in Thailand alter Brauch, zwei Männchen in einem Behälter zusammenzusetzen, worauf alsbald der Kampf entbrennt. Wetten werden von den Besitzern abgeschlossen, wessen Fisch den anderen besiegt und umbringt. Im engen Behälter kann ja der unterliegende nicht durch Flucht sein Leben retten, wie er es im Freiland täte. Schaulustige sammeln sich an und ergötzen sich an der Farbenpracht und am Streit. So sind ja die Menschen: ob Fische, ob Kampfhähne, ob Stier gegen Matador in der Arena – je höherstehend die Wesen sind, die sie einander zerfleischen lassen, desto größer die Begeisterung an dem grausamen Schauspiel.

Das Obdach der Meergrundel. Auf völlig andere Art als ein Labyrinthfisch baut die Meergrundel *(Gobius minutus)* ihr Nest. Sie lebt wie die meisten Grundeln (Familie *Gobiidae*) am Boden der Gewässer, wo sie auf ihren Brust- und Bauchflossen ruht oder stoßweise umherschwimmt. Es sind aufgeweckte Fischchen, die aufmerksam mit ihren großen Augen beobachten, was um sie vorgeht. An der französischen Küste fand man im seichten Strandbereich die Nester. Auch hier ist das Männchen der Baumeister. Er sucht eine leere Schalenhälfte von einer Muschel, etwa einer Herzmuschel *(Cardium edule)* oder eine solche

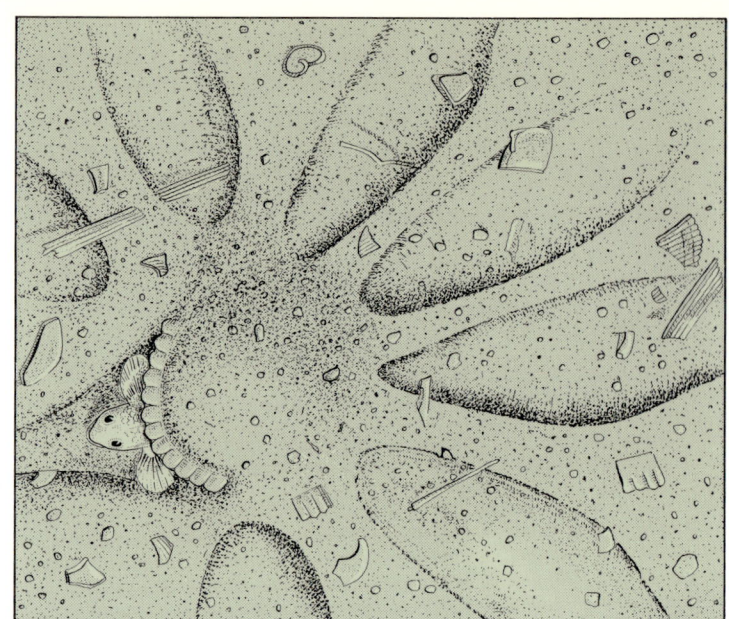

Fig. 68 Meergrundel (Gobius minu-tus) unter seiner mit Sand bedeck-ten Muschelschale. Eine Rinne führt zum Nesteingang. Aus den stern-förmig verlaufenden Mulden hat der Fisch mit seinen Brust-flossen Sand auf die Muschelschale geschaufelt. Nur noch der Schalen-rand ist sichtbar.

von ähnlicher Form. Liegt sie mit der Höhlung nach oben, so wird sie mit dem Maul gepackt und umgedreht. Unter der Schale nimmt der Fisch mit dem Maul Sand auf und trägt ihn fort. Aus der Umgebung schaufelt er, auf dem Boden liegend, mit den Brustflossen Sand über die Muschel und läßt als Zugang nur eine tiefe Rinne, die er mit seinem klebrigen Hautschleim verfestigt (Fig. 68). Dann führt er ein Weibchen ans Nest und zeigt ihm den Eingang. Das Weibchen schlüpft hinein, dreht sich auf den Rücken und legt seine Eier an die Decke des Heimes, wo sie an der Innenseite der Muschel festkleben. Das Männchen bewacht die Eier bis zum Schlüpfen der Jungfischchen, die das Weite suchen und zunächst im freien Wasser leben.

Den männlichen Paradiesfischen, Kampffischen und Meergrundeln wird man zugestehen, daß sie ihre Nester wachsam behüten und energisch verteidigen. Ihre Bauweise aber ist einfach. Daß manche Fische auch mehr leisten können, zeigen uns die Stichlinge. Sie verdanken ihren Namen den Stacheln vor ihrer Rückenflosse. Diese scharfen Spieße können sie aufrichten und in einem Sperrgelenk einschnappen lassen. Sie bilden einen vortrefflichen Schutz, denn selbst Raubfische von beträchtlicher Größe hüten sich, einen so sperrigen Bissen in den Schlund zu bekommen.

Nestbau bei Stichlingen und Lippfischen. Stichlinge bewohnen in mehreren Arten das Süßwasser wie auch Brackwasser und küstennahe Meeresteile der nördlichen Halbkugel. Berühmt wurden sie, als 1844 der französischen Akademie der Wissenschaften Beobachtungen über ihren Nestbau vorgelegt wurden. Die Gelehrten waren nicht wenig erstaunt zu erfahren, daß gewisse Fische im Wasser Nester bauen, die ähnlich konstruiert sind wie viele Vogelnester in den Zweigen der Bäume, und daß auch in diesen Fischnestern die Weibchen ihre Eier ablegen.

Wir greifen als Beispiel den dreistachligen Stichling heraus *(Gasterosteus aculeatus)*. Er ist im Osten von Nordamerika und in Europa weit verbreitet. Wenn mit dem Frühjahr die Zeit der Fortpflanzung kommt, zieht er in Scharen aus größerer Tiefe in seichte Gebiete. Das Männchen legt ein prächtiges Hochzeitskleid an, mit leuchtend roter Kehle und Brust. Es sondert sich aus dem Schwarm. Jedes für sich sucht einen passenden Platz, meist mit flachem Sand- oder Kiesgrund, aber mit einem Bestand an Wasserpflanzen. Der gewählte Platz wird, wie wir es schon von anderen Revierbesitzern kennen, mit Leidenschaft verteidigt. Der Nestbau beginnt damit, daß das Männchen am Boden eine Grube aushebt. Dann sammelt es Pflanzenmaterial, das es vom Boden aufliest oder abbeißt (Fig. 69 und Bild 68a, Seite 161). Es können Algenfäden sein, auch Blätter von Wasserpflanzen. Wurzelstücke und dergleichen. Es bleibt aber nicht beim Zusammentragen eines losen Haufens. Während das Männchen wiederholt langsam über ihm hinschwimmt, leimt es das Material mit einer Absonderung zu-

Fig. 69 Stichling beim Nestbau.

sammen, die aus den Nieren stammt (Bild 68b). Der etwa walnußgroße Haufen erhält dadurch eine gewisse Festigkeit. Er verträgt es, wenn der Fisch nun mit seiner Schnauze hineinstößt und eine Öffnung bohrt. Später wird ein zweites Loch an der gegenüberliegenden Seite hergestellt. Der Innenraum ist durch Aufwölben der Decke gebildet worden. Ist alles soweit, dann braucht das Männchen in der Regel nicht lange zu suchen, um ein williges Weibchen zu finden. Wie dieses dann durch eigenartige, auffällige Schwimmbewegungen des Männchens zum Nesteingang geleitet wird, wie es durch eine hinweisende Gebärde veranlaßt wird hineinzuschlüpfen und schließlich durch hämmernde Schnauzenstöße des Gemahls gegen den noch herausragenden Schwanz die Eiablage ausgelöst wird, ist von N. Tinbergen in allen Einzelheiten studiert worden. Es ist ein gutes Beispiel dafür, wie jeweils ein bestimmtes Verhalten des einen Partners eine bestimmte Reaktion des anderen auslöst und sich aus einer Kette von »Schlüsselreizen«, die abwechselnd vom Männchen und Weibchen ausgehen, die ganze Instinkthandlung aufbaut. Zuletzt folgt auf das Hinausschlüpfen des Weibchens durch das zweite Loch das Hineinschlüpfen des Männchen durch das erste und die Besamung der Eier. Es können nachher noch weitere Weibchen zur Ablage der Eier im gleichen Nest veranlaßt werden, bis mehrere hundert darin vereinigt sind. Dann aber bleibt das Männchen allein zurück und treibt eine Brutpflege, wie sie uns bisher bei den Fischen noch nicht begegnet ist. Es vertreibt jedes Weibchen, jeden Rivalen und jedes andere Geschöpf, das sich bedrohlich nähert. Es stellt sich vor den Eingang und wedelt den Eiern mit den Brustflossen frisches Wasser zu. Herrscht Not an Sauerstoff, so stößt es weitere Öffnungen in die Nestwand und sorgt durch diese Fenster für ausreichende Ventilation. Wo das Nest gelitten hat, wird es repariert. Nach etwa einer Woche schlüpfen die Jungfischchen. Bald darauf verlassen sie das Nest, bleiben aber, vom Vater bewacht, zu einem Schwarm vereint in der Nähe des Heimes. Will eines ausbrechen, so wird es aufgeschnappt und in den Schwarm zurückgespuckt. Nach einigen Wochen erlischt der väterliche Hütetrieb, die Jugend schließt sich zu größeren Schwärmen zusammen und geht ihre eigenen Wege.

Stichlinge sind die bekanntesten, aber nicht die einzigen Fische, die ihre Nester nach Art der Vögel bauen. So ist unter den Lippfischen *(Labridae),* die in zahlreichen Arten in allen Meeren verbreitet sind, die im Mittelmeer heimische Art *Crenilabrus ocellatus* als Baumeister bekannt geworden. Nahe der Küste errichtet das Männchen am Boden aus grünen Algenfäden einen napfförmigen Bau von der Ge-

stalt eines Amselnestes. Die Algen sammelt es in der Umgebung, trägt sie Bündel für Bündel mit dem Maul zum
Nestplatz und stößt sie so in den schon vorhandenen Haufen,
daß sie einigermaßen halten (Fig. 70). Das Weibchen legt
seine Eier einzeln an die Algenfäden, wo sie sofort vom
Männchen befruchtet werden. Dieses bedeckt sie mit weiteren Algenfäden, neue Eier kommen hinzu und liegen
schließlich wie Rosinen im schüsselförmigen Algenkuchen,
wo sie noch längere Zeit vom Vater bewacht und verteidigt werden. Das ist sehr notwendig, denn andere Fische
und vor allem die eigenen Artgenossen sind ihnen als
lüsterne Laichräuber gefährlich.

Zu Ehren des weiblichen Geschlechts muß betont werden,
daß es nicht immer die Männchen sind, welche die Nester
bauen und die Brut beschützen. Gewisse Buntbarsche
(Cichliden), die als tropische Süßwasserfische aus Südamerika und Afrika heute in vielen Liebhaberaquarien zu
finden sind, heben für ihre Brut am Boden der Gewässer
Gruben aus. Bei manchen Arten sind die Weibchen die
Hersteller der Gruben und Verteidiger der Eier und frisch
geschlüpften Fischchen, bei anderen allerdings auch hier die
Männchen oder beide Geschlechter gemeinsam.

Der Brunnenbauer. Bewohner tropischer Meere sind auch
die den Buntbarschen nahestehenden Kieferfische (Familie:
Opisthognathidae). Unter ihnen gibt es Arten, die mehr
schaffen als einen zeitweiligen Brutraum. Sie bauen sich

Fig. 71 »Brunnenbauer« in seiner Wohnröhre, die er mit Steinchen, Schnecken- und Muschelschalen ausgemauert hat.

eine richtige Wohnung. So kennt man von den Küsten Vorder- und Hinterindiens einen Kieferfisch, der die Uferzonen bewohnt und im Sand oder Schlick des Grundes eine Röhre ausschachtet. Sie kann bis zu einem Meter tief sein. Für solche Arbeit sind die Tiere gut ausgerüstet, da sie eine große Mundöffnung und verlängerte Kieferknochen besitzen, so daß sie ihr Maul weit aufreißen können. Die Art, von der hier die Rede ist, hat den wissenschaftlichen Namen *Gnathypops rosenbergi*. Leichter merkt man sich ihre volkstümliche Bezeichnung »Brunnenbauer«. Bei der Herstellung des Schachtes faßt der Fisch in jedem Arbeitsgang eine ansehnliche Ladung des Bodengrundes ins Maul und schafft sie hinaus, ein lebender Bagger! Im unteren Teil wird die Röhre zu einem größeren Raum erweitert, im oberen Teil aber werden Muschel- und Schneckenschalen, Korallenstückchen oder Steinchen in die Wand gedrückt, so daß der Eingang nach Art eines Brunnenschachtes ausgemauert ist (Fig. 71). Hier wartet dann der Wohnungsinhaber auf Beute, die zu schnappen sein großes Maul nicht weniger gut geeignet ist als zum Ausschachten des Bodens. Ist er ungestört, so wagt er sich mit dem Kopf mehr oder weniger weit hervor, kommt zuweilen auch ganz heraus und lauert, still stehend, im freien Wasser auf einen Bissen. Aber bei der geringsten Gefahr zieht er sich, den Schwanz voran, in die Wohnung zurück, und wenn es drohend aussieht, stürzt er sich kopfüber in die Höhle. Es ist verständlich, daß das schützende Heim gegenüber Feinden, aber auch gegenüber Artgenossen mit Heftigkeit verteidigt wird.

Maulbrüter. Obwohl es mit Wohnungsbau nichts zu tun hat, soll nicht verschwiegen werden, daß andere Arten von Kieferfischen wie auch viele Arten der Buntbarsche für ihre große Rachenhöhle eine weitere Verwendungsmöglichkeit gefunden haben und zu »Maulbrütern« geworden sind. Die Männchen, in anderen Fällen die Weibchen schnappen die abgelegten Eier sogleich auf und behalten späterhin auch noch die geschlüpften Jungfischchen im Maul. Obwohl das eine mehrwöchentliche Fastenzeit bedingt, dominiert der Trieb der Fürsorge über die Versuchung, die Brut hinunterzuschlucken, wie es die meisten Fische bei gebotener Gelegenheit hemmungslos machen. Das Wohnungsproblem für die Jugend ist auf originelle Weise und nicht schlecht gelöst.

2. Lurche

Die wissenschaftliche Bezeichnung der Lurche als »Amphibien« deutet auf ihre Doppellebigkeit hin (griechisch amphi = zu beiden Seiten, Bios = Leben): sie sind in der stammesgeschichtlichen Entwicklung von Wasserbewohnern zu Landbewohnern geworden, ohne daß sie sich ganz vom Wasser trennen konnten. Zur Ablage der Eier pflegen sie Tümpel oder Bäche aufzusuchen, wo die zarthäutigen Larven ihre Jugendentwicklung durchmachen. Erst mit der Verwandlung der Salamanderlarve zum Salamander oder der Kaulquappe zum Frosch verschwinden die Kiemen, die Lungen haben sich entwickelt und übernehmen die Funktion der Atemorgane. Zugleich ist die Körperhaut derber geworden und macht den Aufenthalt auf dem Trockenen möglich.

Die meisten Lurche sind sorglose Eltern. Sie legen zahlreiche Eier ab und überlassen sie ihrem Schicksal. Bei einigen Arten wird die Brut vom Vater oder von der Mutter bewacht. Aber nur selten findet man Schutzbauten. Wenige Beispiele genügen zur Kennzeichnung ihrer einfachen Architektonik.

Schaumnester. Verhältnismäßig häufig kommen Schaumnester bei Fröschen vor. Man trifft sie hauptsächlich in den Tropen, zum Beispiel beim afrikanischen Baumfrosch *(Chiromontis xerampelina)*, beim javanischen Flugfrosch *(Rhacophorus reinwardti)* und in Westchina beim Omai-Ruderfrosch *(Rhacophorus omaimontis)*, so genannt nach seiner Heimat, dem Berg Omai. Wahrscheinlich haben verschiedene Froscharten in den weit getrennten Gebieten unabhängig die gleiche »Erfindung« gemacht. Mit Sicherheit kann man sagen, daß ihre Entstehung nichts mit den Schaumnestern der Labyrinthfische und der Schaumzikaden zu tun hat. Denn Frösche, Labyrinthfische und Zikaden können diesen Nestbau weder von gemeinsamen Vorfahren ererbt, noch einander abgeguckt haben. Überdies haben sie das Problem, den Schaum herzustellen, auf ganz verschiedene Weise gelöst: die Zikadenlarven lassen die ausgeatmete Luft aus den Tracheen als kleine Bläschen in eine zähflüssige Absonderung eintreten und bauen so um ihren Körper eine Schaumhülle auf (vgl. Seite 58 und Bild 25, Seite 48). Die Labyrinthfische schnappen Luft an der Wasseroberfläche und spucken sie unter Wasser aus, nachdem sie durch Einschleimen ihre Beständigkeit gesichert haben. Und wie machen es die Frösche?

Sie kommen einer richtigen Schaumschlägerei am nächsten. Bei der Paarung des Javaflugfrosches setzt sich das Männchen, wie das bei Fröschen üblich ist, auf den Rücken des Weibchens und hält es mit den Vorderbeinen umfangen (Fig. 72). Das Pärchen sucht am Ufer eines Gewässers ein

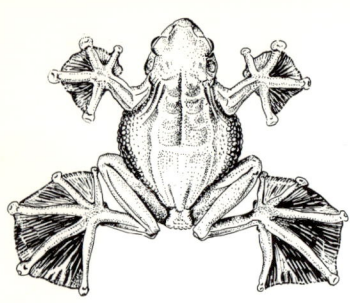

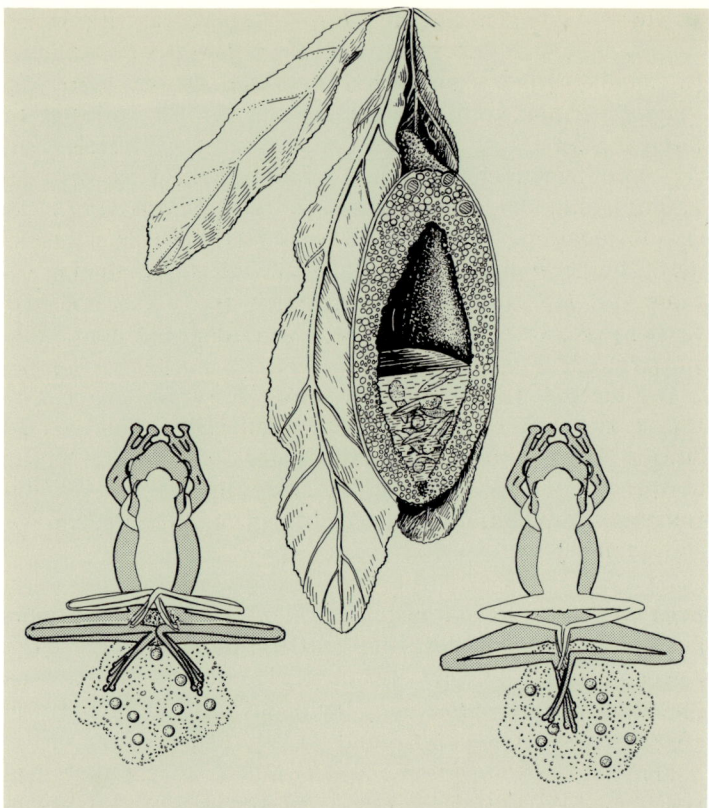

Fig. 72 Oben: Javaflugfrosch. Rechts: sein Schaumnest, vier Tage nach der Eiablage. Der Schaum hat sich zum Teil verflüssigt. So ist ein Miniaturaquarium entstanden, in dem die Kaulquappen leben. Unten: Pärchen während der Eiablage. Das Männchen ist weiß dargestellt.

größeres Blatt auf oder setzt sich zwischen einige kleinere Blätter. Dann beginnt das Weibchen ein Ei nach dem anderen abzulegen, und das Männchen besamt sie. Mit den Eiern wird eine schleimige Flüssigkeit ausgeschieden. Beide Tiere halten ihre Hinterbeine eingewinkelt über dem Rücken und machen gleich nach jeder Eiablage einige Strampelbewegungen, wobei sie die Füße zusammenschlagen und in den Schleim tauchen (Fig. 72, unten). Dann folgt eine Pause bis zum Erscheinen des nächsten Eies. Nach 30 bis 60 Minuten liegen 60 bis 90 Eier in einem Schaumklumpen, der einen Durchmesser von 5 bis 7 cm hat. Das Weibchen drückt nun die Blätter gegen den Schaumballen, der oberflächlich erhärtet und so angeleimt wird. Weiter kümmern sich die Eltern nicht um ihre Brut. Während der Embryonalentwicklung verflüssigt sich der Schaum teilweise, so daß den Kaulquappen nach dem Schlüpfen noch für einige Tage ein geschütztes Miniaturaquarium zur Verfügung steht (Fig. 72, rechts). Hier leben sie von ihrem reichen Dottervorrat, bis ein Tropenregen die Außenhülle des Schaumnestes erweicht und die Einwohner ins Wasser schwemmt.

Auch das Weibchen des erwähnten afrikanischen Baumfrosches sucht einen Laichplatz in niedrigem Gebüsch und bereitet ein Schaumnest über dem Wasser. Es wird zwar nicht so sorgsam durch eine Blatthülle geschützt, doch ist die Mutter in anderer Weise fürsorglich: sie behütet das Nest und sorgt dafür, daß es nicht eintrocknet. Unterläßt sie das, so wird die Oberfläche bald fest und unter der Tropensonne nach einer Weile so hart, daß die Kaulquappen nicht mehr herauskommen. Das ist unweigerlich ihr Schicksal, wenn man die Mutter wegfängt. Sonst aber bewirkt diese in recht eigenartiger Weise, daß die Oberfläche des Schaumballens genügend feucht bleibt. Sie klettert von Zeit zu Zeit in den nahen Tümpel hinunter, wo sie durch ihre Körperhaut ziemlich rasch Flüssigkeit aufnimmt. Hernach setzt sie sich wieder auf das Schaumnest und befeuchtet es mit ihrem Urin. Meistens wählen die Baumfrösche für ihr Brutgeschäft Blätter oder Zweige in geringer Höhe über einem Tümpel. Wenn später der Schaum vergeht, fallen die Kaulquappen ins Wasser und setzen dort ihre Entwicklung fort.

Ähnlich liegen die Dinge bei einigen anderen Flugfröschen. Um ein Mißverständnis zu vermeiden sei gesagt, daß diese Frösche nicht fliegen können wie die Vögel. Aber beim Absprung spreizen sie ihre langen Zehen, zwischen denen sich eine zarte Schwimmhaut spannt. Dadurch wirken die Füße wie Fallschirme, und der Gleitflug schräg nach unten kann das kleine Tier über eine Distanz von mehreren Metern zu einem anderen Ast oder zu Boden bringen.

Ein Laubfrosch baut einen Lehmkrater. Besser als auf die Fabrikanten der Schaumnester paßt die Bezeichnung Baumeister auf einen Laubfrosch *(Hyla faber),* der in Argentinien und Brasilien zu Hause ist. Er ist mit dem mitteleuropäischen Laubfrosch nahe verwandt. Von den Brasilianern wird er »Schmied« genannt. Denn sein Quaken klingt so, als würde man langsam und regelmäßig gegen eine Kupferplatte hämmern. Diese Frösche leben in den Baumkronen, suchen aber zur Laichzeit flache Gewässer auf, in denen sie kraterförmige Nester anlegen (Fig. 73). Beim Schmied ist diese Arbeit die Sache des Männchens. In einer Bucht wird ein kreisrunder Ringwall aus Lehm errichtet, der etwa 30 cm im Durchmesser hat und im fertigen Zustand etwa 10 cm über den Wasserspiegel ragt. Das Männchen benimmt sich dabei als richtiger Handwerker, indem es mit seinen Händen ein Klümpchen Lehm nach dem anderen vom Boden emporhebt und dar-

Fig. 73 Der brasilianische Laubfrosch Hyla faber baut in flachem Wasser ein kraterförmiges Lehmnest. Im Krater rechts ein Pärchen während der Eiablage.

aus den Krater formt. Dieser wird besonders an der Innenseite sorgsam geglättet. Dabei benützt der Frosch seine großen Hände mit den breiten Endgliedern der Zehen wie ein Maurer seine Kelle beim Verstreichen des Mörtels. Die Arbeit kann zwei Tage und länger dauern. Dann sitzt das Männchen im Nest und ruft besonders nachts mit seiner gewaltigen Stimme nach einem Weibchen. Hat sich ein solches eingefunden, so kommt es im Inneren des Ringwalles zur Ablage und Besamung der Eier. Weiter achten die Eltern nicht mehr auf ihre Nachkommen. Die Kaulquappen sind in ihrer Kinderstube vor den Nachstellungen der Fische und anderer Wasserbewohner recht gut geschützt, andererseits aber nicht allzu gut mit Nahrung versorgt. Für die erste Jugendzeit ist der Schutzwall wichtiger.

Der junge Nasenfrosch wohnt im väterlichen Kehlsack. Ich kann der Versuchung nicht widerstehen, auch hier wieder mit einem kleinen Seitensprung zu schließen und auf eine erstaunliche Parallele hinzuweisen. Ähnlich wie bei Kieferfischen und Buntbarschen gibt es auch bei Fröschen so etwas wie Maulbrüter. In Chile lebt der Nasenfrosch *(Rhinoderma darwini)*. Sein wissenschaftlicher Name erinnert daran, daß Charles Darwin dieses originelle Tier bei seiner Weltumseglung entdeckt hat. Das Weibchen legt etwa 30 sehr große, dotterreiche Eier ab, bei denen zwei oder drei Männchen sitzen bleiben und Wache halten. Sie haben Ausdauer. Erst nach 2 bis 3 Wochen sind die Embryonen so weit entwickelt, daß Bewegungen an ihnen durch die Eihülle sichtbar werden. Jetzt nimmt jedes Männchen im Zeitraum von einigen Tagen eine Anzahl der Eier mit seiner Zunge auf. Das Überraschende ist deren weiteres Schicksal. Weder werden sie in den Magen hinuntergeschluckt, noch im Rachen behalten, sondern nach unten in den Kehlsack gedrückt. Das ist eine tiefe Hauttasche, die vorne in der Mundhöhle entspringt, beim Quaken eines Laubfrosches ballonartig hervortritt und als Resonanzapparat den Schall verstärkt. Diese Schallblase dehnt sich beim Darwinfrosch stark nach hinten und seitlich aus. Das ist wohl die eigenartigste Kinderstube der Tierwelt. Sie braucht vom Vater Frosch nicht gebaut zu werden, sie ist ihm von der Natur geschenkt. Hier leben die Kaulquappen und ernähren sich von ihrem eigenen, reichen Dottervorrat. Überdies können sie Sauerstoff und vielleicht auch Nahrung durch ihren großen, reich durchbluteten und zarthäutigen Schwanz vom väterlichen Gastgeber übernehmen. Nach vollendeter Verwandlung und Rückbildung des Schwanzes verlassen die Kleinen als fertige Fröschchen das Quartier durch den Mund des Vaters, durch den sie als Eier hineingekommen waren.

Sehr klar ist auch bei Fröschen zu erkennen, daß eine Sicherung der Jugendzeit zu einer Verminderung der Zahl der Eier führt. Der Darwinfrosch legt 20 bis 30 Eier, der Wasserfrosch aber *(Rana esculenta)*, der mit der Ablage und Besamung der Eier alle elterlichen Pflichten erfüllt hat, deren etwa 10000.

3. Kriechtiere

Wenn wir uns an Echsen, Schlangen, Schildkröten und Krokodile erinnern, so haben wir einen Überblick über die ziemlich vielgestaltigen Tiere, die von den Zoologen als Reptilien zusammengefaßt werden. Im Gegensatz zu den Lurchen, deren Leben noch an das Wasser oder doch an eine feuchte Umgebung gebunden ist, sind sie durch ihre stärker verhornte Haut vor Austrocknung geschützt und für den Aufenthalt auf trockenem Land gewappnet. Seit der Jura- und Kreidezeit sind allerdings viele Schildkröten und die Krokodile sekundär wieder zu ihrer alten Heimat, dem Wasser, zurückgekehrt.

Ob sie nun das Wasser oder das Land bewohnen – als Baumeister tun sich die Kriechtiere noch weniger hervor als Fische und Lurche. Manche Arten bewachen ihre Eier, manche legen sie in vorgefundenen oder von ihnen selbst gegrabenen Höhlen ab. Bei den Seeschildkröten kommt es sogar zu einem gewaltigen Aufwand im Interesse der Brut: die Eltern schwimmen aus großen Entfernungen durch die Weiten des Ozeans zu einem bestimmten, schon von ihren Vorfahren immer wieder besuchten Strand, den sie auf rätselhafte Weise wiederzufinden wissen. Dort schleppt das Weibchen seinen schweren Körper die schräge Sandfläche hinauf, bis es außerhalb der Gezeitenzone ist und gräbt in harter Arbeit eine Grube. Als Schaufeln benützt es seine zu Schwimmflossen gestalteten Beine (Bild 69, Seite 162). Nachdem es die Eier in der Grube abgelegt hat, schaufelt es das Loch wieder zu und glättet sorgsam die Oberfläche. Das ist alles. Die Eltern kehren ins Meer zurück und überlassen die Brut ihrem Schicksal. Die kleinen Schildkrötenkinder müssen sich nach dem Schlüpfen selbst herausarbeiten und streben schleunigst nach dem Wasser. Feinde lauern schon auf dem Wege dahin auf die schmackhaften Bissen, und erst recht im Wasser. Am schlimmsten aber wütet der Mensch, der schon die Eier begehrlich aus dem Sande wühlt und dem Fortbestand dieser urtümlichen Geschöpfe bald ein Ende setzen wird.

Als Beschützer ihrer Brut machen die Krokodile eine bemerkenswerte Ausnahme. Nur bei ihnen gibt es Arten, die ein zwar primitives, aber nützliches Bauwerk zum Schutz der Eier herstellen und darüber hinaus auch eine tätige Brutpflege ausüben.

Die Eier der Krokodile sind weiß, etwa so groß wie Hühner- oder Gänseeier, und wie diese durch eine harte Kalkschale geschützt. Das Nilkrokodil sucht als Brutplatz meist ein flaches, sandiges Ufer auf. Einige Meter vom Wasser entfernt gräbt es mit den Vorderbeinen ein Loch etwa einen halben Meter tief in den Boden und schiebt den Sand zur Seite. In der Grube werden die Eier abgelegt und mit dem ausgescharrten Sand, oft auch mit Gras zugedeckt, wodurch sie vor starken Temperaturschwankungen gesichert sind. Obwohl bis zum Schlüpfen der Jungen etwa drei Monate vergehen, bleibt die Mutter beim Nest und sucht knurrend die lüsternen Feinde abzuwehren. Besonders der Waran versteht es, aus einem unbewachten Nest ein Ei nach dem anderen herauszuholen und an verborgener Stelle in Ruhe zu verspeisen. Vor dem Schlüpfen machen sich die Jungen durch Quaklaute bemerkbar, worauf die Mutter die Grube freilegt und die Jugend zum Wasser leitet. Die kleinen Nilkrokodile bleiben zunächst beisammen und werden von der Mutter geführt. Aber schon bald zerstreuen sie sich und halten sich abseits von den größeren Artgenossen und deren kannibalischen Gelüsten.

Ansehnlichere, meterhohe Nester aus Zweigen, Schilf, Laub und allerhand faulenden Pflanzenteilen, die sie mit dem Maul zusammentragen, bauen die Leistenkrokodile (*Crocodylus porosus*) und der Hechtalligator (*Alligator mississippiensis*). Ersteres bewohnt die Küsten Südasiens, der Hechtalligator ist das Krokodil der amerikanischen Südstaaten von Texas bis Florida. Auch bei diesen Arten hält sich die Mutter in der Nähe des Nestes auf, das am Ufer oder in einem Sumpf angelegt wird. Das Weibchen hütet und verteidigt das Nest, aber es tut noch mehr. Aus einem nahen Schlammloch heraus oder aus dem Fluß spritzt es von Zeit zu Zeit mit dem Schwanz Wasser über den Nesthaufen. Die Feuchtigkeit begünstigt die Gärung in der faulenden Pflanzenmasse. Die Gärungswärme aber sorgt für die hohe und gleichmäßige Temperatur im Inneren des Haufens, wie sie die Eier für ihre Entwicklung brauchen.

Derartige Nestbauten der Krokodile sind von großem Interesse. Denn sie leiten ohne Kluft zu den primitiven Nestbauten gewisser Vögel über.

Der Leser wundert sich vielleicht, wenn wir – anscheinend mit Befriedigung – bei Krokodilen einen Anknüpfungspunkt an die Vogelwelt zu finden glauben. Zwischen den Seglern der Lüfte und den plumpen Krokodilen scheint ja ein unüberbrückbarer Gegensatz zu bestehen. Aber noch in der Kreidezeit haben Flugsaurier verschiedenster Art die Luft bevölkert, und erst in späteren Jahrmillionen haben die Reptilien das Fliegen so völlig verlernt. Die vergleichende Anatomie und die Paläontologie lehren überzeugend die stammesgeschichtliche Herkunft der Vögel von reptilienartigen Vorfahren. Dem Biologen kommen daher Berührungspunkte im Verhalten dieser beiden heute so scharf getrennten Wirbeltiergruppen nicht überraschend.

4. Vögel

Vögel sind heißblütige Geschöpfe. Ihre normale Körpertemperatur von 41° bis 43° C erreicht ein Mensch nur in schwerem Fieber. Ihre hohe Wärme ist der Ausdruck eines lebhaften Stoffwechsels, wie er sich auch in ihren flinken Bewegungen und raschen Reaktionen bemerkbar macht. Aber nicht die hohe Körpertemperatur an sich unterscheidet die Vögel – und mit ihnen die Säugetiere – so grundlegend von den »kaltblütigen« Fischen, Lurchen und Kriechtieren, sondern vor allem die Fähigkeit, diese Temperatur konstant zu halten. Sie ändert sich nicht wesentlich, auch wenn die Lufttemperatur große Sprünge macht. Sie bleibt selbst bei tropischer Hitze und bei strengem Frost dieselbe. Eidechsen können in heißem Sonnenschein so hohe Körpertemperaturen erreichen, wie sie den »warmblütigen« Vögeln und Säugetieren eigen sind. Aber bei sinkender Außentemperatur kühlen sie rasch ab, und bei andauernder Kälte verfallen sie in einen Zustand der Starre. Sie sind »wechselwarme« Tiere. Daß ein Vogel bei Tag und bei Nacht, im Sommer und im Winter seine Körpertemperatur annähernd konstant hält, dafür sorgen physiologische Regelvorgänge von mannigfacher Art, die bei niederen Wirbeltieren noch nicht oder nur unvollkommen entwickelt sind. Eine unentbehrliche Hilfe ist ihm dabei sein Federkleid. Federn bestehen aus Hornsubstanz wie die Hautschuppen der Schlangen oder Eidechsen. An den Füßen tragen auch die meisten Vögel noch Schuppen. Aber am übrigen Körper sind an deren Stelle Federn gewachsen. Hier haben die Schuppen andere Gestalt gewonnen. In feine Strahlen gegliedert, die sich bis zu mikroskopischen Dimensionen mehrfach verzweigen, und durch sinnreiche Strukturen aneinander verankert, bilden sie eine geschlossene Decke, unter der sich die lockeren Daunenfedern breit machen und viele Luftkammern zwischen sich einschließen. Sowohl Hornsubstanz wie Luft sind schlechte Wärmeleiter und daher ein vortrefflicher Schutz vor Wärmeverlust. Aus guten Gründen bedeckt sich ein frierender Mensch gern mit einem Federbett.

Ein jeder weiß, daß Vögel Nester bauen, in denen sie mit ihrer eigenen Körperwärme die Eier ausbrüten. Nicht jedem ist bekannt, daß es auch Vögel gibt, die das Ausbrüten ihrer Eier fremden Wärmequellen überlassen. Derartiges haben wir schon bei Krokodilen kennengelernt, die Pflanzenteile zusammenscharren, feucht halten und die Gärungswärme des faulenden Materials in den Dienst ihres Brutgeschäftes stellen.

Vögel, die einen Brutschrank bauen und regulieren
Zu höherer Vollkommenheit entwickelt, treffen wir den gleichen Brauch bei der Familie der Großfußhühner (*Megapodiidae,* was auf griechisch »Großfüßler« bedeutet). Sie gehören zu den Hühnervögeln und sind durch ungewöhnlich große Füße ausgezeichnet. Solche sind für sie schon lebenswichtig, wenn sie aus dem Ei schlüpfen. Denn sie stehen dann vor der schweren Aufgabe, sich ohne fremde Hilfe aus der Tiefe des Bruthaufens ans Licht emporzuarbeiten. Sie brauchen die großen Füße abermals in ihrem späteren Leben, um selbst einen Bruthaufen zusammenzukratzen.

Die Heimat der Großfußhühner liegt in Australien und Neuguinea mit der anschließenden Inselwelt von den Nikobaren bis Polynesien. Es gibt nahe an 20 verschiedene Arten, unscheinbar gefärbte Vögel von Rebhuhn- bis nahezu Truthuhngröße. Manche Formen leben im Dickicht des Dschungels, andere in der sonnigen Savanne oder in den

Bild 75 Nest des Höckerschwans.
Während das Weibchen brütet, hält das
Männchen in der Nähe Wache.
(Zu Seite 195)

Bild 76 Das Männchen der Zwergrohr-
dommel kommt zum Nest.
(Zu Seite 200)

Bild 77 Ein Fischadler streicht von seinem Horst in der Krone einer hohen Kiefer ab. Man erkennt gut die mächtigen Äste und Knüppel, die zum Bau verwendet werden. Aufnahme im mittleren Schweden. (Zu Seite 205)

Bild 78 Schwimmendes Nest des Ohrentauchers (ein Lappentaucher, Fam.: Podicipodae); aus Wasserpflanzen mit Schilfteilen erbaut, hebt und senkt es sich mit dem Wasserspiegel. (Zu Seite 200)

Bild 79a Horst des Steinadlers in einer Felswand, mit Jungvogel.

Bild 79b Steinadlerhorst, Nestmulde mit beschädigtem Ei. Beide Bilder aus den österreichischen Alpen. (Zu Seite 205)

183

Bild 80 Nest des Drosselrohrsängers
(Acrocephalus arundinaceus).
(Zu Seite 205)

Bild 81 Teichrohrsänger (Acrocephalus)
scirpaceus) am Nest. (Zu Seite 205)

Bergen. Ihre Bauten sind diesen verschiedenartigen Lebensbedingungen in sehr interessanter Weise angepaßt.

Beginnen wir mit dem Buschhuhn *(Alectura lathami)*, das in den Wäldern an der Ostküste Australiens zu Hause ist. Den Platz für die Anlage des Bruthaufens wählt der Hahn im tiefen Waldschatten. Hier scharrt er in wochenlanger Arbeit das vom Regen durchfeuchtete Laub von allen Seiten zu einem stattlichen Hügel zusammen. In den oberen Lagen mischt er Erde bei. Der Ausdruck »zusammenscharren« kennzeichnet die Tätigkeit des Vogels nicht ganz richtig. Den Kopf vom Nistplatz abgewandt, nimmt er mit dem einen Fuß oder dem anderen das Material vom Boden und schleudert es hinter sich, wo so der Haufen emporwächst. Zwischendurch besteigt er immer wieder den Hügel und trampelt ihn fest. Schließlich hat das Bauwerk einen Durchmesser von 3 bis 4 m und eine Höhe von etwa 1,5 m (Bilder 70, Seite 162, und 82, Seite 186).

Wenn sich die Henne dem Platz nähert, wird sie zunächst dort nicht geduldet. Es ist noch nicht soweit. Erst muß im Inneren des Bruthaufens jene konstante Wärme von etwa 35° C herrschen, welche die Eier für ihre Entwicklung brauchen. Bei stürmisch einsetzender Gärung wird diese Temperatur anfangs meist überschritten. Das Verblüffende ist, daß der Hahn den inneren Zustand des Haufens fast täglich kontrolliert. Er gräbt ein Loch hinein, so tief, daß er bis auf den Schwanz darin verschwindet, und steckt den geöffneten Schnabel mehrmals in den Kompost. Er nimmt dabei die Erde in den Mund und schleudert sie wieder heraus, wenn er den Kopf zurückzieht. Man kann sich dieses Verhalten nur so erklären, daß er in der Zunge oder innen am Schnabel empfindliche Temperatursinnesorgane besitzt. Ist es zu warm, so läßt er Lüftungslöcher offen. Ist es zu kühl, so wird neues gärungsfähiges Material hinzugefügt und das Loch geschlossen. Wenn dann endlich der Kompost im richtigen Zustand ist, wird die Henne herbeigelockt, die ihr erstes Ei in eine tief ausgescharrte Mulde legt. Der Hahn verschließt sie wieder mit Nistmaterial. Das wiederholt sich nun durch mehrere Wochen alle 2 bis 3 Tage. Nach Beendigung der Eiablage kümmert sich die Mutter nicht weiter um das Nest. Der Vater aber bleibt emsig damit beschäftigt, das Innere seines Brutofens zu prüfen und zu regulieren, bis die zuletzt abgelegten Eier ihre Entwicklung abgeschlossen haben. Jedes Ei benötigt etwa 9 bis 10 Wochen für seine Entwicklung von der Ablage bis zum Schlüpfen.

Ein Jungvogel, der die Eischale verlassen hat, muß sich oft in stundenlanger Bemühung an die Oberfläche des Hau-

Bild 82 Das Männchen des australischen Buschhuhns baut im Schatten des Urwaldes aus Zweigen, Laub und Erde einen großen Haufen, den es immer wieder besteigt und festtrampelt. Die Gärung des faulenden Kompostes liefert die Wärme für die Entwicklung der Eier.

fens durcharbeiten (Bild 71, Seite 162). Vom Vater, der so lange rastlos gearbeitet hat, um für die Brut die richtigen Bedingungen zu schaffen und aufrechtzuerhalten, könnte man erwarten, daß er die erscheinenden Küken begrüßt und sie in seine Obhut nimmt. Aber nein! Auch wenn er zufällig einem begegnet, beachtet er es nicht. Er scheint es gar nicht als sein Kind zu erkennen. Das Küken aber rennt, so schnell es kann, in die nächste Deckung. Es kann sogleich flattern, am nächsten Tag schon fliegen, und sucht sofort selbständig seine Nahrung – ein extremer »Nestflüchter«. Zwischen den Eltern und ihren Kindern besteht also nicht der geringste Kontakt.

Das Ei eines Buschhuhnes wiegt etwa dreimal so viel wie das Ei eines Haushuhnes. Den Eingeborenen sind die Bruthaufen als Bezugsquelle für große und wohlschmeckende Eier seit alten Zeiten bekannt. Später durften in manchen Gebieten die Nester nicht mehr nach Belieben geplündert werden. Sie wurden von der Regierung zur Nutznießung verpachtet. Glücklicherweise wird in den weiten Dschungelwäldern nur ein Bruchteil von ihnen gefunden.

In Nordaustralien und auf vielen Inseln ist das Grabhuhn *(Megapodius freycinet)* verbreitet. Es ist kleiner als das

Buschhuhn, etwa von der Größe eines Rebhuhnes, hat aber besonders große Füße und mit den Dimensionen seines Bruthaufens hält es den Rekord. Ein solcher kann einen Durchmesser von 12 m und eine Höhe von 5 m erreichen. Kein anderer Vogel schafft ein Bauwerk von solchen Ausmaßen.

Nicht wegen der Größe ihrer Haufen, aber wegen der Ausdauer bei ihrer angestrengten Arbeit verdient eine andere Gattung der Großfußhühner den Lorbeerkranz: der Wallnister *(Leipoa ocellata)*. Man nennt diese Tiere auch die Thermometerhühner, weil sie 10 bis 11 Monate des Jahres damit beschäftigt sind, die Temperatur ihrer Nester zu regeln. Ihr Problem liegt darin, daß sie trockene Buschsteppen im Inneren Australiens bewohnen, wo die täglichen Schwankungen der Temperatur und ihre jahreszeitlichen Änderungen groß sind. Überdies ist das Laub spärlich, und ein zusammengebrachter Haufen wird bald von der Sonne ausgetrocknet und vom Winde verweht. Um hier einen Komposthaufen mit hoher und gleichmäßiger Temperatur zu gewinnen, bedarf es langer und anstrengender Maßnahmen.

Die Bautätigkeit beginnt, abhängig vom ersten starken herbstlichen Regenfall, im April oder Mai. Das Gebiet liegt ja südlich vom Äquator, der Herbst kommt, wenn es in nördlichen Breiten Frühling wird. Die Hühner graben zunächst eine große, metertiefe Grube und sammeln darin die Zweige und Blätter, die sie in der Umgebung finden, zuerst in der Nähe, dann bis zu einer Entfernung von 50 m. Damit wird die Grube gefüllt und darüber aus weiterem Pflanzenmaterial und viel Sand ein Hügel aufgehäuft und geglättet, unter dem der Kompost zu gären beginnt. Bei diesen Tieren beteiligt sich das Weibchen am Bauen, aber das Männchen leistet die Hauptarbeit. Vier Monate haben sie zu tun, bis die von ihnen angestrebte gleichmäßige Temperatur von 34° C erreicht ist. Ungefähr im August kann die Eiablage beginnen. Von da an legt die Henne etwa alle vier Tage ein Ei. Der Hahn gräbt zuvor die Brutkammer im Kompost auf (Bild 72, Seite 163) und prüft die Wärme in gleicher Weise wie die Buschhühner. Dann steigt die Henne hinein, prüft auch ihrerseits die Temperatur, und wenn sie nicht zufrieden ist, muß der Hahn eine bessere Stelle im Komposthaufen suchen. Schließlich ist das Ei gelegt, und das Männchen hat die ganze Grube wieder zuzuscharren.

Nach den vier Monaten der Vorbereitung nimmt das Brutgeschäft bis zum Schlüpfen des letzten Kükens weitere 6 bis 7 Monate in Anspruch. So sind die Vögel fast das ganze Jahr damit beschäftigt, erst den Bruthaufen herzu-

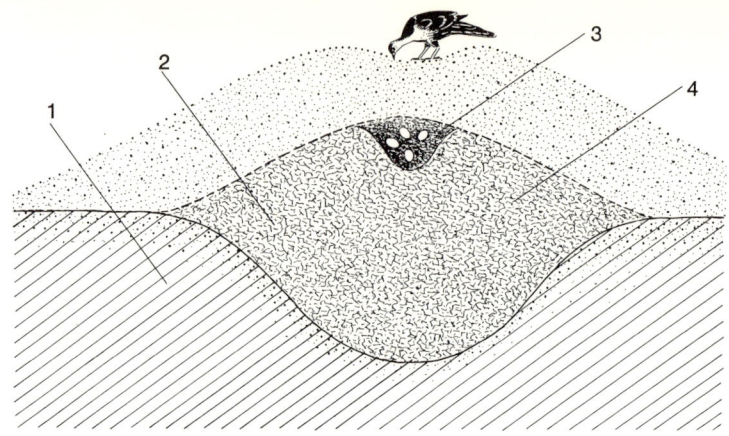

Fig. 74 Schematischer Schnitt durch einen Bruthaufen. 1 natürlicher Boden, 2 das gärende Pflanzenmaterial, 3 Eikammer, 4 Sand.

stellen und dann die Wärme im Inneren, wo die Eier beisammenliegen (Fig. 74), auf 34° C konstant zu halten. Fast täglich wird die Temperatur kontrolliert und für die meiste Zeit auf etwa 1° C genau reguliert. Die Methode ändert sich mit der fortschreitenden Jahreszeit. Im Frühling genügt es, die überschüssige Gärungswärme durch Lüftungsschächte herauszulassen und die Öffnungen rechtzeitig wieder zu schließen. Im Sommer läßt die Gärung nach, aber die Sonne gewinnt an Bedeutung. Der Gefahr einer Überhitzung begegnen die Vögel durch Erhöhung des Sandhügels. Wenn allmählich die Sonnenwärme trotzdem tiefer eindringt, ergreifen sie eine ebenso überraschende wie wirksame Gegenmaßnahme: in der Kühle des frühen Morgens räumen sie die Kuppe ab, scharren einen tiefen Krater bis nahe an die Eier, und breiten den Sand aus. Nachdem er abgekühlt ist, werfen sie ihn wieder in das Loch und häufen zur Isolierung das alte Material in dicker Schicht darüber. Das bedeutet jedesmal eine Arbeit von 2 bis 3 Stunden.

Im Herbst ist die Gärung zu Ende, und auch die Sonnenwärme nimmt ab. Nun wird am späten Vormittag der Hügel abgetragen, bis die Eier nur noch von einer dünnen Sandschicht bedeckt sind, die von der Mittagssonne erwärmt wird. Der weggescharrte Sand wird in der Sonne ausgebreitet, immer wieder durchgemischt und schließlich wieder in das Loch geworfen. Das gibt etwa 5 Stunden zu tun, aber es hilft. Das Erstaunliche ist, wie genau die Vögel diese Tätigkeiten abstufen und dadurch für den größten Teil der Brutzeit den Bereich der Eikammer fast genau auf 34° C halten. Erst im Spätherbst sinkt sie etwas ab. – Woher hat man diese Kenntnisse?

Wir verdanken sie vor allem den jahrelangen Studien des australischen Ornithologen H. J. Frith, der die Thermometerhühner an ihren natürlichen Brutplätzen genau beobachtet hat. Sie lernten ihn bald kennen, und manche wurden so zahm, daß er ihnen aus nächster Nähe zuschauen konnte. Es war auch möglich, Meßinstrumente nahe den Eiern anzubringen und, ohne das Paar in seinem Treiben zu stören, in objektiver Weise zu kontrollieren, was sie mit ihren Regelungsmaßnahmen erreichten. Die Beobachter waren überrascht, welchen Erfolg die Vögel jedesmal wieder erzielten. Das forderte zu neuen Versuchen heraus. Richtet sich das Verhalten der Eltern wirklich nach der Wärme, die sie im Inneren feststellen? Was werden sie machen, wenn der Gang der Temperatur von seinem natürlichen Verlauf abweicht?

In etwas hinterhältiger Weise wurde neben dem Meßinstrument auch ein Heizinstrument in das Nest eingebaut, das von außen reguliert werden konnte. Von einer solchen Möglichkeit konnten die Hühner nichts ahnen. Aber sie reagierten zunächst richtig. Im Frühjahr, bei nur langsamer Aufwärmung durch die Gärung, pflegten sie das Nest nur alle 2 bis 3 Tage zu öffnen. Als die Wärme künstlich gesteigert wurde, öffneten sie es täglich und bekamen die Regelung sogleich wieder in ihre Gewalt. Allerdings, als im Sommer aufgeheizt wurde, erkannten sie nicht, daß die Wärme von unten kam. Der Jahreszeit gemäß richteten sie ihre Tätigkeit gegen eine Überhitzung durch die Sonne. Sie bauten den Hügel höher und höher, als Schutz gegen zu starke Sonnenstrahlung, und wer weiß, wie hoch er geworden wäre, wenn nicht ein Defekt am Generator den Versuch beendet hätte. Im Herbst, wenn es an der Zeit gewesen wäre, die fortschreitende Abkühlung durch Einfüllen von gewärmtem Sand zu bekämpfen, unterblieb dies nach der Probeöffnung, wenn es innen warm genug war. Es wird also zweifellos die Innentemperatur geprüft und dann entsprechend gehandelt. Das gilt wohl auch für andere Großfußhühner. Die Methode der Prüfung mit dem offenen Schnabel ist bei verschiedenen Gattungen dieselbe. Wie es dem Sinn des Vorgehens entspricht, wird nur beim Aufgraben geprüft, und erst, nachdem eine gewisse Tiefe erreicht ist.

Ein weiteres Experiment von Frith ist bemerkenswert. Durch einen Hügel wurde ein Schnitt gelegt und die Fläche seitlich durch ein Glasfenster abgeschlossen. So konnte das Verhalten der Küken beim Schlüpfen beobachtet werden. Da die Hügel der Thermometerhühner kompakter sind als jene der Buschhühner, haben die Jungen 2 bis 15 Stunden hart zu arbeiten, bis sie die Oberfläche erreichen. Ermattet suchen sie dann Deckung im nächsten Busch. Aber schon nach einer Stunde können sie flott laufen und flattern, nach 24 Stunden fliegen. Wie bei allen Großfußhühnern kommt es zu keinem Kontakt mit den Eltern.

Obwohl die Hauptarbeit beim Buddeln dem Vater zufällt, ist auch die Leistung der Mutter respektabel. Sie legt in der Saison 16 bis 33 Eier. Im allgemeinen produziert sie mit ihrem Gelege etwa das dreifache ihres eigenen Körpergewichtes. Da sie etwa alle vier Tage ein Ei legt und jedes 50 Tage für seine Entwicklung braucht, findet man einen Monat nach Beginn des Legens etwa zwölf Eier im Nest. Von da an hält sich das Kommen und Gehen der Eier und Küken die Waage, bis die Saison sich ihrem Ende zuneigt. Nachher gehen die Eltern zu kurzer Erholungspause auseinander. Aber schon nach 1 bis 2 Monaten führt der Beginn neuer Arbeit zu neuer Begegnung. Die Großfußhühner leben miteinander in Dauerehe.

Einen weit bequemeren Weg der Brutpflege haben kleine Grabhühner auf den vulkanischen Inseln gefunden. Auf einer solchen kann man beobachten, daß zur Zeit der Fortpflanzung viele Tausende der Vögel aus dem Urwald kommen, sich am Fuße eines tätigen Vulkans versammeln und in einem Gebiet, das sich über mehrere Quadratkilometer erstreckt, im lockeren Tuffboden bei einer Wärme von etwa 20° C Gänge graben. Hier war den Großfußhühnern in einem natürlichen, riesigen Brutofen die hohe und konstante Temperatur von der Natur geboten, die sich ihre weniger begünstigten Verwandten anderwärts in mühevoller Arbeit schaffen müssen. Das Vorkommen steht nicht isoliert da. Auch an anderen Plätzen verstehen es die Hühner, die vulkanische Wärme zu nützen, die sich durch Lavaströme oder in der Nähe heißer Quellen bietet.

Es geht auch noch einfacher. Auf den Inseln kommen manche Arten der Großfußhühner zur Brutzeit aus dem Dschungel an die Küste, wo die Weibchen ihre Eier einzeln in metertief ausgescharrte Gruben ablegen und wieder mit Sand bedecken. Das Ausbrüten bleibt der Sonne überlassen.

Am Strand von Korallenbuchten kann man es erleben, daß aus dem Meer die großen Schildkröten kommen, aus dem Busch die Großfußhühner und beide nebeneinander ihre Eier dem Sande anvertrauen. Später machen sich die eben ausgeschlüpften Jungen in den entgegengesetzten Richtungen eilig auf den Weg, die einen ins Meer, die anderen in den Busch. Von den Eltern ist längst nichts mehr zu sehen.

Sowohl diese primitivste Methode der Brutversorgung bei den Großfußhühnern wie die Bruthaufen aus Laub bei

anderen Arten haben ihre Parallele bei Reptilien. Die Annahme war naheliegend, daß diese primitiven Vögel die Art
der Brutversorgung von ihren stammesgeschichtlichen Vorfahren übernommen und beibehalten haben, obwohl sich
bei ihnen allmählich eine hohe und konstante Körpertemperatur entwickelt hatte und ein Brüten mit Eigenwärme
möglich gewesen wäre. Es wird aber auch die Ansicht vertreten und begründet, daß, in der breiten Spanne des Über-
ganges, Großfußhühner oder Vorfahren derselben ihre Eier
bereits selbst bebrütet hätten und ihr heutiges Verhalten
sekundär wieder entstanden sei. Vielleicht war ein solcher
Rückfall dadurch begünstigt, daß ihnen der Brauch ihrer
Vorväter noch im Blute lag. Wie es gewesen ist, kann
niemand mit Bestimmtheit sagen. Sicher ist, daß die Thermometerhühner unter dem Druck ihrer Lebensbedingungen
ein Maß an Arbeit für ihre Nester leisten, wie es keinem
anderen Vogel aufgebürdet ist. Wir brauchen sie deshalb
nicht zu bedauern. Man darf sich vorstellen, daß sie in
der Erfüllung ihrer Triebe Befriedigung finden.

Brüten ohne Nestbau

»Der Vogel baut ein Nest, in dem er seine Eier ausbrütet
und die Jungen aufzieht.« Das ist die allgemeine Meinung.
Aber »der Vogel« existiert nicht. Sehr mannigfach variiert
in jeder Hinsicht das Verhalten der gefiederten Geschöpfe.

Wir haben soeben von Baumeistern berichtet, die ihre
Eier nicht bebrüten. Es gibt andere Vögel, die brüten, aber
nicht bauen. Das kommt bei verschiedenartigen Vögeln vor,
und in sehr ungleicher Umgebung. Vier Beispiele mögen
davon eine Vorstellung geben.

Die Lummen (Gattung *Uria*, zur Familie der Alken gehörig) sind ausgeprägte Seevögel und holen sich ihre Nahrung, tauchend und mit den Flügeln rudernd, aus dem Meer.
Zur Brutzeit versammeln sie sich auf den berühmten Vogel-
inseln oder anderen Steilküsten der nördlichen Halbkugel,
in Grönland nicht selten zu Zehntausenden. Am liebsten
wählen sie als Brutplätze schmale Felsbänder, wo die Eier
und Jungen vor Nachstellungen gut gesichert sind. Meist
legt das Weibchen nur ein einziges Ei, und zwar auf den
nackten Felsen. Die Gefahr, daß es abstürzt, ist durch seine
birnenförmige Gestalt verringert. Wenn es in Bewegung
kommt, so rollt es auf dem Felsband nur in einer engen
Kurve. Weder die kahlen Felsen, noch das Meer bieten ein
verlockendes Material zum Bau von Nestern. Man versteht,
daß auf solche verzichtet wird.

Weniger verständlich erscheint das bei der Feenseeschwalbe *(Gygis alba)*, denn die tropischen Inseln ihrer Hei-

mat hätten genug zu bieten. Die Seeschwalben sind mit den Alken nahe verwandt. Das möchte man kaum glauben, denn mit ihren langen, schmalen Flügeln gehören sie zu den elegantesten und ausdauerndsten Fliegern der gesamten Vogelwelt. Der Gegensatz zu den plumpen Alken ist groß. Während die zahlreichen anderen Arten der Familie der Seeschwalben *(Sternidae)* Nester bauen, ist die Feenseeschwalbe nicht nur in dieser Hinsicht ein Sonderling. Als einzige ihrer Sippe ist sie rein weiß. Auf den überraschten Beobachter macht sie einen geisterhaften Eindruck, wenn sie im Glanz der Tropensonne über das tiefblaue Meer fliegt. Zum Brüten aber sucht natürlich auch sie das Land auf. Und auch sie legt, wie die Lummenmutter, nur ein einziges Ei, manchmal auf den bloßen Fels, meistens aber auf einen Ast, oft in beträchtlicher Höhe über dem Boden und ohne auch nur die Andeutung eines Nestes zu schaffen. Zuweilen wählt sie für die Eiablage eine Astgabel, oft aber einen einfachen Ast, eben breit genug, daß sie beim Brüten beiderseits des Eies noch Platz für ihre Füße findet. Hier muß das Ei liegen bleiben, und hier muß auch der geschlüpfte Jungvogel sitzen bleiben, bis er von seinen Flügeln Gebrauch machen kann. Seine scharfen Krallen und sein Schnabel sind geeignete Werkzeuge, um sich festzuhalten, auch ist ihm turnerische Gewandtheit angeboren. Das zeigt sich, wenn er von einem Elternvogel beim Abflug aus dem Gleichgewicht gebracht wird. Ein Absturz ist trotzdem ein seltenes Ereignis. Das Risiko ist sowohl für die Eier, wie für die jungen Vögel durch ein ungewöhnliches Verhalten der Eltern verringert: Vater und Mutter brüten abwechselnd, aber nach vorliegenden Beobachtungen erfolgt die Ablösung nur alle zwei bis drei Tage. Auch werden die Jungen nur zweimal am Tage gefüttert, wobei die Eltern mitunter 15 kleine Fische und Tintenfische auf einmal bringen, die geschickt quer im Schnabel zusammengelegt sind. Auf diese Weise sind die Gefahrenmomente beim An- und Abfliegen stark eingeschränkt. Wie diese Vögel, während sie bereits einige Beute im Schnabel halten, ihren Fischfang fortsetzen können, ist noch ein Rätsel.

In eine wiederum völlig andere Welt führt uns der Strauß *(Struthio camelus),* der größte unter den heute lebenden Vögeln. Die wasserarmen Steppen und fast vegetationslosen Wüstengebiete Afrikas sind seine Heimat. Auch er baut kein Nest, das diesen Namen verdient. Doch scharrt der Straußenhahn eine Mulde in den Boden, setzt sich hinein und schiebt sich mit dem Schnabel die Eier unter den Leib, die ihm die Henne vor die Brust legt. Sie kann bis zu 8 Eier legen. Da aber häufig Vielweiberei besteht, kann der brütende Vogel seine liebe Not haben, die zwei- oder drei-fache Zahl zu bedecken, und nicht alle kommen zum Schlüpfen. Ein reicher Eiersegen gegenüber den Lummen und Feenseeschwalben! Der Hahn und die Henne lösen einander im Brüten ab. Nach 6 Wochen schlüpfen die Jungen aus und verlassen den Platz, von den Eltern geleitet und noch längere Zeit behütet.

Als Bauwerk ebenso primitiv ist die Nestmulde des Fluß-regenpfeifers, die der Vogel mit den Füßen in den Boden scharrt. Durch ihre Färbung und Zeichnung sind die Eier hervorragend getarnt (Bild 73, Seite 164).

Einfache Nester

Wenn ein Vogel im Boden eine seichte Grube scharrt, sich niederläßt und hin und her dreht, um sie zu runden und zu vertiefen, so kann man dieses »Ausmulden« des Untergrun-des schon als primitiven Nestbau bezeichnen. Die Eier wer-den in die Vertiefung abgelegt und darin bebrütet. Ein Schritt weiter ist es, wenn der harte Boden mit Halmen oder an-derem Pflanzenmaterial aus der Umgebung belegt und so ein wenig gepolstert wird. Das machen zum Beispiel viele See-schwalben und Möven. Wenn es in stärkerem Ausmaß ge-schieht, kann ein zwar einfaches, aber recht molliges Nest entstehen.

Das trifft bei der Stockente zu (Wildente, *Anas platyrhyn-chos*) die in Nord- und Mittelamerika, in Europa und Asien weit verbreitet ist. Sie sucht sich ihren Nistplatz meist auf dem Boden, etwa an einer ruhigen Stelle im Gebüsch, und macht eine Mulde, in der sie trockene Halme, Blätter und Stengel locker übereinanderhäuft und ausrundet. Sie gibt sich dabei nicht viel Mühe mit dem Antransport, sondern holt sich aus der Umgebung heran, was sie mit gestrecktem Hals erreichen kann. Sind die ersten Eier abgelegt, dann verbessert sie die Innenausstattung mit Daunenfedern, die sie sich selbst ausrupft. Das Brutgeschäft ist hier allein die Sache der Mutter. Wenn sie das Nest vorübergehend ver-läßt, bedeckt sie zuvor die Eier mit Blättern und Daunen, wodurch sie zugleich vor raschem Wärmeverlust und feind-lichen Blicken geschützt werden.

Bei der Eiderente *(Somateria mollissima),* die den hohen Norden bevorzugt, sind die Daunenfedern besonders flau-mig entwickelt und sie werden so reichlich zur Nestaus-polsterung benützt (Bild 74, a und b, Seite 164), daß größere Brutkolonien dieser Vögel von den begehrlichen Menschen arg geplündert werden. Sie wollen die warmen Federn lieber in ihren Pölstern als in den Nestern der Enten. In Norwegen und auf Island hat man, zum Vorteil der Menschen wie der

Vögel, große Brutkolonien eingezäunt, nimmt die beiden ersten Gelege samt den Daunenfedern für sich und läßt ihnen das dritte; denn so oft können die Vögel die gestohlenen Eier durch neue ersetzen. Sie lassen sich diese Behandlung gefallen und suchen die vor Raubwild geschützten Gehege alljährlich freiwillig wieder auf.

Aber kehren wir noch einmal zur Stockente zurück. Nicht immer nistet sie am Boden; zuweilen auch auf Bäumen. Da oben ein festes Nest zu bauen, ist sie nicht imstande. Sie benützt ein leeres Krähen- oder Raubvogelnest und bereitet sich auf dieser soliden Unterlage ihr einfaches Heim. Da die geschlüpften Küken schon am ersten Tag, noch nicht flugfähig, das Nest verlassen, müssen sie hinunterspringen. Auch aus beträchtlicher Höhe pflegt der Sprung ihrem leichten Körperchen nicht zu schaden. Die ganze Schar – eine Stockente legt acht bis sechzehn Eier – wird dann von der Mutter sogleich zum Wasser geführt, wo sie sofort schwimmen kann und am besten gesichert ist. Zuweilen liegt das Nest in einiger Entfernung vom Ufer, so daß die Jungvögel als erstes einen größeren Fußmarsch zu leisten haben. Es ist sehr weise eingerichtet, daß die Küken nach 26tägiger Brutzeit fast immer alle innerhalb weniger Stunden schlüpfen. So können sie sich bald gemeinsam mit der Mutter auf den Weg machen. Die Frage, wie die Koordination des Schlüpfens zustande kommt, fand eine einfache Lösung: die Küken hören es, wenn ihre Geschwister an der Eischale zu picken beginnen. Dadurch werden sie angeregt, gleichfalls gegen die Schale zu hämmern und sich zu befreien.

Ich will hier eine Geschichte erzählen, aus der man entnehmen kann, daß die Wahl des Brutplatzes triebhaft und ohne Einsicht erfolgt. Im Garten des Zoologischen Instituts der Universität München, mitten in der Stadt und nahe dem Hauptbahnhof, waren für Versuche mit Ameisen einige kleine Inseln angelegt, je 2 m lang und 1,60 m breit. Jede war von einem schmalen Wassergraben umgeben, so daß die Ameisen nicht davonlaufen konnten. Auf einer damals unbenützten Insel hatte eine von der Isar zugeflogene Wildente ihr Nest gebaut und brütete. An einem Sonntag, als niemand bemerkte, daß die Küken geschlüpft waren, hatte sich die Mutter mit ihren Kindern auf den Weg gemacht und im Häusermeer der Großstadt die Richtung zum 1800 m entfernten Fluß eingeschlagen. Im Flug war sie seinerzeit gekommen, zu Fuß fand sie nun die Richtung zurück – ein Zeichen ihres vorzüglichen Orientierungssinnes. Infolge des Sonntags war der Autoverkehr nicht allzu dicht. Als die Mutter, im Gänsemarsch gefolgt von allen Küken, etwa den fünften Teil des Weges zum

Wasser zurückgelegt hatte, stoppte ein Polizist auf einem zentralen Platz den gesamten Verkehr, alarmierte den Tierschutzverein und brachte so das riskante Unternehmen der Entenmutter zu einem guten Ende. – O. Heinroth berichtet von einer anderen Stockente, die mitten in Berlin auf dem flachen Dach eines vier Stockwerke hohen Gebäudes ihr Nest hatte. Das verlief tragisch, denn nach dem Schlüpfen stürzten die Küken beim Verlassen des Platzes vom Dachrand in die Tiefe und fanden auf dem Straßenpflaster den Tod. Trozdem brütete die Ente in den nächsten Jahren wieder dort.

Ein recht einfaches Nest baut auch der Höckerschwan *(Cygnus olor);* aber aus dem locker geschichteten Material entsteht schließlich doch ein stattlicher Wall, auf dem das Weibchen brütet, während das Männchen in der Nähe Wache hält (Bild 75, Seite 181).

Vielleicht ist es dem Leser aufgefallen, daß die Jungen der bisher besprochenen Vögel, die nur einfache oder gar keine Nester bauen, meistens bald nach dem Schlüpfen davonlaufen. Der Zusammenhang ist klar: Die Eltern machen sich nicht viel Arbeit mit dem Bau eines Nestes, wo dieses als Heim für die Jungvögel nicht von Bedeutung ist. Bei den *Nestflüchtern* tragen die schlüpfenden Vögel bereits ein Federkleid, sie können auch schon laufen und selbst ihre Nahrung aufnehmen. Doch haben die Eltern noch ein scharfes Auge auf sie, leiten sie und warnen bei Gefahr. Die Mehrzahl der Vögel sind aber *Nesthocker,* beim Schlüpfen hilflose Geschöpfe (Fig. 75), die noch tagelang, bei großen Arten wochenlang, im Nest bleiben, bevor sie es verlassen können. Hier lohnt sich der Bau eines haltbaren

Fig. 75 Nesthocker (Wendehals) und Nestflüchter (Kiebitz), beide vor wenigen Stunden geschlüpft.

Nestes, in dem die Jungen geborgen und vor dem Herausfallen bewahrt sind. Auf vielfache und zuweilen recht kunstvolle Weise ist diese Aufgabe von den verschiedenen Vogelarten gelöst worden. Bevor wir das im einzelnen an Beispielen betrachten, wollen wir einige allgemeinere Fragen
behandeln.

Allgemeine Bemerkungen
über Nester und Nestbau der Vögel

Vögel sieht man zahlreich umherfliegen, aber ihre Nester
entdeckt man verhältnismäßig selten. Warum? Die Wochen
im Nest sind für die Brut, aber auch für die Eltern, die sich
an sie gebunden fühlen, so gefährlich wie keine andere Zeit.
Da sind sie dem Zugriff der Feinde am meisten ausgesetzt.
Darum werden die Nester im verborgenen angelegt, in
Hecken und Gebüsch, versteckt unter Gräsern oder im
Laub der Bäume. In einer Gegend, mit der man durch
häufige Spaziergänge vertraut ist, überrascht uns nach dem
herbstlichen Laubfall die Zahl der Nester, die unbemerkt
geblieben sind, obwohl reger Betrieb an ihnen geherrscht
hatte. Abseits von ihrem Heim haben die Vögel weniger
Scheu, sich offen zu zeigen. Sie können auf ihre scharfen
Sinne und auf ihr Flugvermögen vertrauen. Kleinsäugetiere
lassen sich wesentlich seltener sehen.

Die Wahl des rechten Platzes für ein Nest ist also wichtig. Sie wird in der Regel, aber nicht immer, vom Männchen
getroffen. Jede Vogelart zeigt dabei eine Vorliebe für ein
bestimmtes Milieu. Wie es an ihrem Brutplatz aussehen soll,
sagt ihr ein angeborener Instinkt. Er ist die Überlieferung
ungezählter Generationen.

Bei den Zugvögeln kommen die Männchen meist einige
Tage vor den Weibchen aus ihren Winterquartieren zurück.
Die Drossel, die dann Tag für Tag vom selben Baum ihr
Lied erschallen läßt, ist eine wohlbekannte Erscheinung.
Wenn das Männchen ein Brutrevier gewählt hat, verkündet
sein Gesang den Rivalen, daß dieser Ort besetzt ist und
kein anderer hier etwas zu suchen hat. Es ist dieselbe Sache,
die uns schon bei Fischen begegnet ist. Wie bei diesen in
manchen Fällen durch Drohstellungen und Entfaltung
prächtiger Farben die Konkurrenten ferngehalten werden,
so hier, mit größerer Anmut, durch den Gesang des Vogels.
In der Regel wird er respektiert. Es kann aber auch, genau
wie bei Fischen, zu Streit und Kampf kommen. Für ledige
Weibchen hat der Gesang eine andere Bedeutung. Er sagt
ihnen: hier ist ein Mann mit Revier zu haben.

Es sollen uns hier nicht die Balzhandlungen beschäftigen,
das oft so differenzierte, in Ritualen festgelegte Verhalten

der Partner bei der Werbung. Nur soweit dieses mit besonderen Bauten verbunden ist, kommen wir später darauf noch zurück. Der geschlossene Bund gilt bei manchen Arten auf Lebenszeit. Die Ehe kann aber auch nur für eine Brut geschlossen werden, oder für das Jahr, oder für mehrere Jahre. Einehe ist die Regel, aber Vielweiberei keine Seltenheit.

Wenn nun das Nest errichtet wird, wer ist der Baumeister? Auch da gibt es keine allgemein gültige Antwort. Bei vielen Arten bauen beide Partner gemeinsam; so bei Rabenvögeln, bei Schwalben, Störchen und anderen. Dabei kommt es aber oft zu einer gewissen Arbeitsteilung. Häufig macht das Männchen den Rohbau, das feste Gerüst des Nestes, während das Weibchen dann die weiche Innenausstattung herstellt. Oder das Männchen ist (zum Beispiel bei Reihern) der Zubringer des Materiales und überreicht es dem Weibchen, das die Verbauung übernimmt. Bei Drosseln, Fasanen, Enten und allgemein dort, wo sich das Männchen um die Brut nicht kümmert, baut nur das Weibchen. In anderen Fällen baut nur das Männchen: nur dieses meißelt beim Schwarzspecht die Bruthöhle aus einem Baumstamm heraus. Dieser Kraftaufwand steht besser dem männlichen Partner zu. Auch wo der Bau besonders kunstvoll ist, sieht man das Männchen allein in Tätigkeit. Es ist verständlich, daß sich bei so heikler Arbeit besser einer allein damit befaßt. Warum nicht in anderen Fällen das Weibchen allein das Kunstwerk schafft, steht dahin.

Das Werkzeug für den Bau ist dem Vogel mit seinem Schnabel und seinen Beinen gegeben. Wer sich zum Brüten eine Höhle baut, braucht kein Nistmaterial zu besorgen, oder höchstens eine Polsterung zur Innenausstattung. Wer einen Horst auf schwanken Ästen errichtet, muß ein festes Gerüstwerk herstellen. So läßt sich auch vom Nestmaterial kaum allgemein Gültiges sagen – es sei denn, daß natürlich ein Kolibri keine Astprügel heranschleppt und ein Adler keine Spinnweben. Im ganzen kann man nur staunen, was alles beim Bau Verwendung findet. Spinnenseide ist für manche Kleinvögel wirklich ein wichtiger Baustoff. Federn, Haare, Halme, Blätter, Fasern aller Art, Zweige, Äste, Lehm, Kot, Speichel und vieles anderes findet man als Bestandteile von Nestern. Dabei hat jede Vogelart für die Wahl der Stoffe, wie für den Stil und die Arbeitsweise ihre eigenen, im Erbgut vorgeschriebenen Gebräuche.

Das gilt auch für die Art des Materialtransportes. Ein Reiher oder Storch trägt mit dem Schnabel Zweig für Zweig einzeln heran, Singvögel pflegen einen ganzen Packen Pflanzenmaterial auf einmal im Schnabel zu bringen. Adler tragen die schweren Äste für ihren Horst in den Fängen. Eine originelle Methode haben einige Arten der afrikanischen Papageiengattung *Agapornis*. Der Name bedeutet »Liebesvogel« (griechisch: agape = Liebe, ornis = Vogel), was der englischen Bezeichnung »love birds« entspricht. Bei den französischen Vogelfreunden heißen sie »Inséparables«, die Unzertrennlichen, was alles auf die enge Verbundenheit der Paare hinweist. Sie werden häufig importiert und gezüchtet. Viele Arten dieser Gattung tragen die Niststoffe, abgebissene Zweige und Blattstücke, in herkömmlicher Weise mit dem Schnabel ein, andere Arten aber stecken sie sich ins Gefieder, mit Vorliebe zwischen die Bürzelfedern und behalten so den Schnabel frei. Gewiß würden sie ihre Fracht im Fluge großenteils verlieren, wenn nicht die Federn an die besondere Aufgabe angepaßt und bürstenförmig gestaltet wären. So halten sie die Zweige und Blätter durch verstärkte Reibung fest. Daß dieses eigenartige Benehmen – ebenso wie die dazu passende Struktur der Federn – erblich festgelegt ist, geht aus dem folgenden Versuch hervor: man hat zwei nahe verwandte Arten dieser Papageiengattung miteinander gekreuzt. Die eine gehörte zu der Gruppe, die das Nestmaterial mit dem Schnabel einträgt, die andere zu jener Gruppe, die sie ins Gefieder steckt. Die Nachkommen hatten vom einen Elternteil den Trieb geerbt, sich die Zweige ins Gefieder zu stecken, vom anderen aber den Trieb, sie mit dem Schnabel festzuhalten. So zwingend war diese erbliche Überlieferung, daß die Bastarde den zwischen die Federn gesteckten Zweig mit dem Schnabel nicht loslassen konnten. An diesem Widerstreit scheiterte bei ihnen das Eintragen und der gesamte Nestbau.

Statt sich das Nestmaterial selbst zu suchen und zusammenzutragen, kann man es auch von anderen Nestern stehlen. Bei seinen Untersuchungen in Mexiko über den Nestbau des Weißohr-Kolibris *(Hylocharis leucotis)* bemerkte H. O. Wagner des öfteren solche Dieberei. Während das Weibchen im Nest saß und seine beiden, vor wenigen Tagen geschlüpften Jungen wärmte, schwirrte ein Veilchenohr-Kolibri *(Colibri coruscans)* heran und zupfte sich Baustoffe heraus. Nach drei Tagen hatte er in die dicke Nestwand ein ansehnliches Loch gemacht, nach weiteren vier Tagen war vom Nest nur noch ein Fetzen übrig, auf dem ein Nestling hockte, während der andere tot am Boden lag. Am folgenden Tag war mit dem Rest des Bauwerks auch dieser verschwunden. Merkwürdigerweise wehrt sich die Mutter nicht gegen solche Beraubung. Auch wenn sie den Vorgang sieht, scheint sie nicht zu erfassen, was da passiert. In einem anderen Falle, als das Nest erst im Entstehen war, trug der Dieb das Nestmaterial im selben Tempo davon, wie es der Weißohr-Kolibri heranschaffte, bis dieser seine fruchtlosen Bemühungen aufgab. Ähnliches kommt bei der Beutelmeise und anderen Vogelarten vor.

Noch einfacher ist es, das fertige Nest zu stehlen. Zwar läßt sich dieses nicht im Ganzen davontragen, aber man kann es sich in verschiedener Weise aneignen. N. E. Collias beobachtete in Ohio einen Star, der einen Goldspecht beim Schwanz packte, aus seiner neu hergestellten Höhle vertrieb und selbst darin brütete. Die in Nord- und Südamerika verbreitete Familie der Tyrannen *(Tyrannidae)* hat ihren Namen daher, daß viele Arten einen Eindringling in ihr Revier mit kühnem Angriff und lautem Schimpfen zu vertreiben suchen, auch Vögel, die ihnen an Größe weit überlegen sind. Eine der Arten, der Diebstyrann *(Legatus leucophaius)* macht von dieser Gepflogenheit unlauteren Gebrauch. Wenn er ein Nest einer anderen Vogelart findet, das ihm zusagt, bricht der eine Partner des Tyrannenpärchens einen Streit vom Zaun, und während die Inhaber der begehrten Wohnung hinter ihm her sind, schlüpft der andere Partner hinein, wirft die Eier hinaus und hält das Nest besetzt. Weniger brutal, aber ebenso wirksam geht der europäische Kleiber vor *(Sitta europaea),* wenn er einem Star die Bruthöhle stiehlt. Er wendet dieselbe Methode an, durch die er auch sonst sein Heim vor größeren Feinden schützt und verengert bei Abwesenheit des Stars den Eingang durch Ankleistern von Lehm und Erde so weit, daß nur mehr er selbst hindurch kann.

So wenig wie bei der Bautätigkeit gibt es für die Arbeitsteilung beim Brutgeschäft eine allgemein gültige Regel. Bei vielen Arten lösen sich Vater und Mutter ab (zum Beispiel bei Tauben, Kranichen, Störchen, Staren oder beim Pirol). Bei anderen brütet nur das Weibchen (Enten, Eulen, Krähen, Meisen, Finken, Kolibris) oder nur das Männchen (Nandu, Mornellregenpfeifer, Odinshühnchen). Wem die Rolle zufällt, läßt sich zur Brutzeit bei den meisten Vögeln leicht erkennen: beim brütenden Partner weist die Bauchhaut kahle Stellen auf, wo sie lebhaft durchblutet und daher rot gefärbt ist und die Federn ausgefallen sind. Diese gut durchwärmten Hautstellen bedeuten eine primitive, aber wirksame Heizanlage für die Eier. Wenn nur einer der beiden Partner brütet, treten nur bei diesem »Brutflecke« auf, andernfalls bei beiden Eltern.

Bei Nestflüchtern verliert das Nest nach dem Schlüpfen der Jungvögel seine Bedeutung. Bei Nesthockern wird es zum schützenden Heim für die unbeholfenen Kinder. Erst wenn sie flügge sind, hat es seine Aufgabe erfüllt. Es muß daher anders gebaut werden. Die Jungen dürfen nicht so leicht herauskommen wie aus einer flachen Mulde und sie müssen vor Abkühlung besser geschützt sein.

Napfnester

Um das zu erreichen, ist statt eines flachen Polsters oder einer seichten Mulde ein tieferer Napf zu bauen. Das heißt die Seitenwände müssen hochgezogen werden. In einfacher Weise machen das zum Beispiel die Rohrdommeln. Diese Vögel gehören zur Familie der Reiher *(Ardeidae)*. Sie lieben Seen und langsam fließende Gewässer, deren Ufer mit Schilf bestanden sind. Fische, Frösche und Insekten bilden ihre hauptsächliche Nahrung. Große Rohrdommeln (Gattung *Botaurus*) gibt es in vier verschiedenen Arten in Nordamerika, Eurasien und Australien. Neben ihnen kommt in Europa, Afrika und Australien die Zwergrohrdommel vor *(Ixobrychus minutus)*, die kaum halb so groß wird. Das Nest einer solchen zeigt das Bild 76 auf Seite 181. Zur Brutablösung schleicht sich eben das Männchen hinein, mit langsamen, großen Schritten. Mit einem Fuß umklammert es noch ein Schilfrohr, während der andere schon auf dem Nestrand ruht. Die Dommeln haben eine vorzügliche Tarnfärbung, die sie durch ihre Haltung und Bewegungsweise wirksam zur Geltung bringen. Bei der Zwergrohrdommel wird der Nestbau vom Männchen begonnen, aber gemeinsam mit dem Weibchen fortgesetzt. Sie lösen einander auch beim Brüten ab. Daß bei der großen europäischen Rohrdommel nur das Weibchen baut und brütet, zeigt, wie verschieden diese Gepflogenheiten bei nächst verwandten Arten sein können. Das Nest der Zwergrohrdommel steht meist knapp über der Wasseroberfläche. Umgeknickte Schilfhalme dienen oft als Unterlage. Als Baumaterial benützt sie Schilfhalme, die übereinandergelegt und zwischeneinandergesteckt werden, so daß sie sich gegenseitig stützen. Das Innere wird ausgepolstert, zum Beispiel mit den weichen Enden von Schilfhalmen.

Noch näher dem Wasser verbunden ist das Schwimmnest des Ohrentauchers *(Podiceps auritus)*. Aus Wasserpflanzen und Schilfteilen gebaut, hebt und senkt es sich mit dem Wasserspiegel (Bild 78, Seite 182).

Größer, aber ähnlich konstruiert sind die Horste der Reiher, die in der Regel auf Bäumen errichtet werden. Die meisten Arten brüten in Kolonien. Da ansehnliche Äste verbaut werden, haben diese Nester größere Haltbarkeit und können in folgenden Jahren wieder benützt werden. Wenn die Graureiher *(Ardea cinerea)* der alten Welt im Frühjahr

Bild 83 Klappergrasmücke (Sylvia curruca), brütend. (Zu Seite 205)

*Bild 84 Zilpzalp (Phylloscopus colly-
bita) vor dem seitlichen Eingang seines
Kugelnestes, nahe am Boden. In seiner
natürlichen, dicht belaubten Umgebung
ist es kaum als Nest zu erkennen.
(Zu Seite 210)*

*Bild 85 Zaunkönige bauen ihre Nester
nicht nur in Buschwerk, sondern auch
gern unter überhängenden Böschungen
an Bachufern oder Gräben. Hier werden eben die Jungen gefüttert.
(Zu Seite 210)*

*Bild 86 (rechte Seite) In Mittel-
und Nordeuropa bauen die Störche
ihre Horste in der Regel auf Haus-
dächern und Kirchtürmen. Ursprüng-
lich brüteten sie auch hier auf Bäumen,
wie man es heute noch vor allem in
südeuropäischen Gegenden (hier in
Mazedonien) sehen kann.
(Zu Seite 205)*

Bild 87 Eine Beutelmeise mit Futter an
der Schlupfröhre ihres Nestes.
(Zu Seite 214)

aus dem Süden zu ihren gewohnten Nistplätzen zurückkehren, besetzen die zuerst kommenden Männchen die größten Horste. Wer später kommt, muß mit kleineren zufrieden sein. Auch bei Vögeln reizt ja ein engeres Zusammenleben zum Vergleich mit den Nachbarn und nährt die Begehrlichkeit.

Je größer der Vogel, desto robuster wird das Nest, ohne daß sich die Bautechnik wesentlich zu ändern braucht. So schleppt der Fischadler (*Pandion haliaëtus*, Bild 77, Seite 182) oder der Steinadler (*Aquila chrysaëtos,* Bild 79 a, Seite 183) Äste und Knüppel von 1 bis 2 m Länge heran, um aus diesen und kleineren Zweigen in einer Baumkrone oder im Fels den stattlichen Horst zu bauen. Die Mulde innen ist von zarterer Beschaffenheit und wird mit Reisig, Moos und dergleichen ausgelegt (Bild 79 b, Seite 183).

Jahr für Jahr wird der alte Horst wieder benützt, mit neuen Ästen bereichert und ausgebessert. Ein solcher von einem Weißkopf-Seeadler *(Haliaëtus leucocephalus)*, dem bald eagle der Amerikaner und Wappentier der Vereinigten Staaten, erreichte hoch auf einem Baum ein Alter von 36 Jahren, bis der Stamm durch einen Sturm umgebrochen wurde. So wachsen auch die Nester des europäischen Weißen Storches (Bild 86, Seite 203) von Jahr zu Jahr, behalten ihren Standort und werden immer wieder benützt, wenn auch nicht immer vom gleichen Paar. Ein ungarischer Storchenhorst auf einem Baum hatte im Laufe der Jahre 2 m Durchmesser und 2,5 m Höhe gewonnen.

So mächtige Vögel sind in unserer Umwelt keine alltägliche Erscheinung. Sehen wir uns bei den kleineren Singvögeln um, so finden wir natürlich ein zarteres Baumaterial, womit auch eine feinere Verarbeitung verbunden ist. Der Teichrohrsänger (*Acrocephalus scirpaceus*) nistet gewöhnlich im Schilfrohr, wo er seinen Bau an benachbarten Rohrstengeln verankert (Bild 81, Seite 184). Der Bau ist aus Gräsern, Streifen von Schilfhalmen und anderen trockenen, feinen Niststoffen geflochten. Zur Auskleidung des tiefen Körbchens wählt er Schilfrispen und dergleichen weiches Polstermaterial. Ähnlich sind auch die Nester des Drosselrohrsängers (Bild 80, Seite 184) und jene der nahe verwandten Grasmücken (Familie *Sylviidae*) gebaut (Bild 83, Seite 201). Bei ihrer Herstellung lassen sich immer wieder gewisse Grundhandlungen beobachten:

Wenn die ersten Halme herangetragen sind und in Verzweigungen der Äste oder im Rankenwerk von Schlingpflanzen einigermaßen Halt gefunden haben, setzt sich der Vogel hinein und macht drehende Körperbewegungen – es ist das gleiche »Ausmulden«, wie es der Strauß im Wüstensand macht, nur daß bei ihm der ganze Nestbau damit beendet ist. Bei Grasmücken kann man die Bewegungen des Ausmuldens zuweilen schon sehen, bevor noch der erste Halm herbeigetragen ist – als Geste des Besitzergreifens von einem Nistplatz, der dem Vogel gefällt. Mit der Vermehrung des Nistmateriales gewinnen diese Drehbewegungen sichtbaren Erfolg und schaffen nun wirklich eine Mulde. Dazu kommen Strampelbewegungen mit den Füßen, wobei sich der Vogel in die Mulde legt, die Beine in schnellem Wechsel nach hinten stößt und so die aufgewölbte Seitenwand festigt. Die gleiche Wirkung erreicht er auch, indem er seine Brust gegen die Wand drückt. Wiederholte Drehbewegungen sorgen für eine gleichmäßige Rundung und Verfestigung nach allen Seiten. Damit aber das wachsende Körbchen in sich selbst besseren Halt findet, ist auch Flechtarbeit nötig, die von ganz einfacher Art sein kann. In die Mulde gekuschelt, die Brust etwas zurückgezogen, zupft der kleine Baumeister einen Halm oder Stengel an sich und steckt ihn einige Zentimeter daneben wieder hinein; oder er stößt einen zarten Zweig mit zitternden Schnabelbewegungen durch die Nestwand und sucht ihn, umgebogen, wieder zu verankern. Als edleres Material holt er sich zur Befestigung des Nestrandes gern Spinnenseide. Kommt er mit Spinnweben im Schnabel angeflogen, so wischt er sie zunächst vom Schnabel ab; sie kleben an den Zweigen und lassen sich zu feinen Fäden ausziehen, die er hin und her über den Nestrand legt. Das gibt ein Bindemittel von großer Festigkeit.

Das Innere wird mit weichem Material ausgelegt: mit Haaren, Federn, Gespinsten, oder was sonst Geeignetes in der Nähe zu finden ist. Das pflegt bei diesen Singvögeln in gemeinsamer Arbeit des Pärchens zu geschehen. Etwas anders liegen die Dinge bei der Mönchsgrasmücke *(Sylvia atricapilla)*, die in Europa und darüber hinaus verbreitet und wegen ihres schönen Gesanges bekannt und beliebt ist. Im Frühjahr kehrt das Männchen vor dem Weibchen aus dem Winterquartier zurück und beginnt in seinem Revier mehrere Nester herzustellen, die es aber nur im Rohbau fertig macht. Wenn dann ein Weibchen kommt, trifft es seine Wahl zwischen den verschiedenen Machwerken, die ihm das Männchen anbietet. Gemeinsam vollenden sie den Bau, wobei nun hauptsächlich das Weibchen mit Eifer arbeitet.

Wer zum erstenmal das Glück hat, im Freiland Kolibris zu sehen, ist entzückt vom metallischen Schimmer ihrer Farben und ihren wendigen Flugkünsten. Da schwebt einer plötzlich, wie hingezaubert, vor einer Blüte unbewegt in der

Luft, nur mit den Flügeln schwirrend und diese bewegen sich so schnell, daß sie nicht zu erkennen sind. Mit seinem langen Schnabel saugt er Nektar aus der Tiefe des Blumenkelches. Nach rückwärts setzt er sich ab und saust in elegantem Bogen dem nächsten Ziel entgegen. Neben dem zuckerreichen Nektar bilden kleine Spinnen und Insekten, die von den Blüten abgelesen oder im Fluge erhascht werden, die hauptsächliche Nahrung der Kolibris. Sie sind die Zwerge unter den Vögeln. Der kleinste Kolibri hat die Ausmaße einer großen Hummel.

Für ein warmblütiges Tier bedeutet ein so kleiner Körper ein besonderes Problem. Denn je kleiner der Leib, desto größer wird, im Verhältnis zu seinem Volumen, die Oberfläche. Je größer aber die relative Körperoberfläche ist, desto mehr Körperwärme geht nach außen verloren. Die Erscheinung kennt jeder aus dem täglichen Leben. Heiß serviert, kühlt zum Beispiel ein kleiner Knödel schneller ab als ein großer – weshalb man diesen zerkleinert, wenn man ungeduldig ist. Sehr kleine Warmblüter müssen in kaltem Klima reichlich und ohne längere Pausen Nahrung aufnehmen, um den Körper genügend aufzuheizen. In unserem Zusammenhang ist zu bedenken, daß Kolibris für ihre extrem kleinen Jungen ein Heim zu bauen haben, das genügend warm halten kann. Kolibris (Familie: *Trochilidae*) gibt es nur in der Neuen Welt. Sie sind in Nord- und Südamerika zu Hause, aber keineswegs nur im heißen Tropengürtel. Man trifft sie bis in den hohen Norden und sie leben auch in den Bergen.

Die Weibchen sind in der Regel unscheinbar gefärbt, während die Männchen oft in schillernden Gewändern glänzen und überdies durch lange Schwanzfedern ausgezeichnet sein können. Wenn sie um ein Weibchen werben, zeigen sie ihre Farben vor seinen Augen in akrobatischen Flügen. Aber wenn die Paarung vorüber ist, erweisen sie sich nicht als besorgte Väter. Sie zerstreuen sich in der Gegend und überlassen den Nestbau und die Aufzucht der Brut allein den Weibchen.

Auch Kolibris haben oben offene, napfförmige Nester. Doch sind diese aus feinem Material, sehr sorgsam und besonders dicht gebaut. Wo das Klima kühl ist, besitzen sie einen dickeren Boden und auch Seitenwände von ansehnlicher Stärke. Der Nestbau ist schwer zu beobachten. Er konnte aber zum Beispiel beim Weißohr-Kolibri *(Hylocharis leucotis)* von H. O. Wagner bei seinem zehnjährigen Aufenthalt in Mexiko genau studiert werden. Nach seiner Schilderung brachte ein Weibchen, das als Nistplatz eine dünne Astgabel nicht hoch über dem Boden gewählt hatte, als erstes Baumaterial Spinnweben in seinem Schnabel, die es schwirrend an der Verzweigung befestigte und zu straffen Fäden spannte. So machte es Spinnseide zum Fundament seines Bauwerks. Weiter holte es die feinen Pflanzenhaare von den Eichengallen einer Blattwespe, die in der Nähe reichlich zu finden waren, auch Haare von Schafen, die an dornigen Zweigen hingen. Was der Vogel im Schnabel herbeibrachte, wurde im Schwirrflug ins wachsende Nest hineingestochert. Vereinzelt trug er auch andere leichte Ware heran, kleine trockene Blätter, Flechten, vor allem aber immer wieder Spinnweben. Diese werden ständig verarbeitet, verbinden die Teile und geben dem Bau seine Festigkeit und Elastizität. Allein die Unterlage, überwiegend aus Moos, erfordert etwa eine Woche Arbeit. In ein bis zwei weiteren Wochen werden die Seitenwände hochgezogen. Dabei wird die Mulde geformt, indem sich der darin sitzende Vogel hin und her dreht und unter ständigem Stochern mit dem Schnabel das Material in die rechte Lage bringt. Zuletzt wird in immer neuen Schichten ein dicker Wulst von Spinnweben dem oberen Nestrand aufgelegt. Zahlreiche Spinnweben laufen zu den benachbarten Blättern und Ästen, vielleicht nur durch den Wind hingeweht (Fig. 76). Die Mulde wird nicht gepolstert. Sie ist ja ohnehin mollig genug. Das Gelege besteht fast immer nur aus zwei Eiern. Von der Mutter ragt nur der Schwanz und der Kopf mit dem nach oben gerichteten Schnabel aus der tiefen Mulde. Zwischen dem Nestboden und dem Flaum des lebenden Öfchens ist ein warmes Quartier. Nach zwei bis drei Wochen schlüpfen die Jungen aus und bleiben wohlbetreut im Nest, bis sie nach etwa weiteren drei Wochen fliegend die nächsten Äste erreichen können. Einige Tage werden sie noch von der Mutter geatzt, dann sind sie völlig selbständig.

Bei kalter Witterung kann die dicke und dichte Wandung des gut konstruierten Nestes während der Nacht, in der erzwungenen Futterpause, einen starken Wärmeverlust verzögern, aber nicht verhindern. Die Kolibris trotzen dieser Gefahr durch eine bemerkenswerte physiologische Fähigkeit. Statt daß sie sich vergeblich bemühen, ihre innere Wärme konstant zu halten und dadurch ihr ganzes Heizmaterial erschöpfen, lassen sie die Körpertemperatur absinken und verfallen bei herabgesetztem Stoffwechsel vorübergehend in einen Zustand der Starre. Sie verhalten sich in dieser Hinsicht wie wechselwarme Tiere und können dadurch auch Wetterstürze erstaunlich gut überstehen. Sobald die Sonne wieder kommt, wärmen sie unter zitternden Bewegungen ihren Körper auf und bald schwirren sie davon, auf neue Nahrungssuche.

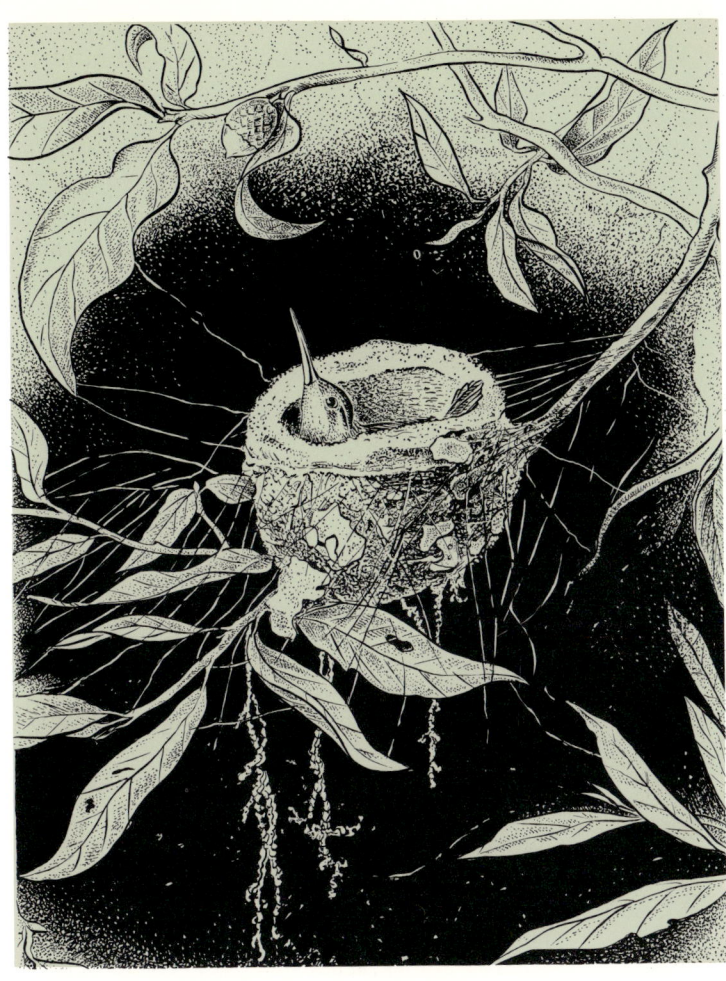

Fig. 76 Weißohrkolibri in seinem
Nest. Es steht in einer kleinen Höhle
an einer Böschung. Beim Nestbau
spielen Spinnweben eine wichtige
Rolle. Solche sieht man auch zwischen dem Nest und benachbarten
Blättern und Ästchen gespannt, wo
sie wohl nur durch den Wind hingeweht wurden und kleben blieben.

Man kennt mehr als dreihundert verschiedene Kolibri-
arten. Jedem größeren zoologischen Museum gereichen
nicht nur die Vögel selbst, sondern auch die mannigfachen
Varianten ihrer Nester zu besonderer Zierde. Das Baumaterial ist ziemlich einheitlich. Aber der Bauplatz kann
recht verschieden gewählt werden. Bei Abwesenheit der
Mutter kann es in den offenen Napf hineinregnen. Diesem
Übel suchen manche Arten durch einen gedeckten Standort
zu begegnen. Sie bauen das Nest unter einem großen Blatt,
unter einem überhängenden Fels oder in einer Höhle. Auch
die Abkühlung wird dadurch etwas vermindert und andererseits der Überhitzung durch die Sonne vorgebeugt.

Man baut sich ein Dach über den Kopf
In Europa ist der Zaunkönig *(Troglodytes troglodytes)* der
Zwerg in der Vogelwelt. Er bewohnt die verschiedensten

Plätze. Am meisten liebt er dichte Büsche und Gestrüpp, Reisighaufen und ähnliche Schlupfwinkel. Da huscht er in kurzen Flügen oder Sprüngen und laufend so hurtig herum, daß er leicht für eine Maus gehalten wird. Läßt er sich deutlicher blicken, so ist er an seiner Haltung und am kurzen, aufgestellten Schwanz leicht zu erkennen (Fig. 77). Nur aus nördlichen Wohngebieten zieht er im Winter nach Süden, in gemäßigtem Klima ist er ein Standvogel. Obwohl er hauptsächlich von Insekten und Spinnen lebt, sucht er sich in der schlechten Jahreszeit durchzukämpfen und holt sich seine Nahrung aus Ritzen und Spalten. Sogar im Schnee hört man seinen fröhlich klingenden Gesang, wie auch seinen schnarrenden Warnruf; erst recht im Frühjahr, wenn die Zeit zum Nestbau gekommen ist. Männchen und Weibchen tragen das gleiche Kleid. Den Bau des Nestes beginnt das Männchen allein.

Das Nest hat die Gestalt einer Kugel mit einem kleinen, seitlich gelegenen Einschlupf (Fig. 77). Der Vogel baut sich also ein Dach über den Kopf. Das ist ein Fortschritt gegenüber den offenen Nestern. Der Platz kann sehr verschieden gewählt werden, im allgemeinen aber versteckt unter Wurzelwerk und dergleichen. Da das Pflanzenmaterial für den Bau der näheren Umgebung entnommen wird, paßt es zu dieser und bewirkt eine gute Tarnung. Gern nistet er auch unter einem Überhang (Bild 85, Seite 202). Ähnliche Kugelnester mit seitlichem Einschlupf bauen auch die Laubsänger (Gattung: *Phylloscopus)* in dichtem Unterwuchs (Bild 84, Seite 202).

Beim Zaunkönig stellt das Männchen nach Art der Grasmücken mehrere Nester im Rohbau her und zeigt sie dem Weibchen, das seine Wahl trifft und sich dann um die Innenausstattung kümmert. Aber der Zaunkönig ist kein getreuer Ehemann. Während das eben erworbene Weibchen eifrig mit Federn und anderen weichen Stoffen das Innere der auserkorenen Wohnung behaglich einrichtet, ladet er andere Damen zur Besichtigung seiner übrigen Nester ein. Er liebt die Vielweiberei. Das hat zur Folge, daß manche Männchen leer ausgehen. Es mögen jene sein, deren Bauten zu unvollkommen waren. Durch diese Art von Zuchtwahl mag die Baukunst hoch gehalten oder noch verbessert werden. Um die Brut kümmert sich das Männchen wenig. Doch beteiligt es sich manchmal an der Fütterung.

Zaunkönige benützen das Brutnest und manche von den unvollendeten Nestern nach dem Flüggewerden der Jungen oft zum Schlafen, besonders bei kühler Witterung. Der Leser wird das nicht bemerkenswert finden. Man hört ja oft die Meinung, daß Vögel ihre Nester nicht nur zum Brüten

Fig. 77 Das kugelförmige Nest des Zaunkönigs steht in der Regel nahe dem Boden in dichtem Gebüsch, wo es schwer zu entdecken ist.

bauen, sondern auch, um darin zu schlafen. Das ist ein Irrtum. Beim Brüten ist für den Partner in der Regel kein Platz. Im übrigen suchen fast alle Arten ihre Schlafplätze in den Zweigen von Büschen oder Bäumen und an anderen gedeckten Plätzen, manche am Boden, Wasservögel im Röhricht oder auf dem freien Wasser, wo sie am sichersten sind. Es gibt aber Vögel, die auch nach der Brutzeit das Nest zum Schlafen aufsuchen oder eigene Schlafnester bauen. Zu solchen Ausnahmen zählen zum Beispiel der Haussperling und der Feldsperling, die Elster, manche Spechte und eben auch der Zaunkönig.

Die eigentliche Heimat dieses Vogels liegt im tropischen Amerika. In Nord- und Südamerika ist die Familie *(Troglo-tydidae)* durch über sechzig Arten vertreten, von denen nur eine einzige nach Europa und Asien vorgedrungen ist. Sie alle haben viel miteinander gemein. Auch bei den amerikanischen Arten ist der Bau von Schlafnestern ein verbreiteter Brauch und zuweilen haben diese sogar hervorragende Bedeutung.

Der Kaktuszaunkönig der Vereinigten Staaten *(Camplyorhynchus brunneicapillus)* errichtet sein Nest als Wohnheim, in dem seine Familie während des ganzen Jahres Schutz vor Regen und Kälte findet und in den Nächten schlafen kann. Sobald die Jungvögel erwachsen sind, baut jeder sein eigenes Nest als Schutz für den kommenden Winter. Manche Arten aber haben die moderne Bauweise nicht mitgemacht und sind beim offenen Napfnest geblieben.

Ein Hängenest bietet Schutz vor manchen unliebsamen Gästen

Sind die Zaunkönige hauptsächlich in Amerika verbreitet und in Europa nur durch eine einzige Art vertreten, so ist es bei den Beutelmeisen gerade umgekehrt: man kennt etwa 10 Arten in Europa, Asien und Afrika, aber nur eine einzige aus der Neuen Welt. Sie kommt in den südlichen Teilen von Nordamerika vor. Die Beutelmeisen *(Remizidae)* sind mit den Meisen nahe verwandt und wurden früher in die gleiche Familie gestellt.

Das Nest der Beutelmeise ist, wie beim Zaunkönig, oben geschlossen und hat einen seitlichen Einschlupf. Ein Fortschritt liegt aber in der Wahl des Platzes. Es wird am dünnen Ende eines Zweiges festgemacht, häufig an einer Weide, und baumelt frei in der Luft. Für Räuber, die im Astwerk nach Beute suchen, ist es kaum erreichbar.

Das beutelförmige Bauwerk ist so kunstvoll angefertigt, daß es seit altersher die Aufmerksamkeit der Menschen erregt hat. Es ist überdies von solcher Festigkeit, daß im östlichen Europa, wo diese Vögel häufig sind, ihre Nester von Kindern zuweilen statt Filzschuhen getragen werden, und jene von einer ostafrikanischen Art benützen die Massai als Geldbeutel. Wie bringt der Vogel dieses hübsche und widerstandsfähige Bauwerk zustande?

Bild 88 zeigt ein Nest der in Deutschland vorkommenden, aber ziemlich seltenen Beutelmeise *(Remiz pendulinus)*. Zum Nisten pflegt sie Weiden-, Birken- oder Pappelbestände aufzusuchen. Sie liebt die Nähe von Gewässern, ja manchmal schwebt ihr Nest über dem Wasserspiegel. Im Frühjahr beginnt das Männchen allein mit dem Bau. Für das Grundgerüst dienen lange, feste Fasern (Grashalme, Bast, Luftwurzeln von Weiden, auch Haare). Indem der Vogel mit einem Faden im Schnabel um das Ende eines

herabhängenden Zweiges herumflattert, hängt er ihn an und
wickelt ihn fest. Weitere Fasern werden nicht nur herumgewickelt, sondern zwischen dem schon vorhandenen
Material durchgeflochten, mit ihm verwoben und die Enden
mit dem Schnabel in die Maschen gesteckt. Das gibt zunächst einen nach unten hängenden Stiel, der gegabelt fortgesetzt, verbreitert und unten wieder vereint und zusammengeflochten wird. So entsteht eine Art Henkelkörb-
chen (Fig. 78, Seite 214). Dann erst wird die Rückwand geschlossen und vorne die zweite Öffnung zugebaut, bis nur
das Eingangsloch bleibt.

Bild 88 Nest der Beutelmeise.
Naturhistorisches Museum der
Technischen Universität
Braunschweig.

Diese Schilderung ist aber noch unvollständig. Das Nest ist mehr als ein Flechtwerk aus Fasern. Es erinnert in seiner Herstellung an einen orientalischen Knüpfteppich. Wie bei diesem zwischen den Fäden des Grundgewebes kurze Wollfäden eingeknüpft werden, so verwendet auch die Beutelmeise neben den langen Fäden kurze Stücke, vor allem die wolligen Samenhaare von Weiden oder Pappeln. Sie werden in die Maschen und Lücken so hineingearbeitet, daß ein dickes, filziges und haltbares Gewebe entsteht (Bild 87, Seite 204). Man wird sich nicht wundern, daß die Anfertigung eines solchen Nestes drei bis vier Wochen beansprucht. Bei fortgeschrittenem Bau sucht das Männchen ein Weibchen anzuwerben. Wenn sich ein solches einfindet, beteiligt es sich an der Vollendung des Nestes und polstert es mit weicher Pflanzenwolle aus. Das Brutgeschäft übernimmt das Weibchen allein, während das Männchen inzwischen ein zweites Nest bauen und um ein weiteres Weibchen werben kann.

Natürlich haben auch hier verschiedene Arten gewisse Besonderheiten. Man findet Maßnahmen, die den Schutz des Brutraumes noch verbessern. Das geschieht auf ziemlich grobe, aber wirksame Weise bei der einzigen neuweltlichen Art, der gelbköpfigen Goldmeise *(Auriparus flaviceps)*, von den Amerikanern »verdin« genannt. Sie baut ihr Kugelnest aus Dornenzweigen, wie sie in den von ihr bewohnten Halbwüsten leicht zu finden sind. Ein diskreteres Verfahren wendet die afrikanische Schließbeutelmeise an *(Anthoscopus caroli)*. Beim Nestbau wird vom unteren Rand des Eingangsloches nach hinten eine Tasche angeflochten. Beim Verlassen des Nestes zieht sie der Vogel gegen den oberen Rand des Loches und die Haustüre ist geschlossen. Vielleicht erinnert sich der Leser, daß uns schließbare Haustüren schon bei den Falltürspinnen begegnet sind.

Webervögel. Während die Baukunst der Beutelmeisen mehr im Verborgenen blüht, sind die Nester der Webervögel augenfällig und haben Weltruhm erlangt. Dazu hat sicher beigetragen, daß manche von diesen Vögeln häufig sind und stellenweise in Kolonien brüten. Dann hängen ihre Bauten unübersehbar wie große Früchte an den Bäumen (Bild 89, Seite 221). Andere Arten errichten in gemeinsamer Arbeit Gesellschaftsnester, die mit ihrem Umfang alle übrigen Vogelnester im Astwerk der Bäume bei weitem übertreffen (Bilder 93a und b, Seite 224). Aber orientieren wir uns zuerst, von was für Vögeln wir sprechen.

Den Haussperling kennt wohl jeder. Er ist ja als Freund der Zivilisation dem Menschen fast über den ganzen Erdball gefolgt. Er gehört zu den Webervögeln. Zum Ruhm der Webervögel hat er aber mit seinen schlampigen Nestern nichts beigetragen. In der Familie der Webervögel *(Ploceidae)* bilden die Sperlinge *(Passerinae)* eine eigene Unterfamilie neben 9 anderen, deren Kunstfertigkeit starke Unterschiede zeigt. Ihre höchste Stufe hat sie in der Unterfamilie der eigentlichen Weber *(Ploceinae)* erreicht. Zu diesen gehören etwa 70 verschiedene Arten. Die meisten von ihnen leben in Afrika südlich der Sahara, einige auch im südlichen Asien. Sie haben etwa die Größe von Sperlingen oder Amseln. Ihre Arbeit erinnert nicht an die Herstellung von Knüpfteppichen, wie jene der Beutelmeisen, aber ihre Weberei ist bei manchen Arten von erstaunlicher Vollendung und liefert einen Stoff von großer Dichte und Haltbarkeit. Die Anlage des Bauwerks ist oft ganz ähnlich wie bei der Beutelmeise. Nach oben ist es immer geschlossen. Die Öffnung liegt seitlich oder, bei einem anderen Typ, an der Unterseite, wo das Flugloch am Ende einer langen Einflugröhre liegen kann. Eine solche findet man bei den Hängenestern, die an den Enden dünner Zweige befestigt sind. Während das Dach vor Regen und Tropensonne schützt, ist die Flugröhre eine gute Sicherung gegenüber den gefährlichen Baumschlangen.

Die Bilder 91a und b auf Seite 222 zeigen das Bauwerk

von Cassins Webervogel *(Malimbus cassini)*, einem der
besten Weber. Die Technik ist bei anderen Arten dieselbe,
aber nicht alle sind so sorgfältig in der Ausführung.

Der Bau ist auch hier im wesentlichen das Werk des
Männchens. Ein Weibchen ist zunächst noch nicht zugegen.
Es wird später die innere Ausstattung machen. Die Wahl
des Baumaterials wird mit davon bestimmt, was in der Umgebung zur Verfügung steht. Notwendig sind aber dünne,
schmiegsame und zugfeste Streifen, sei es von Grashalmen,
von einem Palmblatt oder dergleichen. Der Vogel packt
eine Stelle am Rande des Blattes oder Halmes fest mit
seinem Schnabel und fliegt davon, wobei er einen längeren
Streifen mit sich reißt. Diesen und andere Fäden wickelt
er um das Ende eines Zweiges. Weitere werden mit den
ersten verflochten (Fig. 79 oben links). Ähnlich wie bei der

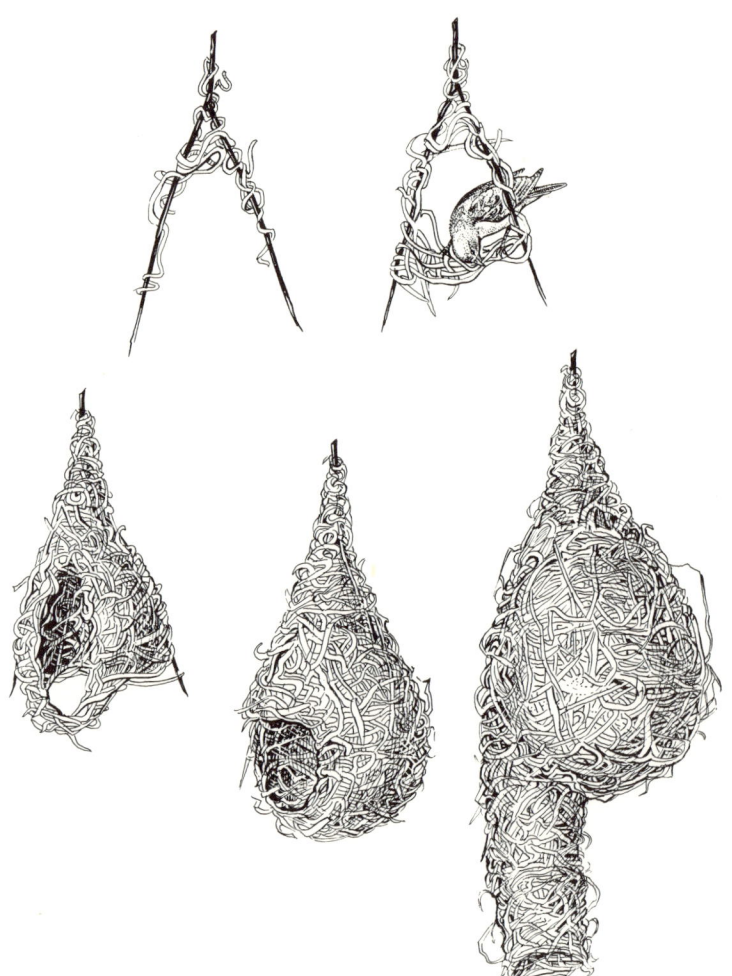

Fig. 79 Wie das Nest eines Weber-
vogels entsteht.

Beutelmeise geht dieser Ansatz in eine Gabelung über. Weiter unten werden beide Teile wieder miteinander vereinigt und verflochten, so daß ein Ring entsteht (Fig. 79 oben rechts). Er wird nach beiden Seiten erweitert und ausgebaut, auf der einen Seite zur Brutkammer, auf der anderen zu einem Vorraum, dessen Öffnung nach unten in die Flugröhre verlängert wird (Fig. 79 unten). Der Vogel arbeitet ähnlich wie ein Korbflechter und zum Teil wirklich wie ein Weber. Er hat aber nicht so lange Fäden, wie sie in den »Ketten« der Webstühle zur Verfügung stehen. Er muß also die Enden der Fäden öfter befestigen, indem er sie in die Lücken des schon vorhandenen Gewebes hineinsteckt, oder mit ihm verknüpft. Das macht er mit dem Schnabel, wobei er oft auch das Bein zu Hilfe nimmt, um die Unterlage festzuhalten (Fig. 80). Die Art der Verflechtung

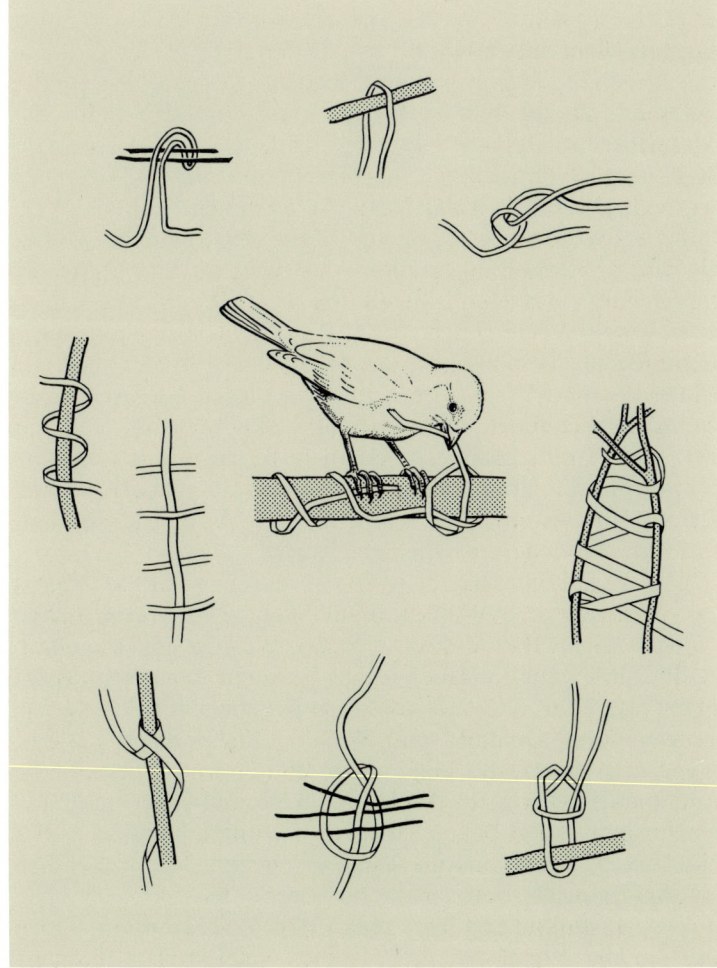

Fig. 80 Einige Beispiele für Schlingen und Knoten der Webervögel.

ist mannigfaltig und richtet sich nach der gegebenen Situation. Im einfachsten Fall wird der Faden als Schlinge um einen Zweig oder um einen anderen Faden gelegt. Oder er wird durch eine andere Schlinge gezogen, oder zu einem Knoten verknüpft, einfach spiralig herumgewickelt oder zuletzt auch verschlungen, wie Fig. 80 an einigen Beispielen zeigt. Geschickt versteht er eine Faser durch ein Geflecht durchzustecken und daneben wieder herauszuziehen. Ist auf solche Weise eine feste Grundlage für die Form gegeben, so kann die Wand durch echtes Weben nach dem Prinzip von Kette und Schuß verdichtet und verfestigt werden, wie Bild 91b auf Seite 222 deutlich erkennen läßt. Hier verlaufen die Fäden mit großer Regelmäßigkeit senkrecht zueinander, diagonal zur Richtung der Neströhre. Diese erhält dadurch ihre große Haltbarkeit und Elastizität.

So dauerhaft der Vogel sein Flechtwerk macht, vermeidet er doch, die Knoten zu fest anzuziehen. Das hat einen guten Grund. Nicht selten will er, wie es Penelope in der Odyssee mit ihrer Handarbeit gemacht hat, das Geschaffene wieder abbauen. Damit hat es folgende Bewandtnis: wenn das Männchen mit seinem Nest soweit ist, daß sich dessen Gestalt deutlich abzeichnet, beginnt es um ein Weibchen zu werben. Diese sehen das Nest, sie verstehen auch die Werbung des vor dem Nesteingang flatternden Männchens, aber sie sind wählerisch und stellen Ansprüche an die Mitgift, die ihnen durch das Heim angeboten wird. Wenn dieses nach etwa einer Woche noch nicht von einem Weibchen angenommen ist, dann zerstört das Männchen selbst das mit viel Mühe geschaffene Bauwerk und für diesen Fall ist es gut, wenn die Schlingen nicht zu fest verknotet sind. Nachher versucht es eine schönere Arbeit fertig zu bringen und errichtet an der alten Stelle ein neues Nest. Hat es diesmal Erfolg, so besorgt das Weibchen die Auspolsterung mit Gräsern und anderem weichen Material.

Der Zaunkönig macht von vornherein mehrere Nester und stellt sie dem Weibchen zur Wahl. Der Weber macht einen einzigen Bau und wenn er den Weibchen nicht gefällt, reißt er ihn ab und versucht einen besseren zu machen. Beim einen wie beim anderen kann das Ergebnis der Arbeit von verschiedener Qualität sein. Noch deutlicher zeigt sich das, wenn man die Nester von jungen und älteren Webervögeln miteinander vergleicht. Webervögel bauen bereits im ersten Lebensjahr, noch bevor sie fortpflanzungsfähig sind. Aber sie basteln recht unvollkommene Nester. Wahrscheinlich ist ihr Bautrieb noch nicht ausgereift, wie ja auch viele andere Instinkte erst zur gegebenen Zeit »reifen«. Doch dürften die Vögel bei ihren frühen spielerischen Bauver-

suchen durch Erfahrung lernen, mit ihrem Material umzu-
gehen und sich dabei zu geschickteren Werkmeistern aus-
bilden. Ihre Bautätigkeit führt in gewissem Grade zu individuellen Schöpfungen und steht auf einem anderen Niveau
als bei Fischen und Lurchen oder bei Insekten und Spinnen,
deren noch differenzierte Instinkte schon das erste Nest,
oder das erste Netz zu einem vollendeten Kunstwerk machen.

Webervögel neigen zu geselligem Brüten. In den afrikanischen Savannen sind an den großen, einzeln stehenden
Bäumen ihre zahlreichen Nester oft besonders augenfällig,
auch wenn sie nicht so lange Flugröhren haben wie jene
von Cassins Webervogel (Bild 91, Seite 222). So zeigt Bild
92 auf Seite 223 einen Ausschnitt aus einer Kolonie des
Oryx-Webers. Die retortenähnliche Nestform mit der kurzen, nach unten gerichteten Flugröhre repräsentiert einen
anderen Bautyp. In Bild 90a auf Seite 221 sieht man ein
Männchen des Textor-Webers *(Ploceus cucculatus)* an seinem Nest webend. Schon während des Nestbaues versucht
das Männchen vor dem Eingang seines noch nicht vollendeten Nestes durch Schwirrflug und Gesang ein Weibchen
anzulocken (Bild 90b, Seite 221).

Wie bei diesem Textorweber sind auch bei vielen anderen
Webervögeln die Männchen durch einen Farbschmuck ausgezeichnet, während die Weibchen in der Regel ein un-
scheinbares Kleid tragen und den Weibchen des Haus-
sperlings ähnlich sehen.

Gesellschaftsnester

Der Drang zu geselligem Leben macht sich bei anderen
Gruppen von Webervögeln noch stärker geltend, indem sie
Gemeinschaftsnester für mehrere Familien bauen. In der
afrikanischen Dornbuschsteppe lebt der Büffelweber *(Buba-
lornis albirostris)*. So groß wie eine Amsel, gehört er zu den
größten Webervögeln. Er verwendet Dornzweige für seinen
Bau. Wie so oft, wurde eine sich bietende Gelegenheit
an weit entfernten Plätzen in gleicher Weise genützt. Die
amerikanische Beutelmeise verschanzt ihr Nest hinter Dornreisern wie hinter einer Sperre von Stacheldraht, und der
afrikanische Büffelweber macht genau dasselbe. Einige
Pärchen beginnen in den Zweigen eines Baumes dicht
nebeneinander ihre Nester aus Dornreisern zu bauen, als
wollten sie in lockerer Nachbarschaft eine Kolonie gründen.
Aber bald überbrücken sie auch die Zwischenräume mit
weiteren Dornzweigen. So entsteht ein einheitliches Gebilde,
das einen Durchmesser von 2 bis 3 m erreichen kann, un-
freundlich und abweisend gegenüber Außenseitern, die dem
Familienheim zu nahe treten wollen. Im Inneren aber wer-

den getrennte Bruträume angelegt, jeder durch seinen eigenen Eingang von unten erreichbar, und diese Wohnhöhlen werden von den Weibchen mit Gras rundum weich ausgelegt und bilden inmitten des Dorngeheges ihr trautes Heim, das auch als Schlafnest benützt wird.

Noch weit größere Ausmaße erreichen solche Gemeinschaftsnester beim Siedelweber *(Philetairus socius)*. Diese Vögel stehen den Sperlingen sehr nahe. Ihre Nestanlage wird an einem starken Baumast von mehreren Paaren gemeinsam begonnen. Statt mit dem Fundament, fangen sie in etwas ungewöhnlicher Weise mit dem Dach ihres Hauses an. Sie bauen es aus Zweigen und aus den kräftigen Grashalmen ihrer südafrikanischen Trockensteppe. In dieser Masse werden die einzelnen Nestkammern gegründet. Die Einflugsöffnungen liegen an der Unterseite der Nester (Bild 93a, Seite 224). Meist hausen etwa 20 bis 30 Paare zusammen. Sie leben, soweit bekannt, in musterhafter Einehe nebeneinander. Jahr für Jahr wird an dem Bau weitergearbeitet, der schließlich etwa 5 m im Durchmesser erreichen kann (Fig. 81 und Bild 93b, Seite 224). An einem solchen hat man einhundertfünfundzwanzig Nesteingänge gezählt. So ein Wohngebäude ist wohl das auffälligste unter allen Vogelnestern, die es gibt. Es braucht nicht im Verborgenen angelegt zu werden, um feindlichen Blicken zu

Fig. 81 Das Nest des Siedelwebers (Philetairus socius) kann einen Durchmesser von etwa 5 m erreichen. In ihm wohnen 20 bis 30 Paare, die unter dem gemeinsamen Dach getrennte Nester haben. Oben: ein Siedelweber, größer dargestellt.

Bild 89 Wie reife Früchte wirken aus der Entfernung die Nester von Weber-vögeln – hier eine Kolonie von Pseudo-nigrita arnaudi in Tanganyika. (Zu Seite 215)

Bild 90 a Männchen des Textor-Webers, am Nest webend.

Bild 90 b Textor-Weber vor dem Ein-gang seines noch nicht vollendeten Nestes um ein Weibchen werbend. Südwestafrika. (Zu Seite 219)

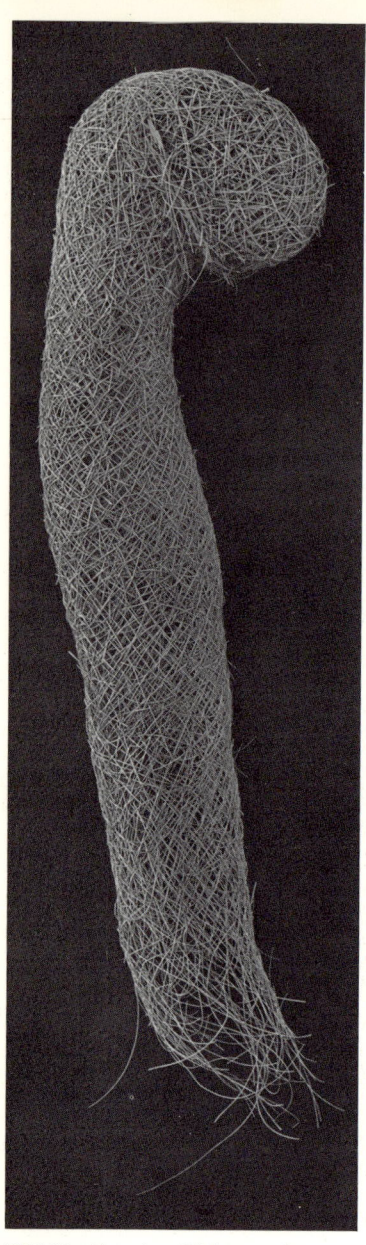

Bild 91 a Nest eines Webervogels
(Malimbus cassini) vom Ast abge-
nommen, an den es mit dem oberen
Ende angeflochten war.

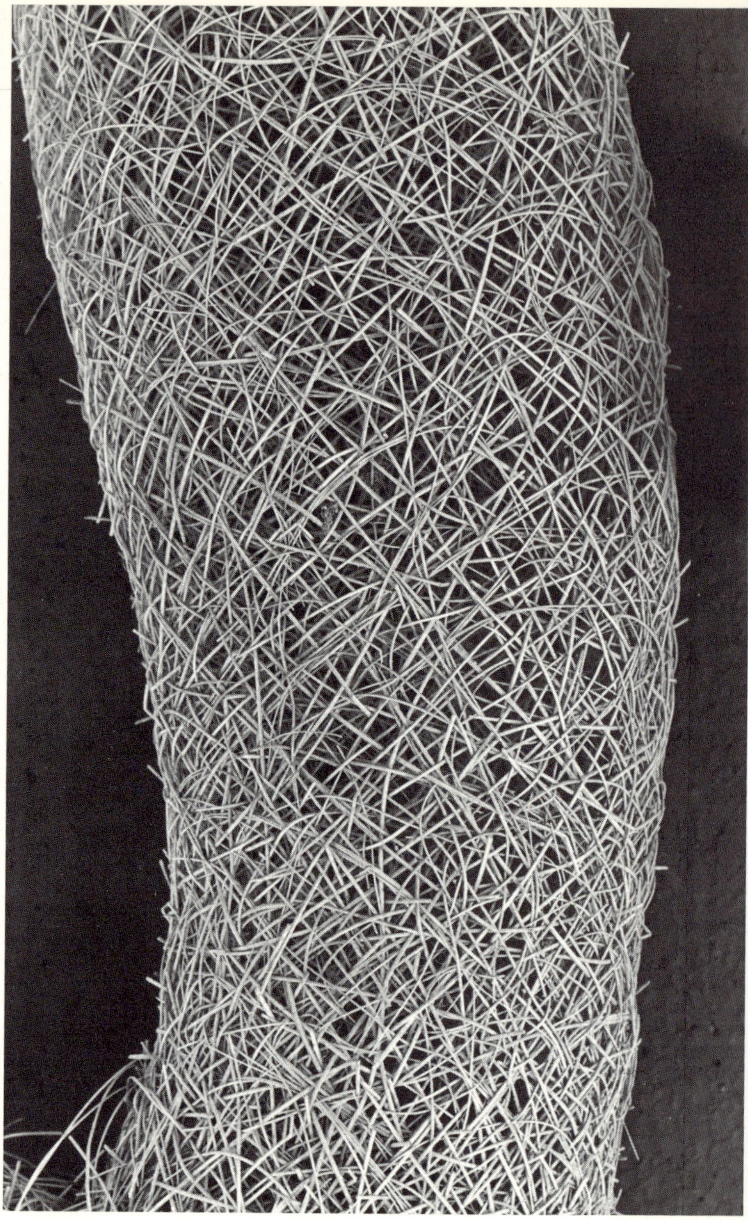

Bild 91 b Webervogelnest – Ausschnitt
in natürlicher Größe. Naturhistorisches
Museum der Technischen Universität
Braunschweig. (Zu Seiten 215, 218
u. 219)

Bild 92 (rechte Seite) Ausschnitt aus
einer Kolonie des Oryx-Webers
(Euplectes orix), dessen hauptsäch-
liches Verbreitungsgebiet in Südafrika
liegt. (Zu Seite 219)

*Bild 93 a Das Riesennest des Siedel-
webers, von unten gesehen, mit den
zahlreichen Einflugsöffnungen.*

*Bild 93 b Nest des Siedelwebers in
Seitenansicht. (Zu Seite 215 u. 220)*

entgehen, wie es bei so vielen anderen Vogelnestern angestrebt wird. Aber eine Gefahr besteht, und sie steigert sich mit dem Wachstum der gemeinsamen Festung. Es kann der Augenblick kommen, in dem der Ast das Gewicht des Gemeinschaftsnestes nicht mehr tragen kann und das Werk der jahrelangen Arbeit in einer plötzlichen Katastrophe in Brüche geht.

Das ist immerhin ein seltenes Ereignis. Zuvor hat das große Wohnheim durch viele Jahre gute Dienste geleistet. Wie ein tiefes Höhlensystem war es für Generationen seiner Erbauer ein sicherer Hort.

Vögel als Untermieter

In dem ausgedehnten Nest des Siedelwebers richten sich nicht selten auch andere Vögel häuslich ein: kleine Papageienarten, Zwergfalken und sonstige Gäste, die sich in leerstehenden Nestkammern niederlassen. Sie sind gleichsam Untermieter in dem großen Wohnbau.

Solches Vorkommen steht nicht vereinzelt da. Im Astwerk von besetzten Adlerhorsten können Stare, Sperlinge und anderes Kleinvolk nisten. Auch die Horste des weißen Storches werden zuweilen von kleinen Vögeln genützt, die sich zwischen die Zweige hinein ihre eigenen Nester bauen. Die Mächtigen nehmen das gelassen hin und die Kleinen sind vor Raubzeug gut gesichert.

In den Tropen finden Vögel, die Höhlenbrüter sind, hervorragend geschützte Plätze zur Anlage ihrer Bruträume bei den wehrhaften Termiten. Man kennt etwa fünfzig verschiedene Vogelarten, die in den Bauten von Boden- und Baumtermiten ein Loch durch den Schutzpanzer hacken, eben groß genug für sie, um hindurchzukommen und sich im Inneren einzunisten. Auch Ameisenbauten werden gerne aufgesucht. So legen Spechte oft ihre Bruthöhle in den Kartonnestern von *Crematogaster* und verwandten Ameisenarten an. Sie entrichten keine Miete für ihr Quartier. Im Gegenteil: oft räumen sie gehörig auf unter den rechtmäßigen Inhabern der Wohnung. Es ist merkwürdig, daß sich trotzdem die Angriffe dieser Ameisen nie gegen die Spechte und ihre Brut richten.

Manche Weber und viele andere tropische Vögel suchen zwar nicht als Untermieter, aber doch durch enge Nachbarschaft mit Nestern von Wespen und Hornissen für ihr eigenes Heim den Schutz dieser stechlustigen Insekten zu gewinnen. Fig. 82 zeigt als Beispiel das Hängenest einer Südseegrasmücke *(Gerygone)* an einer Zweigspitze neben einem Wespenbau. Unter den Stärlingen *(Icteridae)* ist insbesondere der im Norden Südamerikas und in Panama

Fig. 82 Nest einer Südseegrasmücke (Gerygone) unmittelbar neben einem Wespennest. Um die Aufnahme machen zu können, die als Vorlage für die Zeichnung diente, mußten die Wespen ausgeräuchert werden.

heimische *(Cacicus cela)* dafür bekannt, daß oft mehrere Paare ihre an Zweigen hängenden Nester so nahe an ein Wespennest bauen, daß sich die im Winde schwankenden Wohnstätten der Vögel und Wespen aneinander reiben. Trotzdem bleibt alles friedlich, während andere Tiere, die sich in die Nähe wagen, von den Wespen angegriffen werden.

Höhlenbrüter

Überdachte Nester, wie sie die Zaunkönige, die Beutelmeisen, Webervögel und andere bauen, sind kleinen Höhlenwohnungen vergleichbar und bieten mehr Sicherheit und Wärme als offene Mulden oder Napfnester. Dauerhafte, gedeckte Nester zu bauen ist nicht einfach. Kein Wunder, daß viele Vogelarten den anderen Weg gegangen sind, natürliche Höhlen für ihr Brutgeschäft zu benützen wie sie die ursprünglichen Wälder in morschen Bäumen reichlich bieten. Die Spechte *(Picidae)* sind bekannte Nutznießer der Baumhöhlen.

Spechte sind die Zimmerleute unter den Vögeln. Sie sind für den Umgang mit Holz aufs beste gerüstet. Mit ihren scharfen Krallen und gestützt auf die Spitzen ihrer steifen Schwanzfedern finden sie am Baumstamm festen Halt und können sich geschickt an ihm bewegen. Der starke Schnabel ist ihr wichtigstes Werkzeug. Mit ihm hacken sie Fraßgänge von Insektenlarven auf und holen mit ihrer weit vorstreckbaren, am Ende mit Widerhäkchen versehenen Zunge wie mit einer Harpune fette Maden aus ihren Verstecken. Gelegentlich nehmen sie auch Haselnüsse, die Samen von Koniferen und andere pflanzliche Nahrung. Zum Öffnen der hartschaligen Nüsse und zur Bearbeitung der Koniferenzapfen gebrauchen sie eigene Werkstätten, die »Spechtschmieden«. Eine Kluft in borkiger Rinde, ein Riß im Holz kann dazu dienen, die Nuß einzuklemmen. Für größere Objekte wie Fichtenzapfen hacken sie selbst ein passendes Loch und holen aus dem eingeklemmten Zapfen mit gewandten Hieben die Samen unter den Schuppen heraus. Gute Schmieden benützen sie viele Jahre immer wieder. Die Trümmer von einigen tausend Zapfen auf dem Waldboden können den Wanderer auf eine hoch gelegene Werkstatt hinweisen. In der gemäßigten Zone bilden die Koniferensamen im Winter eine wichtige Nahrungsquelle.

In den gepflegten Wäldern unserer Zeit ist eine fertige Wohnung nicht immer zu finden. Oft müssen die Spechte die ganze Bruthöhle aus einem gesunden Stamm selbst herausarbeiten. Sie bringen das fertig, sogar im harten Holz einer gesunden Buche. Aus dem Inneren werden die Späne mit dem Schnabel hinausgetragen. Einmal gezimmert, wird die Höhle oft in weiteren Jahren wieder benützt. Die Herstellung hat ja schwere Arbeit gekostet. Sie fällt zum größten Teil dem Männchen zu. Daß bei dem wuchtigen Hämmern das Gehirn keinen Schaden leidet, verdanken die Spechte der sinnreichen Konstruktion und Verstärkung ihrer Schädelknochen.

Der Schnabel dient ihnen aber auch zur wechselseitigen Verständigung. Während andere Vögel durch Gesang ihr Revier zu markieren pflegen, das Weibchen anlocken und ihre Stimmungen zum Ausdruck bringen, benützt der Specht zu gleichen Zwecken mit Vorliebe einen dürren Ast als Musikinstrument. An ihm sitzend, betrommelt er ihn mit dem Schnabel und erzeugt so ein Geräusch, das durch die Resonanz des Holzes weithin hörbar ist. An der verschiedenen Dauer und den bezeichnenden Zeitabständen der aufeinanderfolgenden Trommelwirbel können die verschiedenen Spechtarten einander unterscheiden und die Artgenossen einander erkennen. Sie verkünden sich auf solche Weise auch als Besitzer des Revieres, sie verständigen sich über die Wahl des Brutplatzes und andere Familienangelegenheiten. Wo kein dürrer Ast zur Verfügung steht, wird gegen einen Baum oder einen anderen Gegenstand mit gutem Widerhall gehämmert.

In jungen Jahren hatte ich einen zahmen, frei fliegenden Buntspecht (Bild 94, Seite 241). Im Sommer kam er aus dem Walde zu jeder Mittagsmahlzeit, die wir vor unserem Landhaus einnahmen. Stets flog er zunächst an die hölzerne Dachrinne und kündigte sich durch Trommeln an, bevor er auf den gedeckten Tisch herabflog um seine Portion Mehlwürmer von uns zu fordern.

Ein Nest im üblichen Sinn bauen die Spechte nicht. Einige Späne von der Innenwand genügen ihnen als Unterlage für die Eier, die auf den Boden der Höhle abgelegt werden. Wie sie sich in ihrem finsteren Loch verhalten, wußte man nicht, bis es Heinz Sielmann gelang, ihr intimes Familienleben nicht nur zu beobachten, sondern sogar zu filmen. Auch beim größten und scheuesten der europäischen Spechte, beim Schwarzspecht *(Dryocopus martius)* ist ihm das geglückt, entgegen allen Prophezeiungen der Vogelkenner.

Die Nisthöhle lag in diesem Falle 12 m hoch in einer mehr als hundert Jahre alten Buche. An der dem Flugloch entgegengesetzten Seite des Baumstammes wurde für den Beobachter und die Filmkamera eine gut getarnte Kanzel errichtet. Von ihr aus ließ sich die Rückseite der Höhle mit Hilfe von elektrischen Bohrern und Sägen öffnen, stufenweise von oben nach unten entfernen und durch eine Glaswand ersetzen. Dabei mußte äußerst vorsichtig gearbeitet und nach jeder größeren Störung eine Pause eingeschaltet werden, so daß sich die Vögel beruhigen und an die Veränderung gewöhnen konnten. Nun war es möglich, durch das Fenster das Innere zu sehen und zu photographieren. Sogar die Aufnahmen im Scheinwerferlicht ließen sich die Spechte gefallen. Das wäre kaum gegangen, wenn sie nicht doch durch das Brutgeschäft stark an den Ort gebunden gewesen wären. Und so nahm alles vor den Augen Sielmanns und der Kamera weiter seinen normalen Verlauf.

Die Eltern lösen einander beim Brüten ab, und ebenso hernach bei der Atzung der Jungen. Kommt eines der Elterntiere mit Futter, so klettert es innen kopfunten hinab. Der Schwarzspecht schafft die Nahrung im Kropf heran und würgt sie vor der Verfütterung in seinen Schnabel. Die Jungen scheinen nichts zu merken, bis der Altvogel ihre Schnabelwurzel berührt, wo empfindliche Hautschwellungen als Signalanlage sitzen. Im Augenblick der Berührung rekken sie den Hals hoch, sperren den Schnabel weit auf und lassen sich das Futter in den Schlund stoßen (Bilder 95 a und b, Seite 241). Nach der Atzung werden die Jungen eine Weile gewärmt. Kommt inzwischen der Partner mit einer neuen Futterladung, so meldet er sich außen durch ein Klopfzeichen, das von innen beantwortet wird. Daraufhin erfolgt die Ablösung. Später, wenn die Jungen weiter entwickelt sind, nehmen sie die Nahrung schon am Eingangsloch entgegen.

Die Jungspechte verlassen die Höhle – je nach der Größe der Art – nach drei bis vier Wochen. Die Familie hält dann nicht mehr lange zusammen. Manchmal werden die Kinder von den Eltern schon nach acht Tagen vertrieben und suchen sich ihre eigenen Reviere. Nach der Fortpflanzungszeit benützen die Spechte alte Bruthöhlen als Schlafplätze oder sie zimmern sich besondere Schlafhöhlen.

In Nordamerika ist der Goldspecht *(Colaptes auratus)* sehr volkstümlich und unter dem Namen flicker bekannt. Wie in Europa der Grünspecht, hüpft er gern auf dem Boden umher um nach Ameisen zu stochern; er nimmt auch Früchte und andere Pflanzennahrung. Am auffallendsten ist er zur Fortpflanzungszeit, da diese Vögel mit lebhaften Kopfbewegungen eine Art Tanz aufführen und ihre leuchtend gelbe Farbe an Schwanz und Flügeln demonstrieren. Beide Geschlechter zeigen dieses Verhalten, das sowohl der Revierverteidigung wie der Werbung zu dienen scheint. Bei der Anlage der Bruthöhle und der Pflege der Jungen verhält sich der Goldspecht ähnlich wie der Schwarzspecht.

Neben dem flicker ist der Rotkopfspecht *(Malanerpes erythrocephalus)* im östlichen Nordamerika sehr bekannt und häufig anzutreffen. Seltsam für einen Vogel ist seine Gewohnheit, sich Wintervorräte anzulegen und unter Verschluß aufzubewahren. Er sammelt Eicheln, Bucheckern, Nüsse und andere Früchte und bringt sie in schon vorhandene oder selbst gezimmerte Höhlungen in Stämme oder Pfähle. Vor fremdem Zugriff sucht er sie zu schützen, indem er die Früchte tief hineinschiebt und den Eingang mit Rindenstückchen und Holzsplittern verschließt. So hat er im Frühjahr seine Höhlenwohnung, im Winter aber viele kleine, gut maskierte Höhlen für sein Hamstergut.

Die Nashornvögel sind ganz andersartige Höhlenbrüter *(Bucerotidae),* bizarre Vogelgestalten, die in Afrika südlich der Sahara und in warmen Teilen Indiens vorkommen. Man fragt verwundert nach der Bedeutung ihres monströs entwickelten Schnabels und mancher mag sie bedauern, weil sie eine solche Last vorne am Kopf tragen müssen (Fig. 83). Doch ist das nicht so schlimm wie es aussieht. Die Hornsubstanz ist sehr leicht und ebenso das Knochengerüst des

Schnabels, denn wie die meisten Vogelknochen ist es mit Luftkammern durchsetzt. Die Verlängerung des Kopfes durch den Riesenschnabel bringt den Vögeln einen großen Vorteil: ihre Nahrung besteht zumeist aus Früchten der Urwaldbäume, wo sie an den dünnen Enden der Zweige zu hängen pflegen. Mit kurzen Schnäbeln könnten die recht großen und gewichtigen Vögel die Früchte nicht erreichen, weil sie nicht weit genug hinausturnen können.

Ein weiterer merkwürdiger Umstand hat bei Tierfreunden Anteilnahme und Bedauern erweckt; das Weibchen lebt in der Brutzeit für viele Wochen eingemauert in einer Baumhöhle, deren Eingang mit Lehm vermörtelt ist. Nur ein enger Spalt bleibt offen, durch den es vom Männchen Futter entgegennehmen kann (Fig. 83). Aber auch hier verhält sich

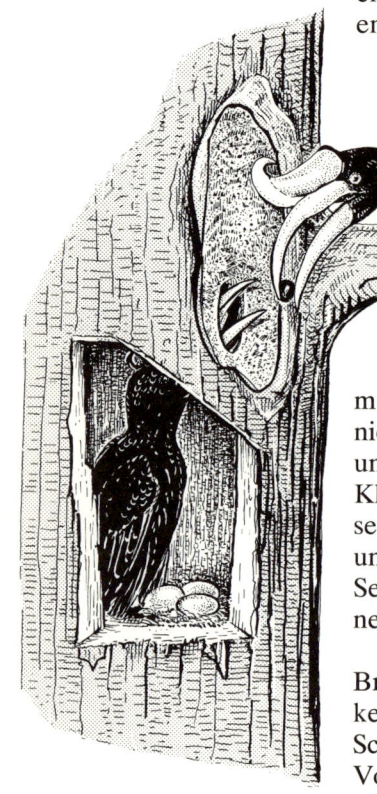

Fig. 83 In einer Baumhöhle ein-
gemörtelt empfängt der weibliche
Nashornvogel (Buceros rhinoceros)
durch ein enges Fenster Futter vom
Männchen. Schematisch zeigt eine
Öffnung im Stamm das Weibchen und
die Eier.

manches anders als man zunächst dachte. Die Mutter wird nicht in den »Kerker« gesperrt, sie mauert sich selbst ein und ihr Partner trägt ihr das nötige Material zu. Er bringt Klümpchen von feuchter Erde, zuweilen mit Speichel versetzt, das Weibchen mischt noch Kot und Futterreste dazu und hämmert diesen sonderbaren Mörtel mit zitternden Seitenschlägen des breiten Schnabels fest. Nach dem Trocknen ergibt das eine harte Masse.

Die Abgeschlossenheit bedeutet ungestörte Ruhe für das Brutgeschäft. Diese Zeit wird – eine weitere Merkwürdigkeit – zur raschen und vollständigen Mauser benützt. Da alle Schwung- und Schwanzfedern zugleich ausfallen, ist der Vogel flugunfähig. Dafür sprießen aber auch die jungen Federn alle zugleich und schon nach einigen Wochen ist das neue Kleid fix und fertig. Das ist auch notwendig, denn inzwischen ist die Brut geschlüpft, die Jungvögel haben ihre erste Nestlingszeit hinter sich und ihr Nahrungsbedarf ist so groß geworden, daß ihm der Vater allein nicht mehr gerecht werden kann. Nun bricht die Mutter das Gefängnis auf und hilft bei der Futtersuche und Atzung der Jungen. Diese aber haben nichts Eiligeres zu tun als sich selbst wieder einzumauern. So bleiben sie noch einige Wochen in sicherem Gewahrsam, bis ihr Drang nach Freiheit erwacht ist und sie den Verschluß aufbrechen, den sie selbst hergestellt haben. Es kommt vor, daß sie dabei gegeneinander arbeiten. Denn sie sind nicht alle zugleich aus den Eiern geschlüpft und während die Älteren schon beginnen, das Verlies zu öffnen, sind die Jüngeren eifrig bemüht, die entstehende Bresche wieder zuzumörteln.

Es gibt 45 verschiedene Arten von Nashornvögeln. Manche sind so klein wie Amseln, manche so groß wie Truthühner. Zu den großen gehören die Hornraben *(Bucorvus)*, die in zwei Arten in afrikanischen Steppen und Savannen leben und – eine Ausnahme in dieser Vogelfamilie – ihre Nahrung auf dem Boden suchen. Schlangen, Heuschrecken und dergleichen finden sie genügend, aber ihrer Größe angemessene Bruthöhlen nur in den Affenbrotbäumen. Daher entspricht ihr Vorkommen etwa der Verbreitung dieser markanten Steppenbäume. Die Hornraben sind die einzigen Nashornvögel, welche die Nisthöhle nicht vermauern. Zwar brütet auch hier allein das Weibchen und der Ehemann bringt ihm das Futter, aber zuweilen gönnt es sich doch einen Spaziergang und Jagdausflug. Dementsprechend vollzieht sich der Federwechsel bei dieser Gattung nicht so plötzlich, sondern in der üblichen Weise allmählich, wie ja bei allen Arten die Lebensvorgänge in ihrem Verlauf sinnvoll auf die Lebensumstände abgestimmt sind. Nach einmonatiger Brutzeit schlüpfen die Jungvögel, bleiben dann noch drei Monate in der Höhle und lassen sich noch neun weitere Monate von den Eltern füttern. Erst nach zwei weiteren Jahren werden sie geschlechtsreif. Die Eltern sind in Dauerehe miteinander verbunden, was bei Vögeln selten ist. Zusammen mit ihren Nachkommen bilden sie einen musterhaften Familienverband.

Außer Spechten und Nashornvögeln sind auch fast alle Papageien, viele Eulen und andere Vögel Höhlenbrüter. Aber nicht alle nisten in hohlen Bäumen. In offenem, baumlosem Gelände können sie einen Gang in den Boden graben und eine unterirdische Brutkammer bauen. Das ist keine schlechte Erfindung. Auch bei Insekten und anderen Gliederfüßern ist uns solches als verbreiteter Brauch schon bekannt. Vögel machen das keineswegs nur, wo Bäume fehlen.

Der Eisvogel *(Alcedo atthis)* nistet zum Beispiel in Erdhöhlen. In seinem prachtvoll schillernden Farbenkleid ist dieser kleine Vogel die Freude jedes Vogelfreundes, wenn er ihn über die Wasserfläche dahinschwirren oder auf einem Uferpfahl auf Beute lauern sieht. Man glaubt einen Tropenvogel vor sich zu haben. Tatsächlich ist die

Familie der Eisvögel *(Alcedinidae)* mit über achtzig Arten hauptsächlich in den Tropen und Subtropen daheim. Sie sind nahe Verwandte der Nashornvögel. In Europa lebt nur die eine, eben genannte Art, deren weites Verbreitungsgebiet sich auch auf Asien und Nordafrika erstreckt. Sechs Arten leben in Amerika. In ihren Bau- und Brutgewohnheiten sind sie dem europäischen Eisvogel ähnlich, auf den wir uns beschränken wollen.

Seine Nahrung bilden kleine Wasserinsekten und Fische. Hat er einen solchen von seiner Warte aus erspäht, so stürzt er sich kopfüber ins Wasser und wenn er ihn mit seinem langen, spitzen Schnabel erwischt hat, schlägt er ihn ab und schluckt ihn mit dem Kopf voran hinunter. Wenn er ihn aber, bei der Brautwerbung, einem Weibchen anbietet oder wenn er seine Jungen atzt, hält er ihn umgekehrt im Schnabel, so daß ihn der Empfänger mit dem Kopf voran verschlucken kann. So höfliche Manieren zeigt der Eisvogel nur zur Fortpflanzungszeit. Hernach ist er ein unverträglicher Einsiedler, der keinen seinesgleichen im Revier duldet.

Als Brutplatz wählt er Uferwände oder andere steile Böschungen, die durchaus nicht unmittelbar am Wasser liegen müssen. Mit dem Schnabel wird an einer Stelle des Hanges der Boden gelockert und ein Loch geschaffen. Sobald es tief genug ist, arbeiten die Beine kräftig mit und werfen das gelockerte Material hinaus. Die Röhre wird einen halben bis einen Meter vorgetrieben, und zwar leicht ansteigend. Das Ende wird zur Bruthöhle erweitert. Bauarbeit, Brüten und Aufzucht der Jungen sind gemeinsame Sache des Paares. Obwohl keine Neststoffe eingetragen werden, ist für Polsterung der Höhle gesorgt. Die Eisvögel würgen die Gräten und Schuppen der verzehrten Fische als Gewölle aus. Diese Knochensubstanzen sind dann soweit angedaut, daß sie weich und leicht zerdrückbar sind, wie Zigarrenasche. Diese originelle Ausstattung der Wohnung bildet also das Kissen, auf dem die Eier, und – nach knapp drei Wochen Brutzeit – die Jungen gebettet sind. Bei der Fütterung geht es sehr ordentlich zu. Durch den ankommenden Altvogel verfinstert sich die Flugröhre. Der Schatten löst bei dem Jungvogel, welcher der Röhre zunächst sitzt, das Aufsperren des Schnabels aus. Hat er seine Portion erhalten, so rücken alle wie im Karussell weiter, und so erhält ein jeder seinen Teil.

Die jungen Eisvögel spritzen den dünnflüssigen Kot in die Eingangsröhre und da diese leicht ansteigend gegraben wurde, fließt er nach außen ab. Da aber keine Säuberung stattfindet, kann man sich leicht vorstellen, wie der Eingang nach wenigen Tagen stinkt. Die Altvögel, die zum Füttern der Jungen hier dauernd aus und einfliegen müssen, haben in dieser Zeit ein starkes Badebedürfnis. Das Sturzbad beim Fischfang genügt ihnen nicht. Sie schalten häufig Reinigungsbäder ein und plantschen im Wasser. Drei bis vier Wochen nach dem Schlüpfen sind die Jungen flügge und schon wenige Tage später zerstreut sich die ganze Familie.

Vögel, die sich eine Höhle töpfern. Im tropischen Südamerika haben die Töpfervögel *(Furnariidae)* ihre Heimat. Man trifft Vertreter dieser artenreichen Gruppe in Waldgebieten wie im Gebirge und an der Küste des Meeres. So mannigfaltig wie ihre Lebensräume sind ihre Nestbauten: napfförmig oder kugelig, in Fels- oder Baumhöhlen oder in Erdgängen. Nur sechs von den zweihundert Arten haben durch ihre eigenartigen Nester so sehr die Aufmerksamkeit der Menschen auf sich gelenkt, daß man nach ihrer spezifischen Bauweise die ganze Familie als »Töpfervögel« benannt hat. Statt sich eine Höhle zu suchen, töpfern sich diese wenigen Arten ein freistehendes Heim aus Lehm und schaffen sich so eine Höhle, wo die Natur ihnen keine bietet. Sie zeigen uns eine Architektonik, wie sie uns schon bei den Pillenwespen *(Eumenes)* in zierlicherer Form begegnet ist.

Die wissenschaftliche Bezeichnung dieser Vogelgattung ist *Furnarius,* vom lateinischen Wort furnus = Backofen. Und wirklich, wie ein kleiner Backofen steht ihr auffälliger Bau da oder dort auf einem Ast, auf einer Telegraphenstange, auf dem Dach eines Hauses, an Viehweiden oft auf einem Zaunpfahl. Auf solchen Aussichtsplätzen sitzen sie auch gern, um ihr Revier zu überwachen. Kein Rivale wird in der Nähe geduldet.

An der Herstellung des Bauwerks arbeiten Weibchen und Männchen gemeinsam. Mit trockenem Lehm können sie nichts anfangen. Erst durch Regenfälle und feuchten Boden wird ihr Bautrieb geweckt. Dann können sie unter günstigen Umständen in etwa zwei Wochen ein Nest vollenden. Es erfordert einigen Arbeitsaufwand, denn rund zweitausend kleine Lehmkugeln haben die beiden als Baumaterial nach ihrem Nistplatz zu tragen. Da wird es mit Schnabel und Beinen verarbeitet. Durch Hineinmischen von Pflanzenteilen, Halmen, Kuhmist oder anderen Exkrementen gewinnen die Wände größere Festigkeit. Der Bauplan (Fig. 84) sichert den Eiern und Jungvögeln guten Schutz: auf einem Lehmsockel werden die Seitenwände aufgeführt und oben mit einem Dach überwölbt. Ein horizontaler Schnitt durch das Bauwerk entspricht einer schwach gestreckten Ellipse. In einer der beiden längeren Seitenwände bleibt zunächst

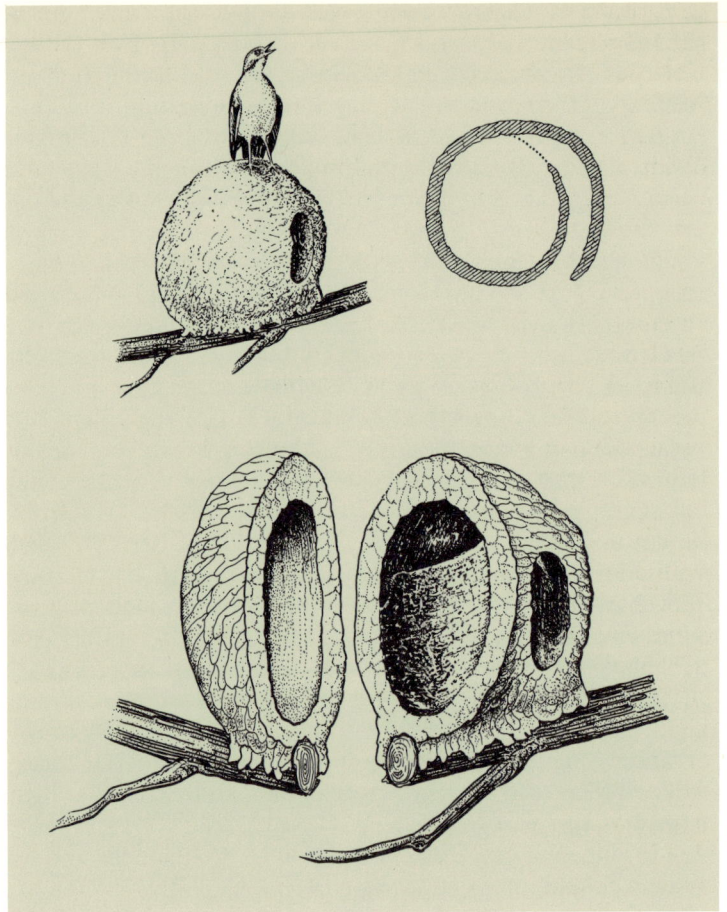

Fig. 84 Links oben: Töpfervogel auf seinem fertigen Nest. Rechts oben: horizontaler Schnitt durch das Nest. Unten: vertikaler Schnitt. Hinter dem Eingang liegt die Vorkammer, von welcher der Vogel über die Querwand in die Brutkammer (links) gelangt.

ein Loch mit etwa 10 cm Durchmesser offen. Hier bauen die Vögel, von einem der Seitenränder beginnend, eine krumme Scheidewand nach innen, die den Raum in eine schmale Vorkammer und die geräumige Bruthöhle teilt (Fig. 84 unten). Vom Dach behält diese Trennwand soviel Abstand, daß die Vögel eben hinüberschlüpfen können. Die Nisthöhle wird mit feinen Grashalmen gepolstert. Etwa fünf bis sechs Wochen nach der Eiablage sind die Jungen flügge und verlassen das Nest, ohne dahin zurückzukehren. Denn, so gut sie da Schutz vor ihren Feinden fänden, unter den Strahlen der Tropensonne wird mit Beginn des Sommers die trockene Lehmkugel nun wirklich zu einem Backofen, in dem ein Verweilen unerträglich wäre.

Der Schneidervogel
Wir kennen nun schon allerlei Handwerkskunst bei den Vögeln: geflochtene und gewobene Nester, aus dem Stamm

gemeißelte Höhlen und aus Lehm gemauerte Bauten. Man wird es aber kaum glauben wollen, daß es auch einen Vogel gibt, der mit Nadel und Faden an die Herstellung seines Nestes geht. Der Schneidervogel *(Orthotomus sutorius)* ist ein naher Verwandter der Rohrsänger und Grasmücken. Er ist im südlichen China, in Indien und im südöstlichen Asien verbreitet. Der zutrauliche Vogel nistet nicht selten in Gärten, Obstplantagen, in Hecken und Buschwerk.

Für den Nestbau sucht er ein großes Blatt und ohne es vom Zweig zu lösen, rollt er es mit Schnabel und Beinen zu einer Tüte ein und näht die Ränder zusammen (Fig. 85). Als Nadel dient ihm sein langer spitzer Schnabel, als Faden wählt er Spinnenseide oder Bastfasern, Baumwollfasern, die er selbst zu einem stärkeren Faden zusammendrehen kann, oder er macht sich eine nahe Siedlung zunutze und holt sich einen weggeworfenen Bindfaden. Mit dem Schnabel sticht er Löcher durch die übereinandergelegten Blattränder und zieht zugleich den Faden durch. Dessen Zurückschlüpfen verhindert er durch einen Knoten. Zusammengedrehte Baumwollfasern finden oft von selbst guten Halt, wenn sie am Ende büschelförmig auseinanderweichen. Schnabel und Beine arbeiten bei dem schwierigen Werk geschickt zusammen. Statt eines einzigen Blattes können auch zwei oder mehr benachbarte auf gleiche Weise miteinander vernäht werden. In die fertige Tüte wird aus Schafwolle, Pflanzenwolle und dergleichen ein weiches Nest gebaut, das von außen kaum zu sehen ist. Wohl getarnt, werden in dieser grünen Kinderstube die Eier bebrütet und die Jungen geatzt.

Ansätze zu solcher Näharbeit findet man bei verschiedenen engen und entfernteren Verwandten des Schneidervogels. Ein auch in Südeuropa verbreiteter Zistensänger *(Cisticola,* Familie der Grasmücken, *Sylviidae)* baut einen tiefen Nestbeutel aus verflochtenen Halmen und Fasern, wobei er ihnen gelegentlich festeren Halt gibt, indem er einige Grasblätter mit dem Schnabel durchsticht und Spinnenfäden durchzieht. Eine andere Art der gleichen Gattung, aus dem südöstlichen Afrika, versteckt ihr Nest unter Blättern, die stellenweise auf gleiche Art wie beim Schneidervogel zusammengenäht werden. Aber so vollkommen wie dieser beherrscht doch kein anderer Vogel die Nähkunst.

Die eßbaren Nester der Salanganen

Der Schneidervogel hat sich zu einem Spezialisten in der Bearbeitung des Nestmateriales entwickelt. Es gibt auch Spezialisten in der Erzeugung des Nestmateriales. Die Nester der Salanganen bestehen aus dem erhärteten Speichel

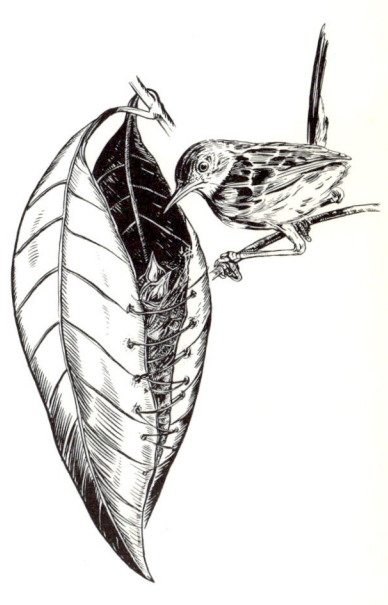

Fig. 85 Schneidervogel mit steil aufgerichtetem Schwanz bei seinem geschickt genähten Nest.

dieser Vögel. Das ist ein Unikum in der Vogelwelt. Eine weitere Merkwürdigkeit ist, daß diese Nester in der chinesischen Küche sehr geschätzt werden. Schon in alten Zeiten wurden sie in ungezählten Tausenden gesammelt und auf den Markt gebracht. Damals hatte man noch keine Ahnung, woraus sie bestehen und wie sie zustande kommen. Man wußte auch nicht, daß sie so gut wie keinen Nährwert haben. Heute weiß man das. Aber ihre Beliebtheit hat darunter nicht gelitten. Von chinesischen Küchenmeistern zubereitet und mit geheimnisvollen Ingredienzien versetzt, sind sie eben ein Leckerbissen.

Doch überlassen wir das Rezept der Küche und fragen wir, wo wir die Salanganen einzuordnen haben und wie sie ihre Nester bauen.

Salanganen gehören zur Familie der Segler *(Apodidae)*. In Europa ist der bekannteste Vertreter dieser Gruppe der Mauersegler *(Apus apus)*. Vom Aussehen der Schwalben, wird er von Laien meist als solche angesprochen. Die Segler sind aber, trotz vieler Ähnlichkeiten in Aussehen und Lebensweise, keine Schwalben, sondern nächste Verwandte der Kolibris. Segler sind die besten Flieger unter den Vögeln und so extrem an das Luftleben angepaßt, daß sie kaum mehr imstande sind, sich auf dem Boden fortzubewegen. Der wissenschaftliche Name »Apus« bedeutet auf griechisch »fußlos«. Das ist eine Übertreibung. Doch sind die Füße klein und im Gefieder verborgen. Wenn diese Vögel ruhen, klammern sie sich mit ihren spitzen Krallen an Ästen, an senkrechten Wänden oder Mauern an. Aber sie ruhen wenig. Mit dem sichelförmigen Flügelpaar sausen sie durch die Luft, auf der Jagd nach kleinen Insekten, wobei ihr schrilles Schreien (Sriiih) nicht zu überhören ist. Sogar die Baustoffe für ihr Nest fischen die Mauersegler aus der Luft: vom Wind hochgewehte Samenhaare, Blumenblätter und andere kleine Pflanzenbestandteile, Heuhalme, Federn, Papierfetzchen und andere leichte Ware. Die Baustoffe klebt der Mauersegler mit seinem zähflüssigen Speichel zusammen, der an der Luft rasch erhärtet. So formt er in Baumhöhlen, Felsspalten oder in Mauerwinkeln von Gebäuden seine flache Nestmulde. Die ganze Familie der Segler hat die Eigentümlichkeit, beim Bauen ihren Speichel als Bindemittel zu verwenden. In Mitteleuropa erscheinen die Mauersegler Anfang Mai und entschwinden schon nach drei Monaten, nach Beendigung ihres Brutgeschäftes, wieder in ihre afrikanische Winterheimat.

Die Segler sind in vielen Gattungen mit insgesamt fast achtzig Arten weit über die Erde verbreitet. Alle sind von ähnlichem Aussehen und Gehaben. Die Gattung der Salanganen *(Collocalia)* bewohnt mit 17 Arten das südliche Asien und die vorgelagerten Inseln. Nur einige von diesen Arten bauen die berühmten eßbaren Nester. Oft nisten sie zu großen Kolonien vereint in Felshöhlen oder an überhängenden Wänden. Wenn die Zeit der Fortpflanzung kommt, schwellen ihre Speicheldrüsen zu enormer Größe an. Bei allen Seglern beteiligen sich beide Geschlechter am Nestbau und an der Brutpflege.

Um mit der Anlage eines Nestes zu beginnen, fliegen sie wiederholt gegen die gewählte Stelle, oft 10- bis 20mal hintereinander, ohne daß sie sich dazwischen mehr als einige Meter weit entfernen. Bei jedem Anflug drücken sie mit der Zunge ihren Speichel an das Gestein. Auf solche

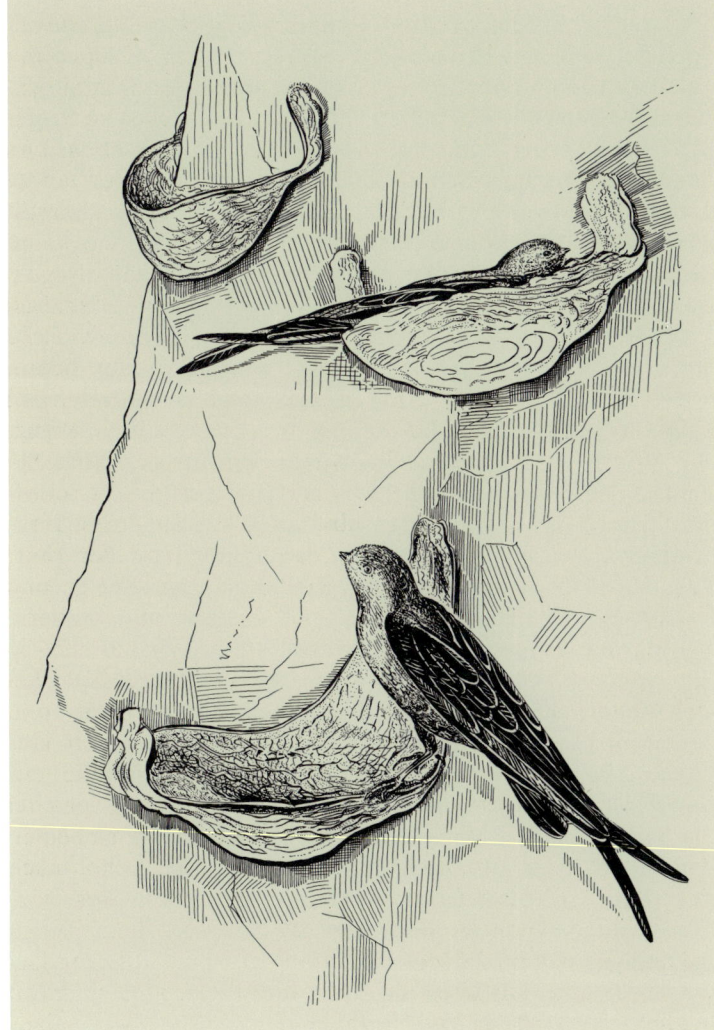

Fig. 86 Die Nester der Salanganen sind aus ihrem erhärtenden Mundspeichel gebaut und gelten als Delikatesse.

Weise legen sie in einem Halbbogen den Grundriß für das Nest an den Fels. Ihr zähflüssiger, fadenziehender Speichel wird bei Berührung mit der Luft schnell fest. Dann wird ein erhabener Rand an diesen Grundriß gebaut und Streifen für Streifen angefügt, während an der Rückseite eine am Gestein hochgezogene Speichelschicht dem kleinen Bauwerk seinen Halt gibt. Im fertigen Zustand ist das Nest ein weißer, zarter, durchscheinender Napf, in den ohne weitere Unterlage die Eier abgelegt werden (Fig. 86). Auch die Jungen müssen mit dem einfachen Quartier vorlieb nehmen. Bei der Atzung erhalten sie von einem der Eltern ein paar hundert kleine Insekten, die mit Speichel zu einem Futterballen verklebt sind. Vom Speichel können sie nun einmal nicht lassen.

Es fällt kein Meister vom Himmel. Die Nester aus reinem Speichel sind gewiß das Ergebnis einer langen stammesgeschichtlichen Entwicklung. Die Mehrheit der Salanganen zeigt uns heute noch frühere Stadien dieses Werdeganges. Bei vielen Arten sind Pflanzenteile, Moos, auch Federn in den Speichel eingemischt. In der Küche sind derartige Nester natürlich weniger begehrt oder ganz unbrauchbar. Das soll uns aber nicht hindern, noch einen kurzen Seitenblick auf kulinarisch uninteressante Nester von anderen Seglern zu werfen.

Während die Salanganen ihre Bauten an Felsen kleben, nistet die Gruppe der Palmsegler, wie schon der Name andeutet, an den im Wind schwankenden Blättern der Palme. Das gilt sowohl für die drei Arten, die in den Tropen der Neuen Welt ihre Heimat haben, wie für den Altwelt-Palmsegler *(Cypsiurus parvus),* der als einziger Vertreter der Gruppe das weite Gebiet von Afrika südlich der Sahara, Madagaskar und Indien bis zu den Philippinen bewohnt. Zum Nestbau verwendet er im Fluge aufgeschnappte Baumwollfasern, Pflanzenhaare, oft auch Federn von anderen Vogelarten. Diese und ähnliche Stoffe leimt er mit seinem Speichel zur Nestwand zusammen. Aber während die neuweltlichen Palmsegler ihre Nester als tiefe Beutel gestalten, in denen Eier und Junge wohl geborgen sind, macht der kleine *Cipriurus* etwas scheinbar Ungeschicktes: er baut sein Nest in Form eines winzigen flachen Löffels, und da die Palmblätter nach unten hängen, sollte man erwarten, daß die Eier herausfallen. Das geschieht aber nicht. Denn mit dem Universalmittel der Segler, mit dem Speichel, leimen sie die Eier an den Boden des Nestschälchens. Wenn die Jungen schlüpfen, haken sie sich sofort mit ihren scharfen Krallen an der Unterlage fest und verbringen so meist in lotrechter Haltung ihre Nestlingszeit.

In Mittel- und Südamerika hat der Steigrohrsegler *(Panyptila cavennensis)* seine Heimat. Sein Nestmaterial ist von gleicher Art wie beim Palmsegler. Aber welch extremer Gegensatz zwischen der exponierten Lage der Eier und Jungvögel bei diesem und der geschützten Brutmulde bei jenem! Der Steigrohrsegler nimmt sich aber auch Zeit für die Errichtung seines Bauwerks. Er soll ein halbes Jahr daran schaffen. Wie Fig. 87 zeigt, kann das Nest von einem Felsüberhang herabhängen. Es kann auch an einem Baum angebracht sein und enthält im oberen Ende die Bruthöhle, von der eine unten offene Röhre oft über 60 cm lang herabhängt. Bei jeder Heimkehr schießt der gewandte Vogel in reißendem Flug von unten in das Rohr. Auf halber Höhe scheint ein zweiter Eingang zu liegen, der aber blind endet. Für diese Bildung gibt es kaum eine andere Deutung, als daß dieses leichter zugängliche und auffällige, aber in eine Sackgasse führende Loch Feinde vom wahren Zugang zur Bruthöhle ablenken soll.

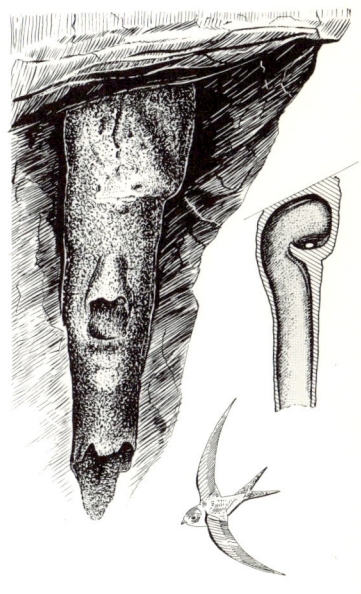

Die lebende Nesthülle des Kaiserpinguins mit Dauerheizung

Wir versetzen uns nun in Gedanken aus der Hitze der Tropenwelt in die Eiswüste der Antarktis mit monatelanger Winternacht und brausenden Schneestürmen. Kann auch da ein Vogel brüten? Ja, der Kaiserpinguin kann es und tut es. Da findet er freilich kein warmes und weiches Nestmaterial. Er braucht aber auch keines zu suchen. Denn die Natur ließ ihm das warme Nest am Leibe wachsen. Hiermit kehren wir in gewissem Sinne zum Anfangsteil dieses Buches zurück, zur Architektonik des tierischen Körperbaues. Wir müssen diese eigenartige Geschichte etwas näher betrachten, um sie zu verstehen.

Wie die Segler an das Leben in der Luft, so sind die Pinguine *(Spheniscidae)* in extremer Weise an ein Leben im Wasser angepaßt. Sie tauchen im Meer nach Fischen, Tintenfischen und Krebstieren, sie schwimmen mit ihren zu Flossen gestalteten Flügeln so gewandt wie Delphine und benützen dabei die Füße als Steuer. Darum haben sie ihre Beine am Hinterende des Körpers, und auf dem Trockenen müssen sie sich aufrecht halten, um nicht umzufallen. Das trägt dazu bei, daß ein Pinguin wie die Karikatur eines Menschen wirken kann. In solcher Haltung benützt er seine steifen Schwanzfedern als Stütze, ähnlich wie ein Specht am Baumstamm. Obwohl diese Vögel einen unbeholfenen Eindruck machen, können sie doch ganz gut laufen und hüpfen oder bäuchlings über das Eis rutschen.

Die Pinguine leben auf der südlichen Erdhalbkugel, die meisten Arten in der gemäßigten Zone. Der größte unter ihnen ist der Kaiserpinguin *(Aptenodytes forsteri)*. Aufgerichtet ist er etwa einen Meter hoch. Daß er ein Gewicht von 40 kg erreicht, ist dem dicken Fettpolster seiner Haut zuzuschreiben. Dieser Wärmeschutz macht es ihm möglich, dem Winter der Antarktis zu trotzen, mit Temperaturen von etwa − 60 Grad, verschärft durch eisige Schneestürme.

Ausgerechnet im März, zu Beginn des antarktischen Herbstes und den bitteren Winter vor sich, verlassen die Kaiserpinguine das Meer mit seinem Überfluß an Nahrung und begeben sich, angemästet, auf eine wochenlange Fußwanderung südwärts über das Eis bis in den Bereich des festen Landes. Dort sammeln sie sich in großen Kolonien, lassen sich durch die Jahreszeit nicht anfechten, balzen und halten Hochzeit. Im Mai oder Juni, in der Finsternis der antarktischen Nächte, legt das Weibchen sein Ei; ein einziges Ei, das es dem Männchen anvertraut. Es liegt diesem auf den Füßen mit ihren gut durchbluteten und daher warmen Schwimmhäuten und von oben stülpt sich wie eine Teehaube die nach unten offene Bruttasche darüber, mit welcher die Bauchseite beider Geschlechter ausgestattet ist (Fig. 88). Es ist das lebendige Nest der Pinguine, in dem das Ei einen weichen Platz findet und zwei Monate vom väterlichen Körper bebrütet wird. Es liegt darin so gut geborgen, daß es nicht herausfällt, auch wenn der Vogel umhergeht. Im allgemeinen verbringt er die Brutzeit in aufrechter Haltung und in Ruhe. Er muß ja Kalorien sparen, denn es ist Fastenzeit. Wenn Sturm aufkommt, laufen die Väter zusammen und wärmen einander.

Die Mütter machen inzwischen noch keinen Gebrauch von ihrer Bruttasche. Sobald das Weibchen sein Ei dem Männchen übergeben hat, wandert es zum Meer zurück. Da kann es sich endlich wieder satt fressen und nach allen Mühen neue Kräfte sammeln. Nachdem es sich genügend gestärkt und wieder Fett angesetzt hat, begibt sich auf den Rückmarsch zur Brutkolonie − nicht ohne zuvor den Magen mit einigen Kilogramm Fischen gefüllt zu haben. Auf dem Brutplatz herrscht ja Hunger. Sobald es dort ankommt sucht es seinen Gemahl. Die Paare erkennen einander an der Stimme, so daß sie wieder richtig zusammenfinden. Es ist auch an der Zeit! Das Männchen hat nun etwa drei Monate gedarbt und ein Drittel oder die Hälfte seines Gewichts verloren. Das Junge ist nach zweimonatiger Brutdauer geschlüpft, und nun gibt es eine Fischmahlzeit aus dem mütterlichen Magen. Die Speise ist bereits angedaut und mit dieser bekömmlichen Gabe hat die Not zunächst ein Ende. Jetzt kommt das Kind in die Obhut der Mutter. Auf deren Füßen und in der Wärmestube ihrer

Fig. 88 Das Ei des Kaiserpinguins wird vom Männchen ausgebrütet. Bei starker Kälte hat es auf den reich durchbluteten Schwimmhäuten einen warmen Platz unter der Bruttasche.

Bild 94 Ein weiblicher Buntspecht (Dendrocopus major) mit Futter für die Jungen am Eingang der Nesthöhle. (Zu Seite 228)

Bild 95 a Bruthöhle des Schwarzspechtes in einer alten Buche. Während des Brutgeschäftes war ein Fenster in den Baum gesägt und eine Glasscheibe eingesetzt worden. Dann konnten die Vorgänge im Scheinwerferlicht gefilmt werden. Der Altvogel kommt mit gefülltem Kropf.

Bild 95 b Die Jungen reagieren erst, wenn der Altvogel ihre empfindlichen Hautwülste an der Schnabelwurzel berührt. Dann recken sie die Hälse und lassen sich das Futter in den Schlund stecken. (Zu Seite 228/229)

Bild 96 Ein gefleckter Lauben-
vogel hat Knöchelchen und
Schneckenhäuser vor seine Laube
gelegt. Im Schnabel hält er soeben als
Besonderheit ein rotes Schmuckstück.
(Zu Seite 248)

Bild 97 (rechte Seite) Männchen des
Seidenlaubenvogels beim Bau seiner
Liebeslaube. (Zu Seite 246)

Bild 98 Lauterbachs Laubenvogel hat
blaue Beeren als Schmuckstücke aus-
gelegt. Als Besonderheit hält er eine rote
Beere im Schnabel und sucht mit ihr ein
Weibchen heranzuwinken.
(Zu Seite 250)

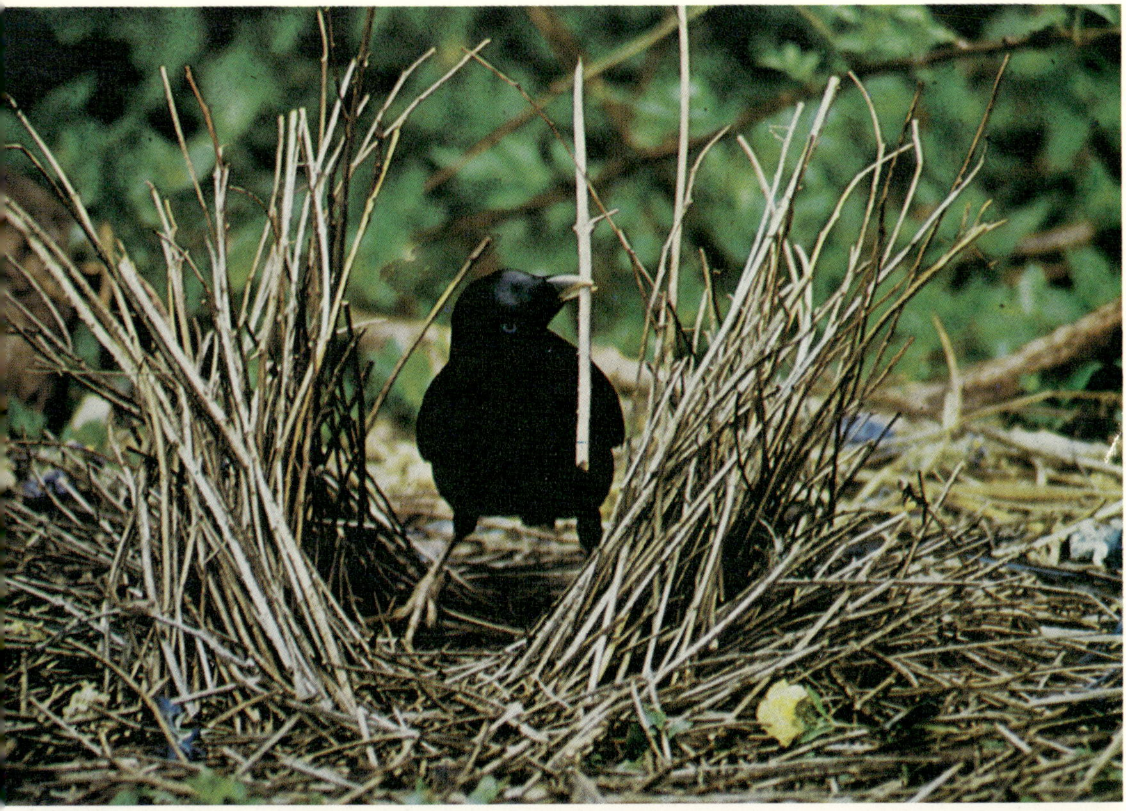

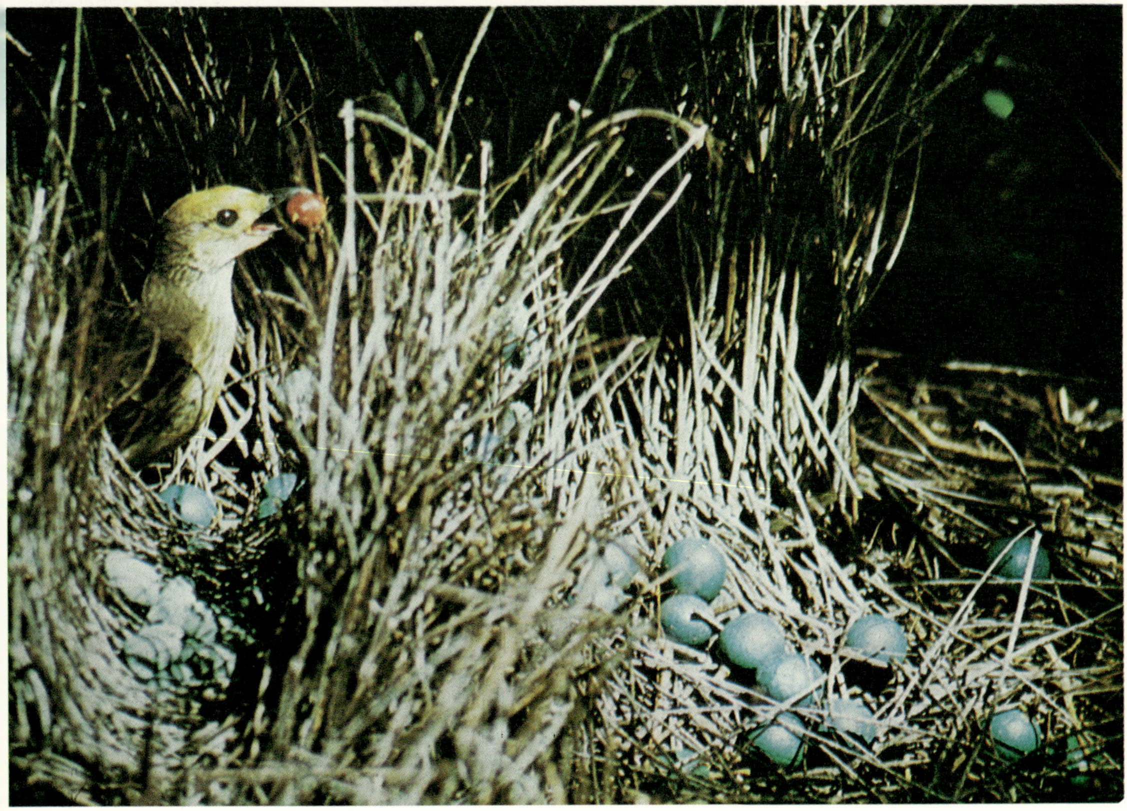

*Bild 99 Balznest des Gärtnerlauben-
vogels im Urwald von Neu-Guinea. Die
beiden Öffnungen in der Vorderseite
der Hütte sind innen durch einen halb-
runden Laufgang verbunden. Die Säule
zwischen den Öffnungen hat der Vogel
mit dunklem Moos bekleidet, das links
mit blauschillernden Käfern, in der
Mitte mit gelben Blüten und rechts mit*

*Bruchstücken von Muschelschalen ver-
ziert ist. Vor der Laube ist ein Zaun aus
Zweigen geflochten, der mit farbigen
Früchten (oft auch mit Blumen) geschmückt ist und den »Garten« be-
grenzt. Das Männchen (links) ist eben
aus dem Tunnel herausgerannt und begrüßt das Weibchen (rechts) durch Entfalten des Schopfes. (Zu Seite 250)*

Brutfalte bleibt es so gut geschützt, wie es beim Vater war. Dieser aber nimmt Urlaub und wandert zum Meer, wo er sich zwei bis drei Wochen erholt und dann mit neuer reichlicher Nahrung im Magen zu seiner Familie zurückkehrt.

Etwa fünf Wochen verbringt der kleine Pinguin in der mütterlichen Tasche. Hernach sitzen die Jungen für sich, zu einer großen Gruppe versammelt und bilden einen »Kindergarten«, in dem sie noch unter der Aufsicht der Eltern stehen und von ihnen gefüttert werden. Sie wachsen nur langsam, denn die von den Eltern mitgebrachte Nahrung muß der ganzen Familie genügen. Erst mit fünf Monaten sind die Kleinen selbständig und alles wandert nun, wo der antarktische Sommer heranrückt, zur Küste zurück. Die Brutplätze liegen verödet.

Was hat diese merkwürdigen Tiere dazu bewogen, ein so unwirtliches Gebiet und die Kälte des antarktischen Winters für ihr Brutgeschäft zu wählen und die hiermit verbundenen Strapazen und Gefahren auf sich zu nehmen? Wir wissen nicht, wie sie dazu gekommen sind. Aber ihr Erfolg zeigt, daß sie eine Lebensmöglichkeit wahrgenommen und gut genützt haben. Wohlgerüstet, um der langen Kälte zu widerstehen, ziehen sie in ein Gebiet, in dem sie ungestörte Ruhe finden wie kaum an einem anderen Platz der Erde und wo es keine Feinde gibt, weil es kein anderer dort aushält. Wenn aber dann die Jugend heranwächst und ihr Nahrungsbedarf steigt, wenn der Nachwuchs soweit ist, daß er selbst das Futter erbeuten kann, dann ist das Eis wieder aufgebrochen, der Weg zum offenen Wasser verkürzt und die Bedingungen sind günstig, um ein selbständiges Pinguinleben zu beginnen.

Laubenvögel und ihre Liebeslauben

Wenn Vogelmännchen um ein Weibchen werben, prunken manche Arten mit prächtigen Schmuckfedern, andere suchen durch klangreiche Lieder eine Partnerin zu gewinnen oder durch fliegerische Kunststücke, und manche durch architektonisch hervorragende Nestbauten. Ein solches Heim – wir denken etwa zurück an die Webervögel – muß so schön gebaut sein, daß es von einem Weibchen als Brutplatz angenommen wird, womit der Freier sein Ziel erreicht hat.

Einzigartig aber ist der Brauch der männlichen Laubenvögel *(Ptilonorhynchidae),* ein eigenes Bauwerk zu errichten, zu schmücken und daselbst zu tanzen, nur um ein Weibchen hineinzulocken und sich mit ihm zu paaren. Diese Liebeslaube dient nicht als Brutnest. Ein solches wird erst nach der Hochzeit gebaut. Während die Laube auf dem

Waldboden ihren Platz hat, entsteht das einfache, napf-förmige Brutnest in den Zweigen der Bäume, oft mehrere hundert Meter von der Laube entfernt. Es wird allein vom Weibchen hergestellt, das auch allein die Eier bebrütet und die Jungen betreut. Das Männchen beschäftigt sich weiter mit seiner Laube. Mag sein, daß sich noch ein anderes Weibchen hineinlocken läßt.

Diese merkwürdigen Vögel sind in 16 verschiedenen Arten bekanntgeworden, von denen 8 in Australien und 8 in Neu-Guinea zu Hause sind. Mit den Paradiesvögeln nahe verwandt, entbehren sie doch den üppigen Feder-schmuck, den ihre Vettern bei der Balz vor den Augen des Weibchens entfalten können. Sie haben anderes zu bieten. Aber als überaus scheue Geschöpfe sind sie nicht leicht zu beobachten. Die meisten Arten führen ein verborgenes Dasein in entlegenen Wohngebieten. Die Bauwerke der einzelnen Arten sind verschieden. Auch bei der Wahl der Zierstücke zeigen nicht alle den gleichen Geschmack und ihre Zeremonien sind nicht dieselben. Manche von diesen Vögeln sind so selten oder so empfindlich gegenüber der leisesten Störung, daß man bis heute fast nichts von ihrem Verhalten weiß. Doch einige haben sich ihre Geheimnisse ablauschen lassen. Wir greifen nur wenige Beispiele heraus.

Feuchte Urwälder im Osten Australiens sind das Wohn-gebiet des etwa taubengroßen Seidenlaubenvogels (Ptilor-hynchus violaceus). An einer nicht zu dicht beschatteten Stelle des Waldbodens beginnt das Männchen schon lange vor der Paarungszeit mit dem Bau seiner Laube. Etwa ein Quadratmeter des Bodens wird von allem Abfall gesäubert. Dann steckt es glatte Zweige von 20 bis 30 cm Länge in zwei parallelen Reihen in den Boden, so daß eine Art Gasse entsteht (Bild 97, Seite 243). Der Platz vor der nach Süden gerichteten Öffnung, wo im Laufe des Tages das meiste Licht auf den Waldboden fällt, belegt es mit feinen Zweigen und Grashalmen. Für diesen Tanzplatz sammelt es farbige Schmuckstücke. Dunkelblaue und gelbgrüne Dinge werden von ihm bevorzugt – vielleicht, weil die einen zum blau-violetten Seidenglanz des Gefieders passen, die anderen dem gelbgrünen Schnabel des vollreifen Männchens und der gelbgrünen Farbe des Weibchens entsprechen. Da legt das Männchen blaue und gelbe Blüten hin, blaue Beeren und Papageienfedern und in der Nähe menschlicher Siedlungen bereichert es seine Schaustellung durch Produkte der menschlichen Zivilisation wie Glasperlen, Wollfäden und metallisches Flitterwerk. Aber das ist noch nicht alles. Dieser Vogel betätigt sich auch als Maler. Mit dem Saft blauer Beeren, die er im Schnabel zerquetscht, bestreicht er die

Innenwände der Laube. Manchmal benützt er dazu ein Werkzeug, indem er mit der Beere ein faseriges Rindenstückchen in den Schnabel nimmt und die mit Saft getränkte Borke wie einen Pinsel oder Schwamm gebraucht.

Der Laubengang ist in wenigen Tagen fertiggestellt. Aber die Arbeit geht nicht aus. Welke Blumen und geschrumpfte Beeren werden entfernt und durch frische ersetzt. Der Vogel vergrößert auch seine Sammlung durch weitere Gegenstände. Dabei kennt er keine Hemmung, solche von einer Laube in der Nachbarschaft zu stehlen, wenn deren Besitzer gerade abwesend ist. Als man an einer Stelle eine Anzahl blauer Glasscherben auf den Boden legte, wurden sie eifrig angenommen und man fand sie in den Lauben des ganzen Gebietes wieder. Da sie durch eingeritzte Nummern gekennzeichnet waren, konnte der wißbegierige Ornithologe verfolgen, wie eifrig sie immer wieder entwendet wurden und von einer Laube zur anderen wanderten. Auch die Instandhaltung des Bauwerks macht Arbeit. Die häufigen Regengüsse beschädigen die Laube, waschen die Bemalung ab und verlangen Reparaturen. Durch viele Wochen können sich diese Vorbereitungen hinziehen.

Wenn die Paarungszeit heranrückt, verstärken sich die Bemühungen, auch durch einen rasselnden Balzgesang ein Weibchen auf die Laube und die Schaustellung aufmerksam zu machen. Laubenvögel sind keine hervorragenden Sänger. Aber manche Arten geben ihrer akustischen Werbung durch erstaunlich getreue Nachahmung fremder Laute eine persönliche Note, mögen es Strophen aus dem Gesang anderer Vögel sein oder das Grollen des Donners.

Hat sich das Weibchen bei der Laube eingestellt, so steigert sich die Geschäftigkeit des Männchens, das die Partnerin an sich zu binden sucht. Es hüpft um die Laube, tanzt auf dem Vorplatz, nimmt immer wieder eines seiner Schmuckstücke in den Schnabel und zeigt es der Besucherin. In seiner Erregung kann das Männchen noch mit einem besonderen Effekt aufwarten, indem es die hellblaue Farbe seiner Regenbogenhaut in ein dunkles Blauviolett wandelt – in die Farbe seines Federkleides, die auch bei der Außen- und Innendekoration so auffällig bevorzugt wird. So geht das muntere Spiel, bis sich schließlich das Weibchen gefügig zeigt und in die Laube schlüpft, wo die Paarung stattfindet.

Die Männchen des Seidenlaubenvogels legen nicht vor ihrem vierten Lebensjahr das dunkelblaue Kleid an. Bis dahin sind sie blaß gelbgrün, wie die Weibchen. Aber die Geschlechtsreife tritt schon früher ein, wie auch ihr Bautrieb frühzeitig erwacht. Ihre Lauben sind freilich noch unvollkommen. Trotzdem können sie gelegentlich Erfolg haben.

H. Sielmann beobachtete bei seinen Filmarbeiten in Australien, daß ein Weibchen, das von einem alten Männchen umworben war, in der Nachbarschaft zu einem grünen Jüngling in die Laube schlüpfte. Auch der Altvogel hatte es bemerkt und die Strafe folgte auf dem Fuße. Er zerstörte die Laube des jugendlichen Rivalen und trug ihm seine Sammlung davon. Das wurde ohne Widerstand hingenommen. Denn die blaue Tracht kennzeichnet die hohe Rangstufe des Artgenossen. Auch das Weibchen fügte sich und kam in den Laubengang des Alten.

Das tropische Buschland im Norden Australiens ist die Heimat des gefleckten Laubenvogels *(Chlamydera nuchalis)*. Er ist der größte in seiner Sippe und dementsprechend baut er eine stattlichere Laube aus Halmen, Stöckchen und dünnen Zweigen. Gegeneinandergeneigt, bilden sie einen oben geschlossenen, 40 cm hohen und etwa einen Meter langen Gang, der an beiden Enden offen ist (Bild 96, Seite 242). Vor einem der beiden Eingänge liegt der Tanzplatz. Zu seiner Verzierung werden mit Vorliebe weiße und blaßgelb gefärbte Objekte gewählt. Sielmann zählte vor einer Laube fünfhundert sonnengebleichte Wirbelknochen von Känguruhs und über dreihundert hellgelbe Schneckenhäuser. Es wird von anderen Fällen berichtet, wo der Sammeleifer noch größer war. Wo eine Siedlung in der Nähe liegt, erregen blanke, in der Sonne glitzernde Dinge die Begierde des Vogels. Flaschenverschlüsse, Metallknöpfe, Lockenwickler, Nägel und dergleichen hat man vor den Lauben entdeckt. Teelöffel, und sogar zwei vermißte Autoschlüssel hat ein kundiger Farmer vor der nächsten Laube wiedergefunden. Beim Spiel mit diesen Gegenständen werden sie oft zu Gruppen zusammengelegt und später wieder umgeordnet. Die große, aber leichte Blechtasse, die ein Laubenvogel ergattert hatte und soeben vorweist (Fig. 89) war wohl das Glanzstück seiner Sammlung. Als Überraschung für das Weibchen kann er überdies in höchster Erregung seinen roten Federschopf entfalten, der sonst im unscheinbaren Gefieder verborgen liegt. Sielmann erlebte und schildert den Besuch eines Weibchens, vor dessen Augen aus dem Vogelmann ein regelrechter Schausteller wurde:

»Mit einem Schneckenhaus als Brautgeschenk im Schnabel lockte er die Vogeldame in die Liebeslaube. Während sich der Besuch im Hause niederließ und von dort hinausschaute, begann das Männchen zu tanzen. Von ihrem Logenplatz betrachtete das Weibchen, was er alles konnte und zu bieten hatte. Die schönsten Stücke der Sammlung wurden ihr im hochgerichteten Schnabel präsentiert. Aber das

Fig. 89 Ein gefleckter Laubenvogel hat seinen Tanzplatz vorwiegend mit Schneckenhäusern geziert. Als ungewöhnliches Schmuckstück zeigt er eine Blechtasse.

alles konnte sie nicht betören. Wichtiger war wohl die Schönheit des Männchens. Das zeigte sich von seiner besten Seite, hob die Schwingen und eilte mit verlockenden Sprüngen um die Laube. Als der Bewerber schließlich seine Nackenfedern sträubte und dabei den vorher nicht sichtbaren rotleuchtenden Kragenfächer entfaltete, hatte er gewonnenes Spiel. Er durfte zu dem Weibchen in die Laube und schon waren die beiden ein Paar.« *)

Auf der Tropeninsel Neu-Guinea lebt eine andere Art der gleichen Gattung. Sie heißt nach ihrem deutschen Entdecker Lauterbach: *Chlamydera Lauterbachi.* Auch dieser Vogel gehört zu den Gassenbauern, aber außer den beiden Seitenwänden des primären Laubenganges errichtet er aus

*) H. Sielmann, Lockende Wildnis – Das Reich der Drachen und Zaubervögel. Bertelsmann Sachbuchverlag. Gütersloh, Wien 1970, p. 127, 128.

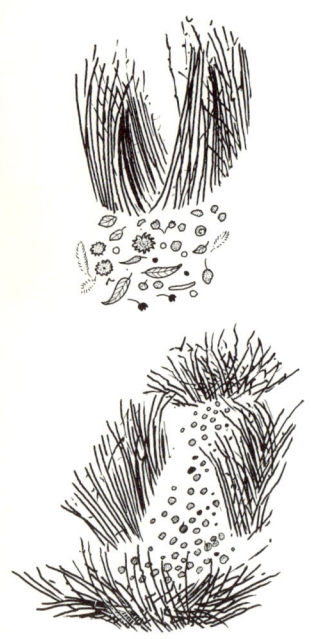

Fig. 90 Laubengänge, schematisch. Oben: Seidenlaubenvogel, unten: Lauterbachs Laubenvogel.

ebensolchen Zweigen vor jedem Eingang eine Querwand, so daß ein Kreuzgang entsteht. Dessen Inneres wird mit Schmuckstücken geziert. Fig. 90 zeigt schematisch diesen Bau im Vergleich mit der einfacheren Anlage des Seidenlaubenvogels.

Man kennt schon lange diese eigenartigen Bauten, in denen der Hersteller Gruppen von blauen Beeren und blauen Steinchen, wie auch rote Beeren zur Schau stellt. Aber niemandem war es bisher gelungen, die Balz des scheuen Vogels zu sehen oder gar zu filmen. Sielmann hörte nur düstere Prognosen, als er sich mit dieser Absicht ins zentrale Hochland von Neu-Guinea begab. Auch er fand im dichten Buschwerk die Bauten, aber die Vögel flüchteten. Nachdem eingeborene Helfer in der Nähe einer günstig gelegenen Laube ein dichtes und gut getarntes Versteck errichtet hatten, ließ sich dann doch nach langem, geduldigem Ausharren die Balz des Lauterbach-Laubenvogels zum erstenmal beobachten und filmen. Sobald ein Weibchen heranflog, nahm das Männchen eine rote Beere in den Schnabel und nickte mit einladenden Kopfbewegungen (Bild 98, Seite 243). Die Zahl der blauen Beeren im Balznest war viel größer, aber die rote Farbe schien mehr Eindruck zu machen. Die Beeren sind keine Lockspeise. Auch bei anderen Laubenvögeln hat man niemals gesehen, daß sie vom umworbenen Weibchen verzehrt wurden. Wie die Knöchelchen von Känguruhs, wie Blumen und andere Zierstücke sind sie für die Weibchen ein Signal, daß in dieser Laube ein Männchen wartet.

Die Maßnahmen des Freiers, um die Aufmerksamkeit eines Weibchens auf sich zu lenken und seine Zeremonien, um es schließlich zu gewinnen, erreichen wohl ihren Höhepunkt bei einer anderen Gruppe dieser faszinierenden Familie, für die uns der Gärtnerlaubenvogel *(Amblyornis subalaris)* als Beispiel dienen soll. Er trägt ein schlichtes Gewand und hat die Größe einer Amsel. Schwer zugängliche, finstere Bergwälder von Neu-Guinea sind seine Heimat. Hier baut das Männchen zur Balzzeit am Urwaldboden seine Hütte. Ja, wirklich, eine Hütte mit regendichtem Dach, mit einem Rundgang im Inneren für ein heimliches Stelldichein, mit einem farbenfrohen Mosaik zwischen den beiden Pforten. Vor diesen liegt ein gepflegter Garten, mit Blüten bestreut, und von der Umgebung durch einen Zaun abgegrenzt, reich geschmückt mit gelben und roten Früchten (Bild 99, Seite 244). Der erste Bericht über diese Laube (von Goodwin) schildert sie als das schönste Bauwerk, das je von einem Vogel errichtet worden sei. Diesen Ausspruch kann man auch heute noch gelten lassen.

Es ging in diesem Falle wie mit dem Lauterbach-Laubenvogel. Man kannte die Bauten, aber alle Bemühungen, den Baumeister bei der Arbeit zu sehen und seine Werbung zu beobachten, blieben vergeblich. Fast wäre auch Sielmanns Versuch gescheitert. Zwar konnte er, unterstützt durch erfahrene Eingeborene, zu den Balzplätzen vordringen. In einem geschickt gebauten Versteck waren die Beobachter und die Aufnahmeapparate bereit, aber in dem dichten Urwald und bei dem wolkenverhangenen Himmel reichte das Licht nicht aus für brauchbare Aufnahmen. Endlich wurde das geduldige Warten im feuchtschwülen Bunker belohnt, denn ab und zu brach doch ein Sonnenstrahl durch die Laubkrone und so konnten Bild- und Filmdokumente gewonnen werden, um die Beobachtungen zu belegen.

Beim Eintreffen der Beobachter war die Hütte des Gärtnervogels bereits fertig. Aber heftige Regengüsse brachten manches durcheinander und so war der Vogel wiederholt an der Arbeit zu sehen, um Haus und Garten in Ordnung zu bringen. Dem domförmigen Dach aus dicht verflochtenen Zweigen war nichts geschehen. Es findet seine Stütze an einem eingebauten Stämmchen. Dieses wurde innerhalb der Hütte an seiner Vorderseite mit einem dicken Belag aus schwarzgrünem Moos verkleidet. Wie ein Juwelier dem Kunden Schmuckstücke auf dunklem Samt vorlegt, so dekoriert der Gärtnervogel das Moosfeld mit seinen gesammelten Kostbarkeiten, und hier gibt es Arbeit nach Sturm und Regen. Denn auf peinliche Ordnung wird Wert gelegt: Links eine Sammlung blauglänzender Käfer, rechts die schimmernden Schalentrümmer zerbrochener Schneckenhäuser, beide Felder gegeneinander abgegrenzt durch einen Streifen gelber Blüten, und alles sorgsam in das Moos gesteckt und in abgewogenen Entfernungen befestigt. Sielmann schildert seinen Eindruck vom Verhalten des Dekorateurs mit folgenden Worten *):

»Jedesmal nach der Rückkehr von den Sammelflügen betrachtet der Vogel die Farbwirkung. Er scheint zu überlegen, was noch besser werden könnte und macht sich gleich an die Arbeit. Er nimmt eine Blüte in den Schnabel, steckt sie in das Mosaik und hüpft auf optimale Sichtweite zurück. Er verhält sich ebenso wie ein kritischer Maler vor dem entstandenen Bild. Er malt mit Blumen, anders kann ich es nicht beschreiben. Diese gelbe Orchidee scheint nicht recht placiert. Er rückt sie etwas nach links zwischen blaue Blüten. Danach betrachtet er die Wirkung mit seitwärts gelegtem Köpfchen und ist zufrieden.«

r) H. Sielmann loc. cit. S. 152.

Die gleiche Sorgfalt widmet er dem Zaun und seinem Schmuck mit bunten Früchten.

In den vielen Wochen geduldigen Wartens stellte sich nur zweimal ein Weibchen bei der Laube ein. Bei seinem Erscheinen lief das Männchen in das Innere der Hütte und lockte mit schnarrenden Tönen. Das Weibchen zögerte und blickte abwechselnd auf die Schmuckstücke des Mosaiks und des Gartenzauns. Dann begann das Männchen seinen Tanz. Es war ein Karussellauf mit entfalteter roter Kopfhaube. Wie ein feuerroter Lichtstrahl fuhr es aus der Hütte und vor dem Mosaik vorbei, um gleich wieder durch das andere Tor im Dunkel zu verschwinden. Seine temperamentvollen Sprünge waren von schmetternden Lauten begleitet. Das Weibchen, das zunächst erschrocken zurückgesprungen war, paßte sich mehr und mehr den Bewegungen des Partners an. So entstand ein Kontratanz, der schon fast bis zur Berührung führte, bis plötzlich beide in der Hütte verschwunden und an ihrem Ziel waren.

Was denkt sich ein Laubenvogel beim Bauen und Schmücken seiner Laube?

Natürlich kann ich diese Frage nicht beantworten. Kein Mensch kann sie beantworten, denn zum Bewußtsein anderer Lebewesen führt uns keine Brücke. Überzeugt, daß sich das geistige Leben des Menschen grundsätzlich von jenem der Tiere unterscheidet, wollen manche Leute nur uns allein die Fähigkeit zu denken zubilligen. Sie sehen auch in so komplexen Zeremonien, wie sie den Laubenvögeln zu eigen sind, nur das durch Selektion erworbene Walten angeborener Instinkte. Wer diese Meinung vertritt, dem kann man nicht das Gegenteil beweisen. Aber ich glaube nicht daran. Zu sehr erinnert das Benehmen an menschliches Verhalten in vergleichbaren Situationen. Wer das Leben auf der Erde als das Ergebnis einer langen historischen Entwicklung betrachtet, wird auch die Wurzeln des bewußten Denkens und eines gewissen Schönheitssinnes im Tierreich suchen, und ich meine, bei den Laubenvögeln kann man solche Ansätze finden. Nicht bei ihnen allein, sie sind auch in stammesgeschichtlicher Hinsicht nicht Vorläufer des Menschengeschlechts. Aber bei Schimpansen, die mit uns von gemeinsamen Vorfahren herstammen, zeigen sich nicht nur einsichtige Handlungsweisen in aller Deutlichkeit, sondern auch ähnliche Äußerungen eines ästhetischen Empfindens, wenn sie bei gebotener Gelegenheit mit Farbe und Pinsel primitive Bilder malen und anscheinend daran ihre Freude haben.

Man darf aber andererseits nicht zu viele Gedanken hinter den Handlungen der Vögel suchen. Sinnvoll strukturierte Nester werden von ihnen errichtet, ohne daß sie darin unterwiesen werden oder viel herumprobieren. Angeborene Triebe leiten ihre Handlungsweise. Bei manchen Arten gelingt der Bau aufs erstemal in aller Vollkommenheit. Wir haben aber auch Beispiele dafür kennengelernt, daß Vögel durch Erfahrung lernen und daß ihnen die Bauwerke bei wiederholter Ausführung schöner geraten, ja daß sie eine nicht gut gelungene Ausführung selbst zerstören und durch eine bessere ersetzen. Im allgemeinen sind jene Vögel geistig regsamer, die unter wechselnden Verhältnissen leben. Sie sind nicht so einseitig angepaßt wie manche andere, sie sind von Natur aus neugierig und imstande, persönliche Erfahrungen zu nutzen und aus ihnen zu lernen. Ihre Triebe geben Raum für eine gewisse Plastizität. Das kann darüber hinwegtäuschen, in welchem Ausmaße sie dabei doch instinktgebunden bleiben und daß ihnen eine tiefere Einsicht in ihre Tätigkeit fehlt.

Beispiele, die das belegen, haben wir schon kennengelernt. Die Entenmutter, die inmitten einer Großstadt an einem kümmerlichen Wassergraben ihr Nest anlegt, hat zweifellos genügend scharfe Sinnesorgane und ein ausreichendes Orientierungsvermögen, um bei der Wahl dieses Nistplatzes die Schwierigkeiten für die Rückkehr an ihren Fluß zu erkennen. Was ihr fehlt, ist die Einsicht in die Verhältnisse, und in sturer Kühnheit begibt sie sich mit einem Dutzend Küken auf den Fußmarsch durch das gefährliche Gelände der Großstadt. Nicht besser machte es jene andere Entenmutter, die auf dem flachen Dach eines hohen Stadthauses ihr Nest baute, von dessen Rand ihre Kinder beim Abmarsch zu Tode stürzten.

Jene Kolibrimutter, die sich von einem anderen Kolibri die eigenen Nestbestandteile unter ihrem Bauch wegstehlen ließ, bis die gehuderten Jungen keinen Boden mehr unter sich hatten und ins Verderben stürzten, hätte sich bestimmt zur Wehr setzen können. Aber ihr fehlte der Verstand, um zu erkennen, was das Abtragen des Nestes für sie und ihre Brut bedeuten mußte.

Ein andersartiger Fall: eine Amsel hatte ihr Nest in einer 150 m langen Einstellhalle für Fahrräder (Fig. 91 und Bild 100, Seite 254) auf dem hinteren, waagerechten Dachstützbalken (2) gebaut, und zwar an einem der Dachträger. Daneben waren an entsprechenden Stellen 14 weitere, unvollendete Nestanlagen zu sehen, acht links, sechs rechts vom besetzten Nest. Der Vogel hatte, durch die topographische Ähnlichkeit verleitet, bald hier und bald dort gebaut. Optisch

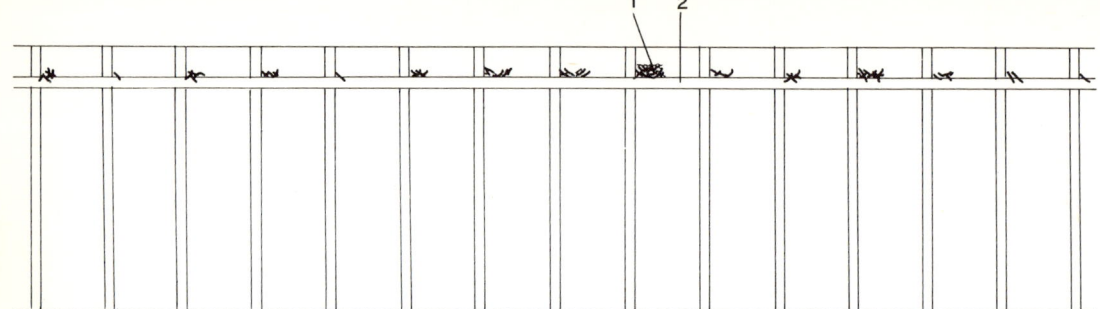

Fig. 91 Ein Teil der Rückwand einer 150 m langen Einstellhalle für Fahrräder, schematisch: 1 Amselnest, im Winkel zwischen horizontalem Balken (2) und einem der Dachträger. An entsprechenden Stellen war über eine Strecke von 60 m an 14 weiteren Plätzen der Nestbau begonnen worden.

war er gewiß imstande, das Ergebnis seiner zersplitterten Tätigkeit zu erkennen. Für eine geordnete Handlungsweise hätte er den Vorgang geistig erfassen müssen. Zu guter Letzt hatte er doch eine Nestanlage vollendet. Weniger glücklich war eine andere Amsel, die in einer Gärtnerei drei waagrecht an einer Mauer hängende Leitern als Nistplatz gewählt hatte (Fig. 92). Sie begann an neun Stellen zu bauen und war damit so lange beschäftigt, daß sie überhaupt kein Nest fertigbrachte.

Solche und viele andere Beobachtungen zeigen, daß die Vögel wenig über ihr Tun und Lassen nachdenken. Aber man muß sich vor Verallgemeinerungen hüten. Es gibt bei diesen Tieren eben doch Unterschiede des geistigen Niveaus. Man darf nicht einem Laubenvogel – wie man lesen kann – jeden Sinn für die Schönheit seiner Schaustellungen deshalb absprechen, weil diese unter dem Trieb der Geschlechtshormone erfolgen und ohne deren Einfluß keine Balz und keine Bautätigkeit stattfände. Ohne Geschlechtshormone »balzt« auch kein Mensch. Die Orientalen wußten, warum sie Eunuchen als Haremswächter anstellten. Wer für den Vogel jene Folgerungen zieht, müßte sie auch für den Menschen gelten lassen.

Bild 100 Blick in die Fahrradhalle. Sie erstreckt sich in der Richtung auf den Beschauer zu noch einmal ebensoweit wie auf dem Bild.

*Fig. 92 Drei Leitern horizontal über-
einander an einer Mauer aufgehängt.
Teil der Nestanlagen einer Amsel, die
an 9 Sprossen Nester zu bauen begonnen, aber keines vollendet hat.*

5. Säugetiere

Wie die Vögel können auch die Säugetiere eine konstante
Körpertemperatur aufrechterhalten. Jene schützt ihr Feder-
kleid, diese ihr Haarpelz vor übermäßiger Abkühlung.
Während ein Vogel Eier legt und sie mit seiner Körper-
wärme ausbrütet, vollzieht sich die Embryonalentwicklung
der Säugetiere im Inneren des Mutterleibes wie in einem
Brutofen. Auch nach der Geburt bleiben die Jungen als
»Säuge«-Tiere zunächst in noch stärkerem Maße als die
Jungvögel an die Mutter gebunden, bei der sie Nahrung,
Schutz und Wärme finden. Es ist verständlich, daß der Nestbau bei ihnen nicht so allgemein verbreitet und nicht so
bedeutsam ist wie bei Vögeln.

Trotzdem gibt es besonders bei den kleinen Säugetieren
eine stattliche Zahl von Baumeistern. Die einen schaffen
sich in der Tiefe des Bodens eine Höhle, in der sie gut
geborgen sind, und können sogar zum Nahrungserwerb ein
ausgedehntes System unterirdischer Gänge anlegen, wie es
beim Maulwurf der Fall ist. Andere bauen im Gebüsch für
sich und ihre Jungen aus Halmen ein Nest, das durch die
Flechtkunst der Hersteller an manche wohlgeratene Vogelnester erinnert. Das trifft für die Zwergmaus und für die
Haselmaus zu. Im allgemeinen bleibt aber bei Säugetieren
die Verarbeitung des Polstermaterials ziemlich primitiv.
Manche Arten sind, ebenso wie manche Vögel, darauf gekommen, daß Baum- oder Felshöhlen gut taugliche Wohnungen sind. Ein hervorragender Architekt ist der Biber. Er
schafft sich nicht nur eine Wohnung, sondern versteht es
auch, in seinem Reich durch Staudämme den Wasserstand so
zu regulieren, wie es seinen Bedürfnissen entspricht.

Der Maulwurf in seiner Unterwelt

Lockerer, fruchtbarer Boden wird vom europäischen Maulwurf *(Talpa europaea)* bevorzugt, ohne daß aber sein Vorkommen auf so besonders günstige Verhältnisse beschränkt
wäre. Er ist in ganz Europa, auch in England verbreitet.
Aber nur selten zeigt er sich über der Erde. Er bleibt am

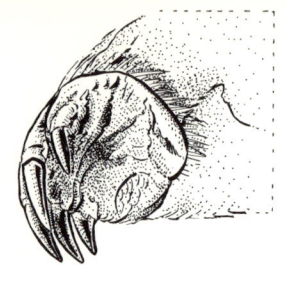

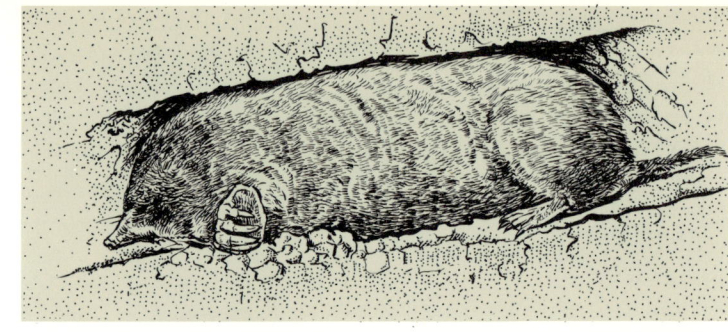

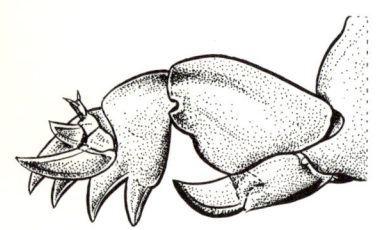

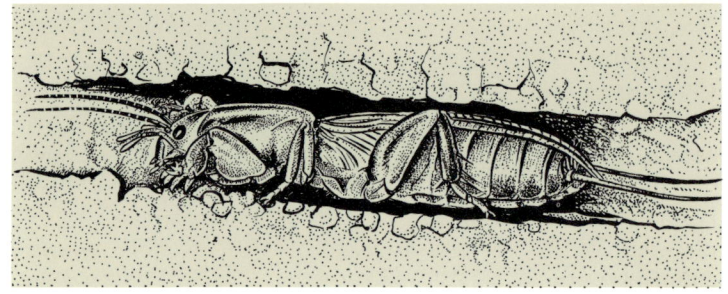

Fig. 93 Rechts: oben Maulwurf, unten Maulwurfsgrille. Links der Grabfuß, beim Säugetier ähnlich gestaltet wie beim Insekt und gut an seine Funktion angepaßt.

liebsten im Boden. Sein Körper ist völlig für das unterirdische Leben geschaffen. Seine Vorderfüße sind groß, nach außen gekehrt und mit kräftigen Krallen versehen. Solche Grabwerkzeuge findet man in überraschend ähnlicher Form auch bei den Maulwurfsgrillen (Fig. 93). Die gleiche Funktion hat hier, wie so oft, bei grundverschiedenen Tieren ganz unabhängig zu gleicher Formgestaltung geführt. Der Kopf ist an den Rumpf herangezogen und sieht aus, als wäre er direkt an ihm festgewachsen. So ist es aber nicht. Ein Maulwurf hat ebenso wie eine Giraffe die für Säugetiere typische Zahl von sieben Halswirbeln. Sie sind nur bei diesen beiden Tieren von extrem verschiedener Länge. Die haarlose Schnauze eines Maulwurfs wirkt wie der Rüssel eines Miniaturschweinchens. Der kleine Erdarbeiter wühlt sich durch den Boden, indem er mit der Schnauze und mit dem rechten und linken Vorderfuß den Boden lockert und mit einer bohrenden Drehbewegung des Körpers die Erde zum Teil an die Wand des Ganges preßt, zum andern Teil mit den Hinterbeinen hinter sich schiebt. Von Zeit zu Zeit stößt er nach oben durch und wirft das lockere Erdreich zu einem Hügel auf. Diese Maulwurfshaufen dienen zur Ventilation des unterirdischen Gangsystems und wenn er will, kann der Bewohner an solchen Stellen auch jederzeit ins Freie gelangen. Als Anpassung an das Leben in engen, finsteren Erdröhren sind natürlich auch die unter dem Fell verborgenen, kümmerlichen

Augenrudimente zu verstehen, die fehlenden Ohrmuscheln, die Spindelform des Körpers und das weiche Fell, dessen Haare sich leicht umlegen und eine Rückwärtsbewegung im engen Gang nicht hindern.

So unbehaglich, wie man denken könnte, ist dieses Wohnreich nicht. Unter einem größeren Hügel ist ein Erdgang zu einer Höhle mit einem Durchmesser von etwa 20 cm erweitert und mit Gras oder trockenem Laub gefüllt, als Ruhe- und Schlafplatz (Fig. 94). Man darf sich nicht vorstellen, daß der Maulwurf in unstetem Leben weit durch das Land streift. Er hat seinen begrenzten Wohnbezirk, der etwa 40 m in der Länge und 30 m in der Breite messen mag. Seine Ausdehnung wird aber jeweils stark von der Bodenbeschaffenheit und dem Nahrungsreichtum mitbestimmt. Von der erwähnten Nestkammer führen nach allen Seiten, in einer Tiefe von etwa 10 bis 30 cm, die Jagdgänge, die immer wieder als Verkehrswege benützt werden. Sie können eine oder mehrere weitere Kammern mit Nestmaterial als Ruhestätten enthalten. Dazwischen werden dauernd auch neue Gänge angelegt, die später wieder verfallen.

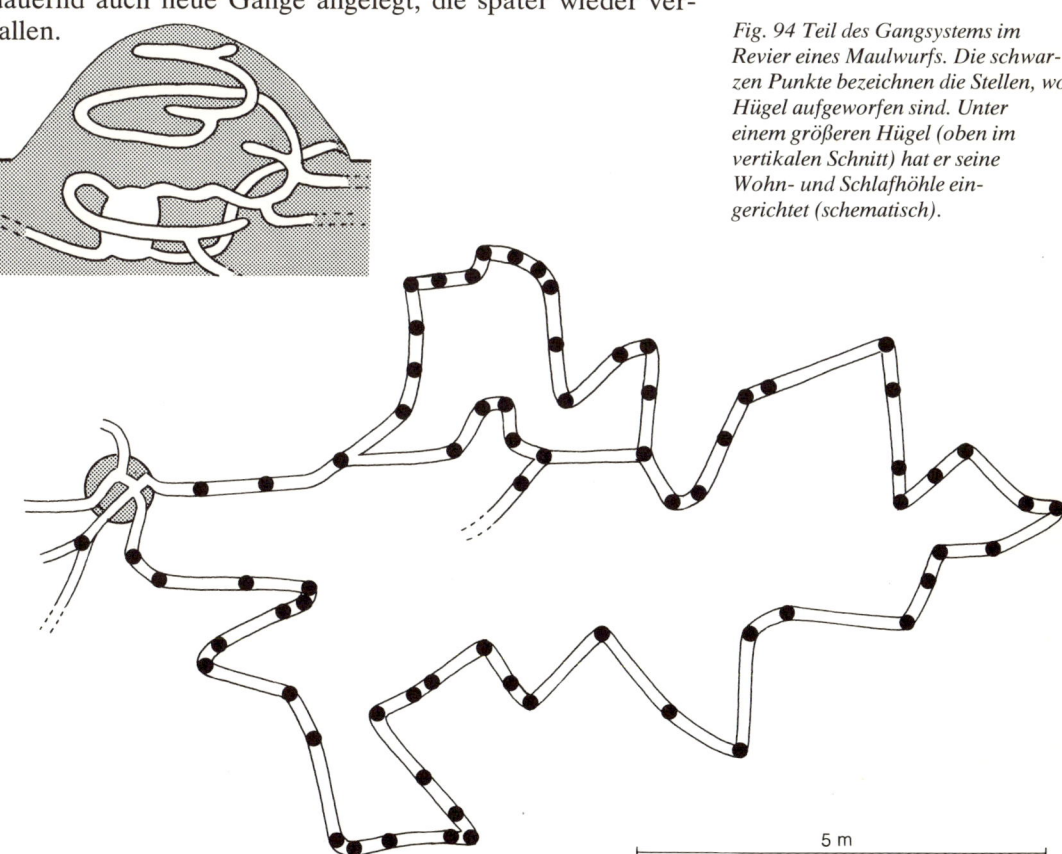

Fig. 94 Teil des Gangsystems im Revier eines Maulwurfs. Die schwarzen Punkte bezeichnen die Stellen, wo Hügel aufgeworfen sind. Unter einem größeren Hügel (oben im vertikalen Schnitt) hat er seine Wohn- und Schlafhöhle eingerichtet (schematisch).

5 m

Von der Paarungszeit abgesehen, leben das Männchen wie auch das Weibchen als Einsiedler in ihrem Reich, die ihre Wohnung auf Lebenszeit ist. Allzulange bleiben sie nicht im Genuß ihres Heimes. Denn der Maulwurf wird nur drei Jahre alt.

Sein Tageslauf folgt einem regelmäßigen Rhythmus. Von einem »Tageslauf« kann man eigentlich nicht sprechen. Ob Tag oder Nacht, berührt ihn wenig in seiner finsteren Welt. Ob draußen die Sonne regiert oder der Mond, er durchstreift immer wieder sein Jagdgebiet. Auf vier bis fünf Stunden der Tätigkeit folgen drei bis vier Stunden des Ausruhens oder tiefen Schlafes im weichen Nest. Man konnte seine Bewegungen an radioaktiv markierten Tieren gut von außen verfolgen, ohne sie zu stören.

Der Nahrungsbedarf eines Maulwurfs ist groß. Er verzehrt in 24 Stunden etwa sein eigenes Körpergewicht an Beutetieren. Es sammelt sich aber auch viel Genießbares und Willkommenes in den Tunnels an. Hauptsächlich sind es Regenwürmer, aber auch Insekten und ihre Larven, Tausendfüßler, Spinnentiere und anderes. Durch Graben neuer Gänge wird weitere Nahrung aufgestöbert. Es kommt auch vor, daß der Maulwurf seine Wohnung verläßt und auf dem Erdboden nach Schnecken und Insekten jagt und sogar Jungvögel von Bodenbrütern überfällt und auffrißt. Zwar sieht er nichts, aber er kann sich in seiner näheren Umgebung durch sein gutes Riechvermögen und sein Gehör (obwohl er keine äußeren Ohren hat) sowie durch seinen hochentwickelten Tastsinn orientieren. In günstigen Zeiten werden Regenwürmer und andere Nahrung in Vorratskammern oder in einem alten Tunnel gespeichert. Den Regenwürmern beißt er das Vorderende ab. Da hier das Nervenzentrum für die geordnete Fortbewegung liegt, können sie nicht mehr davonkriechen. So erreicht der Maulwurf bei den Würmern durch Abbeißen des Kopfes dasselbe, was Grabwespen bei Raupen durch ihre lähmenden Stiche erzielen. In beiden Fällen wird die Beute lebensfrisch stillgelegt. Ein Beobachter zählte einmal in einer Vorratskammer 1280 Regenwürmer und 18 Engerlinge. Besonders wenn der Winter kommt, lohnt sich solcher Vorrat. Der Maulwurf ist kein Winterschläfer. Sein regelmäßiger Tageslauf geht weiter. Nur legt er bei strenger Kälte seine Gänge in größere Tiefe, etwa 60 cm unter die Oberfläche, wohin der Frost nicht vordringt.

Im Frühjahr baut das Weibchen eine Brutkammer mit einem besonders weichen Nest. Es ist die einzige Zeit des Jahres, in der das Einsiedlerleben eine Unterbrechung erfährt. Wenn aber ein Männchen auf Freiersfüßen mit einem

Rivalen zusammentrifft, kommt es zu heftigen Kämpfen. Sie können für den schwächeren Partner tödlich enden. Dann wird er oft vom Sieger verspeist.

Das Weibchen bekommt etwa vier Junge. Sie sind mit zwei Monaten selbständig und entfernen sich dann aus dem Wohnbereich der Mutter, um ein eigenes Gebiet zu suchen und selbst ihre Gänge zu bauen. Sie liegen bei den Jungtieren weniger tief und sind an der Oberfläche als Erdrücken sichtbar.

In Amerika ist der Maulwurf durch mehrere Gattungen vertreten. Ihre Bauten sind, wie auch Aussehen und Lebensweise, jenen des europäischen Maulwurfs ähnlich.

Der Dachs

Dem Maulwurf bietet die Tiefe des Bodens nicht nur ein sicheres Heim; sie ist auch sein Jagdrevier. Nur selten ist das bei anderen Säugetieren in ähnlichem Maße der Fall. Aber ziemlich groß ist die Zahl der Arten, die ihre Wohnungen und Kinderstuben im Boden anlegen. Ein wohlbekanntes Beispiel ist der Dachs *(Meles meles),* dessen Verbreitungsgebiet von England über Europa und Asien bis nach Japan reicht. Er gehört zwar zu den Mardern *(Mustelidae),* ist aber keineswegs ein passionierter Räuber, wie die anderen Mitglieder dieser Familie. Als Allesfresser nimmt er viel Pflanzenkost zu sich, ist allerdings auch ein guter Mäusevertilger und verschmäht nicht leicht etwas Genießbares, das sich ihm bietet.

Unser Sommerhaus in den österreichischen Alpen am Wolfgangsee ist von Wiesen umgeben, an die sich, etwa 100 m entfernt, der Wald anschließt. Ich erinnere mich, daß diese Wiesen manchmal am Morgen an vielen Stellen aufgewühlt waren, als hätten hier Wildschweine gehaust. Es war ein Dachs, der mit seiner rüsselartigen Schnauze während der Nacht von oben her den Maulwürfen der Unterwelt Konkurrenz gemacht hatte. Nur in der Dämmerung oder während der Nacht pflegt er seinen Bau zu verlassen (Bild 110, Seite 280).

Seine ausgedehnte unterirdische Wohnung liegt meist im Wald oder am Waldrand, im Buschdickicht oder in lichtem Baumbestand, umfaßt ein Gebiet von etwa 10 bis 30 m im Durchmesser und reicht bis etwa 5 m in die Tiefe (Fig. 95). Die Kammern können in drei Stockwerken übereinander liegen, sind unter sich durch ein Labyrinth von Gängen verbunden und haben meistens mehrere Ausgänge. An trockenen Abenden sammelt der Dachs als Polstermaterial, was er Geeignetes in der Nähe findet: Moos, Farnkräuter, Laub und dergleichen. Hat er einen Haufen

Fig. 95 Dachsbau, Schnitt durch einen Teil der Anlage.

zusammengebracht, so schiebt er ihn mit Schnauze und Vorderbeinen in den Bau, um seine Schlafkammern und, zur gegebenen Zeit, die Kinderstube damit auszustatten. Ab und zu bringt er seine Kissen vor einen Ausgang an die freie Luft und nach einigen Stunden wieder hinein, so wie wir die Polster oder Matratzen lüften.

Von der Ranzzeit abgesehen ist der Dachs oft allein in seiner Wohnung. Er hält mit großer Treue an ihr fest. Sie kann aber allmählich erweitert werden. Es gibt Bauten mit Tunnels bis zu 100 m und mit 40 bis 50 Ausgängen, die freilich nicht alle gleichzeitig in Gebrauch sind. In so großen Wohnungen pflegen mehrere Dachsfamilien beisammenzuhausen. Der Fuchs, dessen Bauten von gleicher Art sind, macht sich nicht selten die Grablust des Dachses zunutze und bezieht als Untermieter einen Teil der Tunnels und Kammern. Der Dachs nimmt das hin, aber er mag ihn wohl nicht gern riechen und verstopft die Verbindungswege.

Den Winter verschlummert der Dachs zum großen Teil in einer wohlgepolsterten, tiefen Kammer. Ein echter Winterschläfer ist er nicht. Seine Körpertemperatur sinkt nicht wesentlich ab, wie das für den Winterschlaf bei stark herabgesetztem Stoffwechsel bezeichnend ist. Er zehrt in der

260

Ruhezeit von seinem Körperfett, das er sich in den guten Monaten reichlich angemästet hat. Auch wacht er wiederholt auf und geht in milden Wochen auf Nahrungssuche.

In Nordamerika und im südlichen Kanada wird der europäische Dachs durch den kleineren Silberdachs vertreten *(Taxidea taxus).* Die Bauweise ist recht ähnlich. Er bevorzugt aber Fleischkost und stellt besonders den kleinen Nagetieren nach, wie Mäusen, Zieseln oder Kaninchen, und verschmäht auch Insekten nicht. Pflanzennahrung spielt bei ihm eine geringe Rolle.

Nagetiere als Baumeister

Wenn die Säugetiere im allgemeinen nicht durch hervorragende architektonische Leistungen imponieren, so macht die Ordnung der Nagetiere eine Ausnahme. Unter ihnen trifft man geschickte Baumeister verhältnismäßig häufig. Das hängt wohl damit zusammen, daß sie die Natur mit guten Werkzeugen ausgestattet hat: zunächst mit ihren beweglichen Händen. Ein jeder hat schon die Handfertigkeit von Mäusen oder Eichhörnchen gesehen, wenn sie Samen oder Früchte mit ihren Vorderpfoten halten und herumdrehen, während sie sie benagen. Das andere wichtige Werkzeug sind die langen, kräftigen Schneidezähne im Ober- und Unterkiefer, die »Nagezähne«, die mit ihren scharfen Schneiden wie Meißel gegeneinander wirken. Trotz dauernder starker Abnutzung beim Benagen von Holz und anderen harten Dingen werden sie nicht kürzer, weil – im Gegensatz zu anderen Säugerzähnen – ihr Wachstum nicht zum Stillstand kommt. Betrachten wir den Längsschnitt durch einen jungen menschlichen Schneidezahn (Fig. 96 oben links). Die Wurzelspitze ist weit offen, der nährende Blutstrom hat reichlich Zutritt zum Inneren des Zahnes, zur Pulpahöhle. Später verengert sich die Wurzelspitze (Fig. 96 Mitte), drosselt den Blutstrom und das Wachstum hört auf. Nagezähne bleiben an der Wurzelspitze zeitlebens weit offen (Fig. 96 oben rechts), ihr Wachstum kommt zu keinem Abschluß, wird aber durch die Abnutzung ständig kompensiert. Das knochenartige Zahnbein (Fig. 96, 2) ist außen von einer besonders harten und widerstandsfähigen Kalkschicht, dem Zahnschmelz, überzogen (Fig. 96, 1). Bei Nagezähnen fehlt er auf der Rückseite, die daher stärker abgenützt wird. So entstehen die messerscharfen Schneiden der Schmelzkanten.

Die Zwergmaus. Vorderpfoten und Nagezähne sind also die Instrumente, mit denen zum Beispiel die *Zwergmaus* ihr hübsches Nest baut (Fig. 97). Es ist so kunstvoll geflochten,

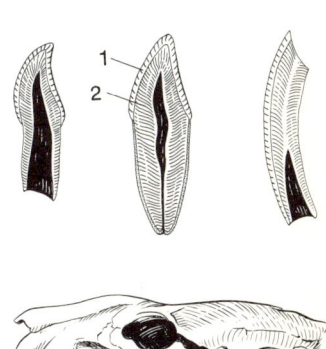

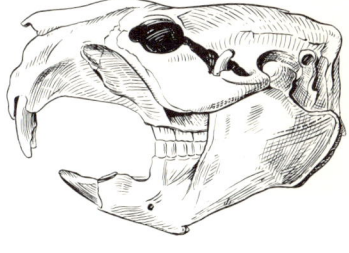

Fig. 96 Schneidezahn eines Säugetiers, links: jung, Mitte: ausgewachsen. Bei Nagetieren (rechts) bleibt die Pulpahöhle (schwarz) weit offen, der ernährende Blutstrom wird nicht abgedrosselt. 1 Zahnschmelz, 2 Zahnbein. Unten: Schädel eines Bibers.

Fig. 97 Nest der Zwergmaus in einem Haferfeld. Ein seitlich stehender Halm wurde geknickt und von der Maus als Stütze in das Nest einbezogen. (Zeichnung: Murr.)

wie manche von den schönsten Vogelnestern. Groß ist es nicht. Die Zwergmaus *(Micromys minutus)*, führt ihren Namen mit Recht. Mit ihrer Körperlänge von 6 bis 7 cm und einem fast genauso langen Schwanz gehört sie zu den kleinsten Nagetieren (Bilder 101a und b, Seite 264/265). Sie kommt in Europa, Asien und Japan vor, als Bewohnerin von Getreide- oder Reisfeldern, hochgewachsenen Wiesen, Binsen- und Schilfbeständen an Seeufern und in Sümpfen, aber auch in Buschland, das mit Gras durchsetzt ist. Gras-, Getreide- und Kräutersamen sind ihre bevorzugte Nahrung. Zur Abwechslung verzehrt sie Insekten, und keineswegs nur die kleinsten; auch Heuschrecken und Maikäfer sind nicht vor ihr sicher. Flink klettert sie in den Halmen mit großer An-

mut und Geschicklichkeit herum, wobei sie ihren Wickel-
schwanz als Greiforgan gebraucht. Das Nest errichtet sie
meist 0,5 bis 1 m über dem Boden.

Jenes der Fig. 97 war in einem Haferfeld angelegt. Einen
Halm hat die Maus geknickt und als Stütze in das Nest
hineingearbeitet. Sie holt sich beim Bau die Blätter der
nächststehenden Haferstengel heran, an anderen Stand-
orten Gras, Schilfblätter oder was sich sonst bietet, zieht
sie durch den Mund und zerfasert sie der Länge nach mit
den Spitzen ihrer Nagezähne. Ist durch das Verflechten
gegenüberstehender Blätter eine Grundlage geschaffen, so
wird der Bau nach oben fortgesetzt und kuppelförmig geschlossen. Sobald keine Blätter mehr erreichbar sind, werden solche in der Umgebung abgebissen, zerschlissen und
von innen an die äußere Hülle angebaut, bis eine feste und
dichte Kugel entstanden ist; seitlich bleibt ein Schlupfloch.
Schließlich wird das Innere mit Samenwolle, Blütenrispen
oder fein zerfaserten Blättern weich ausgepolstert. Erstaunlich ist die Behendigkeit der kleinen Baumeisterin. Sie kann
in fünf bis zehn Stunden ihr Nest vollendet haben.

Diese Schilderung bezieht sich auf ein »Wurfnest«, wie
es von der trächtigen Mutter gebaut wird. Es ist die Kinderstube für ihre fünf bis sechs Jungen. Diese entwickeln sich
schnell und können schon nach knapp zwei Wochen das
Nest verlassen. Dabei sind die Knirpse zuletzt schon recht
regsam und versuchen da und dort, sich durch die Nesthülle
hinauszubohren. Kein Wunder, daß das Bauwerk nach ein-
maliger Benutzung ausgedient hat und die Mutter, die
mehrmals im Jahr Nachwuchs bekommt, jedesmal ein neues
Nest bauen muß. Einfacher und weniger dicht gearbeitet sind
die Schlafnester. Auch die Männchen und Jungtiere bauen
solche. Bei den Jungen hapert es noch etwas mit der Baukunst. Erst die Übung macht den Meister.

Trotz ihrer Kleinheit, die bei Kälte zu starkem Wärmeverlust führt, ist die Zwergmaus kein Winterschläfer. Sie
macht sich zuweilen ihr Winternest in einer Erdhöhle oder
an einer anderen geschützten Stelle, wo sie beizeiten Vorräte einträgt. Man trifft sie aber auch in Scheunen und Ten-
nen. Da kann sie, wenn sie Glück hat, noch im tiefen Winter
reichen Schmaus halten. In bösen Jahren fallen freilich viele
dem Hunger und der Kälte zum Opfer.

Da hat **die Haselmaus** *(Muscardinus avellanarius)*, deren
Nester denen der Zwergmaus ähnlich sind, ein leichteres
Leben. Sie verbringt die kalte Jahreszeit in ihrem Winter-
nest an gut geschützter Stelle in tiefem Schlaf. Mit den
Augen des Systematikers betrachtet gehört die Haselmaus

Bild 101 a Zwergmaus mit Nest.

Bild 101 b Das Nest der Zwergmaus ist bei weitem nicht mehr so schön wie jenes der Fig. 97 auf Seite 262. Denn Jungtiere sind bereits darin aufgewachsen und haben sich ausgetobt.

nicht zu den Mäusen (Familie: *Muridae*), sondern zur Familie der Schläfer *(Gliridae)*, deren Winterschlaf länger als ein halbes Jahr dauern kann. Im Sommer steht das Kugelnest der Haselmaus gut getarnt in Büschen oder kleinen Nadelbäumchen (Bild 102) und erinnert stark an die Nester der Laubensänger (vgl. Bild 84, Seite 202). Wie bei diesen liegt der Nesteingang seitlich.

Buschratten. Gröbere Nester aus Reisig und Zweigen machen die amerikanischen *Buschratten* (Gattung: *Neotoma*). Sie sind ja auch keine Zwerge, sondern von ähnlichem Aussehen und von der Größe der Wanderratten. Ihre Wohnung kann man kaum als Nest bezeichnen. Sie ist schon eher ein kleines Haus. Die dunkelfüßige Buschratte *(Neotoma fuscipes)* ist in wesentlichen Teilen Nordamerikas heimisch, wo sie am Boden, etwa in einem Dornendickicht, in wilden Rosen oder anderem Gestrüpp, aus Zweigen ihren sperrigen Wohnhaufen errichtet. Er kann mehr als einen Meter hoch sein und im Inneren fünf verschiedene, durch Gänge verbundene Abteilungen enthalten; neben einem Wohnraum, einer Kinderstube und Vorratskammern auch einen Kotraum. Manchmal bauen sie außerdem in den Ästen eines nahen

Bild 102 Sommernest der Haselmaus in einem Busch. Seitlich der Einschlupf. Das Nest gleicht ein seinem Bau manchem Vogelnest, vgl. das Nest eines Laubsängers in Bild 84 auf Seite 202.

Baumes eine weitere, kaum weniger ausgestaltete Wohnung. Vermutlich ziehen sie sich dahin zurück, wenn sie am Boden gefährdet sind.

Es gibt etwa zwanzig verschiedene Arten von Buschratten, die meisten im westlichen Nordamerika. Sehr anpassungsfähig, können sie recht verschiedene Lebensräume bewohnen. So bevorzugt die Wüstenratte *(Neotoma albigula)* Kakteengebiete, klettert geschickt und ohne sich zu verletzen auf diesen Gewächsen herum, beißt Teile von ihnen ab und trägt sie im Munde zu ihrem Heim, wo sie die Zugänge nach allen Richtungen mit den stachligen Kakteenbrocken verrammelt. Nur sie selbst kann sich da unbehindert durchschmuggeln. Dauernd reparieren sie ihre Wohnungen und halten sie gut instand.

Manche Arten sind von einem merkwürdigen Sammeltrieb beseelt. Von der Buschschwanzratte *(Neotoma cinerea)*, die durch ihren langbehaarten Schwanz an ein Eichhörnchen erinnert, wird berichtet, daß sie im Herbst nicht nur Nahrungsmittel anhäuft; sie schleppt auch mancherlei glänzende Dinge zusammen, deren sie habhaft werden kann. Aus Farmen haben sie Blechbüchsen, Glasscherben, silberne Löffel, Messer und dergleichen gestohlen, die man vor ihren Bauten wiedergefunden hat. Man wird an die Laubenvögel erinnert, nur daß deren Treiben offensichtlich in den Dienst der Liebe gestellt ist. Niemand weiß, warum die Buschratten so ungenießbare Dinge zusammenraffen.

Ähnliche Nester, aber nicht mit so reicher Innenausstattung, bauen die Eichhörnchen. Sie sind vielleicht die bekanntesten und beliebtesten Nagetiere. Auch Bewohner von Großstädten können sie gelegentlich beobachten und sich über ihre Kletterkünste und ihre Zutraulichkeit freuen. Denn man sieht sie oft in öffentlichen Gärten, und wo sie sich nicht verfolgt fühlen, kommen sie von den Bäumen herunter und nehmen einem das Futter aus der Hand.

Eichhörnchen. Das europäische Eichhörnchen (Sciurus vulgaris) kennt man mit rotem und mit schwarzem Fell. Die Färbung kann je nach der Gegend verschieden sein, man trifft aber in vielen Gebieten auch beide Farbtypen nebeneinander, ja sogar im gleichen Wurf. Die natürliche Lebensstätte dieser Baumbewohner ist der Wald, wo sie mit ihren scharfen Krallen behende einen Stamm hinaufklettern können oder sich in den Zweigen tummeln und gelegentlich in weitem Satz zu einem Nachbarbaum hinüberspringen. Dabei dient ihnen der buschige Schwanz als Steuer. In Wald und Gebüsch finden sie auch ihre wichtigste Nahrung: Nüsse und Haselnüsse, und besonders die Samen von Nadelhölzern.

Um diese zu gewinnen, holen sie sich die Zapfen und reißen die Deckschuppen ab, die dann neben den entblößten Spindeln oft massenhaft unter einem Nadelbaum auf dem Boden liegen. Daneben lieben sie allerhand Beeren und Früchte. Insekten bereichern ihren Speisezettel. Leider sind sie auch arge Plünderer von Vogelnestern und betrachten Eier und Jungvögel als Leckerbissen.

Ihr eigenes Nest bauen sie gern in die Krone eines Baumes, etwa in eine Astgabel dicht am Stamm, wo es auch bei starkem Wind nicht gebeutelt wird (Fig. 98 und Bild 111, Seite 280). Zuweilen sparen sie sich die Mühe, selbst die Zweige für den Nestboden heranzutragen und wählen als Fundament ihres Bauwerks ein Vogelnest von passender Größe, etwa ein leeres Krähen- oder Hähernest. Erst wird es geflickt und abgedichtet, wo es nötig scheint. Dann führen sie die Wände nach oben weiter und überdachen den Innen-

Fig. 98 Hauptnest (»Kobel«) des Eichhörnchens.

raum, so daß eine geschlossene Kugel entsteht, mit einem Querdurchmesser von etwa einem halben Meter und einer Höhe von etwa 30 cm. Die Zweige für die derbe Außenhülle beißen oder brechen sie in der Regel vom Nistbaum selbst ab; seltener holen sie sie aus der näheren Umgebung. Sie stecken sie zwischen die schon vorhandenen Zweige hinein und schieben sie mit den Zähnen und Vorderpfoten hin und her, bis sie festsitzen. Innen wird die Kugel ringsum mit Gras, Bast oder anderem weichen Material ausgekleidet und schließlich der Boden mit einem fein zerfaserten Polster aus Gras, Moos, Flechten und dergleichen bedeckt. Was sie für diese Auskleidung brauchen, holen sie oft aus größerer Entfernung und tragen es als Bündel oder Ballen im Maul flink an ihre Baustelle. Seitlich bleibt ein kleines Schlupfloch. Manchmal wird das fertige Nest außen noch mit belaubten oder benadelten Zweigen verkleidet. Die Fertigstellung eines solchen Baues nimmt etwa zwei bis fünf Tage in Anspruch.

Wo alte, morsche Baumstämme in unseren kultivierten Wäldern noch zu finden sind, kann sich das Eichhörnchen sein Nest in einer Baumhöhle einrichten und sich den Bau der festen Außenhülle ersparen. An anderen Stellen des Reviers werden oft weitere, kleinere und nicht so sorgfältig gebaute Nester als Ruhe- und Zufluchtsstätten angelegt.

Das Hauptnest, das zum Schlafen und auch als Kinderstube dient, benützen Männchen und Weibchen zur Paarungszeit gemeinsam. Aber schon während der Tragzeit wird das Männchen vom Weibchen hinausgejagt. Die Jungen pflegt die Mutter allein. Sie hält sie sauber, wendet sie und leckt sie von allen Seiten und trägt auch allen Unrat aus dem Nest. Drei Wochen nach der Geburt wagt man sich schon zeitweise auf die nächsten Äste hinaus. Die Mutter übernimmt noch die Führung und Ernährung der Jungen, aber bald werden sie abgestillt und nach acht bis zehn Monaten sind sie geschlechtsreif und längst selbständig.

Eichhörnchen sind keine Winterschläfer. Sie schlummern wohl bei schlechtem Wetter und großer Kälte tagelang in ihrem Nest, wachen aber immer wieder auf, sobald die Witterung milder ist und brauchen Nahrung. Vorratskammern sind in ihrem Bau nicht vorgesehen. Aber sie legen sich im Herbst von der Fülle des Angebotes versteckte Reserven an. Mit Vorliebe graben sie am Fuß von Bäumen Nüsse und Haselnüsse in den Boden ein, indem sie ein Loch ausscharren, eine Nuß mit der Schnauze hineindrücken, mit den oberen Schneidezähnen festhämmern, dann mit den Vorderpfoten Erde und Laub darüber zusammenraffen und festdrücken. An einem solchen Platz verschwindet eine Nuß nach der anderen in der Erde, und auch an weiteren Stellen, sei es im Boden oder an anderen verborgenen Plätzchen mehren sich die versteckten Vorräte. »Sehr klug und vorausdenkend«, meint wohl der Leser. Aber das Eichhörnchen denkt gewiß nicht darüber nach, daß es vorsorgen muß, um im Winter nicht zu hungern. Es handelt ebenso, wenn es noch keinen Winter erlebt hat und folgt dabei einem angeborenen Instinkt. Das zeigt sich deutlich, wenn im Herbst ein zahmes Hörnchen im Zimmer eine Nuß vom Obstteller holt, suchend mit ihr umherläuft und in einer Ecke auf dem Fußboden nacheinander die Bewegungen des Scharrens, des Hineindrückens der Nuß, des Festhämmerns und Zudeckens mit (nicht vorhandenem) Material in der richtigen Reihenfolge ablaufen läßt, um dann die nächste Nuß zu holen, als wäre alles in bester Ordnung. In unnatürlicher Umgebung führt diese angeborene Handlungsweise nicht zum Ziel.

Viele von ihren Verstecken finden die Tiere nicht wieder, nachdem Monate vergangen sind und der Winter seine Schneeflocken darübergestreut hat. Ganz nutzlos bleiben sie trotzdem nicht. Denn aus dem vergessenen Vorrat keimen neue Nußbäume und neue Haalsträucher. Wenn auch deren Früchte unseren Eichhörnchen nicht mehr zugute kommen, so ernten sie doch spätere Generationen.

Im östlichen Nordamerika ist die gleiche Gattung durch eine andere Art, das Grauhörnchen *(Sciurus carolinensis)* vertreten. Etwas größer als das europäische Eichhörnchen, zeigt es das gleiche Gehaben. In öffentlichen Anlagen erinnert es den europäischen Besucher sogleich an die heimatlichen Gärten. Es wurde auch in England eingebürgert und hat die einheimische rote Art fast völlig verdrängt. Das kleinere nordamerikanische Rothörnchen *(Tamiasciurus hudsonicus)* ist von der Ost- bis zur Westküste anzutreffen. Im hohen Norden hält es einen richtigen Winterschlaf. Andere Gattungen und Arten der Baumhörnchen gibt es in weltweiter Verbreitung.

Murmeltiere. Manche Nagetiere graben, wie der Dachs, Gänge und Kammern in die Tiefe des Erdbodens. So machen es zum Beispiel die *Murmeltiere*, die in dreizehn Arten und Unterarten weit über die Erde verbreitet sind. Durch starke Krallen an den Zehen der Vorder- und Hinterfüße sind sie für die Bodenarbeit gut ausgerüstet.

Das Alpenmurmeltier *(Marmota marmota)* ist etwa so groß wie ein Feldhase, aber von plumper Gestalt und mit kurzen Beinen. In den Alpen haust es in Höhen zwischen 1000 und 3000 m, wo es an sonnigen Matten und nicht zu steinigen Geröllfeldern seine Wohnungen anlegt. Sie erreichen in der Regel eine Tiefe bis zu 3 m. Zu Geselligkeit geneigt, lebt es in Kolonien, die manchmal nur einige Tiere, aber auch bis zu fünfzig und mehr umfassen können. Der Mensch, der ja immer selbstsüchtig darüber wacht, daß seine Besitztümer nicht geschädigt werden, duldet diese Tiere gern und gönnt ihnen auf den hochgelegenen Bergwiesen die Gräser, Kräuter und Wurzeln, die ihre Nahrung bilden. Wer sie nicht übersieht, freut sich an ihrem Treiben. Leider waren sie um die Jahrhundertwende in weiten Teilen der Alpen schon fast ausgerottet, besonders wegen ihres Fettes, dem vom Volksglauben eine besondere Heilkraft zugeschrieben wurde. Neuerdings hat man sie an vielen Orten erfolgreich wieder eingebürgert. Sie haben sich stark vermehrt und ausgebreitet.

Fig. 99 zeigt unten einen Teil der Anlage eines größeren Baues, wie er auch als Winterquartier dient und vom Elternpaar zusammen mit seinen Kindern bewohnt wird. Beim Graben der engen Röhren, die gerade ihrem eigenen Körper Durchlaß gewähren, schaffen die Tiere das gelockerte Material mit ruckartigen Bewegungen der Vorderbeine unter ihren Bauch, wo sie es mit den Hinterfüßen ergreifen und hinter sich schleudern. Das verzweigte Röhrensystem mündet an mehreren Stellen nach außen. Vom Haupteingang führt ein manchmal sehr langer Gang zu einer großen, mit Heu gut ausgepolsterten Kammer, dem »Kessel« (1 in Fig. 100). An anderen Stellen können weitere, kleinere Kessel vorhanden sein. Kurze, blind geschlossene Gänge (2) dienen als Koträume.

Bevor der Winter kommt, sammeln die Murmeltiere trockene Gräser und Kräuter, die sie in großen Bündeln im Maul eintragen (Bild 112 b, Seite 280). Man hat 12 bis 15 kg Heu aus einem Bau gewogen. Wenn alle Vorbereitungen getroffen sind, stopfen die Tiere den Eingang von innen auf eine Strecke von oft mehreren Metern mit Heu, Erde und Steinen zu. Ein so langer und fester Pfropf bietet guten Schutz gegen das Eindringen der Winterkälte. Im Kessel hält dann die ganze Familie dicht aneinandergeschmiegt und eingerollt ihren Winterschlaf. Er kann ein halbes Jahr und länger dauern. Der Stoffwechsel ist stark herabgesetzt, die Körpertemperatur auf 5 bis 7 Grad gesunken. Alle drei bis vier Wochen erwachen sie für kurze Zeit, um Harn abzusetzen. Der Stoffwechsel wird lebhafter und führt zu einer vorübergehenden Erwärmung. Dadurch wird auch die Wohnung etwas aufgeheizt. Dann geht der Schlummer weiter. Ist endlich der Frühling gekommen, so werden die Pforten geöffnet. Als erstes säubert man die

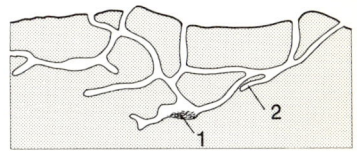
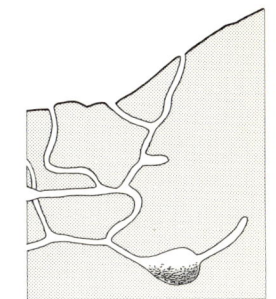

Fig. 99 Murmeltier: oben Sommerbau, unten Winterbau oder Dauerbau. 1 Kessel, 2 Kotraum, schematisch.

Wohnung und befördert allen Schmutz hinaus. Rasch wandelt sich das Bild sehr gründlich. Wo eben noch der Schlaf regiert hat, kommt es zur Paarung und zur Zeugung neuen Lebens. Der Gebirgssommer läßt nicht viel Zeit, wenn die Jungtiere kräftig genug in den nächsten Winter gehen sollen. Vor der Niederkunft sorgt die Mutter für ungestörte Ruhe und verstopft den Zugang zu ihrer Wohnkammer mit Heu. Etwa sechs Wochen nach der Geburt werden die Jungen abgestillt. Um diese Zeit verlassen sie auch zum erstenmal den Bau. Sie bleiben aber noch den ganzen Sommer unter mütterlicher Betreuung, sie verbringen auch noch den ersten Winterschlaf bei ihren Eltern, machen sich erst im folgenden Sommer langsam selbständig und bauen ihre eigenen Wohnungen.

In manchen Gebieten wandern die Murmeltiere zur warmen Jahreszeit in höhere Lagen und beziehen da Sommerwohnungen, oder legen solche neu an (Fig. 99 oben). Diese unterscheiden sich durch geringere Tiefe vom Winterbau und haben meist eine größere Zahl von Eingängen. Aber nicht überall übersiedeln die Murmeltiere in eigene Sommerbauten. Anderwärts bleiben sie im Winterbau, der dann richtiger als Dauerbau zu bezeichnen ist.

Murmeltiere kommen nur bei Tag aus ihrer Wohnung (Bild 112a, Seite 280). Ein Eingangsloch liegt oft unter einem Stein oder größerem Felsblock, den in der Regel ein älteres, Wache haltendes Tier als Auslugsplatz benützt. Der aufmerksame Bergwanderer in den Alpen kennt die markante Gestalt des aufrecht sitzenden Tieres, das sich dabei auf seinen kräftigen und muskulösen Schwanz stützt (Fig. 100). Aber oft ist es verschwunden, noch bevor er es erblickt hat. Nur einen gellenden Pfiff hat er vernommen, dessen Folge

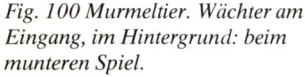
Fig. 100 Murmeltier. Wächter am Eingang, im Hintergrund: beim munteren Spiel.

war, daß alle Murmeltiere im Hörbereich blitzschnell in ihre Bauten geflüchtet sind. Wenn man vom »Pfiff« der Murmeltiere spricht, so ist das etwas irreführend. Es handelt sich um einen Stimmlaut, der mit dem Kehlkopf erzeugt wird.

Die Wächter passen gut auf. Vorsicht ist geboten, nicht nur vor den Menschen, auch vor dem Erbfeind der Murmeltiere, dem Steinadler. Diesem wäre das Beutemachen zu leicht, wenn die Wächter nicht wären. Murmeltiere lieben es, zu spielen und geben sich ganz dieser Tätigkeit hin, ohne sehr auf Feinde zu achten. Nicht nur die Jungen balgen sich zuweilen stundenlang unter freiem Himmel, auch die Alten spielen mit den Jungen und auch untereinander. Dabei können sie sich zu Gruppen zusammenfinden und Gesellschaftsspiele treiben. Manchmal sieht man, daß eines sich seitlich den Hang hinunterrollen läßt, wie wir es als Kinder gemacht haben. Oder es halten sich zwei umklammert und kollern gemeinsam hinunter. Da ist es schon gut, wenn bei Gefahr rechtzeitig zum Rückzug gepfiffen wird.

Aber die Warnung käme leicht zu spät, wenn nicht bei der Bauanlage noch auf besondere Weise für die Möglichkeit zu raschem Verschwinden gesorgt worden wäre. Größere Bauten haben oft, neben den üblichen Eingängen, auch das Fallrohr, in das sich ein flüchtendes Tier kopfüber hineinstürzt – womit es auf kürzestem Weg in die Tiefe des Baues gelangt. Überdies legen die Murmeltiere, wo sie sich zur Nahrungssuche weiter als 20 m von ihrem Bau entfernen, auch außerhalb ihres Wohnbereichs blind geschlossene Fluchtröhren an, die manchmal kaum einen Meter lang sind und unten nur eine kleine Erweiterung zum Umdrehen haben. So stehen die Bauten der Murmeltiere mit ihrer Sommer- und Winterresidenz, mit ihren Fallröhren und weit vorverlegten Fluchtgängen auf etwas höherer Stufe als die üblichen Erdhöhlen anderer Säugetiere.

Im Norden und Nordwesten von Nordamerika lebt das eisgraue Murmeltier *(Marmota caligata)* mit sehr hellem Fell. Ein kleineres Verbreitungsgebiet im Westen der USA, vom nördlichen Neumexiko über Kalifornien nach Britisch-Kolumbien, hat das gelbbäuchige Murmeltier *(M. flaviventer)*. Beide sind kleiner als das Alpenmurmeltier, aber ähnlich in ihrer Lebensweise und in ihren Bauten. Am kleinsten, am weitesten verbreitet und am häufigsten ist das Waldmurmeltier *(Marmota monax)*. Es baut seine Höhlen vorwiegend in aufgelockerten Wäldern oder an Waldrändern und verbringt, im Gegensatz zum Alpenmurmeltier, die meiste Zeit als Einzelgänger. Da es in waldnahen Gärten und Feldern viel Schaden stiftet, ist es wenig beliebt.

Nagetiere sind nicht nur geschickte, sie sind auch an-

*Bild 103 Biberdamm.
Dahinter das aufgestaute Wasser und
eine Biberburg. Links im Hintergrund ein zweiter Damm mit
rauschendem Überfluß. Rocky
Mountains. (Zu S. 276ff.)*

passungsfähige Baumeister. Das zierlich geflochtene Nest
der Zwergmaus, der gröbere Wohnbau aus Zweigen bei der
Buschratte und beim Eichhörnchen, das daneben auch
Baumhöhlen besiedelt, die unterirdischen Bauten der Murmeltiere, denen sich die Hamsterbauten und manche andere
zur Seite stellen ließen, sind Zeugen für die Vielseitigkeit
ihrer Baukunst. Und abermals anders konstruieren die Biber
ihre Wasserbauten.

Der Biber (*Castor fiber*) ist eines der größten und, mit
seinem Gewicht bis zu 30 kg, eines der schwersten Nagetiere.
Er bewohnte einst in vielen und großen Kolonien den
nördlichen Waldgürtel von Nordamerika und Kanada,
Europa und Asien entlang von Bächen, Flüssen und Seen.
Als vorzüglicher Schwimmer bewegt er sich auch unter-
getaucht schnell und geschickt. Erschreckt, kann er bis zu
einer Viertelstunde unter Wasser bleiben, bis er vorsichtig
von neuem Atem schöpft. Auf dem Lande ist er weit
schwerfälliger. Im Wasser leisten ihm die Schwimmhäute

zwischen den Zehen der Hinterfüße ebenso gute Dienste wie sein breiter, beschuppter Schwanz, den er auch als Steuer benützt. So sehr erinnert er durch seine Schwimmkünste und seinen Schuppenschwanz an einen Fisch, daß in früheren Zeiten die katholische Kirche sein schmackhaftes Fleisch als Fastenspeise gelten ließ.

Durch maßlose Verfolgung hat die Zahl der Biber stark abgenommen. In England waren sie schon im 13. Jahrhundert ausgerottet. Im 19. Jahrhundert gab es in Europa Restbestände nur noch an wenigen Stellen, so an der Rhone und an der Elbe. Auch in Nordamerika und in Rußland waren sie stark zurückgegangen. Anlaß zur Jagd gaben die begehrten Felle, aber auch die großen Drüsensäcke an den Ausgängen der Geschlechtsorgane, die das Bibergeil enthalten. Mit seinem Duft markieren die Tiere ihr Revier; aber in der mittelalterlichen Medizin sollte diese Substanz so ziemlich für alle menschlichen Leiden, die es gibt, so heilkräftig sein, daß sie teuer bezahlt wurde. Verhängnisvoll war auch die zunehmende Regulierung der Gewässer, die

Bild 104 Biberdamm, von der gestauten Seite her gesehen. Eine Biberburg im Vordergrund. Die beiden Photographen bezeugen die Festigkeit des Bauwerks. Colorado, am Cotton Wood Creek.

der Mensch brutal nach seinen Wünschen durchführte, während sie bis dahin der Biber nach seinen Bedürfnissen besorgt hatte. Denn er versteht sich ja nicht nur auf den Wohnungsbau, sondern auch auf die Wasserverbauung und er hat darin Großes geleistet, lange bevor der Mensch an so etwas dachte. Jetzt ist die Zahl der Biber wieder im Wachsen, nachdem in aller Welt scharfe Schutzvorschriften erlassen sind. Wo sie verschwunden waren, hat man sie vielfach von neuem ansiedeln können.

Seinen Wohnbau richtet der Biber, je nach den örtlichen Verhältnissen, verschieden ein. An großen Flüssen mit ziemlich gleichmäßiger Wasserführung begnügt er sich damit, schräg aufwärts in die Uferböschung einen Gang zu graben, den er unter der Erdoberfläche zu einem über 1 m breiten und etwa 1/2 m hohen Kessel erweitert (Fig. 101 oben). Er hat – was auf diesem schematischen Schnitt nicht dargestellt ist – mindestens zwei, oft noch mehr Eingänge, die immer unter Wasser liegen. An der Grenze des Wassers ist der Gang zu einer Freßkammer erweitert. Denn der Biber liebt es, nächtlicherweile am Ufer seine Mahlzeit einzunehmen, sei es im Freien oder an dem kleinen künstlichen Seeufer seiner Eingangsröhre. Von hier werden die Nahrungsreste am Morgen hinausbefördert. Man hält auf Sauberkeit.

Wenn der Wasserspiegel steigt, so wird vom Dach der Wohnkammer Erde abgekratzt oder abgenagt und der Boden dadurch erhöht. Wird die Decke zu dünn, so häufen die Tiere von außen Zweige und Erde darüber. Bei noch weiterem Anstieg vergrößern sie die entstandene »Biberburg« und verlegen den Kessel hinauf in ihr Inneres (Fig. 101 Mitte und unten).

In flachem, langsam fließendem Gewässer, etwa in einem Stausee, den sie sich selbst angelegt haben, errichten sie die Burg mitten im Wasser. Sie häufen am Boden Äste, Zweige und Rindenstücke zusammen, die sich vollgesogen haben und daher nicht fortschwimmen. Durch weitere Anhäufung des Materials entsteht eine künstliche Insel, die sie mit Knüppeln und Zweigen vergrößern, bis sie 2 und sogar 3 m über den Wasserspiegel ragt. Im Inneren höhlen sie den Kessel und die Gänge aus, deren Mündungen auch hier stets unter Wasser liegen (Bilder auf Seite 274, 275 und 278). Die Wände werden mit Lehm oder Schlamm sorgsam abgedichtet, jedoch nicht überall: ein Teil des Kuppelbaues bleibt locker, so daß die Innenräume genügend ventiliert sind. Im strengen Winter kann man da ein Dampfwölkchen aufsteigen sehen, als Zeichen warmen Lebens im Inneren der Behausung.

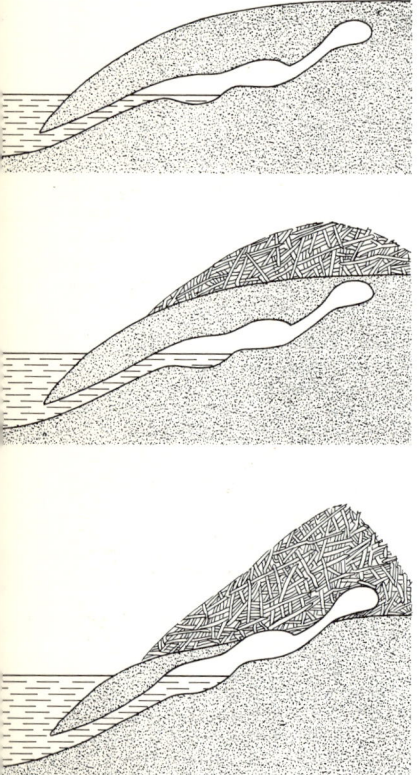

Fig. 101 Oben: Biberbau in einer Uferböschung. In der Eingangsröhre die Freßkammer, weiter oben der Kessel. Mitte: steigt das Wasser, so wird der Kessel nach oben verlagert und die zu dünn gewordene Decke von außen durch einen Haufen aus Zweigen und Erde geschützt. Unten: bei noch höherem Wasserstand wird der Außenbau vergrößert und der Kessel in die »Biberburg« verlegt. Schematisch.

*Bild 105 Biber schwimmt mit einem
gefällten Stämmchen zum Bau.
(Zu Seite 284)*

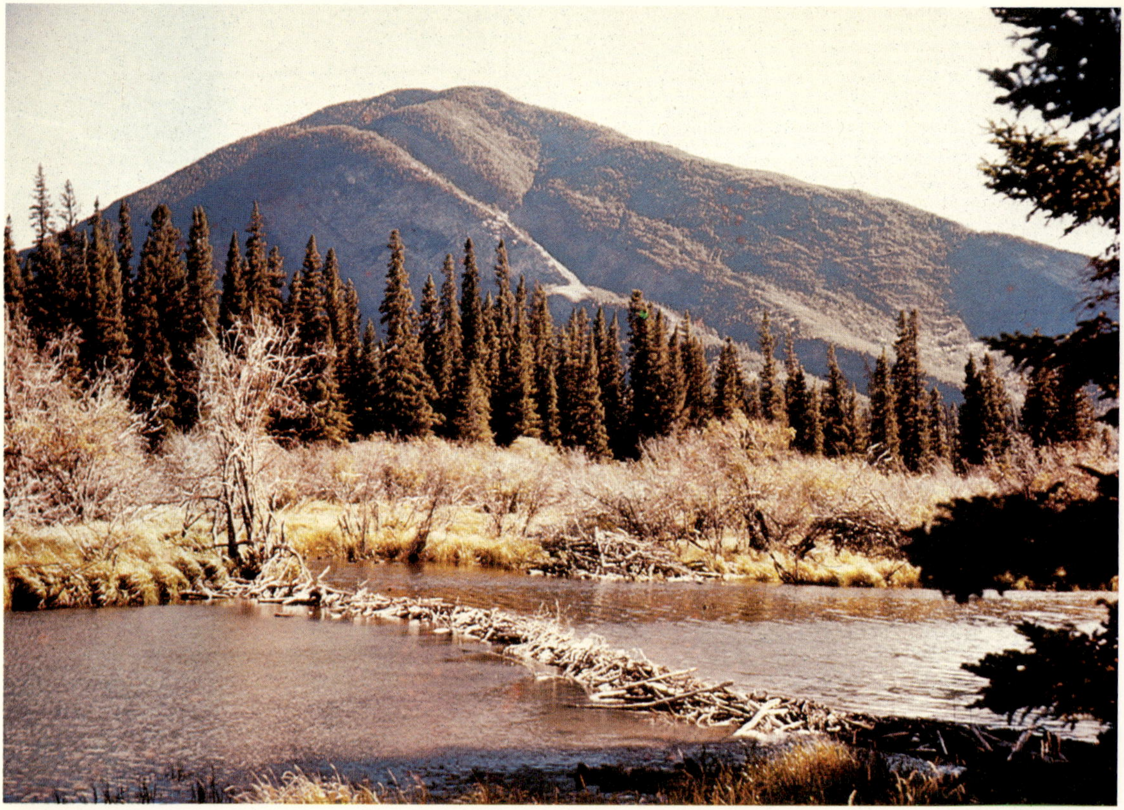

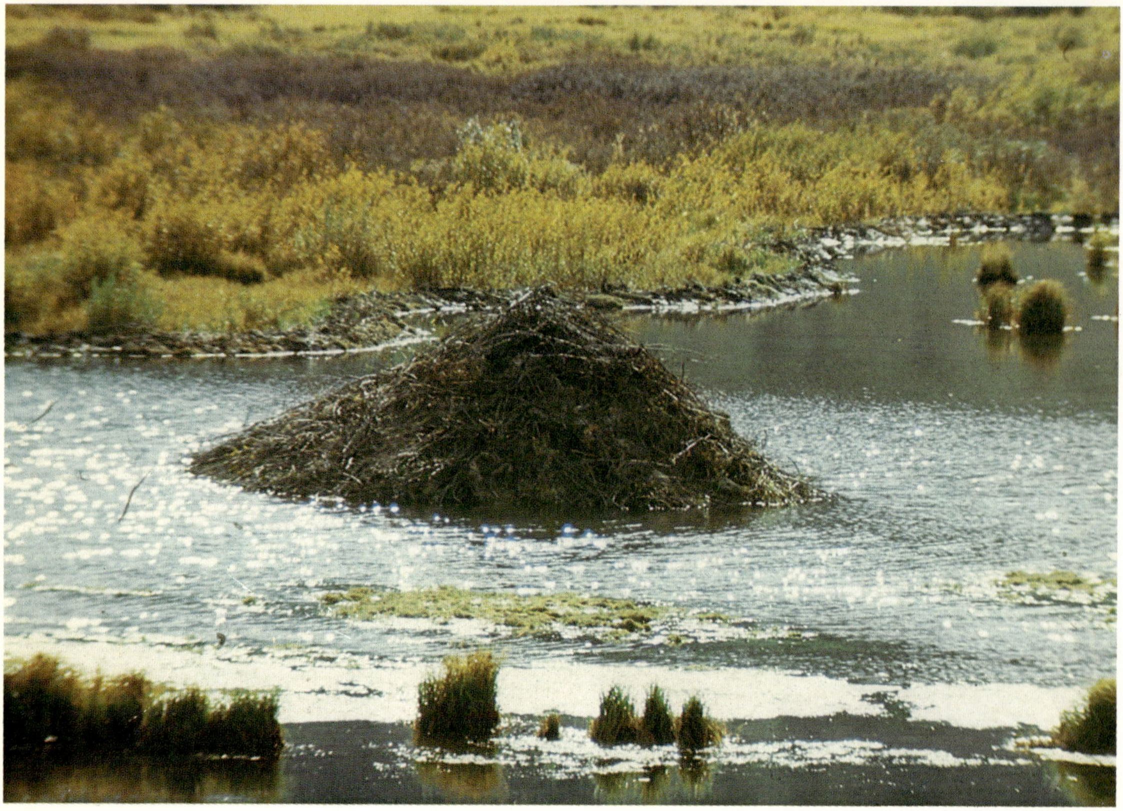

Bild 106 (linke Seite) Biberdamm,
Rocky Mountains. (Zu Seite 281)

107 Biberburg, Rocky Mountains.
(Zu Seite 276)

Bild 108 Biber beim Fällen eines
Baumes. (Zu Seite 283)

Bild 109 a Vom Biber angenagter
Baumstamm, kurz bevor er stürzt.

Bild 109 b Der Stumpf nach dem Sturz.
Von der Rinde bis zur zersplitterten
Bruchstelle läßt das Holz deutlich die
Spuren der Nagezähne erkennen.
(Zu Seite 283)

Bild 110 Der Dachs verläßt den Bau.
(Zu Seite 259)

Bild 111 Nest des Eichhörnchens.
(Zu Seite 268)

Bild 112 a Murmeltier am Eingang.
(Zu Seite 272)

Bild 112 b Murmeltier trägt Heu ein.
(Zu Seite 271)

Daß Biber sich aus Ästen eine Wohnung errichten, liegt durchaus im Rahmen dessen, was andere Tiere fertigbringen. Aber wenn sie quer durch einen Bach oder Fluß, der für ihre Burgen und für ihr Schwimmen und Tauchen zu seicht ist, aus Prügeln und Astwerk einen Staudamm bauen, so daß oberhalb ein ruhiger und genügend tiefer See entsteht, so ist das eine erstaunliche Leistung, zu der kein anderes Tier befähigt ist. Sie arbeiten an einer Stelle, die an sich für sie kein Interesse hat und wandeln dadurch flußaufwärts den Charakter des Gewässers und der ganzen Landschaft so um, wie es sich für ihre Siedlung eignet.

Dabei benehmen sie sich wie erfahrene Handwerker. Wo ein Damm entstehen soll, rammen sie Holzprügel mit ziemlicher Gewalt in den Boden des Wasserlaufes, stecken Zweige zwischeneinander, belasten sie mit stärkeren Prügeln und stützen sie durch Astgabeln gegen die Strömung, oder sie geben ihnen durch Querhölzer den nötigen Widerhalt, wobei sie benachbarte Stämme oder Felsblöcke in ihr Bauwerk mit einbeziehen und Steine zur Befestigung anschleppen (Fig. 102). Die Lücken werden mit Zweigen und Schilf, oder was sich sonst an feinerem Material bietet, verbaut und mit Schlamm oder Lehm so gut verschlossen, daß der fertige Damm vollkommen wasserdicht ist. Die flußaufwärts gerichtete Wand fällt unter Wasser glatt und steil ab. Vor ihr kann man eine große, tiefe Grube finden, weil hier die Biber das Bodenmaterial für die Verbauung geholt haben. Dadurch erreichen sie zugleich, daß die Strömung sich verlangsamt und das Bauwerk weniger gefährdet. Die flußabwärts gerichtete Wand besteht aus einem Gewirr grober Äste, die sich gegen den Grund und die Ufer des Flusses stützen. Die Krone des Dammes wird da, wo er an die Ufer grenzt, etwas tiefer gelegt. Hier läuft das gestaute Wasser über. Im einzelnen ist die Konstruktion in weiten Grenzen wandlungsfähig. Vor allem gilt das für die Größe des Bauwerks. Staudämme schaffen die Biber an Bächen und Flüssen und auch an breiten Strömen. Im Woronesch-Gebiet in der Sowjetunion ist der größte Damm 120 m lang, 1 m hoch und 60 bis 100 cm breit. In den USA bauen die Biber in den Mississippisümpfen Dämme von mehreren hundert Meter Länge. Nur so können sie in dem flachen Gelände einen genügend tiefen See erzeugen. Am Jefferson-Fluß (Montana, USA) liegt vielleicht der größte aller Dämme. Man kann 700 m auf ihm entlang gehen. Auch ein Reiter bricht nicht ein.

Ausgedehnte Dämme werden durch Generationen der dort ansässigen Biberfamilien viele Jahrzehnte, vielleicht Jahrhunderte instand gehalten und einem wechselnden

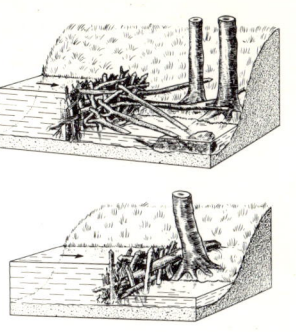

Fig. 102 Beispiele für die Bautechnik der Biber. Schematisch.

Bild 113 Biber bei der Ausbesserung einer Bresche im Damm, Kanawahka Lake im Staat New York.

Wasserstand immer wieder angepaßt. Wenn das Wasser zu hoch steigt und die Wohnräume der Burgen zu überfluten droht, so greifen die Biber nicht am Ort ihrer Bedrängnis ein, was auf längere Sicht keine Hilfe brächte; an entfernter Stelle am Damm vertiefen sie die Überläufe und sorgen dadurch für stärkeren Abfluß. Steht der Wasserspiegel zu tief, so erhöhen sie den Damm und dichten ihn besser ab, wo es nötig ist. Wenn eine Bresche im Damm den Wasserspiegel zum Sinken bringt, finden sie bald die Ursache des Übels heraus und reparieren den Schaden (Bild 113). So regeln sie den Wasserstand, wie es ein denkender Ingenieur nicht besser machen könnte.

Der Aufbau der Dämme wie ihre dauernde Pflege ist eine Gemeinschaftsarbeit großen Stiles, bei der sowohl die Mitglieder jeder Familie wie die Familien der ganzen Kolonie sinnvoll zusammenarbeiten. Als Grundlage ihrer Wohn- und Dammbauten brauchen sie Holz. Darum lieben sie Ufer mit Auwäldern, die reich an Unterholz sind und meiden Gewässer, in deren Umgebung keine Bäume stehen. Espen, Weiden und Pappeln sind besonders begehrt, aber

Bild 114 Biber transportiert auf dem Biberpfad ein gefälltes Stämmchen zum Wasser.

sie wagen sich auch an hartes Eichenholz. Auf das Holz-fällen verstehen sie sich hervorragend. Ihre starken, meißel-förmigen Schneidezähne haben so scharfe Kanten, daß sie einst für manche Indianerstämme das wichtigste Schnitt-instrument gewesen sind. Dünne Bäumchen werden in wenigen Minuten durchgebissen, und zwar schräg zu ihrer Längsachse, mit schief gehaltenem Kopf. Sie fällen aber auch Bäume mit 20 cm im Durchmesser und mehr (Bild 108, Seite 278). Dabei nagen sie von allen Seiten; oft lösen zwei Tiere einander ab. Durch die gleichmäßige Arbeit wird die Stelle sanduhrförmig, bis der Baum umstürzt. Am Stumpf erkennt man deutlich die Spuren der Nagezähne (Bilder 109a und b, Seite 279). Ist das Holz hart und der Baum dick, so kann es mehrere Nächte kosten, bis er stürzt. Biber haben scharfe Ohren und hören es wohl am Knacken im Holz, wenn es soweit ist. Dann sausen sie plötzlich davon und ins Wasser, so daß sie nicht erschlagen werden. Manch-mal, aber selten, kommt das trotzdem vor.

Für eine rentable Forstwirtschaft sind nicht nur gute Werkzeuge zum Fällen der Bäume nötig, sondern auch geeignete Transportwege, um das Holz dahin zu bringen, wo es gebraucht wird. Solange Bäume am Ufer stehen, ist das kein Problem. Sie wachsen dem Licht zu, neigen sich über oder haben doch auf ihrer freien Seite die schwereren Äste und stürzen von selbst ins Wasser. Die Biber zerlegen sie in Astprügel und Stammstücke, die sie mit geringer Mühe schwimmend zur Baustelle schaffen. Weiter entfernte Bäume erreichen sie auf ihren ausgetretenen Biberpfaden. Da tragen sie kleinere Stämme im Mund zum Wasser, um sie dann schwimmend weiter zu befördern (Bilder 114, Seite 283 und 105, Seite 277). Das Abschleppen größerer Holzprügel bis zum Ufer bedeutet freilich harte Arbeit. Aber sie entfernen auf diesen Schleppwegen die Unebenheiten und schaffen eine glatte Fahrbahn. Sie wissen sich auch in anderer Weise zu helfen. In ebenem Gelände graben sie Kanäle als Transportwege zum See, die bis zu einem halben Meter tief sind, so daß sie darin schwimmend ihr Holz befördern können.

Beim Fällen und Zerkleinern des Holzes spielen natürlich die Zähne die Hauptrolle. Bei der Bauarbeit aber sind die Hände ein unentbehrliches Werkzeug. Der Daumen ist am Vorderfuß des Bibers nur kümmerlich entwickelt. Aber der kleine Finger übernimmt seine Aufgabe beim Ergreifen und Halten der Äste (Fig. 103). Sammeln sie Zweige und Stöcke, so führen sie diese mit der Hand zum Mund, bis sie darin ein Bündel beisammen haben, mit dem sie davonschwimmen. Zur Befestigung können sie Steine mit beiden Händen packen und auf den Damm heben. Kleinere Zweige und Rindenabfälle schaufeln sie auch vom Boden des Gewässers mit den Händen auf und drücken sie mit den Armen gegen das Kinn, schwimmen damit unter Wasser bis zum Bau und bringen die Ladung, auf den Hinterfüßen aufrecht gehend, auf ihren Wohnbau oder auf den Damm. Lehm oder Schlamm zur Dichtung wird mit den Händen festgedrückt.

Fig. 103 Biberhand und Menschenhand. Beim Biber ist der Daumen nur kümmerlich entwickelt. Der kleine Finger erfüllt die Aufgabe unseres Daumens.

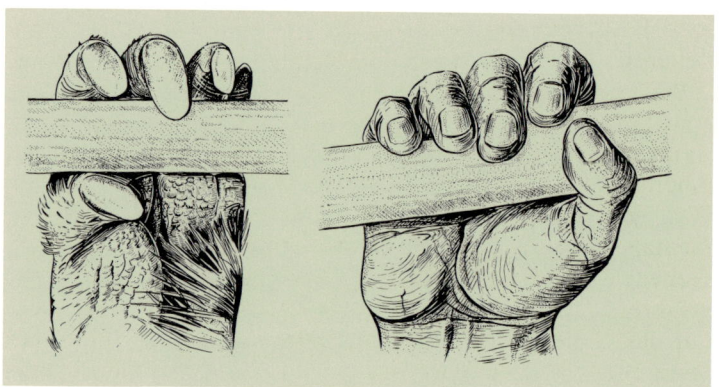

Nun haben wir den Biber als tüchtigen Holzarbeiter und Baumeister betrachtet. Er ist aber an das Gehölz noch in anderer Weise gebunden. Biber sind Pflanzenfresser. Sie verzehren gern die grüne Rinde und die Blätter frisch gefällter Bäume. Rinde, weiches Holz und Laub stehen an erster Stelle auf ihrem Speisezettel. Zur warmen Jahreszeit wird er durch allerhand Kräuter und Wasserpflanzen bereichert. Weder ihre Bautätigkeit, noch ihre Weidegänge sind leicht zu beobachten, weil sie meist erst in der Abenddämmerung ihre Behausung verlassen.

Biber halten keinen Winterschlaf. Wenn bei strengem Frost die Gewässer mit einer dicken Eiskruste bedeckt sind, kommt es vor, daß die Tiere durch Monate vom Land abgeschnitten sind. Doch sie haben vorgesorgt. Im Herbst fällen sie Holz, das nicht für Bauzwecke, sondern als Wintervorrat bestimmt ist. Sie sammeln Äste und kleinere Zweige in Mengen und befestigen sie am Grund ihres Gewässers in der Nähe der Burg in besonderen Haufen, zum Teil auch ganz nahe vor dem Eingang zu ihrer Wohnung. Wo das Wasser durch einen Dammbau gestaut ist, bringen sie in diesem bei geschlossener Eisdecke Löcher an. Dann bildet sich durch die Senkung des Wasserspiegels ein Luftraum unter dem Eis, so daß sie ungehindert an der Oberfläche schwimmen und atmen können. Auch entferntere Vorräte lassen sich dann leicht in den Bau schaffen und daselbst in Ruhe verzehren.

Wer wohnt nun eigentlich in einem Biberbau? Vor allem das Ehepaar, und zwar, wie es scheint, in lebenslanger Treue. Im Winter sind meist auch die Kinder des letzten und vorletzten Jahres bei den Eltern. Niemals setzen sie Kot im Bau ab, sondern meist im Wasser. Wenn im Frühjahr auf einem weichen Lager von fein zernagtem Holz ein neuer Wurf bevorsteht, muß der männliche Biber mit den Jungtieren den Bau vorübergehend verlassen. Die Zweijährigen beginnen um diese Zeit ein selbständiges Leben, so daß für den Nachwuchs Platz wird. Biber können ein Lebensalter von zehn bis fünfzehn Jahren erreichen.

Sie haben im Vergleich zu anderen Nagetieren ein ungewöhnlich hoch entwickeltes Gehirn. Das ist verständlich, wenn man ihre vielseitige Tätigkeit bedenkt. Doch werden ihnen die Grundlagen ihrer Baukunst im Erbgut mit auf den Weg gegeben. Vom Menschen aufgezogene Jungtiere, die niemals einen Biberteich gesehen hatten, fällten in ihrem Gehege Baumstämme, als wären sie in solcher Arbeit von erfahrenen Bibermeistern unterwiesen worden. Und nicht nur das. Sie errichteten aus den Ästen und Steinen und aus feinerem Material, das ihnen zur Verfügung stand, eine richtige Burg und im strömenden Wasser einen perfekten, wasserdichten Biberdamm ohne Mißgriffe oder unnütze Versuche. In voller Freiheit, in ihrem natürlichen Familienleben, mögen sie bei der Planung und Durchführung der Bauten so manches im einzelnen dazulernen, sowohl durch eigene Erfahrung, wie durch das Beispiel der älteren Tiere. Da bleibt für wißbegierige Biologen nach vieles zu ergründen.

Menschenaffen

Unter allen heute lebenden Tieren stehen die Schimpansen dem Menschen am nächsten. Zu diesem Ergebnis kommt man, ob man nun ihren Körperbau studiert oder ihre physiologischen Merkmale und psychischen Leistungen. Im zoologischen Garten fühlt sich der Besucher in eigenartiger Weise von ihnen gefesselt. In jeder Grimasse, in jeder Geste, in ihrem ganzen Verhalten entdeckt er verwandte Züge. Meistens sind diese Tiere in der Gefangenschaft geboren und neben Menschen aufgewachsen. Haben sie gelernt, deren Gehaben »nachzuäffen«?

In den letzten Jahrzehnten hat man Schimpansen und andere Menschenaffen sehr genau auch in voller Freiheit beobachtet. Da wirken sie in mancher Hinsicht noch menschlicher als im Käfig. Unsere Kenntnisse von ihren Gewohnheiten und ihrem Familienleben sind in faszinierender Weise vertieft worden. Aber hervorragende architektonische Leistungen hat man nicht entdeckt. Es beschränkt sich ihre Tätigkeit auf den Bau einfacher Schlafnester. Über diese verdanken wir der jungen Engländerin Jane Goodall (jetzt: Lawick-Goodall) nähere Angaben.

Sie studierte durch zehn Jahre die Schimpansen in dem Gebiet, wo der Gombo-Strom in den Tanganjikasee mündet. Dort liegt ein großes Reservat, in dem die Tiere unter Schutz stehen und ungestört leben. Der Anfang ihres Unternehmens war eine harte Geduldsprobe. Denn die Affen waren scheu und ließen sich nicht so leicht hinter den Vorhang ihrer Urwaldbäume gucken. Aber da die Beobachterin sich möglichst ruhig verhielt und nie aufdringlich war, gewöhnten sie sich allmählich an ihre harmlose Anwesenheit und duldeten sie in ihrer Nähe, ohne sich in ihrem Verhalten stören zu lassen. Freilich dauerte es mehr als ein Jahr, bis es soweit kam.

Von den Schimpansenkindern abgesehen baut sich jedes Tier Abend für Abend, meist erst bei Eintritt der Dämmerung, ein neues Nest zum Schlafen. Diese Arbeit geht rasch, das Bett ist in drei bis fünf Minuten fertig. Zunächst sucht der Schimpanse in einer Baumkrone einen geeigneten Platz, etwa eine aufrecht stehende Astgabel oder zwei Äste parallel nebeneinander. Hier braucht er nur den Arm auszustrecken, um Zweige auf dieses Fundament zu ziehen, die er mit dem Fuß festhält. Dann legt er kleinere, belaubte Zweige darüber, die er in Reichweite abbricht und legt sich nieder, wobei er mit seinem Gewicht das ganze Kissen zusammendrückt (Fig. 104). Oft richtet er sich nach wenigen Minuten wieder auf und reißt ein Büschel dicht belaubte kleine Äste ab, um sie sich unter den Kopf oder unter einen anderen Körperteil zu legen, bevor er sich endgültig für die Nacht ausstreckt. Die Beobachterin kletterte manchmal am Morgen zu dem Nest hinauf, kurz nachdem es verlassen worden war. Da fand sie, daß die Zweige doch, trotz der flinken Arbeit, gut zwischeneinandergesteckt und zusammengeflochten waren. Niemals wurde von gesunden Schim-

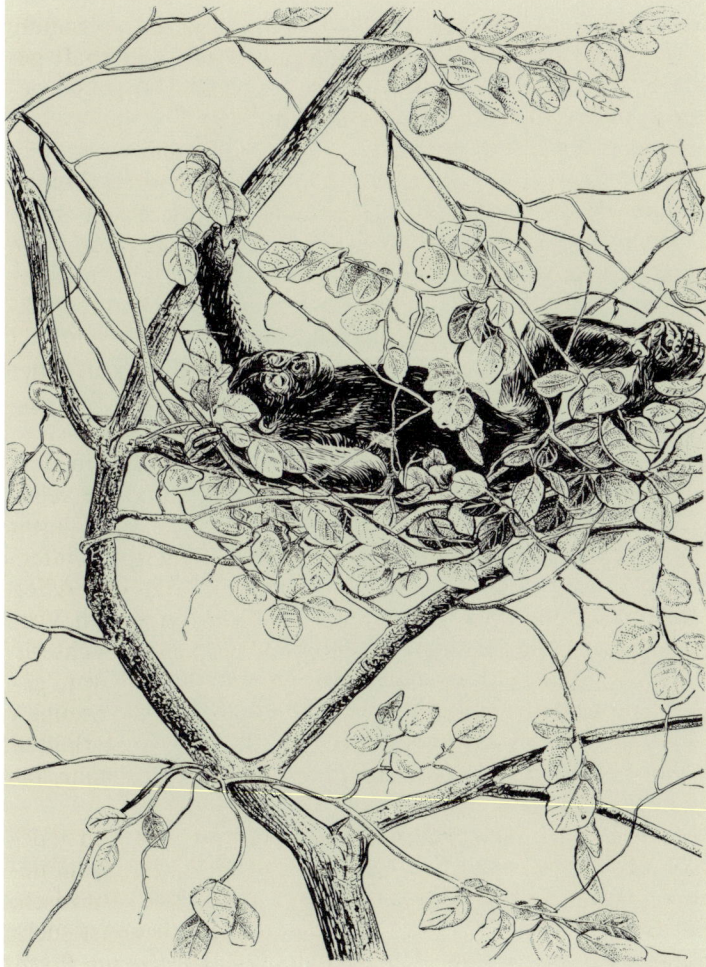

Fig. 104 Schimpanse im Schlafnest.

pansen das Nachtlager beschmutzt. In späteren Jahren ließen sie die vertraute Menschengestalt auch im Nest ganz nahe an sich herankommen. Da war zu sehen, wie peinlich sie Kot und Urin über den Nestrand hinweg entleerten, auch mitten in der Nacht.

Nach einer Geburt baut die Mutter ein besonders großes Schlafnest. Zur Herstellung wurde etwas mehr Zeit benötigt; die Mutter hatte ja auch, des Kindes wegen, nur eine Hand frei. Im beobachteten Fall waren es acht Minuten, statt der üblichen drei bis fünf. Das Kind bleibt lange an die Mutter gebunden, trinkt noch oft an ihrer Brust und schläft in ihrem Nest. Normal dauert das etwa vier Jahre. Aber auch noch für weitere Jahre bleibt eine enge Verbindung mit der Mutter bestehen, während der Vater überhaupt nicht am Familienleben teilnimmt.

Der Trieb, ein Nest zu bauen, erwacht schon lange vor dem Abschied vom mütterlichen Schlafnest. Der erste Versuch wurde bei einem zehn Monate alten Schimpansen gesehen. Dieser zog auf ebener Erde einen kleinen Zweig herab und setzte sich darauf, dann holte er Grashalme heran, die er aber, statt unter sich, auf seinen Schoß legte. Zwei Monate später war er schon geschickter und baute, wie andere einjährige Schimpansenkinder, häufig ein Spielnest in einen Baum, legte sich auch manchmal hinein, aber meist zertrampelte er es bald und baute sich nach wenigen Minuten ein neues. So kommt es durch ständige Übung soweit, daß er mit vier bis fünf Jahren, wenn er allein schlafen muß, die Technik des Nestbaues gut beherrscht.

Nach Erfahrungen in anderen Wohngebieten bauen sich nicht alle Schimpansen täglich ein neues Schlafnest. Wo sie wenig herumwandern, benützen manche wiederholt denselben Schlafbaum und auch dasselbe Nest.

Die Schlafnester des Orang Utans und des Gorillas sind jenen des Schimpansen ähnlich. Doch lebt der Gorilla überwiegend am Boden und baut auch sein Schlafnest oft unten, statt im Geäst eines Baumes. Er macht für jede Nacht ein neues, meist auch an einem neuen Platz.

Gewiß geben Beobachtungen im Freiland den besten Aufschluß über das natürliche Verhalten der Schimpansen. Aber gerade als Baumeister haben sie sich in Gefangenschaft von einer neuen und unerwarteten Seite gezeigt.

Zur Zeit des Ersten Weltkrieges bestand auf der Insel Teneriffa eine Menschenaffenstation, an der Wolfgang Köhler Versuche mit Schimpansen anstellte. Sie sind durch sein Buch: »Intelligenzprüfungen an Menschenaffen« (2. Aufl. Berlin 1921) sehr bekanntgeworden und belegen auf mancherlei Weise, daß Schimpansen gewisse Probleme mit Einsicht lösen können. Sie erheben sich durch solche Leistungen über das vorwiegend instinktgebundene Verhalten anderer Tiere. Das hat sich seither in vielen weiteren Untersuchungen bestätigt. Ich will aber hier nur aus Köhlers Versuchen einige Beobachtungen herausgreifen, die zu unserem Thema in Beziehung stehen.

In einem Raum mit Schimpansen wurde eine Banane aufgehängt, so hoch, daß sich die Tiere vergeblich bemühten, sie im Sprung zu erreichen. Nicht weit abseits stand eine Kiste, die zuerst nicht beachtet wurde. Dann blieb einer von den Schimpansen, der unruhig herumgegangen war, plötzlich vor ihr stehen, ergriff sie, kantete sie hastig geradlinig in Richtung unter die Frucht, stieg hinauf und erreichte nun springend das Ziel. In anderen Fällen setzte der gleiche Affe zwei Kisten aufeinander, um eine Frucht erreichen zu können.

Ein andermal war das begehrte Objekt noch höher angebracht. Es befanden sich mehrere Kisten im Raum. Ein männlicher Schimpanse, »Sultan«, legte eine schwere Kiste flach unter das Ziel, setzte eine zweite steil darauf, aber auch das genügte noch nicht. Er blickte von seinem Turm hinunter und suchte die Umgebung ab, bis seine Augen an einer kleinen dritten Kiste haften blieben. Mit großer Vorsicht stieg er hinab, packte die Kiste, kletterte mit ihr wieder hinauf und vollendete den Bau.

Bei solchen Bemühungen zeigen sich große individuelle Unterschiede. Manche Schimpansen erweisen sich als begabt, andere als unbegabt. Besonders weit brachte es eine junge kräftige Schimpansin, die bei einem mißglückten Versuch nicht so schnell ungeduldig wurde wie manche ihrer Kameraden. In einem großen Freilandkäfig war sehr hoch ein lockendes Ziel aufgehängt. In einem früheren Versuch hatte das Tier schon drei Kisten zu einem Turm aufeinandergestellt und brachte nun auch einen solchen aus vier Kisten zustande, als die Frucht auf andere Weise nicht zu erreichen war (Fig. 105).

Die Suche nach geeignetem Baumaterial, das Heranschaffen und Auftürmen desselben bietet einen fesselnden Anblick und wirkt bewußt und zielstrebig. Aber für die Statik eines Bauwerks haben die Schimpansen offensichtlich kein Gefühl. Sie setzen die Kisten aufeinander, wie es eben kommt, wobei oft die obere so weit über den Rand der unteren vorragt, daß jedem menschlichen Betrachter der schwankende Bau bedenklich erscheint. So kann es dann passieren, daß kurz vor dem Erreichen des Zieles der Turm zusammenstürzt und den Baumeister mit sich reißt. Das »Denken« ist eben nicht immer der beste Weg zum Erfolg.

Fig. 105 Ein Schimpanse baut aus Kisten einen Turm, um eine hoch hängende Frucht zu erreichen.

Allzuleicht wird ein Glied in der Kette der Zusammenhänge übersehen. Da können Instinkte, in Jahrhunderttausenden erworben und gefestigt, die zuverlässigeren Führer zur richtigen Handlungsweise sein.

Die Grundlagen für den Bau eines Schlafnestes stehen den Affen als angeborene Instinkthandlungen zur Verfügung. Sie treiben schon das Schimpansenkind dazu, spielerisch ein solches zu schaffen, wenn es noch gar nicht gebraucht wird. Im Münchner Tierpark wurde ein erwachsener Orang Utan dabei beobachtet, wie er ein »Nest« baute, obwohl es für ein solches gar kein Material gab. Er saß in einer Ecke seines Käfigs auf einem erhöhten Brett, hob rund um sich herum nicht vorhandene »Zweige« auf, bog sie zu sich heran und drückte sie sorgfältig mit dem Handrücken fest. Man kann aus dem Abwickeln dieser Tätigkeit im »Leerlauf« bei dem alten Affen auf eine Instinkthandlung schließen. Es ist dieselbe Sache wie mit dem zahmen Eichhörnchen, das im Zimmer, als der Herbst kam, Nüsse von der Obstschale auf den Fußboden trug und der Reihe nach alle Bewegungen machte, die zum Eingraben und Verbergen im Erdboden nötig gewesen wären (vgl. Seite 270).

Aus den Kisten schufen die Schimpansen zwar ein etwas mangelhaftes architektonisches Machwerk. Aber sie lösten dabei spontan eine neuartige Aufgabe, und sie arbeiteten mit unnatürlichem Baumaterial. Instinktiv war ihnen das Verhalten nicht vorgeschrieben. So kam es ja auch, daß das Problem individuell verschieden gut, und von manchen Tieren überhaupt nicht bewältigt wurde. Aber wo die Lösung gelang, steht der wackelige Turmbau eines Schimpansen als selbständige geistige Leistung auf einer höheren Stufe als selbst das Meisterwerk eines Spinnennetzes, das die Weberin mit angeborener Kunstfertigkeit geschaffen hat.

Schluß

Unser architektonischer Streifzug hat uns von der Wurzel bis in die Krone des Tierreichs geführt. Wenn wir die Architektonik im weitesten Sinne verstehen und auch an Skelettbildungen denken, wie sie die Tiere aufbauen ohne ein Werkzeug zu brauchen, so kann von einer fortschreitenden Höherentwicklung kaum gesprochen werden. Schon im Protoplasma mikroskopisch kleiner Urtiere (Protozoen) entstehen Gebilde, die als Schutz- und Stützskelette eine lebenswichtige Funktion aufs beste erfüllen und nebenbei von großer Formenschönheit sind (Fig. 5, Seite 16). Korallenpolypen, die unter den vielzelligen Tieren einen niederen Rang einnehmen, bauen nicht minder formenschöne Skelette (Bild 7 und 11, Seite 26/27) und haben sich durch ihr Jahrtausende währendes Wirken in den Korallenriffen Denkmäler von solcher Mächtigkeit gesetzt, daß die Pyramiden ägyptischer Könige daneben als unansehnliche Zwerge dastehen. Die Schutz- und Stützskelette von primitiven Glasschwämmen (Bild 3, Seite 25) werden in Südost-Asien von Tauchern aus der Tiefe des Meeres geholt, weil die Menschen dort mit ihnen ihre Wohnungen zieren wie mit den Schöpfungen eines Künstlers. Die Gelehrten wundern sich nicht darüber, daß diese Strukturen für ihre Träger von lebenserhaltendem Nutzen sind. Nur was sich bewährt, kann sich in langen Zeiträumen entwickeln und erhalten. Wenn sie für unser ästhetisches Empfinden vollendet schön sind, so nehmen wir das als ein Geschenk der Natur dankbar hin und wollen darüber nicht philosophieren.

Etwas anderes ist es mit jenen Bauten der Tiere, die sie als tätige Werkmeister herstellen. Ein Wurm baut keine Liebeslauben, wie ein Laubenvogel. Mit zunehmender Höhe der Organisation erreicht auch die Bautätigkeit eine höhere Ebene. Das geschieht meist durch die Entwicklung erstaunlicher Instinkte. Spinnen bauen ihre Netze (Fig. 14, Seite 36 und Bild 14, Seite 45), Bienen ihre Waben (Bild 48, Seite 88), Termiten ihre Hügel (Bilder 58 a und b, Seite 138/ 139, 60, Seite 142, und 61, Seite 143), ohne daß ihnen von anderen gezeigt werden muß, wie das zu machen ist, und ohne daß sie ihre Leistungen durch Erfahrung zu verbessern brauchen. Die Baukunst, die sie in den langen Zeiten ihrer stammesgeschichtlichen Entwicklung erworben haben, wird den heutigen Baumeistern im Erbgut überliefert.

Im Stamm der Wirbeltiere ist die Sache etwas anders verlaufen. Zwar werden auch ihre Bauhandlungen viel mehr, als der unbefangene Beobachter denken mag, von angeborenen Instinkten geleitet. Aber bei manchen hochstehenden Vögeln und Säugetieren kommt zur instinktiven Grundlage ihrer Handlungen eine persönliche Note, und die Verwertung eigener Erfahrungen kann zu individuellen Sonderleistungen führen.

Wozu machen die Tiere ihre Bauwerke? Manche errichten Fallen zum Nahrungserwerb, wie der Ameisenlöwe seine einfache Fallgrube oder die Kreuzspinne ihr raffiniertes Fangnetz. Aber in der Regel dienen die Bauten der eigenen Sicherheit oder dem Schutz der Nachkommen.

Schutz findet man am einfachsten in einer Höhle, zum Beispiel in einem Erdloch oder in einem hohlen Baum. Die Baumeister stellen sich solche Höhlen selbst her, oder sie statten naturgegebene Höhlen besser aus. Das ist vielleicht die am meisten verbreitete Art des Wohnungsbaues. Viele Grabwespen machen für die Eiablage Erdhöhlen, die sie mit Proviant versehen und dann sorgsam verschließen (Fig. 24b, Seite 61, und Bild 30, Seite 66). Einsiedlerbienen legen oft im Boden ihre Brutkammer an. Ameisennester (Fig. 45, Seite 114) oder die Bauten der Termiten (Fig. 58, Seite 145) pflegen im Erdboden gegründet zu werden. Der Eisvogel und manche Papageien nisten in Erdhöhlen, Dachse (Bild 110, Seite 280) und Murmeltiere (Fig. 99, Seite 271) haben ihr unterirdisches Reich – um nur an einige Beispiele zu erinnern. Auch die Urmenschen haben in Höhlen gehaust, bevor bei ihnen das erste Wohnhaus in Form einer festen Hütte entstanden ist.

Tiere haben es schon in weit älteren Zeiten soweit gebracht, sich Wohnungen nicht nur auszubuddeln, sondern in mannigfachen Stilarten frei aufzubauen, von den auf den Leib geschneiderten transportablen Häuschen der Köcherfliegen und der Sackspinnerraupen (Fig. 21, Seite 56, und Bild 20, Seite 47) bis zu den geschickt geflochtenen Nestern der Webervögel (Bilder 91, Seite 222, und Fig. 79, 80, Seite 216/217) und den geschmückten Bauwerken der Laubenvögel, die das Weibchen zum Stelldichein laden (Bilder 96 bis 99, Seite 242 bis 244). Eine Auswahl von Beispielen füllt die Blätter dieses Buches.

Wenn man bei diesem Überblick darauf achtet, was für Material die Baumeister für ihre Wohn- und Schutzbauten verwenden, so wird man sich über dessen große Mannigfaltigkeit kaum wundern. Bemerkenswerter scheint mir, wie oft doch ganz verschiedene Tiergruppen auf gleichartige Lösungen von Bauproblemen gekommen sind. So ist es zum

Beispiel ein einfacher und wirksamer Schutz, sich selbst oder seine Brut unter einer dicken Schaumdecke zu verbergen. Diese »Erfindung« haben mehrere Tiere gemacht, sicher unabhängig voneinander. Denn stammesgeschichtlich stehen sie einander fern und überdies sind ihre Methoden, den Schaum zu erzeugen, ganz verschieden. Wir brauchen nur an drei Beispiele zurückzudenken: die Larven von Zikaden bilden die Schaumhülle, den »Kuckucksspeichel«, indem sie ihre Atemluft in einen zähen Flüssigkeitstropfen austreten lassen, den sie um ihren Körper erzeugen (Fig. 23, Seite 58, und Bild 25, Seite 48). Labyrinthfische schaffen ihr Schaumnest für die Brut, indem sie an der Wasseroberfläche Luft schnappen und sie, eingespeichelt mit zähem Schleim, wieder ausspucken (Fig. 67, Seite 166, Bild 66, 67, Seite 167). Der Javaflugfrosch betreibt eine Schaumschlägerei mit seinen Hinterfüßen (Fig. 72, Seite 174).

Speichel wird als erhärtendes Bindemittel auch von den Papierwespen benützt, die als Grundstoff für ihr Nestmaterial Holzfasern von Stämmen und Balken abnagen, einspeicheln und so zu Papier machen (Bilder 32 bis 36, Seite 67 bis 68). Sie sind nicht die einzigen Papierfabrikanten. Manche Termiten gebrauchen ihren Speichel (oder auch ihren Kot), um Holzteilchen zu einer kartonartigen Masse zu vermörteln, und auch manche Ameisen bauen Kartonnester (Bilder 56 und 57, Seite 108). Sie sind allerdings auf eine andere Methode der Verfestigung gekommen. Von der schwarzen Holzameise weiß man, daß sie die Holzsplitter mit Zuckerlösung durchtränkt und dadurch den Nährboden für das Wachstum von Pilzen schafft, die mit ihrem Geflecht die Holzkrümel verweben und dadurch dem Bau seine Festigkeit geben.

Aus Pflanzenteilen, aus Fäden und Fasern ein Nest zu flechten, ist bei Wirbeltieren eine weitverbreitete Methode des Wohnungsbaues. Sie ist verwirklicht vom primitiven Nestbau der Stichlinge (Fig. 69, Seite 169, und Bilder 68 a und b, Seite 161) und Lippfische (Fig. 70, Seite 171) über alle Zwischenstufen bis zu den vollendet geflochtenen Nestern der Beutelmeisen (Bild 87, Seite 204) und Webervögel (Bilder 91, Seite 222 und Fig. 79, 80, Seite 216, 217 oder der Zwergmaus (Fig. 97, Seite 262). Daß man auch auf ganz andere Weise ein Nest weben kann, haben uns die Weberameisen gezeigt, welche die Spinnseide ihrer eigenen Larven dazu gebrauchen (Fig. 48 und 49, Seite 120 und 121).

Bei der schön geflochtenen, runden Wohnung einer afrikanischen Beutelmeise fehlt sogar die Haustür nicht, um das Eingangsloch beim Ausfliegen zu schließen. Auch diese Einrichtung steht keineswegs vereinzelt da. Aber wie ungleich ist bei verschiedenen Hausbesitzern die Aufgabe gelöst: wir erinnern uns an den Deckel bei den Erdröhren der Falltürspinnen (Fig. 17, Seite 43 und Bild 19, Seite 46), oder an die Wohnungen von Ameisen mit Türwächtern, die den Eingang mit dem eigenen Kopf verschlossen halten und nur Nestgenossen einlassen (Fig. 43, Seite 111). Auch manche Einsiedlerbienen verstöpseln ihr Heim auf gleiche Weise, wenn sie allein zu Hause sind.

Die letztgenannte Methode ist sehr einfach. Der Deckel der Falltürspinne aber mit seinem Scharniergelenk war die Vorwegnahme einer technischen Konstruktion, die sich erst sehr viel später die Menschen ausgedacht haben. Solche Vorauserfindungen ohne erfinderischen Geist gibt es in hundertfältigen Formen: der Ameisenlöwe baut Fallgruben im Boden (Fig. 12, Seite 33) wie unsere Urvorfahren zum Fang ihrer Beute. Die Spinne stellt Netze, um ihre geflügelten Opfer zu erwischen wie ein Vogelsteller (Fig. 14, Seite 36 und Bild 14, Seite 45). Eine Köcherfliegenlarve fängt ihre Nahrung im Wasser mit einer Reuse, wie sie die Fischer verwenden (Fig. 18, Seite 50). Bei verschiedenen Insekten sind wir auf die Herstellung von Papier aus Holzfasern mit einem Bindemittel gestoßen. Sie benützen ihr Erzeugnis als Baustoff, im besonderen auch zum Schutz vor Kälte (Bilder 32 und 33, Seite 67). Wir erinnern uns an das Mauerwerk der Mörtelbiene (Fig. 30, Seite 78, und Bild 40, Seite 86), der Pillenwespe (Bild 29, Seite 65) und der Wespe Polybia (Bild 37a, Seite 85) und an den Brunnenbauer unter den Fischen (Fig. 71, Seite 172), an das Weben der Ameisen (Fig. 49, Seite 121) oder auch an die Lüftungsanlagen in den Bauten mancher Termiten (Fig. 60 und 61, Seite 148 und 150), bei denen kleine Arbeiter in einem winzigen Teil eines stattlichen Bauwerks tätig sind und an einem sinnvollen Ganzen mitwirken, ohne einen Arbeitsplan vor sich zu haben und ohne die Anweisungen eines Bauleiters. Wollten wir so fortfahren zu erzählen, wir kämen nicht so bald an ein Ende.

Der Mensch ist stolz auf seine Erfindungen. Hat er mehr Verdienst um seine Fähigkeiten als jene unbewußten Schöpfer, die ihren Trieben folgen?

Die Wurzeln der menschlichen Handlungen reichen weit ins Tierreich zurück. Wer dazu neigt, den Zusammenhängen nachzuspüren und ein einzelnes Problem herausgreift, wie die Architektonik der Tierbauten, findet leicht Stoff für sein ganzes Leben. Er wird manches verstehen lernen, was ihm zuerst unbegreiflich schien. Und wenn sein Sinn danach geschaffen ist, wird er viel Freude daran haben.

Aber es bleibt ein Rest, ein viel größerer Rest an rätselhaftem Geschehen.

Man trifft unter den Naturforschern solche, die überzeugt sind, daß sie – oder kommende Generationen – das Leben bis in seine letzten Hintergründe verstehen werden, wenn sie so weiter forschen wie bisher. Sie sind zu bedauern. Denn sie kennen nicht das Gefühl tiefer Andacht vor dem, was ewig unbegreiflich bleiben wird, selbst für den Menschengeist.

Bildquellenverzeichnis

a) Bilder (Fotos)

Bild-Nr.

1 Nummulitengestein, Paläontol. Staatssammlung, phot. Christa Schulz, München
2 Röhrenwurm, Dr. Frieder Sauer, München
3 Gießkannenschwamm, phot. Dr. Max Renner, München
4 Radiolarenskelette, Dr. Frieder Sauer, München
5 Korallenpolypen, Peter Kopp, München
6 Korallenpolypen, Peter Kopp, München
7 Korallenstock, Elsa Grube (Dr. Wrage), Amsterdam
8 Korallenpolypen, Helmut u. Günther Fleissner, Frankfurt
9 Wallriff, Dr. Werner Wrage, Hamburg
10 Atoll, V-DIA-Verlag, Heidelberg
11 Korallenriff, Dr. Irenäus Eibl-Eibesfeldt, Seewiesen
12 Schnecken, Dr. Max Renner, München
13 Schlammschnecke, Dr. Frieder Sauer, München
14 Spinnennetz, Alfred Limbrunner, Dachau
15 Klebfaden, Dr. H. M. Peters, Tübingen
16 Feenlämpchen, weiß, Dr. Max Renner, München
17 Feenlämpchen, getarnt, Ullstein Bilderdienst/Dr. König, Berlin
18 Wasserspinne, Dr. Frieder Sauer, München
19a/b/c Falltürspinne, Dr. Fr. Schremmer, Heidelberg
20 Köcherfliegenlarve, Dr. Frieder Sauer, München
21 Fraßbild, Dr. Max Renner, München
22 Sackspinner, Ullstein Bilderdienst/Dr. König, Berlin
23 Sackträgerköcher, Dr. Frieder Sauer, München
24 Eier der Florfliege, Dr. Frieder Sauer, München
25 Schaumzikade, Zentrale Farbbildagentur, Düsseldorf
26 Grabwespe Epibembex, Dr. Frieder Sauer, München
27 Pillenwespennest, Dr. Max Renner, München
28 Pillenwespe, Günter Olberg, Niemegk, DDR
29 Pillenwespe im Anflug, Günter Olberg, Niemegk, DDR
30 Sandwespe, Günter Olberg, Niemegk, DDR
31a Mauerwespe, Dr. Frieder Sauer, München
31b Mauerwespe, Nest aufgeschnitten, Dr. Frieder Sauer, München
32a Junges Wespennest, Dr. Max Renner, München
32b Junges Wespennest aufgeschnitten, Dr. Max Renner, München
33 Hornissennest, K. v. Frisch, München
34 Wespennest, Dr. Frieder Sauer, München
35 Wespenwabe m. Larven u. Puppen, Dr. Frieder Sauer, München
36 Wespennest, Okapia, Frankfurt

86 Weißstorchennest, A. Limbrunner, Dachau

87 Beutelmeise am Nest, Okapia, Frankfurt

88 Nest der Beutelmeise, phot. G. Linhardt, Braunschweig

89 Baum mit Webervögelnestern. Dr. Wrage, Hamburg

90a/b Webervogel am Nest, Dr. K. Immelmann, Bielefeld

91a Webervogelgewebe, phot. G. Linhardt, Braunschweig

91b Webervogelgewebe, vergr., phot. G. Linhardt, Braunschweig

92 Webervogelnester, Okapia, Frankfurt

93a Siedelweberkolonie, Eugen Schuhmacher, München

93b Siedelwebernestkolonie, Zentrale Farbbildagentur, Düsseldorf

94 Buntspecht, Ullstein Bilderdienst/ Siegel, Berlin

95a/b Schwarzspecht mit Jungen, H. Sielmann, München

96 Laubenvogel, H. Sielmann, München

97 Laubenvogel, H. Sielmann, München

98 Laubenvogel mit »Juwelen«, H. Sielmann, München

99 Laubenvogel, nach Farbphoto und persönlichen Angaben von H. Sielmann, München, gemalt von L. Binder, phot. Dr. Max Renner, München

100 Fahrradhalle, Dr. Otto v. Frisch, Wendeburg

101a/b Zwergmaus, Dr. Lieselotte Dorfmüller, München

102 Haselmaus, Dr. Otto v. Frisch, Braunschweig

103 Biberdamm, Courtesy of the American Museum of Nat. History

104 Biberdamm und Biberburg, Dr. Alfred Bailey, Denver, USA

105 Biber schwimmend, Ullstein Bilderdienst

106 Biberdamm farbig, Eugen Schuhmacher, München

107 Biberburg farbig, Ullstein Bilderdienst

108 Biber nagend, The American Museum of Natural History, New York

109a/b abgenagter Stamm, Eugen Schuhmacher, München

110 Dachs, Zentrale Farbbildagentur, Düsseldorf

111 Eichhörnchennest, A. Limbrunner, Dachau

112a/b Murmeltier, A. Limbrunner, Dachau

113 Biber reparierend, Courtesy of the American M. of Nat. Hist., USA

114 Biber transportierend, National Audubon Society, USA

b) Figuren (Zeichnungen)

Fig. Nr.

11 Ameisenlöwe, Hesse-Doflein II 1943

13 Spinndrüse, H. M. Peters 1955

19b Köcherfliegen, Puppenköcher, Wesenberg-Lund 1943

21 Köcherfliegen und Sackträger, Gehäuse, 1, 3, 4 W. Engelhardt 1962, 2, 5, 6, 7 Wesenberg-Lund 1943, 8, 9, 10 D. R. Davis 1964, 11, 12 Grzimeks Tierleben II 1969, 13 W. Dierl 1971

24b Grabwespe, Einziehen der Beute, G. P. Baerends 1941

25 Pillenwespe, Nester, H. Bischoff 1927

39 Honigbiene, gestörter Zellenbau, Martin u. Lindauer 1966

40 Honigbiene, gestörter Zellenbau, Martin u. Lindauer 1966

43 Ameisen, Torwächter, E. O. Wilson 1971

45 Ameisen, Bodennest, B. Gray 1971

48 Nest der Weberameise, B. und T. Hölldobler

49 Weberameisen bei der Arbeit, B. und T. Hölldobler

50 Ameisen, Honigtöpfe, B. und T. Hölldobler

56 Termitennester, P. E. Howse 1970

60 Termitenbau, Lüftung, M. Lüscher 1955, verändert

61 Termitenbau, Lüftungsanlagen, M. Lüscher 1955

62 Termitenbau, P. E. Howse 1970

Verzeichnis der wissenschaftlichen Gattungs-, Familien- und Ordnungsnamen

Sachverzeichnis